한 번에 합격, 자격증은 이기적

이렇게 기막힌 적중률

함께 공부하고 특별한 혜택까지!

이기적 스터디 카페

구독자 13만 명, 전강 무료!

이기적 유튜브

자격증 독학, 어렵지 않다!
수험생 합격 전담마크

이기적 스터디 카페

 스터디 만들어 함께 공부

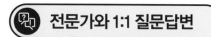 전문가와 1:1 질문답변

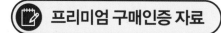 프리미엄 구매인증 자료

 365일 진행되는 이벤트

이기적 스터디 카페 🔍

인증만 하면, **고퀄리티 강의가 무료!**

100% 무료 강의

STEP 1
이기적
홈페이지
접속하기

STEP 2
무료동영상
게시판에서
과목 선택하기

STEP 3
ISBN 코드
입력 & 단어
인증하기

STEP 4
이기적이 준비한
명품 강의로
본격 학습하기

1년 365일 이기적이 쏜다!

365일 진행되는 이벤트에 참여하고 다양한 혜택을 누리세요.

EVENT ❶

기출문제 복원

- 이기적 독자 수험생 대상
- 응시일로부터 7일 이내 시험만 가능
- 스터디 카페의 링크 클릭하여 제보

이벤트 자세히 보기 ▶

EVENT ❷

합격 후기 작성

- 이기적 스터디 카페의 가이드 준수
- 네이버 카페 또는 개인 SNS에 등록 후
  이기적 스터디 카페에 인증

이벤트 자세히 보기 ▶

EVENT ❸

온라인 서점 리뷰

- 온라인 서점 구매자 대상
- 한줄평 또는 텍스트 & 포토리뷰 작성 후
  이기적 스터디 카페에 인증

이벤트 자세히 보기 ▶

EVENT ❹

정오표 제보

- 이름, 연락처 필수 기재
- 도서명, 페이지, 수정사항 작성
- book2@youngjin.com으로 제보

이벤트 자세히 보기 ▶

N Pay 20,000원
네이버페이 포인트 쿠폰

영진닷컴 쇼핑몰
30,000원

- N페이 포인트 5,000~20,000원 지급
- 영진닷컴 쇼핑몰 30,000원 적립
- 30,000원 미만의 영진닷컴 도서 증정

※ 이벤트별 혜택은 변경될 수 있으므로 자세한 내용은 해당 QR을 참고하세요.

이기적 크루를 찾습니다!

WANTED

저자 · 강사 · 감수자 · 베타테스터 상시 모집

저자 · 강사

- **분야** 수험서 전 분야
  수험서 집필 혹은 동영상 강의 촬영
- **요건** 관련 강사, 유튜버, 블로거 우대
- **혜택** 이기적 수험서 저자 · 강사 자격
  집필 경력 증명서 발급

감수자

- **분야** 수험서 전 분야
- **요건** 관련 전문 지식 보유자
- **혜택** 소정의 감수료
  도서 내 감수자 이름 기재
  저자 모집 시 우대(우수 감수자)

베타테스터

- **분야** 수험서 전 분야
- **요건** 관련 수험생, 전공자, 교사/강사
- **혜택** 활동 인증서 & 참여 도서 1권
  영진닷컴 쇼핑몰 30,000원 적립
  스타벅스 기프티콘(우수 활동자)
  백화점 상품권 100,000원(우수 테스터)

◀ 모집 공고 자세히 보기

이메일 문의하기 ✉ book2@youngjin.com

기억나는 문제 제보하고 N페이 포인트 받자!
기출 복원 EVENT

성명	이기적	수험번호	2 0 2 6 1 1 1 3

Q. 응시한 시험 문제를 기억나는 대로 적어주세요!

① 365일 진행되는 이벤트   ② 참여자 100% 당첨   ③ 우수 참여자는 N페이 포인트까지

영진닷컴 쇼핑몰

30,000원

N Pay

네이버페이
포인트 쿠폰

20,000원

적중률 100% 도서를 만들어주신 여러분을 위한 감사의 선물을 준비했어요.

신청자격 이기적 수험서로 공부하고 시험에 응시한 모든 독자님

참여방법 이기적 스터디 카페의 이벤트 페이지를 통해 문제를 제보해 주세요.
※ 응시일로부터 7일 이내의 시험 복원만 인정됩니다.

유의사항 중복, 누락, 허위 문제를 제보한 경우 이벤트 대상에서 제외됩니다.

참여혜택 영진닷컴 쇼핑몰 30,000원 적립
정성껏 제보해 주신 분께 N페이 포인트 5,000~20,000원 차등 지급

이벤트 페이지 확인하기 ▶

이기적이
다 드립니다

여러분은 합격만 하세요! 이기적 합격 성공세트 BIG 4

저자가 직접 알려주는, 무료 동영상 강의

저자가 직접 강의하는 도서 연계 강의를 100% 무료로 제공합니다.
도서 내에 수록된 QR코드로 편리하게 접속하여 바로 강의를 시청하세요.

PDF 자료 증정, 핵심 요약 노트

구매한 도서를 인증한 분에게 핵심 요약 노트 PDF를 무료로 보내드립니다.
이기적 스터디 카페에서 인증하세요!

무엇이든 물어보세요. 1:1 질문답변

혼자서 공부하다가 모르는 문제가 있다면 선생님께 물어보세요.
1:1 밀착 질문답변으로 시원하게 해결해 드립니다.

OX로 빠르게 학습하는 이론, 기출 OX 퀴즈

기출문제를 바탕으로 개발한 OX 퀴즈를 스터디 카페에서 제공합니다. 본격적인 문제 풀이
전에 선지의 옳고 그름을 판단할 수 있는 능력을 기르고, 마무리로 복습하세요!

※ 이기적 SNS광고마케터 1급 기본서를 구매하고 인증한 독자에게만 제공하는 혜택입니다.

이기적 스터디 카페 바로가기 ▶

시험 환경 100% 재현!

CBT 온라인 문제집

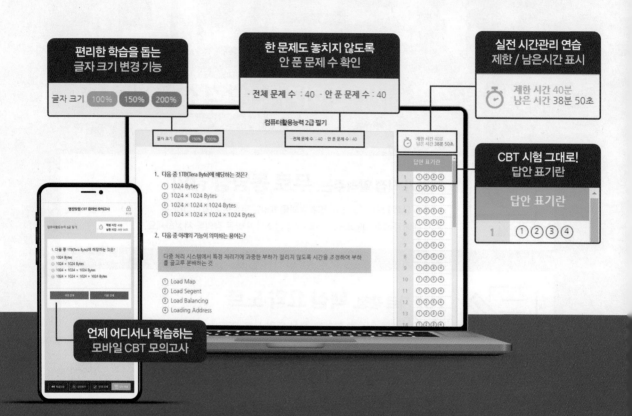

편리한 학습을 돕는 글자 크기 변경 기능

글자 크기 100% 150% 200%

한 문제도 놓치지 않도록 안 푼 문제 수 확인

· 전체 문제 수 : 40 · 안 푼 문제 수 : 40

실전 시간관리 연습 제한 / 남은시간 표시

제한 시간 40분
남은 시간 38분 50초

CBT 시험 그대로! 답안 표기란

답안 표기란

1 ① ② ③ ④

언제 어디서나 학습하는 모바일 CBT 모의고사

이용 방법

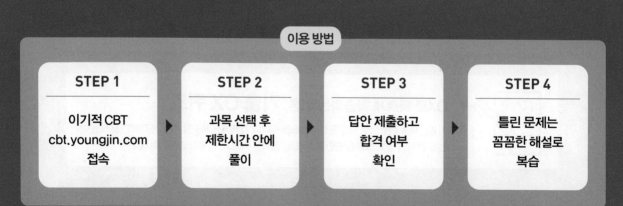

STEP 1

이기적 CBT
cbt.youngjin.com
접속

STEP 2

과목 선택 후
제한시간 안에
풀이

STEP 3

답안 제출하고
합격 여부
확인

STEP 4

틀린 문제는
꼼꼼한 해설로
복습

이기적 CBT 🔍

이렇게
기막힌
적중률

SNS광고마케터
1급 기본서

당신의 합격을 위한 **이렇게 기막힌 적중률!**

차례

출제빈도에 따라 분류하였습니다.
상: 반드시 보고 가야 하는 이론
중: 보편적으로 다루어지는 이론
하: 알고 가면 좋은 이론

▶ 표시된 부분은 동영상 강의가 제공됩니다.
이기적 홈페이지(license.youngjin.com)에 접속하여 시청하세요.

▶ 제공하는 동영상은 1판 1쇄 기준 2년간 유효합니다.
단, 출제기준안에 따라 동영상 내용은 변경될 수 있습니다.

구매 인증 PDF

핵심 요약 노트 PDF

기출 OX 퀴즈 파일

※ **참여 방법:** '이기적 스터디 카페' 검색 → 이기적 스터디 카페(cafe.naver.com/yjbooks) 접속 → '구매 인증 PDF 증정' 게시판 → 구매 인증 → 메일로 자료 받기

이 책의 구성

STEP 01

꼼꼼하게 정리된 이론

시행처 공개문제와 기출문제를 철저히 분석하여
꼼꼼하게 이론을 정리했습니다. 선생님의 노하
우가 담긴 TIP도 놓치지 마세요.

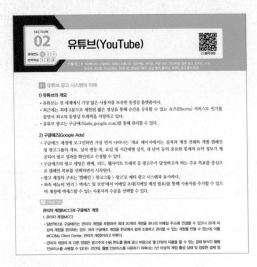

▶ 합격 강의

동영상 강의를 무료로 제공합니다.
QR 코드를 스캔하여 바로 시청하세요.

출제빈도 상 중 하

각 SECTION을 상 중 하로 분류하였습니다.

빈출 태그 ▶

자주 출제되는 중요 키워드를 정리했습니다.
해당 단어가 나오는 부분은 집중해서 보세요.

🅱 기적의 TIP

학습에 도움이 되는 선생님의 노하우와 팁을
준비했습니다.

STEP 02

퀴즈와 예상문제로 복습

이론 학습 후 퀴즈와 합격을 다지는 예상문제로
이론을 복습하고 실력을 체크하세요.

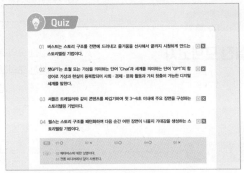

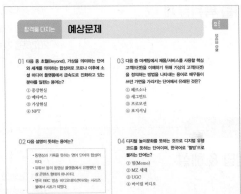

💡 Quiz

퀴즈를 풀어보며 이론을 복습하세요.

해설

해설이 꼭 필요한 퀴즈에는 추가 해설이 있습니다.

합격을 다지는 예상문제

예상문제의 정답과 해설은 예상문제 뒷페이지에서
확인할 수 있습니다.

시행처 공개문제와 모의고사

공개문제 A~B형과 출제 경향을 반영한 모의고사 2회가 준비되어 있습니다. 출제 유형을 파악하세요.

기출 복원문제

2023~2025년 시행된 시험 문제를 복원하였습니다. 최신 출제 문제를 확인하세요.

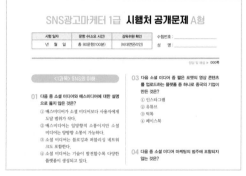

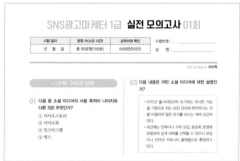

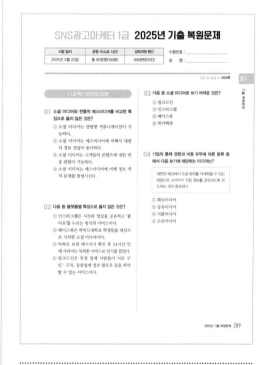

SNS광고마케터 1급 시행처 공개문제

시행처에서 공개한 기출문제와 출제 경향을 바탕으로 개발한 모의고사로 실전 감각을 키워보세요.

정답 & 해설 ▶
정답 해설을 바로 확인할 수 있는 페이지를 알려드립니다.

기출 복원문제

2023~2025년 시행된 시험의 문제를 복원하였습니다. 최신 출제 경향을 파악하여 최종 마무리 학습하세요.

시험의 모든 것

01 응시 자격 조건

학력, 연령, 경력 제한 없음

02 시험 접수하기

- 정보통신기술자격검정(https://www.ihd.or.kr)
홈페이지에서 접수
- 검정 수수료 50,000원(배송비 포함 발급 수수료
5,800원)

03 시험 응시

- 응시 방식: 비대면 원격자격검정
(시험 응시 전 메일로 데모테스트 링크가 전송됩
니다. 데모테스트는 시험과 동일 형식으로 세팅
부터 답안 표기까지 테스트해 볼 수 있습니다.)
- 13:50 입실 시간 이후 접속 불가
- 시험 시간: 14:00~15:40(100분)

 비대면 원격 시험 매뉴얼로
시험 전 유의사항 확인 필수

04 합격자 발표

시험일 약 3주 후 발표(시행처 확인)

01 SNS광고마케터(Social Network Service advertisement Marketer)란?

- 디지털 광고 시장의 고성장을 통한 SNS광고 마케팅 분야 산업 활동 영역 증가로 전문성 및 실무적인 역량을 갖춘 인력 양성을 위한 자격
- SNS광고의 기본지식을 보유하고, SNS광고 기획, 전략, 등록, 운영, 효과분석 등 실무적인 지식 및 역량을 평가하는 자격
- 온라인광고대행사, 기업 홍보부서 등에서 SNS광고 마케팅 및 SNS광고 전문인력을 통한 효율적 마케팅 분석, 전략수립 등의 자격을 갖춘 직무자격조건으로 활용할 수 있는 자격

02 자격 필요성

- SNS광고 마케팅의 기본지식 배양
- 유튜브, 인스타그램, 페이스북 등 SNS광고 실무내용 반영
- 온라인 광고 대행사 및 기업 홍보 부서 등 취업 대비

03 자격 종류

민간등록자격(등록번호: 2022-001160)
상기 자격은 자격기본법 규정에 따라 등록한 민간자격으로, 민간자격 등록 및 공인 제도에 대한 상세내용은 민간자격정보서비스(www.pqi.or.kr)의 '민간자격 소개'란을 참고

04 검정 방법 및 합격 기준(비대면 원격 시험)

 시행처에서 공지하는 시험 출제 기준 확인

등급	검정 과목	검정 방법	문항 수	시험 시간	합격 기준
1급	• SNS의 이해 • SNS광고 마케팅	객관식 (사지택일)	80문항	100분	70점 이상 (100점 만점)

SNS광고마케터 1급 시험의 기출문제를 분석한 빅데이터를 바탕으로 지금까지의 출제 비중을 파악했습니다. 앞으로 출제될 빈출 키워드와 시험 출제 경향을 확인하세요.

각 섹션은 출제 빈도에 따라 **상** > **중** > **하** 로 분류하고 빈출 키워드를 태그하였습니다.

상 : 시험 전 반드시 보고 가야하는 이론

중 : 시험에 보편적으로 다루어지는 이론

하 : 출제 비중이 적지만 알고 가면 좋은 이론

SECTION별 출제 빈도 분석

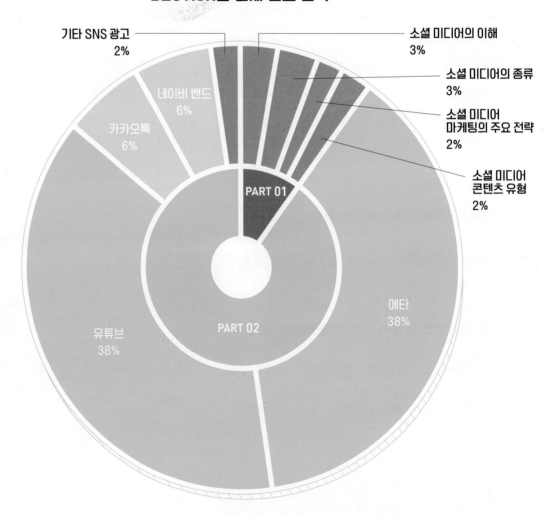

기타 SNS 광고
2%

네이버 밴드
6%

카카오톡
6%

소셜 미디어의 이해
3%

소셜 미디어의 종류
3%

소셜 미디어
마케팅의 주요 전략
2%

소셜 미디어
콘텐츠 유형
2%

PART 01

메타
38%

유튜브
38%

PART 02

PART 01 SNS의 이해

SNS 마케터의 기초가 되는 소셜 미디어를 이해합니다. 소셜 미디어의 종류를 중심으로 소셜 미디어의 마케팅 활용 방법과 다양한 마케팅 전략을 충분하게 숙지하도록 합니다. 소셜 미디어의 장점과 소셜 마케팅 관련 용어에 집중하여 학습하세요. 소셜 미디어 콘텐츠 유형은 메타와 유튜브의 광고 소재와 직접적인 연관이 있는 부분이므로 기본을 충분히 다지기 바랍니다.

01 소셜 미디어의 이해　　　하　　　**3%**
빈출키워드　매스미디어, 소셜 미디어, 웹2.0

02 소셜 미디어의 종류　　　하　　　**3%**
빈출키워드　소유미디어, 획득미디어, 지불미디어, 주요 소셜 미디어

03 소셜 미디어 마케팅의 주요 전략　　　하　　　**2%**
빈출키워드　목표 설정 방법, 소셜 미디어 마케팅, 퍼널 마케팅, 용어 설명

04 소셜 미디어 콘텐츠 유형　　　하　　　**2%**
빈출키워드　스토리텔링, 콘텐츠 유형, 콘텐츠의 활용

PART 02 SNS 광고 마케팅

메타, 유튜브, 카카오톡, 네이버 밴드, 기타 소셜 미디어의 광고 시스템을 학습합니다. 캠페인 목표 설정부터 광고 소재 만들기까지 다양한 사례와 함께 살펴봅니다. 특히, 메타와 유튜브는 출제 범위가 넓고 난도가 높으므로 꼼꼼히 공부해야 합니다. 실제 시험에 가까운 유형의 연습문제를 많이 실었으니 여러 번 반복하여 숙지하기 바랍니다.

01 메타(Meta)　　　상　　　**38%**
빈출키워드　인플루언서, 메타 비즈니스 스위트, 핵심 타겟, 맞춤 타겟, 유사 타겟, 광고 전환 추적, 애플ATT, A/B테스트, 메타 어드밴티지, 리타겟팅, 컬렉션, 카탈로그, 스토리, 릴스

02 유튜브(YouTube)　　　상　　　**38%**
빈출키워드　크리에이터, 구글애즈, 유튜브 스튜디오, 리마케팅, 수익화, 전환 유도, 인스트림, 범퍼 광고, 인피드, 쇼츠, 저작권, 프리롤, 마스트헤드, 컴패니언, 품질평가점수, 도달 범위 플래너, 브랜드 광고 효과 측정

03 카카오톡(Kakao Talk)　　　중　　　**6%**
빈출키워드　카카오 모먼트, 카카오 비즈니스, 카카오 비즈보드, 카카오톡 채널, 픽셀 & SDK, 맞춤 타겟, 데모그래픽, 카카오 커머스

04 네이버 밴드(Naver Band)　　　중　　　**6%**
빈출키워드　비즈센터, 파트너센터, 성과형 디스플레이 광고 시스템, GFA

05 기타 SNS 광고　　　하　　　**2%**
빈출키워드　틱톡, 틱톡 포 비즈니스, 탑뷰, 엑스, 테이크오버, 링크드인, 스폰서드 콘텐츠

개정사항을 모두 반영한 최신 구성!
어떤 문제도 해결할 수 있는 풍부한 본문!
출제 유형을 파악할 수 있는 기출문제 복원!
시험 출제 범위를 벗어나지 않는 모의고사!
정답만이 아닌 이유까지 알 수 있는 해설!
시험 직전까지 손에 쥐고 싶은 신뢰도!
합격 이후에도 활용 가치가 있는 실용서!

'단기간에 합격하고 싶은 수험생'을 머릿속으로 그리며 이 책을 준비했습니다. 독자의 시행착오를 줄여주기 위해 위의 7가지 목표를 세워 집필한 이 책은, 개정 사항을 검토하고 시행처의 출제 경향을 분석하여 하나의 교집합으로 수렴한 결과물입니다.

10년 전 소셜 미디어는 페이스북, 트위터가 대세였습니다. 지금은 그 자리를 인스타그램, 유튜브가 대신하고 있습니다. 그렇다면 10년 후는 어떻게 변할까요? 알 수 없지만 한 가지는 분명합니다. 광고의 기본과 그 광고를 운영하는 시스템은 변하지 않으리라는 것이죠. 이 책은 단순히 광고 플랫폼의 매뉴얼이 아닌 전체적인 광고 시스템의 유사점을 연결하여 그 원리를 쉽게 이해할 수 있도록 집필하였습니다. 단순하게 암기하기보다 교재의 순서대로 이해하면서 학습하면 합격의 길은 가까우리라 생각합니다.

'爲間不用則茅塞之矣(위간불용즉모색지의)' 제가 좋아하는 맹자의 문장입니다. 누군가 길을 내주어도 그 길을 계속 사용하지 않으면 다시 막힌다는 의미이죠. 공부도 마찬가지입니다. 책은 길잡이에 불과합니다. 이 책을 기본서로 여러 번 학습하시고 연마하시면 최소한의 노력으로 가장 빠르게 자격증 취득은 물론 유능한 마케터의 위치에 도달할 수 있을 것입니다.

감사합니다.

저자 박노성

01

SNS의 이해

학습 방향

소셜 미디어의 장점과 소셜 마케팅 관련 용어를 살펴봅니다. 소셜 미디어 콘텐츠 유형은 메타와 유튜브의 광고 소재와 직접적인 연관이 있는 부분이므로 기본을 충분히 다지기 바랍니다.

출제빈도

소셜 미디어의 이해

▶합격강의

빈출 태그 ▶ 매스미디어, 소셜 미디어, 웹2.0

01 매스미디어와 소셜 미디어

- 불특정한 대중 다수(Mass)를 대상으로 동일한 콘텐츠를 일방향으로 노출하는 미디어(Media)를 매스미디어(Mass Media)라 부른다. TV나 신문, 잡지 등 대다수의 전통적인 매체는 매스미디어의 범주에 포함된다.
- 컴퓨터 및 네트워크 기술이 발달하면서 디지털 네트워크가 번성하였고, 이를 소셜 네트워크 서비스(SNS, Social Network Service)라 한다.
- 스마트폰의 보급으로 인터넷 사용이 급증하면서 온라인에서 사람들과 생각과 정보를 더 쉽게 나눌 수 있는(Social) 매체(Media)인 소셜 미디어(Social Media)가 만들어졌다.
- 소셜 미디어는 선별된 특정 사용자에게 세분화된 콘텐츠를 노출하는 데에 매스미디어보다 효과적이다.
- 소셜 미디어는 매스미디어보다 광고 회피가 쉽기 때문에 소비자들이 광고에 관심이 적은 경우가 많다.

02 소셜 미디어의 등장

1) 소셜 미디어의 개념

- 인터넷의 상용화로 개인의 생각이나 의견, 경험, 정보 등을 공유하고 타인과의 관계를 생성·확장할 수 있는 공간이 다양해지고 있다. 이러한 스마트폰 중심의 공간을 소셜 미디어(Social Media)라고 한다.
- 개방, 참여, 연결이 가능한 디지털 네트워크의 기반 위에서 개인의 생각이나 의견, 경험, 정보 등을 공유하고 타인과의 관계를 생성·확장할 수 있는 개방화된 플랫폼(블로깅과 퍼블리싱 네트워크 등)이라면 소셜 미디어의 범주에 포함된다.

2) 소셜 미디어의 발전 단계

① 웹1.0 시대

- 개인용 컴퓨터가 보급되면서 인터넷이 실생활에 사용되기 시작한 시기를 말한다.
- 웹사이트의 개념이 정립되고 월드 와이드 웹(WWW)과 HTML(문서 규약)에 대한 기준이 만들어졌다.
- 상호작용(Interaction), 양방향 미디어 등의 용어가 처음 등장한 시기로 이 시기의 디지털 미디어는 빠른 정보전달을 특징으로 한다.

② 웹2.0 시대

- 스마트폰의 등장으로 인터넷이 생활화된 시기로, 컴퓨터로 인터넷에 접속하던 웹1.0 시대와 구분하기 위해 만들어진 용어이다.
- 스마트폰의 활성화로 컴퓨터에 익숙하지 않은 사람들도 인터넷 사용이 쉬워졌으며(개방) 누구나 콘텐츠를 만들어(참여) 다른 사람들에게 영향을 미칠 수 있게(공유) 되었다.
- 웹2.0 시대에는 페이스북에서 친구가 되고, 엑스로 자신의 견해를 밝히고, 유튜브에서 오늘의 가장 인기 있는 동영상을 보고, 인스타그램에서 사진을 공유하는 등 소셜 미디어 사용이 일반화되었다.

③ 웹3.0 시대

- 자체적인 머신러닝이 가능한 인공지능을 통해 개인 맞춤형 정보를 활용하고, 블록체인으로 개인의 정보 소유 및 보안을 강화하는 지능형 웹 기술을 제공하는 3세대 인터넷을 말한다.
- 컴퓨터가 데스크톱이나 스마트폰이 아닌 사물로 확대되었다는 점에서 사물인터넷이라고 부르기도 하며, 인터넷과 소통하는 방식이 탈 키보드라는 점도 웹3.0 시대의 특징이다.
- 점차적으로 AI 스피커나 웨어러블(Wearable) 기기를 중심으로 하는 VR(가상현실, Virtual Reality) 과 AR(증강현실, Augmented Reality) 등으로 확장될 전망이다.

03 소셜 미디어의 특징

- 소셜 미디어는 상호작용성을 기반으로 하는 일대일 네트워크로, 구독이나 팔로워, 친구 맺기 등의 개인 간 연결이 쉬워 사회적 관계를 형성하는 데에 유용하다.
- 연결한 계정들의 게시물이 사용자의 첫 화면(Feed 또는 Timeline)에 노출되므로 원하는 정보를 선별하여 확인하기 쉽다.
- 원하는 콘텐츠를 선별하여 구독하고 연결하는 소셜 미디어의 특성상 모두가 동일한 화면과 방송을 보는 매스미디어처럼 대량의 메시지를 동시에 전달하는 데에는 한계가 있다.
- 사용자가 직접 콘텐츠를 생성하고 공유할 수 있어 누구나 정보 생산자이자 소비자가 될 수 있는 '프로슈머(Prosumer)' 역할을 수행하게 된다.
- 실시간으로 의견을 교환하거나 반응을 주고받을 수 있어 여론 형성과 확산이 빠르게 이루어진다.
- 알고리즘 기반의 추천 시스템을 통해 사용자의 취향과 행동 패턴에 맞춘 맞춤형 콘텐츠 소비가 가능하다.
- 텍스트, 이미지, 동영상, 라이브 방송 등 다양한 형식의 콘텐츠를 융합적으로 활용할 수 있어 표현의 자유도가 높고 전달력이 강하다.

04 소셜 미디어의 문제점과 한계

- 미디어가 모바일로 확대되어 가면서 개인정보 보호와 프라이버시가 사회 문제로 대두되고 있다.
- 개방된 사생활과 개인정보에 타인들이 쉽게 접근할 수 있어 사생활 침해가 발생하고, 원치 않는 사람의 친구 요청과 맺기 등 새로운 갈등 요소가 발생하고 있다.
- 고령사회에 진입함에 따라 기술에 대한 이해가 부족한 노령인구의 정보 격차 문제가 발생하고 있다.

05 소셜 미디어의 활용

- 메타(Meta)가 운영하는 페이스북과 인스타그램은 우리나라 인구의 절반 이상인 약 3천만 명이 방문하고 유튜브는 4천만 명, 카카오톡은 국민 대다수가 사용한다.
- 방대한 사용자 덕분에 누구나 소셜 미디어에 자신의 계정을 개설하고 자신들만의 커뮤니티를 방대하게 구축하고 빠르게 소통할 수 있다.
- 특정한 관심을 공유하거나 스마트폰의 위치 정보를 기반으로 지역을 구분할 수 있다는 소셜 미디어의 특성 덕분에 명확한 타겟과 소통에도 유리하다.

Quiz

01　소셜 미디어는 매스미디어보다 사용자에 대한 도달 범위가 작다.　　　　　　◎ ☒

02　매스미디어는 일방향적 소통이지만 소셜 미디어는 양방향 소통이 가능하다.　　◎ ☒

03　소셜 미디어는 블로깅과 퍼블리싱 네트워크도 포함한다.　　　　　　　　　　◎ ☒

04　소셜 미디어는 기술이 발전할수록 다양한 플랫폼이 생성되고 있다.　　　　　◎ ☒

05　소셜 미디어는 프라이버시 문제가 전혀 없는 안전한 미디어이다.　　　　　　◎ ☒

06　매스미디어는 주로 양방향 소통을 기반으로 하여 사용자 간에 실시간 상호작용이 활발　◎ ☒
　　하게 이루어진다.

07　웹2.0 시대에는 누구나 콘텐츠를 제작하고 공유할 수 있으며, 이후 스마트폰의 보급으　◎ ☒
　　로 그 경향이 가속화되었다.

08　웹3.0 시대는 인공지능과 블록체인을 기반으로 한 맞춤형 정보 제공과 정보 보안 강화　◎ ☒
　　를 특징으로 한다.

09　소셜미디어에서는 구독이나 팔로우 없이도 모든 사용자에게 동일한 정보가 자동으로 전　◎ ☒
　　달된다.

10　소셜미디어는 사생활 공개 범위가 넓어 사생활 침해나 원치 않는 관계 형성 등 문제점　◎ ☒
　　이 발생할 수 있다.

| 정답 | 01 ✕ | 02 ◯ | 03 ◯ | 04 ◯ | 05 ✕ |
| | 06 ✕ | 07 ◯ | 08 ◯ | 09 ✕ | 10 ◯ |

해설　01 개인화가 가능할 뿐 도달 범위는 차이가 없다.
　　　05 프라이버시 문제가 사회 문제로 대두되고 있다.
　　　06 매스미디어는 일방향적 전달이 특징이며, 실시간 상호작용은 소셜미디어의 특성이다.
　　　09 소셜미디어는 사용자가 선택한 콘텐츠와 연결된 네트워크를 기반으로 선별적 정보 노출이 이루어진다.

합격을 다지는 예상문제

01 다음 중 소셜 미디어와 매스미디어에 대한 설명으로 틀린 것은?

① 소셜 미디어는 매스미디어보다 사용자에 대한 도달 범위가 작다.
② 매스미디어는 일방향적 소통이지만 소셜 미디어는 양방향 소통이 가능하다.
③ 소셜 미디어는 블로깅과 퍼블리싱 네트워크도 포함한다.
④ 소셜 미디어는 기술이 발전할수록 다양한 플랫폼이 생성되고 있다.

02 다음 중 인스타그램을 활용한 소셜 마케팅 전략에 대한 설명 중 틀린 것은?

① 인스타그램 스토리 광고에 설문 스티커를 활용해서 반응을 이끌어 낸다.
② 인스타그램 Live로 고객들과 소통하며 충성 고객을 확보해 나간다.
③ 피드와 스토리 릴스 등 이미지와 동영상에 제품 태그를 삽입한다.
④ 고객에게 프로모션 내용에 대해서 DM을 지속적으로 보내어 참여를 유도한다.

03 다음 중 소셜 미디어가 매스미디어에 비해 우위를 점하고 있는 요소가 아닌 것은?

① 사회적 관계
② 정보의 공유
③ 인맥 형성
④ 대량의 메시지 전달

04 다음 중 소셜 미디어의 특징이 아닌 것은?

① 방대한 정보량을 바탕으로 원하지 않았던 다양한 정보나 뉴스까지 전달하기 좋다.
② 개인간 연결이 쉬워 사회적 관계를 형성하는 데에 유용하다.
③ 쉬운 링크 전달과 이웃 맺기 등 정보 공유에 강점이 있다.
④ 기술에 대한 이해가 부족한 노령 인구의 정보 격차 문제도 발생한다.

05 다음에서 설명하는 내용으로 적절한 것은?

- 스마트폰의 등장으로 인터넷이 생활화된 시기를 말한다.
- 스마트폰의 활성화로 컴퓨터에 익숙하지 않은 사람들도 인터넷 사용이 쉬워졌으며 누구나 콘텐츠를 만들어 다른 사람들에게 영향을 미칠 수 있게 되었다.
- 사람들은 페이스북에서 친구가 되고, 엑스로 자신의 견해를 밝히고, 유튜브에서 오늘의 가장 인기있는 동영상을 보고, 인스타그램에서 사진을 공유한다.

① HTML 5.0
② 인더스트리 4.0
③ 제3의 물결
④ 웹2.0 시대

06 다음 중 소셜미디어의 활용에 대한 설명으로 옳지 않은 것은?

① 소셜미디어는 스마트폰의 위치 정보를 바탕으로 지역 기반 타겟 마케팅이 가능하다.
② 대규모 사용자를 기반으로 빠른 커뮤니티 형성과 정보 확산이 가능하다.
③ 사용자는 계정 없이도 소셜미디어 플랫폼 내에서 자유롭게 커뮤니티 활동이 가능하다.
④ 페이스북, 인스타그램, 유튜브 등은 대표적인 소셜미디어 플랫폼이다.

07 다음 중 소셜미디어의 특징에 대한 설명으로 옳지 않은 것은?

① 누구나 정보 생산자이자 소비자가 될 수 있다.
② 여론 형성과 확산이 빠르게 이루어진다.
③ 사용자의 취향과 행동 패턴에 맞춘 맞춤형 콘텐츠 소비가 가능하다.
④ 알고리즘 기반의 콘텐츠 제공 방식은 사용자 맞춤형 추천보다 무작위 노출에 더 중점을 둔다.

08 다음 중 소셜미디어 발전 단계에 대한 설명으로 옳지 않은 것은?

① 웹1.0 시대는 월드 와이드 웹과 HTML의 기준이 정립된 시기이다.
② 웹2.0 시대는 스마트폰 보급으로 인해 누구나 콘텐츠 생산과 공유가 가능해진 시기이다.
③ 웹3.0 시대는 AI와 블록체인 기술을 통해 보안이 약화되고 콘텐츠 분산성이 줄어든다.
④ 웹3.0 시대에는 사물인터넷과 탈 키보드 방식의 소통이 특징이다.

09 다음 중 소셜미디어의 특징으로 보기 어려운 것은?

① 일대일 네트워크 구조를 통해 개인 간 사회적 관계 형성이 가능하다.
② 모든 사용자가 동일한 콘텐츠를 동시에 수신하므로 여론 형성이 매스미디어보다 느리다.
③ 사용자의 첫 화면에 연결된 계정의 콘텐츠가 노출되어 선별적 소비가 가능하다.
④ 구독과 연결을 통해 정보 흐름을 통제할 수 있다.

10 다음 중 소셜미디어의 한계점으로 적절하지 않은 것은?

① 노령 인구의 정보 격차가 발생할 수 있다.
② 개방된 구조로 인해 사생활 침해의 우려가 있다.
③ 사용자의 흥미를 반영한 알고리즘 추천으로 정보 과잉을 줄일 수 있다.
④ 원치 않는 관계 형성 요청으로 갈등이 생길 수 있다.

정답 & 해설

| 01 ① | 02 ④ | 03 ④ | 04 ① | 05 ④ |
| 06 ③ | 07 ④ | 08 ③ | 09 ② | 10 ③ |

01 ①

소셜 미디어는 개인화 기술과 세분화된 콘텐츠를 바탕으로 선별된 특정 사용자를 대상으로 노출하는 경우가 많으나 매스미디어에 비해 도달 범위가 작지는 않다.

02 ④

사용자 중심인 SNS의 특성상 기업이나 기관이 무턱대고 접근하기보다는 매력적인 콘텐츠를 꾸준히 개발하여 사용자의 공감을 받아야 한다. 예를 들어 인스타그램의 DM이나 페이스북 메신저 등을 통해 고객들에게 프로모션 내용을 보내어 참여를 유도하는 등의 행위는 사용자들의 거부감을 불러일으킬 수 있으므로 주의가 필요하다.

03 ④

원하는 콘텐츠를 선별하여 구독하고 연결하는 방식이므로 매스미디어와 같은 대량의 메시지 전달에는 한계가 있다.

04 ①

연결한 계정들의 게시물이 사용자의 첫 화면(Feed)에 노출되므로 원하는 정보를 선별해서 확인하기 쉽다.

05 ④

웹2.0 시대에 관한 설명이다.

06 ③

소셜미디어에서 커뮤니티 활동을 하려면 계정 생성이 필수적인 경우가 대부분이다.

07 ④

알고리즘 기반의 콘텐츠 제공 방식은 사용자의 취향과 행동 패턴에 맞춘 맞춤형 콘텐츠 소비가 가능하게 한다.

08 ③

웹3.0 시대는 보안 강화를 추구하며, 콘텐츠는 분산형 네트워크 기반으로 운영되어 분산성이 강화된다.

09 ②

소셜미디어는 선별성과 상호작용성을 기반으로 여론 형성이 빠르기 때문에 매스미디어보다 느리지 않다.

10 ③

알고리즘 추천은 정보 과잉을 조장할 수도 있으며 이를 '유튜브 토끼굴 현상'이라고 부른다. 또한 정보 편향 문제도 발생할 수 있다.

소셜 미디어의 종류

▶ 합격 강의

빈출 태그 ▶ 소유미디어, 획득미디어, 지불미디어, 주요 소셜 미디어

01 소셜 미디어의 구분

1) 용도에 따른 구분

- 소셜 미디어는 용도에 따라 관계, 견해, 경험 3가지로 구분할 수 있다.
- 스마트폰이 대중화되고 대용량의 동영상 전송이 가능할 만큼 인터넷 속도가 빨라지면서 최근에는 경험을 중심으로 하는 소셜 미디어가 각광받고 있다.
- 메타는 스레드를 출시하면서 3가지를 모두 갖춘 소셜 미디어 기업이 되었다.

용도	특징	소셜 미디어
관계	사람들과 연결하여 친목을 도모하는 방식의 소셜 미디어	페이스북, 네이버 밴드, 카카오톡 등
견해	자신의 의견을 나누고 실시간 상황을 공유하는 방식의 소셜 미디어	엑스, 스레드 등
경험	관심사를 바탕으로 연결된 커뮤니티 안에서 경험을 나누는 방식의 소셜 미디어	인스타그램, 유튜브, 틱톡, 네이버 블로그 등

2) 통제 권한과 비용 유무에 따른 구분

디지털 미디어는 기업의 통제 권한과 비용 유무에 따라 소유미디어, 획득미디어, 지불미디어로 나눌 수 있다.

종류	특징
소유미디어 (Owned media)	• 기업이나 개인이 사이트 운영 권한을 가지고 콘텐츠를 통제할 수 있는 매체 • 소셜 미디어의 발달로 대다수 기업이 웹사이트 이외에 블로그, 인스타그램, 유튜브 등의 소셜 미디어를 직접 운영하면서 소비자와 소통하는 것이 대표적
획득미디어 (Earned media)	• 소비자가 정보를 생산하여 커뮤니케이션 하는 매체 • 언론사의 홍보기사 제공이 가장 일반적 • 파워 블로거, 유튜버 등의 소셜 미디어 운영자가 다른 소비자에게 영향을 미치는 인플루언서를 활용하는 것이 대표적 • 지불미디어만큼은 아니지만 많은 예산이 소요됨
지불미디어 (Paid media)	• 대가를 지불하고 광고를 게재하는 매체 • 피드 광고, 네이티브 광고, 디스플레이 광고, 검색광고, 동영상 광고 등이 대표적 • 가장 많은 예산이 소요되는 미디어

수익 구조 유형	설명	해당 플랫폼 예시
광고 수익 기반	피드 광고, 디스플레이 광고, 브랜드 제휴 등 광고 노출을 통해 수익 창출	인스타그램, 유튜브, 엑스, 네이버 블로그, 네이버 밴드, 페이스북, 카카오톡, 틱톡, 스냅챗, 링크드인, 스레드(추후 도입 예정)
인플루언서 협찬 수익	브랜드 협찬, 콘텐츠 내 광고, 상품 링크 등을 통한 수익 창출	유튜브, 인스타그램, 네이버 블로그, 틱톡, 엑스
프리미엄/구독 기반	유료 구독, 프리미엄 기능 이용, 콘텐츠 구매 방식	유튜브 프리미엄, 링크드인 프리미엄, SOOP, 엑스 프리미엄
방대한 사용자를 바탕으로 한 서비스 연계형	메신저 기반으로 자체 계열 서비스와 연동하여 수익 창출	카카오톡(카카오T, 카카오뱅크), 위챗(위챗페이, 미니 프로그램)
B2B 기반 수익 구조	채용, 구인/구직, 네트워킹 기반의 유료 기능과 기업용 서비스 제공	링크드인
광고 비도입 커뮤니케이션 중심	광고 없이 메시징 기능 중심의 서비스	왓츠앱
소규모 커뮤니티 중심	그룹 커뮤니티 및 폐쇄형 네트워크 기반의 소셜 구조	네이버 밴드, 카카오 오픈채팅

03 주요 소셜 미디어

1) 페이스북(Facebook)

• 마크 저커버그가 하버드 대학교 학생들을 대상으로 시작한 미국의 소셜 미디어로, 2006년부터 일반 사용자들까지 서비스가 확대되었다.
• 2000년대 중반 이후부터 젊은 세대에서 큰 인기를 끌며 스마트폰의 보급과 함께 사용자가 늘어났다.
• 페이스북을 운영하는 메타(Meta)는 왓츠앱, 인스타그램 등 주요 플랫폼을 공격적으로 인수하여 현재 사용자가 가장 많은 소셜 미디어를 보유한 기업이다.
• 실명제 서비스인 페이스북은 개인의 관심사와 학력 및 경력, 취미, 좋아요, 댓글, 팔로우, 위치 등의 활동 데이터를 마케팅에 활용하는 것이 가장 큰 장점이다.

2) 인스타그램(Instagram)

• 2010년에 미국의 케빈 시스트롬과 마이크 크리거가 만든 사진 공유 플랫폼이다.
• 다양한 필터로 보정한 사진을 공유하고 '좋아요'를 누르는 것이 인기를 끌면서 사용자가 급격히 늘어났다.
• 2012년 페이스북에 인수되었으며 양질의 콘텐츠와 감각적인 이미지를 바탕으로 하는 소셜 미디어이다.
• 강력한 영향력을 발휘하는 인플루언서 산업을 이끌어가는 대표적인 소셜 미디어 중 하나이다.

3) 유튜브(YouTube)

• 페이팔 출신의 스티브 첸, 채드 헐리, 자베드 카림이 2005년 공동으로 창업한 동영상 공유 플랫폼이다.
• 동영상 플랫폼 시장 진출에 고심하던 구글이 2006년에 인수하여 지금의 위상을 갖추게 되었다.
• 인스타그램을 인수하여 독립적으로 운영한 메타와 달리, 구글은 유튜브라는 이름만 남기고 특유의 알고리즘을 적용하여 전혀 새로운 미디어로 탈바꿈시켰다.
• 특히 콘텐츠 제작자와 광고 수익을 나누는 과감한 투자로 거대한 창작자 생태계를 만들면서 대표적인 동영상 플랫폼으로 자리매김하였다.

4) 카카오톡(Kakao Talk)

- 데이터 통신 기능을 이용하여, 과금 없이 메시지를 주고받을 수 있는 모바일 메신저로 2010년에 출시되었다.
- 일대다(一對多)의 콘텐츠형 서비스와 달리 카카오톡은 일대일(一對一)로 메시지를 주고받는 메신저 또는 채팅 서비스이다.
- 대한민국 대표적인 메신저 서비스로 전 세계에서 사용자 수 1, 2위를 다투는 미국의 왓츠앱과 중국의 위챗 등과 많은 부분에서 비교된다.
- 왓츠앱은 부분 유료 서비스로 시작하였고 메신저 기능에만 충실하지만, 카카오톡은 초기부터 무료 서비스로 사용자를 모은 뒤 게임 퍼블리싱, 광고 등을 통하여 폭발적인 성장을 거두었다.
- 위챗의 경우 차량 공유는 디디추싱(滴滴出行), 배달은 메이퇀(美団) 등 자국의 유명 앱으로 연결하는 오픈 방식인 반면, 카카오톡은 카카오뱅크, 카카오T, 멜론 등 카카오가 직접 운영하는 계열사로 연결하는 폐쇄 방식이라는 특징이 있다.

5) 네이버 밴드(Naver Band)

- 2012년에 출시되었으며 초기에는 게시판 기능을 기본으로 하는 모임 관리에 편리하다는 것을 어필하여 많은 사용자를 모으는 데에 성공하였다.
- 최근에는 친목이나 가족 모임, 동호회 운영에 유용하며 밴드의 공개 여부를 선택할 수 있어 공개 모임이나 인터넷 커뮤니티 플랫폼으로도 확장하고 있다.

6) 네이버 블로그(Naver Blog)

- 웹(Web)과 로그(Log, 기록)의 합성으로 인터넷 기록장을 의미하는 블로그(Blog)가 전 세계적으로 인기를 끌면서 2000년대 초반에 시작된 서비스로 초창기에는 거의 모든 언론사와 포털사이트에서 블로그 서비스를 제공했다.
- 검색 사용자가 압도적으로 증가한 네이버가 검색 결과에서 다른 블로그의 노출을 제한하는 정책을 펼쳐 네이버 블로그의 독주가 시작되었고 모바일 최적화 과정을 거치면서 인기 있는 서비스가 되었다.
- 검색 결과와 연동되는 개방성으로 인해 네이버 검색광고 시스템에서 광고를 집행할 수 있다.

7) 숲, SOOP(구, 아프리카 TV)

- 2006년부터 시작한 서비스로 누구나, 언제, 어디서든 인터넷 방송을 할 수 있다는 것을 모토로 내세운 개인방송 전문 플랫폼이다.
- 별풍선이라는 제도를 최초로 도입하여 시청자들의 선물을 통해 수익 창출이 가능해지자 전업 BJ(Broadcasting Jockey)가 생길 정도로 1인 미디어 시대를 본격적으로 연 소셜 미디어이다.
- 유튜브의 등장으로 많은 BJ들이 유튜브 크리에이터로 옮겨가는 우여곡절을 겪기도 했다.
- 2024년 글로벌 진출을 선언하며 회사명을 숲(SOOP)으로 바꾸었다.

8) 엑스(X)

- 트위터(Twitter)라는 이름으로 미국에서 2006년에 시작된 텍스트 기반의 소셜 미디어이다.
- 140자의 짧은 문자를 쉽게 작성(Tweet, 트윗이라고도 부름)하고 리트윗(Retweet)하는 방식으로 인기를 끌었다.
- SNS에 연결된 결제 플랫폼을 구상하던 테슬라의 CEO 일론 머스크가 2022년에 인수하면서 엑스(X)로 이름을 변경하였다.

9) 틱톡(TikTok)

- 2016년 중국에서 만들어 150개 국가 및 지역에서 75개 언어로 서비스되고 있으며 20대 이하 사용자가 약 63%를 차지하고 있다.
- 15초에서 10분 길이의 숏폼(Short-Form) 비디오 형식으로 영상을 제작하고 공유할 수 있는 소셜 네트워크 서비스이다.
- 음악과 결합한 챌린지에 많이 활용되는 서비스로 미국 대중음악 시장에도 큰 영향을 미치고 있다.
- 고품질의 영상을 짧은 시간에 만들 수 있는 쉬운 편집 서비스를 제공하며 인스타그램 릴스, 유튜브 쇼츠 등 경쟁업체가 따라 할 만큼 영향력이 커지고 있다.
- 개인정보 수집을 통해 관심사를 파악하여 관련 영상을 노출하는 기능이 유튜브보다 뛰어난 것으로 알려져 있다.
- 중국 버전으로 抖音(Dǒuyīn, 더우인)이라는 이름으로 서비스하며 중국 이외 지역에서는 다운받을 수 없다.

10) 링크드인(Linked In)

- 페이팔 출신의 리드 호프먼과 IBM 출신의 에릭 리가 2003년에 만든 비즈니스 전문 소셜 미디어 플랫폼이다.
- 일반적인 소셜 미디어와는 다르게 특정 업계 사람들이 서로 구인·구직, 동종업계 정보 팔로우 등을 파악할 수 있는 서비스이다.
- 2016년에 마이크로소프트가 인수하였다.

11) 왓츠앱(WhatsApp)

- 2009년 야후 출신의 브라이언 액턴과 얀 쿰이 개발한 모바일 메신저이다.
- 데이터 통신을 통해 문자로는 추가 과금 없이 무제한으로 메시지를 주고받을 수 있으며, 왓츠앱 사용자끼리 VoIP를 통한 무료 음성통화도 지원된다.
- 초기에는 1년 무료 사용 후 비용을 지불하는 유료 정책으로 운영되었으나 페이스북에 인수된 이후 전면 무료로 바뀌었다.
- 광고를 게재하지 않고 페이스북이나 인스타그램 사용자를 연결하는 메시징 서비스에만 치중하는 것이 특징이다.
- 월 활동 사용자가 26억 명이 넘어 전 세계에서 가장 많은 사용자를 보유한 메신저이지만 우리나라에서는 카카오톡에 밀려 사용자가 많지 않다.

12) 위챗(Wechat)

- 중국의 기업 텐센트에서 2011년에 출시한 모바일 메신저이다.
- 중국어로는 웨이신(微信, Weixin)이라고 하는데, 미세하다는 뜻의 미(微)에 통신의 신(信)을 사용하여 번역하면 '아주 작은 통신'이라는 의미이다.
- 한국어는 물론 각종 언어로 서비스되고 있으며 자동 번역과 지갑 기능 등이 있어서 중국인을 대상으로 마케팅하거나 중국을 방문하는 사람들의 필수 앱이다.
- 특히 위챗의 미니 프로그램이 유명한데, 구글이 중국에서 철수한 이후 구글플레이 스토어를 사용할 수 없게 되자 위챗 안에서 앱을 사용할 수 있도록 만든 앱 속의 앱 생태계이다.
- 한국에서는 카카오톡의 등장과 함께 국민 메신저였던 네이트온(NateOn)이 자리를 잃은 것과 달리, 중국의 국민 메신저 QQ는 위챗을 운영하는 텐센트가 함께 서비스하고 있으며 중국인 중심으로 여전히 많은 사용자를 보유하고 있다.

13) 스냅챗(Snapchat)

- 2011년 레지 브라운, 바비 머피, 에반 스피겔에 의해 시작된 미국의 모바일 메신저 서비스이다.
- 보낸 메시지가 확인 후 24시간 안에 사라진다는 독특한 시스템을 기반으로 수신인이 내용을 확인하고 나면 사라지기 때문에 일명 '단명 메시지'로 불린다.
- 사생활 노출을 꺼리는 미국의 10대와 20대를 중심으로 큰 인기를 얻고 있다.
- 다른 SNS와 차별화되는 점은 받은 사람이 볼 수 있는 시간을 1초에서 10초까지 설정할 수 있다는 것으로, 시간이 지난 이후에는 받은 사람의 단말기 뿐만 아니라 스냅챗 서버에서도 영구 삭제된다.

14) 스레드(Thread)

- 페이스북을 운영하는 메타에서 2023년에 출시한 텍스트 기반의 소셜 미디어이다.
- 대표적인 중앙화 플랫폼인 페이스북, 인스타그램과 달리 스레드는 누군가 소유하거나 제어하지 않는 페디버스(Fediverse) 플랫폼으로 다른 소셜 네트워크와 연동하고 소통하는 탈중앙화(Decentralization) 방식을 구현한다.
- 페디버스는 연방(Federal)과 우주(Universe)의 합성어로 여러 서버의 연합으로 구성된 탈중앙화 소셜 네트워크를 뜻한다.
- 메타에 따르면 스레드는 액티비티 펍(Activity Pub)이라는 프로토콜을 활용해 궁극적으로 어느 서비스와도 연동할 수 있는 탈중앙 형태의 웹3.0 기반 소셜네트워크를 위해 만들어졌다고 한다.
- '실타래'라는 뜻의 Thread라는 이름처럼 관심사를 기반으로 대화를 이어가게 한 것이 특징이며 많은 면에서 엑스와 유사하다.

Quiz

01 세계 최초의 소셜 미디어는 페이스북이다. ○ ☒

02 카카오톡은 동일한 취향과 취미를 가진 사람들과 소통하기에 적합하다. ○ ☒

03 크리에이터가 수익을 창출하기에는 유튜브가 적합하다. ○ ☒

04 틱톡은 일론 머스크가 트위터를 인수한 뒤 이름을 바꾼 기업이다. ○ ☒

05 획득미디어(Earned Media)는 대가를 지불하고 광고를 게재하는 매체를 말한다. ○ ☒

06 소셜미디어는 용도에 따라 관계, 견해, 경험의 세 가지로 구분되기도 한다. ○ ☒

07 인스타그램은 견해 중심의 소셜미디어로 실시간 의견 공유에 초점을 맞춘다. ○ ☒

08 소유미디어는 사용자가 운영 권한을 가지며 콘텐츠를 자유롭게 통제할 수 있다. ○ ☒

09 획득미디어는 소비자가 정보를 생산하지만 예산은 거의 들지 않는다. ○ ☒

10 유튜브는 콘텐츠 제작자와 광고 수익을 공유하며 창작자 생태계를 형성했다. ○ ☒

정답	01 ×	02 ×	03 ○	04 ×	05 ×
	06 ○	07 ×	08 ○	09 ×	10 ○

해설
01 일반적으로 1995년에 서비스를 시작한 클래스메이트(Classmate)와 1997년 서비스를 시작한 식스디그리 (SixDegrees)를 최초의 소셜 미디어로 정의한다.
02 카카오톡은 취향이나 취미가 아닌, 연락처를 바탕으로 지인과 소통하는 플랫폼이다.
04 일론 머스크가 트위터를 인수하여 '엑스'로 이름을 바꾸었다.
05 대가를 지불하고 광고를 게재하는 것은 지불미디어에 대한 설명이다.
07 인스타그램은 경험 중심의 소셜미디어에 해당한다.
09 획득미디어는 사용자의 자발적 콘텐츠 확산이 발생하지만, 이를 유도하기 위한 마케팅 비용(인플루언서 섭외, PR비용 등)이 발생할 수 있다.

01 다음에서 설명하는 소셜 미디어 플랫폼으로 가장 적절한 매체는?

> • 2016년에 150개 국가 및 지역에서 75개 언어로 시작한 서비스이다.
> • 15초에서 10분 길이의 숏폼(Short-Form) 비디오 형식으로 영상을 제작하고 공유할 수 있는 소셜네트워크 서비스이다.
> • 음악과 결합된 챌린지에 많이 활용되는 서비스로 미국 대중음악 시장에도 큰 영향을 미치고 있다.

① 틱톡
② 스냅챗
③ 인스타그램
④ 트위터

02 다음 소셜 미디어 중 짧은 포맷의 영상 콘텐츠를 업로드하는 플랫폼 중 하나로 중국의 기업이 만든 것은?

① 인스타그램
② 유튜브
③ 틱톡
④ 페이스북

03 다음 중 소셜 미디어 플랫폼별 강·약점에 대한 설명으로 틀린 것은?

① 인스타그램은 다양한 필터 기능을 가지고 있다.
② 관심사와 활동을 바탕으로 하는 할인 프로모션 정보의 전달은 페이스북보다 카카오톡이 더 뛰어나다.
③ 네이버 밴드는 동일한 취향과 취미를 가진 사람들과 소통하기에 적합하다.
④ 크리에이터가 수익을 창출하기에는 유튜브가 적합하다.

04 디지털 미디어는 기업의 통제 권한과 비용 유무에 따라 분류할 수 있다. 다음 설명에 해당하는 미디어는 무엇인가?

> • 일반 사용자들이 제품에 대한 후기 등을 소셜 미디어에 올리는 것을 말한다.
> • 다량의 브랜드 정보가 고객 사이에 구전되도록 유도하는 서포터즈, 체험단, 기자단 등이 대표적이다.

① 공유미디어
② 지불미디어
③ 소유미디어
④ 획득미디어

05 다음 중 소셜 네트워크 서비스의 종류로 분류하기 어려운 서비스는?

① 네이버 밴드
② 카카오스토리
③ 링크드인
④ 넷플릭스

06 다음 중 '획득미디어'의 예로 가장 적절한 것은?

① 기업 웹사이트 운영
② 인스타그램 피드 광고
③ 파워 블로거의 리뷰 콘텐츠
④ 디스플레이 광고 캠페인

07 다음 중 소셜미디어 유형에 대한 설명으로 옳지 않은 것은?

① '견해형' 소셜미디어는 의견 공유에 초점을 둔다.
② '경험형' 소셜미디어는 시청각 기반 콘텐츠 중심이다.
③ '관계형' 소셜미디어는 비즈니스 중심의 네트워킹에 활용된다.
④ '견해형'에는 스레드와 엑스가 포함된다.

08 다음 중 유튜브의 주요 특징이 아닌 것은?

① 창작자 수익 분배 구조
② 구글의 알고리즘 기반 운영
③ 오픈형 페디버스 프로토콜 기반
④ 동영상 중심의 콘텐츠 플랫폼

09 다음 중 스레드에 대한 설명으로 옳은 것은?

① 광고 수익 모델이 중심인 대표적 지불미디어이다.
② 메타에서 개발되었으며 폐쇄형 SNS 구조를 지닌다.
③ 웹1.0 기반의 HTML 페이지 기술을 활용한다.
④ 페디버스를 기반으로 연동이 가능한 탈중앙 소셜미디어이다.

10 다음 중 '지불미디어'에 해당하는 것은?

① 언론 기사 공유
② 브랜드 운영 블로그
③ 피드 광고
④ 파워 블로거의 콘텐츠

01 ①	02 ③	03 ②	04 ①	05 ④
06 ③	07 ③	08 ③	09 ④	10 ③

01 ①

오답 피하기

- ②: 보낸 메시지가 확인 후 24시간 안에 사라진다는 독특한 시스템의 모바일 메신저 서비스이다.
- ③: 다양한 필터 기능으로 보정한 사진을 앱에 공유하고 '좋아요'를 누르는 방식이 인기를 끌고 있는 사진 공유 플랫폼이다.
- ④: 140자의 짧은 문자를 쉽게 작성하고 리트윗하는 텍스트 기반의 소셜 미디어로 이름이 엑스로 변경되었다.

02 ③

틱톡은 15초에서 10분 길이의 짧은 포맷의 영상 콘텐츠를 제작·공유할 수 있는 중국의 숏폼 동영상 플랫폼이다. 틱톡(TikTok)은 국제 버전의 이름이며 중국 버전은 抖音(Dǒuyīn, 더우인)라는 이름으로 서비스하며 중국 이외 지역에서는 다운받을 수 없다.

03 ②

카카오톡은 문자 메시지를 주고받는 서비스이고, 문자는 개인정보에 해당하므로, 관심사와 활동을 추적하는 데에 한계가 있다(연령이나 성별 및 지역 타겟을 활용한 할인 프로모션은 가능). 반면 페이스북은 학력과 경력, 취미, 좋아요, 댓글 팔로우, 위치 등의 관심사와 활동 데이터를 기반으로 정보를 전달하는 소셜 미디어의 특징을 그대로 가지고 있다. 따라서 관심사와 활동을 바탕으로 하는 할인 프로모션 정보의 전달은 페이스북이 더 뛰어나다.

04 ①

오답 피하기

문제의 내용은 소유 미디어, 획득 미디어, 지불 미디어 어느 것에도 포함되지 않는다. 공유 미디어(Shared media)는 필립 코틀러 박사의 마케팅 입문이라는 책에 등장하는 단어로, 일반 사용자들이 제품에 대한 후기 등을 소셜 미디어에 올리는 것을 말한다. 다량의 브랜드 정보가 고객 사이에 구전되도록 유도하는 서포터즈, 체험단, 기자단 등이 대표적이다('공유 미디어'는 아직 널리 사용되지 않다고 판단하여 본문에서는 설명을 제외함).

05 ④

넷플릭스는 콘텐츠를 보는 일방적인 서비스이므로 양방향 소통을 중심으로 하는 소셜 미디어와는 거리가 있다.

06 ③

획득미디어는 소비자가 정보를 생산하고 공유하는 형태로, 파워 블로거나 유튜버의 콘텐츠가 대표적인 사례이다.

07 ③

관계형 소셜미디어는 일반적인 친목이나 지인과의 연결에 초점을 두기 때문에, 페이스북, 카카오스토리가 해당되며, 비즈니스 중심 네트워킹은 링크드인이 해당한다.

08 ③

유튜브는 구글의 중앙화된 플랫폼이며, 스레드처럼 탈중앙화 기반인 페디버스 기술과는 무관하다.

09 ④

스레드는 ActivityPub 기반으로 다양한 플랫폼과 연동되는 탈중앙형 SNS이며, 웹3.0 기술이 적용되었다.

10 ③

지불미디어는 기업이 광고비를 지불하고 소비자에게 노출하는 미디어로, 피드 광고가 대표적이다.

SECTION 03

출제빈도 상 중 하
반복학습 1 2 3

소셜 미디어 마케팅의 주요 전략

▶ 합격 강의

빈출 태그 ▶ 목표 설정 방법, 소셜 미디어 마케팅, 퍼널 마케팅, 용어 설명

01 소셜 미디어 마케팅의 이해

1) 목표 설정 방법(SMART)

① 목표 설정의 의의

소셜 미디어 마케팅을 진행하기 위해서는 우선 목표를 명확히 설정해야 전략도 구체화할 수 있으며 캠페인 참여자들의 활동 방향을 제시할 수 있다.

② 목표 설정 시 고려 사항

- Specific(구체적): 구체적이고 명확해야 한다.
- Measurable(측정이 가능한): 측정이 가능한 것이어야 한다.
- Achievable(달성이 가능한): 달성이 가능해야 한다.
- Relevant(사업 연관된): 사업과 관련된 목표여야 한다.
- Time-Bound(기한이 있는): 달성 기간을 설정해야 한다.

③ 좋은 목표의 예시

- 구체적 목표: 이번 캠페인을 통해 회원수를 늘린다.
- 명확한 목표: 회원수를 늘리기 위해 메타에 광고를 집행한다.
- 측정이 가능한 목표: 한 달 동안 회원을 1,000명 늘린다.

2) 퍼널 마케팅(Funnel Marketing)

① 퍼널 마케팅의 개념

- 퍼널 마케팅이란 고객을 구매까지 이르도록 만드는 과정을 Funnel(깔때기)로 표현한 것으로, 마케팅 퍼널이라고도 부른다.
- 단계별 고객을 정의하고 각 퍼널의 캠페인 목표에 맞도록 마케팅 믹스를 하여야 한다.
- 일반적으로 상단의 퍼널 입구 부분이 고객의 모수가 가장 많고 이탈률도 가장 높으며 아래로 내려갈수록 모수와 이탈률이 줄어든다.

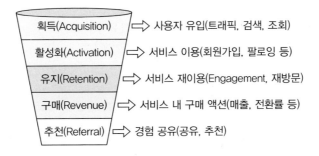

② 퍼널의 단계별 고려 사항

단계	고려사항	활동
획득 (Acquisition)	• 제품이나 서비스의 활성 사용자를 분석하여 해당 타겟에 맞는 광고 진행 • 이 단계에서는 소셜 미디어 광고 캠페인에서 인지도와 도달률, 트래픽 등의 목표를 설정	프로모션
활성화 (Activation)	• 사용자가 일단 유입되면 콘텐츠를 통해 만족도를 높이고 지속적인 관계를 맺는 것이 필요 • 관계 형성은 회원가입, 구독, 팔로우, 뉴스레터 가입 등의 방법을 통해 진행할 수 있음 • 이 단계에서는 소셜 미디어 광고 캠페인에서 잠재고객 등의 목표를 설정	브랜드 콘텐츠, 팔로우 유도 게시물 등을 통한 회원가입, 구독, 팔로우, 뉴스레터 가입 유도
유지 (Retention)	• '좋아요, 댓글, 공유'와 같은 참여도(Engagement)를 높여 재방문을 유도하는 단계로, 이를 통해 제품 사용 경험 등을 자연스럽게 제공할 수 있음 • 기존 방문자를 대상으로 리타겟팅 광고를 집행하거나 정보성 푸시 메시지나 이메일 등으로 브랜드를 상기시킬 필요가 있음 • 이 단계에서는 소셜 미디어 광고 캠페인에서 참여 등의 목표를 설정	커뮤니티 관리, Q&A 활성화, 고객 후기 공유
구매 (Revenue)	• 브랜드에 관심 있는 소비자를 대상으로 구매 전환을 유도하는 단계 • 쿠폰이나 마일리지 제공, 신상품 정보와 이벤트 등을 통해 충성고객을 만들 수도 있음 • 이 단계에서는 소셜 미디어 광고 캠페인에서 전환, 판매 등의 목표를 설정	할인 정보 안내, 구매 후기 리마케팅 등
추천(Referral)	직접 추천이나 공유를 통해 신규 사용자 획득의 선순환 형성	UGC 캠페인(사용자 생성 콘텐츠), 추천 이벤트 등

02 소셜 미디어 마케팅 활용 방법

1) 소셜 미디어 운영(SMM, Social Media Management 또는 콘텐츠 마케팅)

- 소셜 미디어는 충실도가 높은 사용자들을 끌어들임으로써 커뮤니티를 형성하고 비즈니스 기회를 창출하는 사업 모델을 가지고 있다.
- 광고를 매체에 태우는 방식의 매스미디어와 달리 소셜 미디어는 텍스트, 이미지, 동영상 등의 콘텐츠를 통해 잠재고객을 모으고 관리하며 해당 콘텐츠를 광고에 그대로 활용한다는 특징이 있다.
- 소셜 미디어 최적화(SMO, Social Media Optimization) 작업을 통해 소비자와의 유기적(Organic)인 연결을 하는 것이 중요하다.

소비자와의 유기적 연결 방법	• 광고성 콘텐츠보다 소비자가 공감할 수 있는 콘텐츠 만들기 • 제품이나 서비스보다 고객이나 직원을 주인공으로 만들기 • 하나의 매력적인 콘텐츠보다 소소한 콘텐츠를 꾸준히 만들기 • 정기적인 콘텐츠 생산으로 브랜드의 신선함 유지하기 • 참여를 유도할 수 있는 정기적인 이벤트 진행하기

➕ 더 알기 TIP

SEO(Search Engine Optimization)은 자사의 홈페이지가 검색엔진에 잘 노출될 수 있도록 최적화하는 작업으로 검색광고 마케팅의 범주에 해당한다.

2) 소셜 미디어 광고(퍼포먼스 마케팅)

- 비용을 지불하고 광고를 집행하면 더 많은 사용자에게 콘텐츠를 노출할 수 있다.
- 사용자의 반응을 즉각적으로 확인할 수 있다는 점이 전통적인 매스미디어를 활용한 광고와 소셜 미디어 광고를 구분하는 가장 큰 특징이며, 이렇게 소셜 미디어를 활용하는 광고를 소셜 미디어 광고(Paid Ads) 또는 퍼포먼스 마케팅이라고 부른다.
- 퍼포먼스(Performance) 마케팅이란 마케터가 목표로 하는 소비자 액션(Action)을 설정하고 해당 액션이 일어났을 때 비용을 지불하는 광고이다.
- 소비자 액션은 클릭, 구독, 구매 또는 다운로드 등을 말하며 일반적으로 전환(Conversion)이라고 부른다.

3) 플랫폼별 소셜 미디어 마케팅 전략

① 인스타그램

- 타겟 오디언스가 즐겨 검색하는 단어를 바탕으로 커뮤니티 해시태그를 활용하여 콘텐츠를 확산시킬 수 있다.
- 인스타그램 크리에이터 혹은 인플루언서와 협업 시 브랜디드 콘텐츠 기능을 활용할 수 있다.
- 이미지와 영상을 활용한 트렌디한 콘텐츠로 타겟에게 노출될 가능성이 크다.
- 최근 업데이트를 통해 콘텐츠 공유가 가능한 리포스트 기능이 도입되었으며, 틱톡의 영상 편집 앱인 캡컷(Capcut)과 경쟁하기 위해 인스타그램 전용 영상 편집 앱인 '에디츠(Edits)'를 출시하는 등 사용자 친화적인 서비스를 도입하고 있다.
- 인플루언서에게 금전적인 혜택을 지불하는 경우 공정거래위원회의 '추천 · 보증 등에 관한 표시 · 광고 심사 지침'에 따라 협찬 사실을 공개해야 한다.

② 유튜브

- 콘텐츠가 영상을 통해 송출되어 공감대 형성에 효과적인 플랫폼이다.
- 브랜드 뒷이야기나 소비자 인터뷰 등 다양한 홍보영상을 업로드하고 쉽게 공유할 수 있다.
- 인플루언서나 유튜버에게 금전적인 혜택을 지불하는 경우 공정거래위원회의 '추천 · 보증 등에 관한 표시 · 광고 심사 지침'에 따라 협찬 사실을 공개해야 한다.

➕ 더 알기 TIP

인플루언서는 타인에게 영향력을 끼치는 사람(Influence + er)이라는 뜻의 신조어로, 소셜 미디어의 방대한 팔로워를 기반으로 다른 사람들에게 영향을 미치는 사람을 말한다. 최근 소셜 미디어에서 영향력이 크게 확대되어감에 따라 MZ 세대를 겨냥하여 영향력 있는 개인을 활용한 '인플루언서 마케팅'이 많이 활용되고 있다.

03 소셜 미디어 마케팅의 장점

- 상호작용이 가능하여 사용자의 관심사나 위치 등에 따라 개별화가 쉽고 맞춤형 콘텐츠를 제작할 수 있다.
- 중요한 마케팅 콘텐츠를 소비자에게 언제 어디서나 시의적절하게 제공할 수 있으므로 브랜드 인지도 향상에 효과적이다.
- 브랜드 콘텐츠와 경험을 형성하는 방식으로 새로운 고객 확보의 기회를 제공한다.
- 팬들과 경험, 정보 그리고 생각을 공유할 수 있는 효과적인 커뮤니티를 형성할 수 있다.

- 들이는 노력에 비해 성과가 쉽게 드러나지 않지만, 부정적인 여론을 얻게 되면 역풍을 맞기 쉽다.
- 무턱대고 소비자에게 접근하기보다는 매력적인 콘텐츠를 꾸준히 개발하여 사용자의 공감을 받을 수 있어야 한다.
- 예 인스타그램의 DM이나 페이스북 메신저 등을 통해 프로모션을 보내고 참여를 유도하는 등의 행위는 사용자들의 거부감을 불러일으킬 수 있으므로 주의해야 한다.
- 소비자들이 소셜 미디어 콘텐츠에 미치는 영향력은 통제가 거의 불가능하다.

F 기적의 TIP

사례 연구

- 미국의 한 제과업체 신제품 출시를 앞두고 새로운 감자칩의 맛을 자사의 소셜 미디어에 등록하면 과자 봉지 디자인을 해주는 '맛을 부탁드려요'라는 캠페인을 진행했다. 100만 달러(약 13억 원)의 상금이 걸린 이 경연대회에는 '바삭한 개구리 맛', '파란 치즈 맛', '썩은 치약 맛', '7학년 탈의실 맛' 등 판단하기 어려운 엉터리 맛들이 수도 없이 올라와 캠페인의 분위기를 어수선하게 만들었다.
- 기업이나 기관의 소셜 미디어는 다음과 같은 3단계 프로세스로 대응하는 것이 효과적이다.

단계	프로세스	방법
1	감정(Assessment)	글을 발견하면 그것이 긍정적인지 부정적인지 면밀히 조사하고 구체적으로 감정(검토)
2	평가(Evaluation)	• 긍정적인 글에는 대응하지 않거나 관련된 스토리 추가 공유 • 부정적인 글은 낚시질, 분노, 정보 오류, 고객 불만 등 4가지 유형으로 분류
3	대응(Respond)	• 감정 및 평가를 통해 나온 판단을 근거로 공개 및 대응 방안을 결정 • 공개는 사실 공개와 정보원 공개 중 선택 • 대응은 즉각 대응과 시간을 둔 공식 대응 그리고 주요 영향력이 있는 인플루언서 활용 중 가장 효과적인 것을 선택

- 조사 결과 해당 업체는 장난스러운 낚시질일 뿐, 분노나 고객 불만은 아니라고 평가했고 화려한 색상의 과자 봉지 디자인을 공개하며 다음과 같은 메시지로 대응하는 것으로 행사를 기분 좋게 마무리했다.
- "7학년 탈의실? 맛있는 칩 같지는 않네요! 잘 간직해 두었다가 다음 기회에 100만 달러를 받을 수 있는 멋진 아이디어로 바꾸어 주세요. 저희 신제품은 여러분이 상상하는 그 이상의 맛으로 찾아오겠습니다."

용어	설명
노출수(Impression)	광고가 미디어에 게재되어 노출된 횟수 ᆀ 1백만 노출수는 1백만 번 광고가 나갔다는 말이며 광고를 본 사람은 최소 1백만 명이거나 그보다 적음
도달수(Reach)	광고를 본 사용자 숫자 ᆀ 1백만 도달 수는 총 1백만 명에게 1회 이상 광고가 노출되었다는 뜻이며 광고 노출수는 1백만 번 보다 많을 가능성이 높음
빈도수(Frequency)	사용자 1명에게 광고가 노출된 횟수
전환수(Conversion)	광고의 실적을 측정한 값으로 결제 건수, 상담 신청수, 통화 건수 등을 말함
전환가치(Conversions Value)	1회 전환 시 발생하는 매출액의 가치를 말하며 1회 구매 시 평균적으로 결제하는 금액인 '객단가'와 같은 의미로 사용됨
전환율(CVR, Conversion Rate)	광고를 클릭한 사람 중에서 구매나 상담 등 실제 전환으로 연결된 비율
조회율(View Rate)	노출수 대비 동영상 광고 유료 조회수의 비율로 배너 광고의 클릭률과 유사한 개념으로 사용됨 ᆀ 노출수가 1,000회인 광고의 유료 조회수가 10회라면 조회율은 1%
트루뷰(TrueView)	실제로 광고를 본 조회수를 말함
인스트림(Instream)	Stream은 방송 시청을 의미하므로 In-stream 또는 Instream은 동영상을 시청하려는 상황을 말함
아웃스트림(Outstream)	동영상을 보고 난 다음이라는 뜻
CPM(Cost Per Mille)	광고 1,000회 노출당 비용 ᆀ CPM 10,000원이라면 1회 노출당 10원이라는 뜻
oCPM(Optimize CPM)	성과에 따른 노출을 말하며 메타의 일반적인 광고 방식인 다이내믹 입찰 방식을 부르는 용어
vCPM(Active View CPM)	조회 가능 노출 1,000회당 비용
tCPM(Target CPM)	타겟 대상 노출 1,000회당 비용
CPC(Cost Per Click)	클릭 1회당 비용
CPA(Cost Per Action)	전환 1회당 비용(구매, 방문, 통화 등 캠페인의 목표를 달성하는 것을 전환이라고 부름)
CPI(Cost Per Install)	설치 1건당 비용(앱 다운로드)
CPV(Cost Per View)	조회 1건당 비용(동영상)
ROAS(Return On Ad Spend)	투입한 광고비 대비 매출액으로 '광고수익률'이라고도 함

01 한류 스타는 소셜 미디어의 방대한 팔로워를 기반으로 다른 사람들에게 영향을 미치는 사람을 부르는 용어이다. ☐O ☒X

02 피드와 스토리 릴스 등 이미지와 동영상에 제품 태그를 삽입한다. ☐O ☒X

03 고객에게 프로모션 내용에 대해서 DM을 지속적으로 보내어 참여를 유도하면 효과적이다. ☐O ☒X

04 인스타그램은 다양한 필터 기능을 가지고 있다. ☐O ☒X

05 금전적인 혜택이나 협찬을 받는 경우 인플루언서나 유튜버가 해당 사실을 공개할 의무는 없다. ☐O ☒X

06 퍼포먼스 마케팅은 퍼포먼스 마케팅은 성과 중심 과금 방식을 사용하여 광고가 노출되었을 때 비용을 지불한다. ☐O ☒X

07 SMART 목표 설정 중 'Achievable'은 측정이 가능한 목표를 의미한다. ☐O ☒X

08 '도달수'는 광고가 노출된 횟수를 의미한다. ☐O ☒X

09 퍼널 마케팅에서 '유지(Retention)' 단계는 고객의 재방문을 유도하는 단계이다. ☐O ☒X

10 소셜미디어는 매스미디어와 콘텐츠 제작과 확산 방식이 다르며, 유기적 연결이 중요하다. ☐O ☒X

정답	01 ✕	02 ○	03 ✕	04 ○	05 ✕
	06 ✕	07 ✕	08 ✕	09 ○	10 ○

해설	01 인플루언서에 대한 설명이다.

01 인플루언서에 대한 설명이다.
03 프로모션 내용에 대해 DM을 지속적으로 보내는 것은 고객을 불편하게 할 수 있다.
05 혜택과 협찬을 받는 경우 사실을 공개해야 한다.
06 광고가 전환되었을 때 비용을 지불한다.
07 'Achievable'은 달성이 가능함을 의미한다.
08 '도달수'는 '광고를 본 사람의 수'를 말하고, '노출수'는 '보여진 횟수'를 뜻한다.

예상문제

01 다음 중 소셜 미디어 마케팅의 범주에 포함되지 않는 것은?

① SMM(Social Media Management) 마케팅
② Paid Ads(광고) 마케팅
③ 콘텐츠 마케팅
④ SEO(Search Engine Optimization)

02 다음 중 인스타그램 공식 채널 운영 시 권장하는 전략이 아닌 것은?

① 타겟 오디언스가 즐겨 검색하는 단어를 이용한 커뮤니티 해시태그 활용
② 프로모션 내용을 인플루언서가 인스타그램 외에 별도의 앱 설치를 통해 리포스팅
③ 인스타그램 크리에이터와 협업 시 브랜디드 콘텐츠 기능 활용
④ 이미지와 영상을 활용한 트렌디한 콘텐츠로 타겟에게 노출

03 기업 소셜 미디어 담당자가 브랜드 콘텐츠 마케팅 전략을 구성하고 있다. 다음 중 가장 적합하지 않은 마케팅 전략은?

① 인스타그램의 경우 브랜드 컨셉을 보여주는 계정을 별도로 운영
② 리뷰 콘텐츠를 인플루언서들과 협력하여 제작 및 배포
③ 금전적인 혜택이나 협찬을 받은 인플루언서나 유튜버가 해당 사실을 공개하지 않고 홍보
④ 여론 형성을 위해 커뮤니티와 협력하여 프로모션을 진행

04 다음 중 소셜 마케팅 전략을 통해 비즈니스가 가질 수 있는 이점이 아닌 것은?

① 브랜드 인지도 향상
② 새로운 고객 확보의 기회 제공
③ 검색 SEO 최적화
④ 고객과 정보 공유 커뮤니티 형성

05 다음 중 기업에서 소셜 미디어 도입과 관련해서 부정적 피드백(댓글)의 폐해가 걱정될 시 생각할 수 있는 '소셜 미디어 대응 프로세스'가 아닌 것은?

① 감정(Assessment)
② 평가(Evaluate)
③ 대응(Respond)
④ 보고(Report)

06 다음 중 SMART 목표 설정에 해당하지 않는 것은?

① Specific
② Measurable
③ Realistic
④ Time-Bound

07 다음 중 퍼널 마케팅의 단계 중 '활성화(Activation)'에 해당하는 활동은?

① 리타겟팅 광고
② 구매 유도
③ 팔로우 유도
④ 공유 유도

08 다음 중 소셜미디어 콘텐츠 전략으로 적절한 것은?

① 대량 광고 중심 콘텐츠
② 제품 중심 이미지 반복 노출
③ 소비자 공감형 콘텐츠 제작
④ 매체 광고에만 의존

09 다음 중 퍼포먼스 마케팅에 대한 설명으로 옳은 것은?

① 비용을 들이지 않고 자연 노출을 추구하는 방식
② 클릭수에 따라 자동 과금되지 않는 방식
③ 소비자 액션에 따라 과금되는 광고 방식
④ TV와 신문 광고를 혼합하는 전통적 방식

10 다음 중 인스타그램 마케팅의 특징으로 적절하지 않은 것은?

① 커뮤니티 해시태그 활용
② 리그램 기능이 내장되어 있지 않음
③ 트렌디한 이미지 콘텐츠 활용
④ 브랜디드 콘텐츠 기능 활용 가능

정답 & 해설

01 ④	02 ②	03 ③	04 ③	05 ④
06 ③	07 ③	08 ③	09 ③	10 ②

01 ④

SEO(Search Engine Optimization)은 자사의 홈페이지가 검색엔진에 잘 노출될 수 있도록 최적화하는 작업으로 검색광고 마케팅의 범주에 해당한다. 나머지는 소셜 미디어 마케팅의 범주에 포함되는 것이다.

오답 피하기

- ①: SMM(Social Media Management) 마케팅은 소셜 미디어를 활용한 마케팅을 말한다.
- ②: Paid Ads(광고) 마케팅에서 Paid는 지불한다는 의미로 광고비를 지출하는 마케팅을 말한다.
- ③: 콘텐츠 마케팅은 양질의 콘텐츠로 사용자를 모은 후 피드에 브랜드를 노출하거나 이벤트를 활용해 관심 있는 사용자의 구매를 유도하는 마케팅 방식을 말한다.

02 ②

인스타그램은 자체적인 리그램 기능이 없어 필요한 경우 별도의 리그램 앱을 설치하여 사용해야 했으나, 최근 업데이트를 통해 콘텐츠 공유가 가능한 리포스트 기능이 도입되었으며, 틱톡의 영상 편집 앱인 캡컷(Capcut)과 경쟁하기 위해 인스타그램 전용 영상 편집앱인 '에디츠(Edits)'를 출시하는 등 사용자 친화적인 서비스를 도입하고 있다.

03 ③

인플루언서나 유튜버 등에게 금전적인 혜택을 지불하는 경우 공정거래위원회의 '추천·보증 등에 관한 표시·광고 심사 지침'에 따라 협찬 사실을 공개해야 한다.

04 ③

검색 SEO 최적화는 검색 마케팅 전략을 통해 비즈니스가 가질 수 있는 이점이다.

05 ④

소셜 미디어 대응 프로세스는 감정(Assessment), 평가(Evaluate), 대응(Respond)의 3단계로 이루어진다.

06 ③

SMART 목표는 구체성(Specific), 측정 가능성(Measurable), 달성 가능성(Achievable), 관련성(Relevant), 기한 설정(Time-Bound)을 의미하며, Realistic은 SMART 요소 중 하나가 아니다.

07 ③

'활성화' 단계는 유입된 사용자가 회원가입, 구독, 팔로우, 뉴스레터 가입 등을 통해 관계를 형성하는 단계이다.

08 ③

소셜미디어 콘텐츠는 공감을 유도하는 것이 핵심이다. 소비자 중심 콘텐츠가 유기적 연결에 효과적이다.

09 ③

퍼포먼스 마케팅은 클릭, 전환, 구매 등의 소비자 액션이 발생했을 때만 비용을 지불하는 성과 기반 광고를 말한다.

10 ②

인스타그램은 최근에 리포스트(리그램, 재공유) 기능이 내장되어 인스타그램 자체적으로 리그램이 가능하다.

소셜 미디어 콘텐츠 유형

▶ 합격 강의

01 소셜 미디어 크리에이티브 스토리텔링

1) 모바일 최적화

- 자유롭게 스크롤하여 수 초 만에 콘텐츠를 넘나들 수 있는 모바일 환경은 사람들이 콘텐츠를 소비하는 방식에 근본적인 변화를 가져왔다.
- 모바일이 중심인 소셜 미디어 환경에서는 사용자의 관심을 사로잡는 것이 가장 중요하다.
- 모바일에서 타겟의 관심을 사로잡고 관계를 구축하려면, 사람들이 다양한 콘텐츠를 넘나드는 속도를 고려하여 모바일에 최적화된 동영상 광고를 제작하는 것이 효과적이다.

2) 소셜 미디어 크리에이티브 스토리텔링 기법

- 소셜 미디어 전문 기업인 메타(Meta)에 따르면 길이가 15초 이하인 짧은 동영상 광고가 더욱 높은 비즈니스 성과를 끌어낸다.
- 기승전결로 이어지는 순차적인 스토리 구성과 주요 내용이 먼저 등장하고 스토리가 전개되면서 자세한 정보가 이어지는 비순차적인 스토리 구성도 성과에 차이를 보였다.

순차적 스토리텔링 기법	• 전통적인 미디어에서 사용하는 스토리텔링 기법으로 어느 정도의 시간 흐름에 따라 스토리를 전개 • 📌 제품 메시지를 먼저 보여준 후, 무료 배송 등의 보조 메시지를 노출한 뒤 멋진 모델이 "구매하세요."라는 행동을 유도
비순차적 스토리텔링 기법	모바일용 소셜 미디어에 적합한 스토리텔링 기법으로 다음의 방법이 있음 • 버스트(Burst): 초반에 강력한 즐거움을 선사해서 끝까지 시청하게 만듦 • 셔플(Shuffle): 영화 광고 트레일러처럼 콘텐츠를 짜깁기하여 첫 3~6초 이내에 주요 장면을 구성 • 펄스(Pulse): 스토리 구조를 패턴화하여 다음 순간 어떤 장면이 나올지 기대감 생성 • 부메랑(Boomerang): 반복 사용하여 비디오 내에서 최면 효과를 만듦 • 역행(Retrograde): 이야기의 끝과 시작을 뒤바꾸는 방식

- 두 방식의 광고 캠페인을 분석한 결과, 비순차적인 스토리 구조는 브랜드 인지도를 강화하고, 동영상 조회수를 높인다는 사실을 확인할 수 있다.

브랜드 인지도 강화	• 비순차적인 스토리텔링 기술을 활용한 동영상 광고는 순차적인 스토리 구조를 사용한 광고에 비해 주목도, 메시지 이해도, 브랜드 연관도 등 여러 지표에서 더 나은 성과를 보임 • 1,000명의 소비자 표본을 대상으로 다양한 스토리 구조의 동영상 광고를 테스트하였으며, 비순차적인 스토리 구조를 사용하는 광고가 상기 지표에 대해 효과가 높았음
동영상 조회수 증대	• 비순차적인 스토리 구조를 활용하는 동영상 광고는 순차적인 스토리 구조를 사용하는 동영상 광고보다 조회 시간이 더 길고, 조회수 및 고객과의 상호작용 비율이 더 높게 나타남 • 기존의 순차적 스토리 구조를 재배치하면 광고의 핵심 메시지를 유지하면서도 유머, 가치 제안, 클라이맥스 및 행동 유도를 더욱 매력적인 방식으로 강조할 수 있음

02 제작 방식에 따른 콘텐츠 유형

- 소셜 미디어는 제작 방식에 따라 텍스트, 동영상, 이미지 등으로 나눌 수 있으며 최근에는 3가지가 혼합되는 경향이 나타나고 있다.
- 페이스북의 경우 이미지와 동영상으로 범위를 확대하는 중이고, 트위터를 모방한 중국의 대표적인 소셜 미디어 웨이보(微博)는 140자 제한을 푼 이후 페이스북의 형태로 바뀌었다.

03 표현 방식에 따른 콘텐츠 유형

1) 기획 콘텐츠

- 상당한 준비 과정을 거쳐 제작하는 방송 수준의 콘텐츠를 말한다.
- 스토리보드를 바탕으로 기획하고 제작과 편집에 상당한 공을 들이는 방식으로 엔터테인먼트의 콘텐츠나 대부분의 정보 제공용 영상 콘텐츠를 제작할 때 사용되는 방법이다.

2) 브이로그(Vlog)

- 동영상(Video)과 기록(Log)을 뜻하는 단어의 합성어인 브이로그는 1993년 영국 BBC방송의 '비디오네이션'이라는 시리즈물에서 시청자들의 일상을 찍은 영상물을 방송한 것이 시초이다.
- 유튜브의 폭발적인 성장과 함께 동영상 플랫폼의 대표적인 콘텐츠 형태 중 하나로 자리매김하게 되었다.
- 기획 콘텐츠와 달리 자신의 일상 전체를 촬영한 뒤 특정 부분을 편집하는 방식으로 생생한 정보전달이나 여행 콘텐츠 등에 적합하다.

3) 숏폼 콘텐츠

- 15초에서 10분 이내의 짧은 영상을 말하며, 처음에는 3분 이내의 영상을 뜻했으나 정보통신 기술의 발달로 최근에는 10분까지 늘어났으며 더 늘어날 가능성도 있다.
- 틱톡이 숏폼 콘텐츠를 바탕으로 사용자의 체류 시간을 끌어올리면서 인스타그램 릴스와 유튜브 쇼츠 등의 유사한 서비스가 생겼다.
- 네이버도 클립이라는 숏폼 서비스를 오픈하였고 숏폼은 모든 플랫폼의 필수 콘텐츠로 자리매김하고 있다.

4) 라이브 스트리밍

- 실시간으로 시청자들과 소통하며 진행하는 방식의 콘텐츠를 말한다.
- 게임 방송이나 인터뷰, 공중파의 뉴스 채널 등의 콘텐츠에 적합하며 실시간 라이브 스트리밍 후 해당 영상을 즉시 공개할 수 있다는 장점이 있다.
- 유튜브, 인스타그램, 페이스북, 틱톡 등 거의 모든 플랫폼에서 해당 기능을 제공하고 있다.

04 디지털 마케팅 용어 정리

1) 밈(Meme)

- 인터넷 커뮤니티나 SNS 등지에서 퍼져나가는 여러 문화의 유행과 파생·모방의 경향, 또는 그러한 창작물이나 작품의 요소를 총칭하는 용어로 한국어로 '짤방'으로 불린다.
- 1976년 동물학자 리처드 도킨스가 저서 『이기적 유전자』에서 제시한 유전자(Gene)의 자기복제 현상을 디지털 시대의 빠른 전파 현상에 빗대어 표현한 것이다.

2) UGC(User Generated Contents)

- 과거에는 사용자가 직접 생성하는 콘텐츠를 UCC라고 불렀는데 최근에는 UGC라는 용어가 더 일반적으로 사용된다.
- UCC(User Creative Contents)는 사용자가 제작한 콘텐츠에 중점을 두고 파일 형태로 평가하는 반면, UGC는 소셜 미디어에 올라갔을 때 상위 노출이나 조회수, 댓글 등의 반응과 영향력까지 포함한 개념이다.

3) 페르소나(Persona)

- 매스미디어의 소통 방법이 브랜드의 장점과 특징을 소개하는 광고라면 소셜 미디어의 소통 방법은 소비자의 편익을 알려주고 설득하는 콘텐츠이다.
- 브랜드의 장점과 특징을 소비자에게 쉽게 전달하기 위해서 가상의 소비자를 상정하는 것이 효과적이다.
- 소비자의 나이, 성별, 거주지, 직업 등을 세세하게 고려할수록 편익은 구체화되고 설득은 효과적인데, 이렇게 구체화하는 가상의 소비자를 페르소나(Persona), 즉 가면이라고 부른다.
- 유튜버들이 자신의 구독자를 부르는 애칭도 넓은 범위에서 페르소나에 해당한다고 볼 수 있다.

4) 챗 GPT(Chat Generative Pre-Trained Transformer)

- 생성형 AI로 대화, 이미지, 동영상, 음악 등 새로운 콘텐츠와 아이디어를 만들 수 있는 오픈 AI가 개발한 대화형 인공지능 서비스이다.
- 마이크로소프트가 인수하면서 플랫폼에서도 인공지능을 적극적으로 도입하기 시작했는데, 구글은 자신의 인공지능 서비스인 제미나이(Gemini)를 검색엔진에 반영하고 메타는 라마(Llama)라는 콘텐츠 알고리즘을 발표했다.
- 인공지능 서비스는 광고 시스템에도 적극적으로 활용되고 있는데, 유튜브 광고를 관리하는 구글애즈는 전환 가능성이 큰 고객을 발굴하고 메타 비즈니스 스위트는 정교한 어드밴스드 타겟팅을 시도하고 있다.

05 통합적인 소셜 미디어 콘텐츠 활용

- 소셜 미디어를 성공적으로 활용하기 위해서는 '좋아요'와 '댓글'을 얻는 것 이상으로 소비자에게 가치를 제공하고 참여시키려는 미디어의 다양한 통합 노력이 필요하다.
- 소셜 미디어 활동에 많은 시간을 투자하고 있는 기업이나 기관들의 경우 매출이나 홍보 등 실질적인 효과로 이어지는 경우도 많다.
- 소셜 미디어 콘텐츠의 강점은 단순한 정보 전달을 넘어서, 다음과 같은 효과를 동시에 실현할 수 있다는 점에 있다.

소셜 미디어 콘텐츠의 강점	동시에 실현이 가능한 효과
개별화된 맞춤 콘텐츠 제작 가능	소비자 데이터를 기반으로 맞춤형 콘텐츠를 제공해 반응성과 참여율 향상 가능
시의적절한 정보 제공	빠른 트렌드 대응과 실시간 업데이트를 통해 정보의 유효성 유지 가능
커뮤니티 형성 가능	콘텐츠를 중심으로 사용자 간의 연결과 상호작용을 촉진

01 버스트는 스토리 구조를 전면에 드러내고 즐거움을 선사해서 끝까지 시청하게 만드는 ⊙ ☒
    스토리텔링 기법이다.

02 챗GPT는 초월 또는 가상을 의미하는 단어 'Chat'과 세계를 의미하는 단어 'GPT'의 합 ⊙ ☒
    성어로 가상과 현실이 융복합되어 사회 · 경제 · 문화 활동과 가치 창출이 가능한 디지털
    세계를 말한다.

03 셔플은 트레일러와 같이 콘텐츠를 짜깁기하여 첫 3~6초 이내에 주요 장면을 구성하는 ⊙ ☒
    스토리텔링 기법이다.

04 펄스는 스토리 구조를 패턴화하여 다음 순간 어떤 장면이 나올지 기대감을 생성하는 스 ⊙ ☒
    토리텔링 기법이다.

05 모바일 미디어에서는 어느 정도의 시간 흐름에 따라 스토리를 전개하는 스토리텔링 기 ⊙ ☒
    법이 많이 사용된다.

06 모바일 환경에서는 콘텐츠 소비 속도가 느리므로 순차적 스토리텔링이 더 효과적이다. ⊙ ☒

07 버스트(Burst) 기법은 동영상 초반에 강한 인상을 주어 끝까지 시청하게 하는 기법이다. ⊙ ☒

08 브이로그(Vlog)는 사전 기획과 편집을 바탕으로 구성된 방송 수준의 콘텐츠이다. ⊙ ☒

09 숏폼 콘텐츠는 최대 3분 이내의 영상만을 의미하며 그 이상은 포함하지 않는다. ⊙ ☒

10 비순차적 스토리 구조는 브랜드 인지도와 동영상 조회수 향상에 효과적이다. ⊙ ☒

정답	01 ○	02 ×	03 ○	04 ○	05 ×
	06 ×	07 ○	08 ×	09 ×	10 ○

해설
02 메타버스에 대한 설명이다.
05 전통 미디어에서 많이 사용된다.
06 모바일 환경에서는 콘텐츠 소비 속도가 빠르므로 비순차적인 스토리텔링 기법이 더 효과적이다.
08 브이로그는 일상을 촬영한 후 특정 부분을 편집하는 형식으로, 기획 콘텐츠와는 차별된다.
09 숏폼 콘텐츠는 유튜브 쇼츠와 인스타그램 릴스가 최대 3분, 틱톡은 60분까지 지원되며 앞으로도 더 길어질 가
   능성이 있다.

01 다음 중 모바일에 최적화된 스토리텔링 기법이 아닌 것은?

① 버스트
② 셔플
③ 펄스
④ 기승전결

02 다음 설명이 뜻하는 용어는?

> • 동영상과 기록을 뜻하는 영어 단어의 합성어이다.
> • 유튜브 등의 동영상 플랫폼에서 유행했던 영상 콘텐츠 형태의 하나이다.
> • 영국 BBC 방송 비디오네이션이라는 시리즈물에서 시초가 되었다.

① 숏폼 콘텐츠
② 기획 콘텐츠
③ 브이로그
④ 라이브스트리밍

03 다음 중 마케팅에서 제품/서비스를 사용할 핵심 고객(타겟)을 이해하기 위해 가상의 고객(타겟)을 정의하는 방법을 나타내는 용어로 배우들이 쓰던 가면을 가리키는 단어에서 유래된 것은?

① 페르소나
② 세그먼트
③ 프로모션
④ 포지셔닝

04 디지털 놀이문화를 뜻하는 것으로 디지털 유행 코드를 뜻하는 단어이며, 한국어로 '짤방'으로 불리는 단어는?

① 밈(Meme)
② MZ 세대
③ UGC
④ 바이럴 비디오

05 다음 중 모바일용 크리에이티브 스토리텔링 기법이 아닌 것은?

① 버스트: 스토리 구조를 전면에 드러내고 즐거움을 선사해서 끝까지 시청하게 만듦
② 셔플: 트레일러와 같이 콘텐츠를 짜깁기하여 첫 3~6초 이내에 주요 장면을 구성
③ 펄스: 스토리 구조를 패턴화하여 다음 순간 어떤 장면이 나올지 기대감 생성
④ 전개: 어느 정도의 시간 흐름을 통해 스토리를 전개

06 다음 중 '밈(Meme)'에 대한 설명으로 적절하지 않은 것은?

① 유행하는 인터넷 콘텐츠를 의미한다.
② 짧은 동영상 형식으로만 나타난다.
③ 패러디와 모방이 중심이다.
④ 디지털 시대의 전파 현상을 상징한다.

07 다음 중 브이로그(Vlog)의 특징으로 가장 적절한 것은?

① 방송국 수준의 기획과 편집이 필요하다.
② 실시간 방송을 통해 시청자와 소통한다.
③ 일상 전반을 촬영하고 일부를 편집해 전달한다.
④ 텍스트 기반으로 구성된 콘텐츠이다.

08 다음 중 메타(Meta)가 비순차적 스토리 구조를 강조하는 주된 이유는?

① 광고 제작 비용이 낮기 때문에
② 브랜드 인지도를 높이고 조회수를 증가시키기 위해
③ 전통적 광고 문법을 유지하기 위해
④ 모든 콘텐츠가 짧기 때문에

09 다음 중 숏폼 콘텐츠의 정의로 가장 적절한 것은?

① 실시간 방송 형식의 콘텐츠
② 15초에서 10분 이내의 짧은 영상 콘텐츠
③ 오직 SNS에 업로드 가능한 콘텐츠
④ 브이로그를 포함하는 모든 콘텐츠

10 다음 중 UGC의 특징으로 옳지 않은 것은?

① 사용자가 만든 콘텐츠이다.
② 소셜 미디어 반응까지 포함한다.
③ 심사위원 중심의 콘텐츠 평가 방식이다.
④ 과거에는 UCC라는 용어가 사용되었다.

정답 & 해설

| 01 ④ | 02 ③ | 03 ① | 04 ① | 05 ④ |
| 06 ② | 07 ③ | 08 ② | 09 ② | 10 ③ |

01 ④

기승전결은 전통적인 순차형 스토리텔링으로 모바일 환경에 적합하지 않다.

02 ③

1993년 영국 BBC방송의 '비디오네이션'이라는 시리즈물에서 시청자들의 일상을 찍은 영상물을 방송한 것이 브이로그의 시초이다. 동영상과 기록을 뜻하는 영어 단어의 합성어인 브이로그는 그 후에도 꾸준히 존재해 왔는데, 유튜브의 폭발적인 성장과 함께 동영상 플랫폼의 대표적인 콘텐츠 형태의 하나로 자리매김하게 되었다.

03 ①

마케팅에서 제품/서비스를 사용할 핵심 고객(타겟)을 이해하기 위해 가상의 고객(타겟)을 정의하는 방법을 나타내는 용어인 페르소나는 배우들이 쓰던 가면을 가리키는 단어에서 유래되었다.

04 ①

인터넷 커뮤니티나 SNS 등지에서 퍼져 나가는 여러 문화의 유행과 파생 · 모방의 경향, 또는 그러한 창작물이나 작품의 요소를 총칭하는 용어로 한국어로 '짤방'으로 불린다. 1976년 동물학자 리처드 도킨스가 저서 『이기적 유전자』에서 제시한 유전자의 자기복제 현상을 디지털 시대의 빠른 전파 현상에 빗대어 표현한 것이다.

05 ④

어느 정도의 시간 흐름에 따라 스토리를 전개하는 방식은 전통적인 크리에이티브 스토리텔링 기법에 해당한다.

오답 피하기

순차적 스토리텔링 기법	• 전통적인 미디어에서 사용하는 스토리텔링 기법으로 어느 정도의 시간 흐름에 따라 스토리를 전개 • ⓔ 제품 메시지를 먼저 보여주고 그 다음에 무료 배송 등의 보조 메시지를 노출한 뒤 멋진 모델이 "구매하세요."라는 행동을 유도
비순차적 스토리텔링 기법	• 모바일용 소셜 미디어에 적합한 스토리텔링 기법으로 다음의 방법이 있음 • 버스트(Burst): 초반에 강력한 즐거움을 선사해서 끝까지 시청하게 만듦 • 셔플(Shuffle): 영화 광고처럼 콘텐츠를 짜깁기하여 첫 3~6초 이내에 주요 장면을 구성 • 펄스(Pulse): 스토리 구조를 패턴화하여 다음 순간 어떤 장면이 나올지 기대감 생성 • 부메랑(Boomerang): 반복 사용하여 비디오 내에서 최면 효과를 만듦 • 역행(Retrograde): 이야기의 끝과 시작을 뒤바꾸는 방식

06 ②

밈은 텍스트, 이미지, 영상 등 다양한 형식이 있다.

07 ③

브이로그는 일상 기록 기반의 영상 콘텐츠이다.

08 ②

비순차적 구성은 브랜드 인지도 및 조회수 향상에 효과적이다.

09 ②

숏폼은 짧은 시간 안에 전달되는 영상 콘텐츠를 의미한다. 영상 길이는 대부분 플랫폼 기준 15초~3분, 틱톡은 60분까지 지원되고 있다.

10 ③

UGC는 심사위원의 평가보다 조회수, 좋아요, 댓글, 공유 등 사용자들의 반응을 중심으로 평가되는 개념이다.

SNS 광고 마케팅

학습 방향

메타와 유튜브는 출제 범위가 넓고 난도가 높으며 변경 전의 명칭이나 용어가 그대로 출제되고 있으므로 꼼꼼히 공부해야 합니다. 실제 시험에 가까운 유형의 연습문제를 많이 실었으니 여러 번 반복하여 숙지하기 바랍니다.

출제빈도

SECTION 01	상	38%
SECTION 02	상	38%
SECTION 03	중	6%
SECTION 04	중	6%
SECTION 05	하	2%

메타(Meta)

▶ 합격 강의

빈출 태그 ▶ 인플루언서, 메타 비즈니스 스위트, 핵심 타겟, 맞춤 타겟, 유사 타겟, 광고 전환 추적, 애플ATT, A/B 테스트, 메타 어드밴티지, 리타겟팅, 컬렉션, 카탈로그, 스토리, 릴스

01 메타 소개

1) 페이스북에서 메타로

- 메타는 페이스북과 인스타그램, 왓츠앱, 페이스북 메신저, 스레드 등을 운영하여 가장 많은 사용자를 보유하고 있는 세계 최대의 소셜 미디어 기업이다.
- 가상현실(VR)과 증강현실(AR) 기기를 만드는 오큘러스를 인수 후 회사명을 페이스북에서 메타(Meta)로 바꿀 정도로 메타버스 분야에 투자하고 있다.
- 메타 비즈니스 스위트를 통해 인스타그램과 페이스북 등 자신들이 운영하는 모든 서비스에 광고 집행이 가능하다.

2) 인플루언서 마케팅(Influencer Marketing)의 산업화

- 다양한 사용자 간의 관계를 중심으로 타인에게 영향력(Influence)을 미치는 개인(~er)을 말하는 인플루언서라는 개념이 생겨나고 산업화되었다.
- 관계 중심인 페이스북과 달리 경험 중심의 소셜 미디어인 인스타그램은 개인도 팔로워를 무한정으로 늘릴 수 있는 특징이 있는데, 이를 바탕으로 인플루언서의 영향력이 더 커졌다.
- 영향력 있는 개인을 활용하여 입소문으로 브랜드나 제품을 소개하고 공유하는 마케팅 방식을 인플루언서 마케팅이라고 부른다.

02 메타 광고를 위한 준비 사항

1) 메타 비즈니스 스위트(Meta Business Suite)의 이해

- 메타는 페이스북과 인스타그램은 물론 왓츠앱과 스레드 등의 다양한 소셜 미디어를 운영하며, 각 미디어가 별도의 관리자 페이지를 가지고 있다.
- 메타 비즈니스 스위트는 이 모든 서비스의 콘텐츠와 광고, 커머스를 하나의 계정으로 관리할 수 있는 통합 관리자로 별도의 링크(https://business.facebook.com/)를 통해 접속할 수 있다.
- 과거의 광고 관리자는 메타 포 비즈니스(Meta for Business), 페이스북 포 비즈니스(Facebook for Business) 등의 명칭이었으나, 메타 크리에이터 스튜디오(Meta Creator Studio) 등의 서비스는 모두 메타 비즈니스 스위트 안에 흡수되었다.
- 메타 비즈니스 스위트 좌측 하단 맨 아래의 '모든 도구'에서 다음과 같은 메타 관리 도구를 확인할 수 있으며 '광고 관리자'를 클릭하면 '광고 만들기'로 이동할 수 있다.

구분	비즈니스 도구	설명
타겟 참여 유도	플래너	콘텐츠를 만들고, 예약하고, 관리하여 마케팅 일정을 계획할 수 있음
	콘텐츠	게시물과 스토리를 예약, 게시, 관리하고 임시 게시물을 만들고 페이스북 사진에 액세스할 수 있음
	크리에이터 Marketplace	브랜드를 성장시킬 수 있도록 인스타그램 크리에이터와의 협업을 연결하는 기능
	비즈니스 피드	팬들의 참여를 유도하는 방법에 관한 아이디어를 얻고, 유사 계정을 팔로우하고 소통하는 기능
	받은 메시지함	메시지 및 댓글에 응답하고, 자동화된 답변을 설정하는 도구
	라이브 대시보드	라이브 방송 콘텐츠와 게이밍 동영상 콘텐츠를 관리하는 도구
	사운드 컬렉션	사용이 허가된 음악 또는 사운드 효과로 동영상이나 오디오 콘텐츠를 꾸미고 메타에서 비즈니스, 크리에이터 또는 개인용 계정에 사용하는 기능
	아이디어 허브	아이디어를 찾아보고 페이스북의 인기 콘텐츠 또는 관련 있는 콘텐츠와 크리에이터를 둘러보는 곳
	잠재고객 센터	페이스북과 인스타그램에서 수집한 잠재고객 정보를 효율적으로 관리하고 추적할 수 있도록 설계된 도구
	페이지 게시물	콘텐츠 중에서 광고에 사용된 게시물을 관리하는 공간이며 직접 광고 게시물을 만들 수도 있음
광고	광고	페이스북 페이지 및 인스타그램 계정의 광고를 만들고 관리하고 관련 성과를 추적할 수 있음
	광고 관리자	광고 계정의 캠페인, 광고 세트, 광고를 생성·관리하고 관련 성과를 추적할 수 있음
	이벤트 관리자	웹사이트, 앱 또는 매장의 데이터에 연결하여 고객 행동을 파악할 수 있음
	인스턴트 양식	잠재고객용 광고의 양식을 관리하고 CRM 소프트웨어를 연결할 수 있음
	자동 규칙	캠페인, 광고 세트 또는 광고의 변동 사항을 자동으로 확인하고 알림 기능을 관리하는 곳
	캠페인 플래너	구매 유형 '예약' 선택 시 설정 가능 목표인 '인지도' 및 '참여' 캠페인 계획 및 게재 결과에 대한 예측값을 확인하거나, 같은 플랜의 버전을 여러 개 만들어 예측값을 비교하여 효과적인 캠페인 플랜을 찾고 광고주 및 동료들과 공유할 수 있음
	크리에이티브 허브	모의 광고를 통해 노출 위치에서 광고가 표시되는 모습을 미리 확인할 수 있음
	타겟	광고 캠페인의 맞춤 타겟, 유사 타겟 또는 저장된 타겟을 만들 수 있음
	파트너십 광고 허브	파트너십 광고를 통해 크리에이터, 브랜드 및 기타 비즈니스 등의 파트너와 함께 광고를 게재할 수 있음(구, 브랜디드 콘텐츠 광고)
	페이지당 광고 한도	파트너와 사람들이 동시에 게재할 수 있는 광고 수를 제한하여 적절한 광고 수를 분배하여 효과적으로 광고를 게재할 수 있도록 조절(일반적인 한도는 250개)
분석 및 보고	인사이트	연령, 위치 등 타겟 트렌드와 잠재고객을 관리하고 가장 성과가 좋은 콘텐츠를 체크하거나 페이스북 페이지와 인스타그램을 팔로우한 타겟을 확인하는 등 다양한 작업을 할 수 있음
	Branded Content	브랜드와 협업할 수 있는 공간
	광고 보고서	광고 성과를 분석하고 최적화할 유연한 보고서를 만들 수 있음
	실험	A/B 테스트, 브랜드 성과 증대, 전환 성과 증대 등의 다양한 테스트를 통해 광고에 가장 효과적인 전략을 파악할 수 있음

	크리에이티브 보고서	광고 성과 중에서 크리에이티브만을 따로 모아서 분석하고 최적화할 유연한 보고서를 만들 수 있음
	트래픽 분석 보고서	페이스북 노출 및 웹사이트 또는 앱 사용과 관련된 트렌드를 분석
제품 및 서비스 판매	수익화	인스트림 광고, 구독, 보너스 등 수익화 채널을 관리할 수 있음
	예약	예약 요청을 수집, 관리하고 고객과 소통하고 서비스와 예약 가능 여부를 표시할 수 있음
	주문	주문 및 정산을 관리할 수 있음
	커머스	페이스북과 인스타그램에 제품을 등록하고 카탈로그와 Shop 관리를 하는 도구
관리	매장 위치	페이지의 오프라인 매장 위치를 관리
	브랜드 가치 보호 및 적합성	광고가 브랜드 가치에 도움이 되지 않는 콘텐츠와 함께 표시되지 않도록 예방
	비즈니스 앱	페이스북 페이지를 비즈니스를 관리하고 확장하는 데 도움이 되는 앱과 연결할 수 있음
	비즈니스 지원 홈	비즈니스 지원 홈에서 비즈니스에 영향을 미치는 문제를 관리하고 해결할 수 있음
	앱	계정의 비즈니스에 연결된 모바일 앱의 광고 설정을 지정하고 관리
	정산	수익, 잔액 및 결제 활동을 확인하고 결제 수단을 관리할 수 있음
	청구 및 결제	광고 비용을 결제하고 청구 정보를 관리하고 결제 활동을 조회
	파일 관리자	게시물과 스토리에 사용할 이미지 및 동영상 파일을 관리하고 정리할 수 있음
	평가 및 리뷰	쇼핑몰 판매 제품에 대한 평가 및 리뷰를 관리하는 도구
	협력 센터	유통업체 및 브랜드가 전환 최적화 협력 광고 캠페인에서 파트너십을 맺는 데 사용할 수 있는 전용 도구

🖪 기적의 TIP

'잠재고객 센터'의 특징

- 잠재고객 센터는 '잠재고객 만들기', '잠재고객 업로드', '메신저에서 잠재고객 확보', '인스턴트 양식으로 잠재고객 확보' 등을 통해 페이스북과 인스타그램에서 수집한 잠재고객 정보를 효율적으로 관리하고 추적할 수 있도록 설계된 도구로 다음과 같은 기능이 있다.
- 단계별 분류: 잠재고객을 '유입(시작)', '요건 충족함', '전환됨(종료)' 등의 단계로 분류하여 각 잠재고객의 현재 상태를 명확하게 파악하고, 적절한 대응 전략을 수립할 수 있다(시작과 종료 사이 중간 단계를 최대 50개까지 추가 가능).
- 잠재고객 정보 확인 및 다운로드: 유입 잠재고객, 전환된 잠재고객, 전환율 등 수집된 잠재고객의 세부 정보를 확인하고 필요에 따라 엑셀 파일로 다운로드하여 활용할 수 있다.
- 맞춤형 퍼널 설정: 잠재고객 퍼널 단계를 생성, 삭제, 정렬, 이름 변경 등으로 맞춤 설정하여 기업의 영업 프로세스에 부합하는 잠재고객 관리 체계를 구축할 수 있다.
- 잠재고객 수가 20명을 초과하면 '타겟' 기능을 사용하여 광고 타겟팅에 활용할 수 있다.

2) 페이스북 프로필 계정과 개인 광고 계정 만들기

- 페이스북 광고는 운영자 자신의 실제 페이스북 로그인 아이디로 작업하는 방식이다.
- 공동 관리 목적으로 개인 계정을 타인과 공유하면 페이스북 시스템에 의해 잠길 수 있으므로, 여러 명이 하나의 광고를 관리하고, 업무를 공유하려면 별도의 '비즈니스 관리자 계정'을 생성하여 진행해야 한다.

🅑 기적의 TIP

개인 계정과 비즈니스 계정

1. '개인 계정'은 말 그대로 자신이 혼자 소유하는 광고 계정으로 자신만 광고 세팅이 가능하다.

2. '비즈니스 계정'은 비즈니스 관리자 내에 속해 있는 광고 계정으로 여러 사람이 함께 관리할 수 있는데, 가령 A라는 사람과 B라는 사람이 각자의 본인 페이스북 아이디로 로그인하여 해당 비즈니스 계정을 관리할 수 있다.

→ 보안과 확장성을 고려할 때, 개인적으로 광고를 진행하더라도 비즈니스 계정을 통해 관리하는 것이 효과적이다.

3) 페이스북 페이지 만들기

- 광고하기 위해서는 '페이스북 페이지'가 있어야 하는데, 인스타그램 지면에만 광고 노출을 원하는 경우에도 페이스북 페이지 생성은 필수이다. 단, 인스타그램 모바일 앱에서는 별도의 페이스북 페이지 없이 광고를 집행할 수 있다.
- 개인 계정과 달리 페이스북 페이지는 하나의 계정을 여러 사람이 운영할 수도 있고, 한 사람이 여러 개의 계정을 만들어 운영할 수도 있다.
- 개인 계정에 올린 콘텐츠는 친구 관계를 맺은 사람에게만 노출되지만, 페이지 게시물은 페이지 '좋아요'를 한 팬들의 뉴스 피드에 업데이트된다.
- 개인 계정으로 로그인한 뒤에 우측 상단 메뉴의 '만들기'에서 '페이지'를 선택하면 만들 수 있다.

4) 비즈니스 관리자 계정 생성하기

- 페이스북 광고를 운영·관리하기 위해서 '비즈니스 계정'을 생성해야 한다.
- 개인 계정 우측 상단 메뉴 '만들기'의 '광고'는 개인용 광고를 만드는 메뉴이므로 별도의 주소(https://business.facebook.com/)로 접속한다.
- '비즈니스 관리자' 화면에서 계정 만들기를 클릭한 후 '비즈니스 관리자 계정'을 생성을 클릭하여 만들 수 있고, 비즈니스 이름은 언제든지 수정할 수 있다.
- 비즈니스 관리자 계정을 만들면 좌측에 비즈니스 설정 메뉴가 나타난다.

5) 비즈니스 설정의 주요 메뉴

카테고리	메뉴	설명	
사용자	사람	계정 관리자 설정	
	파트너	협력 가능한 업무 파트너 설정	
	시스템 사용자	검수를 통해 앱 부여 권한에 대한 액세스 토큰인 Conversions API System User를 생성	
계정	페이지	• '비즈니스 도구만'과 '비즈니스 도구 및 페이스북' 중 선택 • 콘텐츠, 커뮤니티 활동, 메시지 및 통화, 광고, 인사이트 체크	
	광고 계정	• 부분적인 액세스 권한: 캠페인 관리, 광고 보기, 크리에이티브, 허브 모의 광고 관리 • 전체 관리 권한: 광고 계정 관리	
	비즈니스 자산 그룹	그룹 권한	보고 데이터 관리, 보고 데이터 보기
		자산 권한	• 부분적인 액세스 권한: 캠페인 관리, 광고 보기, 크리에이티브 허브 모의 광고 관리 • 전체 관리 권한: 광고 계정 관리
	앱, 인스타그램 계정, 왓츠앱 계정	콘텐츠, 메시지, 커뮤니티 활동, 광고, 인사이트 등을 관리하는 화면	
데이터 소스	카탈로그	• 커머스의 카탈로그에 사람이나 파트너를 할당 • 제품을 추가하거나 소스 연결 등을 하는 메뉴	
	픽셀	메타 픽셀을 생성하고 관리	
	오프라인 이벤트 세트	오프라인 활동에 관한 데이터를 업로드하고 관리	
	데이터 세트	픽셀을 통해 관리할 이벤트를 설정하는 메뉴	
	맞춤 전환	광고 반응에 대한 필요한 전환을 설정하는 메뉴	
	이벤트 소스 그룹	비즈니스 자산 그룹으로 변경됨	
	공유 타겟	다른 광고 계정에서 공유한 타겟이 표시되는 곳	
	비즈니스 크리에이티브 폴더	비즈니스 관리자에서 추가된 모든 비즈니스 크리에이티브를 한꺼번에 관리할 수 있는 메뉴	
요청	자주 사용한 요청	자주 사용한 액세스나 관리자 요청 관리	
	기타 요청	기타 액세스나 관리자 요청 관리	
브랜드 가치 보호 및 적합성	도메인	커머스나 픽셀 등 사이트 권한이 필요한 경우 도메인을 등록하여 권한 설정하는 메뉴	
	퍼블리셔 차단 리스트	브랜드에 적합하지 않은 노출 위치를 설정하여 광고를 차단하는 기능	
통합	연결된 앱	비즈니스 계정에 연결된 앱 관리	
	잠재고객 액세스	잠재고객 액세스 관리자 정보	
	대화 라우팅	메타의 메신저와 타사 메신저의 대화를 연동하는 서비스	
청구 및 결제		계정별 결제 관리	
Meta Verified		인증 배지 신청	
뉴스 페이지		페이스북 페이지를 통해 관리할 미디어 등록	
광고 파트너십		크리에이터와 파트너십을 맺어 브랜드 인지도를 늘리고, 새로운 타겟에게 도달하고 판매를 유도	

보안 센터	2단계 인증 및 백업 운영자 설정
알림	비즈니스 관련 변경 사항을 확인하는 곳
설정 가이드	설정에 필요한 내용을 한꺼번에 볼 수 있는 곳
비즈니스 자산	비즈니스 자산 관련 정보 관리
권한 부여 및 인증	전화번호 및 국가별 인증 광고 권한 여부 확인
비즈니스 관리자	구버전의 설정 메뉴로 이동
광고 계정 설정	광고를 만드는 데 사용되는 계정 설정
언어 설정	메타 서비스의 계정 언어 설정

6) 비즈니스 설정 세팅하기

① 사람 설정

- 좌측 메뉴의 '사용자 〉 사람'에서 [초대하기] 버튼을 클릭하여 사람을 추가할 수 있으며, 비즈니스 관리자 내에 페이스북 페이지 또는 광고 관리자 계정의 업무 범위를 선택하면 초대하는 사람에게 이메일이 발송되고 승인과 동시에 추가된다.
- '사람'은 개인, '파트너'는 대행사 등을 말하며 시스템 사용자는 메타의 광고와 연동되는 웹사이트나 API에 접근 권한을 가진 사람을 말한다.
- 개인이 혼자 광고를 운영한다면 별도로 추가할 필요는 없다.

② 페이지 설정

- 좌측 메뉴의 '계정 〉 페이지'에서 [페이지 추가] 버튼을 클릭하여 3가지 방법으로 페이지를 추가할 수 있다.

페이지 추가 방법	기능
페이지 추가	기존 페이스북 페이지의 소유권 요청
페이지 엑세스 권한 요청	광고주의 페이지 연결을 위한 권한 요청
새 페이지 만들기	새로운 페이지 생성

- 연결이 완료되면 [사람 할당] 버튼을 클릭하여 액세스가 가능한 관리자를 지정할 수 있다.
- 페이지 관리자의 권한은 관리자, 편집자, 광고주 등의 명칭에서 업무별로 액세스 권한을 할당하는 방식으로 바뀌었다.

이전 메뉴		변경 메뉴	권한
관리자	비즈니스 도구	콘텐츠	페이지 이름으로 게시물, 스토리 등을 만들고 관리
편집자		커뮤니티 활동	댓글을 검토하거나 댓글에 응답하고, 원하지 않는 콘텐츠 삭제 및 활동 신고
댓글 관리자		메시지 및 통화	페이지 이름으로 메시지를 보내거나 전화 응답
광고주		광고	페이지의 광고를 만들고 관리
분석자		인사이트	페이지, 콘텐츠 및 광고의 성과 확인
커뮤니티 매니저	비즈니스 도구 및 페이스북	콘텐츠, 메시지, 커뮤니티 활동, 광고, 인사이트	페이지로 전환하여 모든 항목 관리. 시스템 사용자는 페이지로 전환 및 일부 민감한 작업 수행 불가

③ 광고 계정 설정

- 처음에는 '비즈니스 관리자' 내에 '광고 계정'을 1개만 설정할 수 있으며, 광고를 진행하는 동안 정책 위반 사항이 없으면 광고 계정 생성 한도가 5개로 늘어나며 최대 25개의 광고 계정을 관리할 수 있다.
- 한도는 '비즈니스 계정 정보 〉 비즈니스 상세정보 〉 광고 계정 만들기 한도'에서 확인이 가능하다.
- '광고 계정'은 우측의 [광고 계정 추가]를 눌러 3가지 방법으로 추가할 수 있다.

광고 계정 추가 방법	기능
광고 계정 추가	기존 광고 계정을 여기로 이동
광고 계정 액세스 권한 요청	광고주의 광고 계정에 액세스 요청
새 광고 계정 만들기	새로운 광고 계정 생성

- 연결이 완료되면 [사람 할당] 버튼을 통해 관리자를 지정할 수 있다.
- 광고 계정은 권한 설정에 따라 부분적인 액세스 권한과 전체 관리 권한으로 나누어진다.

이전 메뉴	변경 메뉴		권한
광고주	부분적인 액세스 권한	캠페인 관리	광고 제작 및 수정, 보고서 액세스
관리자		성과 보기	보고서 액세스, 광고 검토
분석자		크리에이티브 허브 모의 광고 관리	크리에이티브 허브에서 모의 광고 제작 및 수정
(신설)	전체 관리 권한	광고 계정 관리	광고 계정 설정, 금융, 권한 관리 및 광고 제작 및 수정, 보고서 액세스

7) 메타 광고 부가가치세 설정하기

- 메타에서 설정한 광고 금액을 카드로 결제하면 별도의 부가가치세가 부과된다.
- 🐾 100만 원의 광고비를 집행하면 110만 원의 카드 요금이 청구되는 것이다. 사업자등록번호가 있는 사업자 광고주들은 설정한 금액인 100만 원만 카드 요금이 청구되도록 할 수 있다.
- '광고 관리자 〉 광고 계정 설정 〉 결제 설정'을 클릭하면 새 창으로 '청구 및 결제' 화면이 나타난다.
- 맨 하단에 비즈니스 정보에서 납세자 번호에 사업자등록번호 10자리를 입력하면 적용되며 광고 계정별로 설정해야 한다.

8) 페이스북과 인스타그램 계정 연동 및 앱 활용

① 페이스북과 인스타그램, 앱 및 왓츠앱 계정 연동하기

- 세부적인 광고 세팅을 위해서는 페이스북 페이지와 인스타그램 계정을 연동할 것을 권장하며, 인스타그램에서 광고하려면 '프로페셔널 계정'으로 전환해야 한다.
- '비즈니스 설정'의 좌측 메뉴에서 계정 하단의 '페이지'를 선택하면 본인이 소유하거나 관리하는 페이지 목록들이 전부 보이고 추가 및 삭제가 가능하다.
- '비즈니스 설정'의 좌측 메뉴에서 계정 하단의 '인스타그램 계정'을 선택하고 '추가'를 클릭해 로그인하면 광고에 사용할 인스타그램 계정을 추가할 수 있다.
- 자신이 운영하는 앱이나 왓츠앱 계정도 연결할 수 있다.

② 게시물 올리고 앱에서 직접 광고하기

- 페이스북 페이지나 인스타그램에 게시물을 등록하면 게시물 하단의 [게시물 홍보하기] 버튼이 나타나며, 버튼을 클릭하면 광고를 게재할 수 있다.
- 간단하게 광고를 집행할 수 있는 방법이지만 목표와 타겟을 세부적으로 설정하는 데에 한계가 있으므로 '광고 관리자'를 활용하는 것이 광고 목적과 마케팅 활용에 더 적합하다.

9) 메타 광고 진행 프로세스

- 메타에서 운영하는 소셜 미디어인 페이스북과 인스타그램에 광고를 진행하기 위해서는 페이스북에 회원가입을 해야 한다.
- 회원가입을 완료하면 광고 관리자에 접속하여 광고를 만들고 광고 성과를 확인할 수 있다.

03 메타에 광고하기

1) 캠페인 설정에서 구매 유형 선택

- 페이스북과 인스타그램에 광고를 집행하기 위해서는 광고 관리자(https://business.facebook.com/adsmanager)에 접속해야 한다.
- 메타의 광고 세팅은 캠페인 → 광고 세트 → 광고 순서로 진행된다.

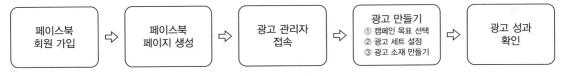

- 광고 계정당 보유할 수 있는 캠페인, 광고 세트, 광고는 최대 5,000개까지이며, 5,000개의 광고 중에는 1,000개에만 다이내믹 크리에이티브를 사용할 수 있다.
- 하나의 광고 세트는 최대 50개의 광고를 포함할 수 있다.
- 페이스북 계정 관리자가 할당된 경우는 캠페인과 광고 세트는 10,000개 보유할 수 있고, 광고는 50,000개까지 보유할 수 있다.

항목		캠페인	광고 세트	광고
설정 메뉴		• 캠페인 이름 • 특별 광고 카테고리 • 구매 유형 • 캠페인 목표 설정 • 어드밴티지 캠페인 예산(CBO) • A/B 테스트	• 광고 세트 이름 • 전환 설정(성과 목표/데이터 세트/전환 이벤트) • 다이내믹 크리에이티브 • 예산 및 일정 • 타겟 관리 • 어드밴티지+ 타겟 • 노출 위치	• 광고 이름 • 파트너십 광고 • 대표 계정 • 광고 설정(소스/형식) • 광고 크리에이티브 • 어드밴티지+크리에이티브 • 랜딩 페이지 • 전환 추적 옵션
보유 개수	일반	5,000개	5,000개(세트 1개당 최대 50개 광고 보유 가능)	5,000개(다이내믹 크리에이티브용 광고는 1,000개)
	계정 관리자 할당 시	10,000개		50,000개

- 광고 관리자에서 [만들기] 버튼을 클릭하고 '구매 유형'을 선택한 다음 캠페인 목표를 선택할 수 있다.
- 캠페인 목표를 설정할 때 상단에 '경매', '예약'의 2가지 옵션이 보이는 경우가 있는데, 모든 계정이 보이는 것은 아니며 옵션이 보이지 않는 경우는 자동으로 '실시간 경매 시스템'으로 진행된다.

구매 유형	설명	선택 가능 캠페인 목표
경매	• 메타의 일반적인 광고 방식인 다이내믹 입찰 방식(성과에 따른 노출) • oCPM(optimize Cost Per Mille) 방식이라고 부름	전부 가능
예약 (구, 도달 및 빈도)	• 지정된 CPM 금액 한도에서 광고를 구매하는 방법 • 광고그룹에 '광고 형식'이라는 메뉴가 나타나며 이미지 또는 슬라이드, 동영상, 360도 사진, 360도 동영상, 스토리 슬라이드, 인스턴트 경험 중에서 선택 가능(캠페인 목표에 따라 다름)	인지도, 참여

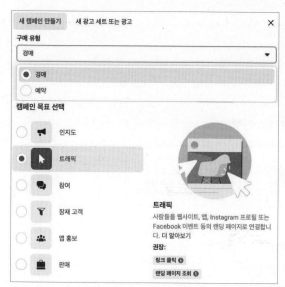
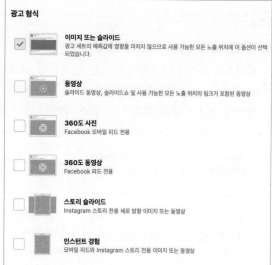

- 예약은 이전에 '도달 및 빈도'라는 용어로 불렸으며 경매 방식이 아닌 지정된 CPM 금액으로 진행하는 방식이다. 캠페인 목표도 경매와는 다르게 인지도와 참여만 나타나며 이 경우 위 그림의 우측 화면과 같이 360도 사진, 360도 동영상, 인스턴트 경험과 같은 광고 형식이 추가로 제시된다.
- 예약 구매 옵션에는 순서 선택 도구가 있어 최대 50개 광고의 순서를 원하는 대로 정렬하여 타겟에게 노출할 수 있으며, '게재 일정 기본 설정'에서 '순차 게재'를 선택하면 설정한 순서로 광고가 노출된다(순서 선택 도구는 캠페인이 시작된 후에 활성화됨).
- 예 제품 영상을 스토리텔링 형태로 노출하기 위해, 타겟 그룹에게 광고 1편을 보여준 다음 2편을 보여주고자 하는 경우라면 구매 유형에서 '예약'을 선택하고 게재 일정 기본 설정에서 '순차 게재'를 선택한다.

• 경매와 예약의 차이를 정리하면 다음과 같다.

옵션	경매	예약(도달 및 빈도)
특징	• 메타의 표준 광고 방식 • 일예산 1천 원부터 가능 • 전환이 목적	• 같은 사람에게 광고가 표시되는 주당 1~2회로 제한하는 등 사용 빈도의 한도 설정을 통해 더 많은 사람에게 도달하는 방식 • 최대한 많은 수의 노출 목적(20만 명을 초과하는 타겟 도달) • 일정 규모 이상의 예산 투입 필요 • 6개월 전에 최대 90일의 캠페인 예약 가능 • 고정 CPM 방식 선택 가능 • 도달 범위 및 노출수를 비교적 정확하게 예측
CPM(노출당 비용)	비쌈	저렴
CPA(전환당 비용)	저렴	비쌈
빈도 설정	'도달' 목표만 설정 가능	모든 목표 설정 가능

2) 캠페인 설정에서 캠페인 목표 선택

• 선택한 구매 유형에 따라 선택이 가능한 '캠페인 목표'가 달라지고(기존 11개에서 6개로 축소됨), 캠페인 목표에 따라서 광고 세트와 광고 영역에서 설정할 수 있는 옵션이 조금씩 다르다.

캠페인 목표	설명	이전 명칭
인지도	• 많은 사람에게 대규모로 광고를 노출하는 데 유용 • ⓓ 새로 론칭한 브랜드의 홍보	• 브랜드 인지도 • 도달 • 동영상 조회 • 매장 유입
트래픽	• 랜딩 페이지의 트래픽을 늘리는 데 유용 • ⓓ 이벤트 페이지나 웹페이지로 방문 유도	트래픽
참여	• 반응을 보이거나, 광고 또는 페이지에서 원하는 행동을 취하거나, 메시지를 보낼 가능성이 높은 타겟에게 노출 • ⓓ 팔로워 증가 및 좋아요, 댓글, 공유의 수가 확보	• 참여 • 동영상 조회 • 메시지 • 전환
잠재고객	• 즉각적인 반응이나 판매는 아니지만 이메일 주소를 남기거나 신청서를 작성하도록 만드는 경우에 유용 • ⓓ 메일주소, 전화번호 또는 뉴스레터 신청 등이 필요한 경우	• 잠재고객 확보 • 메시지 · 전환
앱 홍보	• 앱 내에서 사람들이 모바일 기기에 설치하거나 특정 행동을 하도록 유도 • ⓓ 앱을 통해 구매하거나 새로운 앱 기능을 이용하도록 하려는 경우 앱 홍보 캠페인 생성	앱 설치
판매	• 제품이나 서비스를 구매할 가능성이 있는 타겟에 노출 • ⓓ Shop이나 이커머스 사이트의 활동 내역을 통해 장바구니에 제품 담기 등의 행동을 유도	• 전환 • 카탈로그 판매

• 캠페인 목표는 '트래픽'을 가장 많이 사용하는데, 광고의 '최적화 기준'이 링크 클릭이므로 CPC(Cost Per Click, 링크 클릭당 비용)가 가장 저렴하다.
• '계속'을 누르면 두 가지 옵션이 나오는데, '추천 설정'은 유사 캠페인을 중심으로 자동화 설정 메뉴로 어드밴티지+ 타겟, 어드밴티지+ 노출 위치 등이 자동으로 포함되며 '직접 설정'은 캠페인 목표에 맞도록 관리자가 직접 세팅하는 메뉴이다.

- 다시 '계속'을 누르면 캠페인 설정 페이지가 나타나는데, 캠페인 이름 아래에는 특별 광고 카테고리(신용, 고용, 주택, 사회 문제, 선거 또는 정치)라는 항목이 있다(일반적으로 기본 설정인 '선택된 카테고리 없음'을 그대로 선택).
- 그 밖에 A/B 테스트와 어드밴티지 캠페인 예산 등을 설정할 수 있다.

메뉴	설명
A/B 테스트	서로 다른 광고의 성과를 비교하여 가장 성과가 좋은 광고를 선택
어드밴티지 캠페인 예산	광고 세트가 2개 이상인 경우 광고 세트 전반의 캠페인 예산을 자동으로 관리하여 캠페인 성과를 극대화(구, 캠페인 예산 최적화)

- 어드밴티지 캠페인 예산 버튼을 활성화하면 캠페인 단계에서도 예산을 설정할 수 있다.
- 캠페인 이름을 정하고 세팅을 확인한 뒤 다음을 누른다.

3) 광고 세트 설정하기
광고 세트 이름을 만들고 전환, 다이내믹 크리에이티브, 예산 및 일정, 타겟 관리, 어드밴티지+ 타겟, 노출 위치 등을 선택할 수 있다.

① 전환 설정(전환 위치와 성과 목표)
- '광고 세트'의 '전환' 항목에서 전환 위치와 성과 목표(또는 전환 목표)를 선택할 수 있다.
- 메타 광고 플랫폼은 전환 설정을 바탕으로 적절한 광고 노출 알고리즘을 설계하고, 이를 바탕으로 광고주들을 대상으로 실시간 경매를 진행한다.
- 전환 위치는 웹사이트, 앱, 메시지 앱, 인스타그램 프로필, 통화 등 광고주가 원하는 비즈니스 도달 목표 또는 성과 측정 기준을 말한다.
- 전환 위치를 선정하고 나면 그에 맞는 성과 목표(또는 전환 목표)를 설정할 수 있다.
- 선택한 캠페인 목표에 따라 달라지는 선택 가능한 옵션을 표로 정리하면 다음과 같다.

목표	전환 메뉴		옵션
인지도	전환 위치		별도로 없음(인지도를 선택하면 보이지 않음)
	성과 목표	인지도 목표	• 광고 도달 범위 극대화 • 노출수 극대화 • 광고 상기도 성과 증대 극대화
		동영상 조회 목표	• 트루플레이(ThruPlay) 조회 극대화 • 동영상 연속 2초 조회 극대화
	페이스북 페이지		방문
	입찰가 관리		(선택 사항)
트래픽	전환 위치		웹사이트/앱/메시지 앱/인스타그램 프로필/통화
	성과 목표	트래픽 목표	• 랜딩 페이지 조회수 극대화 • 링크 클릭수 극대화
		기타 목표	• 일일 고유 도달 극대화 • 대화수를 최대한 늘리기 • 노출수 극대화
	결과당 비용 목표		(선택 사항)

참여	전환 위치	메시지 앱/광고/통화/웹사이트/앱/페이스북 페이지	
	참여 유형	동영상 조회/게시물 참여/이벤트 응답/그룹 가입/알림 설정	
	성과 목표	• 트루플레이(ThruPlay) 조회 극대화 • 동영상 연속 2초 조회 극대화	
	결과당 비용 목표	(선택 사항)	
잠재고객	전환 위치	웹사이트/인스턴트 양식/메신저/인스턴트 양식 및 메신저/인스타그램/통화/앱	
	성과 목표	잠재고객 목표	전환수 극대화
		기타 목표	• 랜딩 페이지 조회수 극대화 • 링크 클릭수 극대화 • 일일 고유 도달 극대화 • 노출수 극대화
	픽셀	기존 픽셀 선택 및 새 픽셀 만들기	
	전환 이벤트	• 비활성 이벤트(Inactive Events): 검색, 구독, 등록 완료, 문의, 예약, 요청 제출, 위치 찾기, 잠재고객, 체험판 시작, 콘텐츠 조회, 결제 시작, 결제 정보 추가, 구매, 기부, 위시리스트에 추가, 장바구니에 담기, 제품 맞춤 주문 • 맞춤 전환 만들기	
	결과당 비용 목표	(선택 사항)	
앱 홍보	모바일 앱 스토어	구글 플레이/앱스토어/기타	
	앱 이름	검색	
	성과 목표	앱 홍보 목표	• 앱 이벤트수 극대화 • 앱 설치수 극대화 • 전환값 극대화
		기타 목표	링크 클릭수 극대화
	결과당 비용 목표	(선택 사항)	
판매	전환 위치	웹사이트/앱/웹사이트 및 앱/메시지 앱/통화	
	전환 목표	전환 목표	• 전환수 극대화 • 전환값 극대화
		기타 목표	• 랜딩 페이지 조회수 극대화 • 링크 클릭수 극대화 • 일일 고유 도달 극대화 • 노출수 극대화
	픽셀	기존 픽셀 선택 및 새 픽셀 만들기	
	전환 이벤트	• 비활성 이벤트(Inactive Events): 검색, 결제 시작, 결제 정보 추가, 구독, 구매, 기부, 등록 완료, 위시리스트에 추가, 장바구니에 담기, 체험판 시작, 콘텐츠 조회, 문의, 예약, 요청 제출, 위치 찾기, 잠재고객, 제품 맞춤 주문 • 맞춤 전환 만들기	
	결과당 비용 목표	(선택 사항)	
	기여 설정	• 클릭률: 1일, 7일 • 참여한 조회(동영상만 해당) • 조회: 없음, 1일	

② 성과 목표(또는 전환 목표)의 세부 내용 설명

• 랜딩 페이지 조회 극대화: 광고에 연결된 웹사이트 또는 인스턴트 경험을 조회할 가능성이 큰 사람들에게 노출된다.

• 링크 클릭수 극대화: 링크를 클릭할 만한 사람들에게 노출된다. 사람들이 클릭하고 웹사이트로 넘어가서 조회했는지는 상관하지 않는다.

• 일일 고유 도달 극대화: 타겟에게 최대 하루에 한 번 광고가 노출되며, 최대한 많은 사람들에게 광고를 보여주고 싶을 때 효과적이다.

• 노출수 극대화: 타겟에게 동일한 광고를 최대한 많이 노출하는 것이 목적이다.

• 트루플레이(ThruPlay) 조회 극대화: 동영상을 시청할 만한 사람들에게 노출된다. 동영상 길이가 15초 이하이면 영상을 15초 정도 시청하는 사람들에게 노출되고, 15초 이상이면 영상을 오래 시청하는 사람들에게 노출된다.

• 동영상 연속 2초 조회 극대화: 동영상을 2초 이상 조회할 만한 사람들 위주로 광고를 노출시켜, 영상을 시청할 만한 사람들의 규모를 최대한 넓힌다.

• 전환수 극대화: 웹사이트에서 특정 행동을 취할 가능성이 가장 높은 사람들에게 광고를 표시한다.

• 전환값 극대화: 구매 금액이 클 가능성이 가장 높은 사람들에게 광고가 게재되며, 활성화하려면 요건을 충족해야 한다.

활성화 충족 요건	• 최근 7일간의 전환 API, 메타 픽셀 또는 메타 SDK가 연결된 개별 가치가 2개 이상이어야 함 • 앱 추적: 최근 7일간 연결 구매가 15회 이상 발생 • 웹 추적: 최근 7일간 연결 구매가 30회 이상 발생 • 판매 목표 캠페인의 경우 통합에 연결된 제품 카탈로그가 있어야 함

• 전환 이벤트: 전환 이벤트를 선택하면 해당 전환 가능성이 높은 사람을 우선순위로 노출한다. 매출을 위해 전환 캠페인을 세팅하려면 페이스북 전환 이벤트 준비가 필요하다.

• 메타 오프라인 전환 API: '메타 오프라인 전환 API' 기능을 통해 광고가 오프라인에서 발생하는 매출에 대한 영향력을 측정할 수 있다. 전환 API 기능을 사용하려면 비즈니스 설정 도구 〉 사용자 〉 시스템 사용자에서 'Conversions API System User'를 설정하여야 한다.

③ 다이내믹 크리에이티브

• 여러 개의 이미지/동영상 혹은 기본 문구가 준비되어 있으면 크리에이티브 성과를 비교하여 가장 효율이 좋은 조합을 토대로 타겟에게 자동 노출한다(광고 캠페인을 최초로 만들 때는 항목이 노출되지 않는 경우도 있음).

• 해당 옵션을 선택하면 광고 소재의 '크리에이티브 소스'에서 카탈로그 메뉴를 사용할 수 없다.

④ 예산 및 일정

• 예산은 일일예산과 총예산 2가지가 있는데, '일일예산'은 하루에 정해진 예산을 분배해서 노출해 주고, '총예산'은 주어진 기간 내에 예산을 분배해서 노출해 준다.

• 광고 예산이 정해져 있는 경우에는 총예산을, 그렇지 않았을 때는 일일예산을 추천한다.

• '시작 날짜'를 미래의 날짜로 설정하면 예약된 날짜에 광고가 시작된다.

• 예산 일정, 광고 일정 등을 통해 세세한 광고 시간을 설정할 수 있다.

기적의 TIP

일예산을 설정했는데도 초과 과금이 발생하는 경우

1. 예산 초과가 발생하는 경우
- 입찰 금액이 일예산 대비 지나치게 높은 경우(예 일예산 1만 원 입찰 금액 2,000원으로 설정한 경우)
- 비용이 설정된 일예산에 근접했을 때, 순간적으로 많은 양의 클릭이 발생한 경우
- 일예산이 다 소진되어 광고 노출 중단 프로세스 진행 중 클릭이 발생한 경우

2. 일예산을 초과한 경우 광고 시스템의 대처 방법
- 메타 광고 시스템에서는 일예산을 초과하는 경우 다음날 예산을 제한하는 등의 방식으로 한 달을 기준으로 총예산을 넘지 않는다.
- 만약 일예산을 유지하기를 원한다면 다음의 가이드를 준수하는 것이 좋다.
  - 일예산 대비 적정 소재 입찰가 입력
  - 광고그룹별 타겟팅 세분화로 예산 분배
  - 자동입찰 선택 시 최대 입찰 금액 설정

⑤ 타겟 관리
- 기본적으로 위치, 최소 연령(18~25세), 언어 등을 설정할 수 있는 지역 비즈니스의 경우 매장에서 너무 먼 지역(미국의 경우 1~50마일, 미국 외의 경우 1~70km)은 광고 노출이 제한될 수 있다.
- 광고를 노출하고자 하는 타겟으로 세팅하면 된다.

⑥ 어드밴티지+ 타겟
- 기본 타겟을 바탕으로 메타의 알고리즘을 통해 광범위하게 타겟을 검색하는 옵션이다.
- 상세 타겟팅은 타겟 관리에서 설정한 옵션 외에도 인구 통계학적 특성, 관심사, 행동을 바탕으로 하는 핵심 타겟에게 관련된 광고를 노출해서 최적화를 시켜준다.
- 타겟을 설정하면 우측에 '타겟 정의'에서 타겟 규모에 대한 추산치가 보이는데, '최대 도달 범위'에서 설정한 광고 타겟의 모수가 어느 정도인지를 파악하는 데 효과적이다.

⑦ 노출 위치
- 메타의 광고 노출 위치는 페이스북, 인스타그램, 오디언스 네트워크(Audience Network), 페이스북 메신저가 있다.
- 오디언스 네트워크는 페이스북과 제휴를 맺은 타 웹사이트 혹은 타 앱에 나타나는 광고를 말한다.
- 어드밴티지+ 노출 위치(구, 자동 노출 위치) 설정을 사용하면 게재 시스템을 통해 4가지 노출 위치 중에서 효율이 제일 잘 나올 만한 노출 위치에 광고를 노출해 주며 '수동 노출 위치'를 클릭해서 원하는 위치에만 광고를 진행할 수도 있다.
- 특정 운영체제 혹은 안드로이드, 아이폰 사용자에게만 노출하는 것도 가능하다.
- 릴스와 인스트림의 노출 위치 중에 '동영상 및 릴스의 인스트림 광고'라는 항목이 있는데, 메타에서 사람들이 동영상이나 릴스를 보기 전, 보는 중 또는 본 후에 도달하는 광고를 부르는 명칭이다.
- 스토리는 사진과 동영상이 프로필 이미지를 클릭했을 때 나타나는 콘텐츠로, 팔로워의 프로필 옆에 알람처럼 뜨며 24시간 후에 사라진다. 스토리의 사진과 동영상을 저장하거나 하이라이트 또는 피드에 공유할 수도 있다.
- 릴스는 숏폼 동영상으로 다양한 소재를 업로드할 수 있으며, 템플릿을 적용해 쉽게 만들 수 있다.

광고 위치 (국내 사용 불가 노출 위치 제외)	광고 가능 소재				캠페인 목표					
	이미지	동영상	슬라이드	컬렉션	인지도	트래픽	참여	잠재고객	앱홍보	판매
Facebook 피드	O	O	O	O	O	O	O	O	O	O
Facebook 인스트림 동영상	O	O			O	O	O	O	O	O
Facebook 동영상 피드	O	O	O	O	O	O	O	O	O	O
Facebook 스토리	O	O	O		O	O	O	O	O	O
Facebook Marketplace	O		O		O	O	O	O	O	O
Facebook 검색 결과	O	O	O		O	O	O	O	O	O
Facebook 릴스	O	O	O		O	O	O	O	O	O
Facebook 릴스 광고(인지도 불가)	O					O	O	O	O	O
Instagram 피드	O	O	O	O	O	O	O	O	O	O
Instagram 스토리	O	O	O	O	O	O	O	O	O	O
Instagram 탐색 탭(피드)	O	O	O		O	O	O	O	O	O
Instagram 릴스	O	O			O	O	O	O	O	O
Instagram 탐색 홈(그리드)	O				O	O	O	O	O	O
Audience Network 네이티브, 배너 및 전면 광고	O	O	O		O	O	O	O	O	O
Audience Network 보상형 동영상	O	O	O			O		O	O	O
Messenger 스토리	O	O	O		O	O		O	O	O
Facebook 오른쪽 칼럼	O	O	O			O	O	O		O

B 기적의 TIP

광고 위치별 표에 대한 해석(수험 목적으로 표를 보는 방법)

- 동영상: 프로모션 중심인 마켓플레이스 지면과 릴스 광고의 인지도 불가 상품은 클릭 유도형이고 탐색 홈의 그리드는 이미지형 노출 공간이므로 동영상이 적합하지 않음
- 슬라이드: 여러 장의 카드뉴스 방식이므로 동영상이나 릴스에는 적합하지 않고 그리드는 슬라이드 방식의 노출이 불가능하여 제외
- 컬렉션: 메타 내부 지면과 피드, 스토리 중심의 정적인 위치에 노출됨
- 페이스북 오른쪽 칼럼: PC전용 상품이므로 우측에 작게 등장하는 배너 형식으로 인지도 측면에서 부족하고, 앱 홍보와도 무관한 상품
- 캠페인 목표 중에서 '인지도'에 사용할 수 없는 광고는 Facebook 릴스 광고(인지도 불가), Audience Network 보상형 동영상, 페이스북 오른쪽 칼럼 3가지임

⑧ 브랜드 가치 보호 및 적합성(더보기를 누르면 나타남)

광고가 브랜드 가치에 도움이 되지 않는 콘텐츠나 웹사이트에 노출되는 것을 방지하는 기능으로 차단 리스트를 만들거나, 특정한 콘텐츠 유형에 광고가 노출되는 것을 막을 수 있다.

차단 옵션	방법
차단 리스트 만들기	• 하단의 '차단 리스트 만들기' 링크를 클릭하여 자산 〉 차단 리스트로 이동하여 '차단 리스트 만들기'를 선택하여 차단할 주소(URL)를 최대 10,000개까지 .txt 파일이나 .csv 파일로 작성하여 업로드 • 페이스북 페이지와 프로필 URL, 인스타그램 프로필 URL은 물론 Audience Network에 노출될 웹사이트와 앱스토어 URL까지 차단 가능
콘텐츠 유형 제외	다음의 콘텐츠에 광고 노출을 제외할 수 있음(체크 버튼) • 페이스북 인스트림 동영상 광고의 모든 동영상 제외 • 퍼블리셔 리스트에 없는 페이지 및 프로필이 게시한 인스트림 동영상 광고 제외 • 퍼블리셔 리스트에 없는 페이지 및 프로필이 게시한 페이스북 릴스 광고 제외 • 퍼블리셔 리스트에 없는 프로필이 게시한 인스타그램 릴스 광고 제외

4) 광고 설정하기

광고 이름을 만들고 대표 계정, 광고 크리에이티브, 추적(전환 추적) 등을 설정할 수 있다.

① 대표 계정

- 해당 광고가 노출될 때 사용하게 될 페이스북 페이지와 인스타그램을 설정하는 메뉴이다.
- 인스타그램 계정을 추가하려면 [인스타그램 계정 연결] 버튼을 누르거나 '페이스북 페이지 〉 설정 〉 인스타그램'에서 연동할 수도 있다.

② 광고 설정(광고 형식)

- '광고 만들기'를 통해 새로운 광고를 만들거나 '기존 게시물 사용', '크리에이티브 허브 모의 광고 사용' 등을 선택할 수 있다.
- '크리에이티브 허브 모의 광고 사용' 옵션은 실제 광고를 바로 집행하는 것이 아니라, 광고를 미리 만들어 보고 테스트할 수 있는 기능이다.
- 광고 만들기(기본값)의 광고 설정에서는 '수동 업로드'와 '어드밴티지+카탈로그 광고'를 선택할 수 있는데, 선택하는 옵션에 따라 상단 메뉴의 명칭이 '크리에이티브 소스 또는 미디어 설정'으로 바뀌지만 기능은 큰 차이가 없다.

크리에이티브 소스(미디어 설정)	설명
수동 업로드	• 이미지 소스를 직접 등록 • 선택할 수 있는 광고 형식: 다이내믹(구, 유연함)/단일 이미지 또는 동영상/슬라이드/컬렉션
어드밴티지+카탈로그 광고	• '커머스 관리자'에서 등록한 카탈로그나 Shop 제품을 불러옴 • '광고 세트' 단계에서 '다이내믹 크리에이티브'를 선택하지 않은 경우에만 활성화됨 • 선택할 수 있는 광고 형식: 단일 이미지 또는 동영상/슬라이드/컬렉션

- 광고 설정 마지막의 '☑ 여러 광고주의 광고' 옵션은 여러 광고주의 제품이 광고 유닛(광고 슬롯) 내에서 함께 노출되는 방식이며, 원치 않으면 체크박스를 풀어주면 된다.

선택할 수 있는 광고 형식에서 유의 사항
- 다이내믹(구, 유연함)은 성과가 좋을 것으로 예측되는 광고가 게재되는 방식으로 수동 업로드를 선택할 때만 활성화된다.
- 슬라이드는 게시물의 경우 인스타그램 20개, 페이스북 80개까지 업로드 가능하나 광고 슬라이드는 10개까지만 허용된다.

③ 광고 크리에이티브
- '미디어 〉 미디어 추가'의 서브 메뉴에서 [이미지 추가] 혹은 [동영상 추가] 버튼을 클릭하여 광고물을 업로드한다.
- 이미지를 추가하면 다양한 미리보기 화면을 통해 광고에 같이 나갈 '기본 문구'와 '제목, 설명, 행동 유도, 웹사이트 URL'을 조정할 수 있다.
- 최대 파일 크기는 이미지 30MB, 동영상 4GB로 모두 동일하지만 이미지, 동영상, 슬라이드, 컬렉션 등의 유형에 따라 텍스트 권장 사항, 기술 요구 사항 등에 조금씩 차이가 있다.
- 페이스북과 인스타그램의 주요 광고 위치에 따른 기술 요구 사항을 정리하면 다음과 같다.

유형	동영상 광고 위치	권장 비율	권장 이미지 해상도	동영상 길이
페이스북	피드	1:1, 4:5	1,080×1,080px	1초~241분
	동영상 피드	4:5	1,080×1,350px	1초~241분
	페이스북 마켓플레이스	1:1, 4:5	1,080×1,080px	1초~241분
	검색결과	1.91:1, 1:1	1,200×628px	1초~241분
	비즈니스 둘러보기	1:1	1,080×1,080px	1초~241분
	인스트림 동영상	16:9	1,080×1,920px	PC: 5초~15초 MO: 5초~10분
	스토리	9:16	1,080×1,920px	1초~2분(120초)
	릴스	9:16	1,080×1,920px	최대 60초
	릴스 광고	9:16	1,080×1,920px	4초~15초
인스타그램	프로필 피드	1:1	1,080×1,080px	1초~60분
	피드	1:1, 4:5	1,080×1,080px	1초~60분
	탐색 탭	1:1	1,080×1,080px	1초~60분
	스토리	9:16	1,080×1,920px	1초~60분
	프로필 릴스	9:16	1,080×1,920px	0초~15분
	릴스	9:16	1,080×1,920px	0초~15분

④ 단일 이미지 또는 동영상

- 플랫폼에 따라 다른 크리에이티브를 넣는 것이 효과적이다(페이스북은 '문구 → 이미지', 인스타그램은 '이미지 → 문구' 순서).
- 이미지 광고의 텍스트 비중은 20% 이하를 권장하며, 캡션 텍스트(본문)의 경우 최대 2,200자까지 가능하지만, 화면에서 잘려 보일 수 있으므로 문구 125자, 제목 27자, 설명 27자를 추천한다.
- 동영상 광고는 15초 이하로 제작하면 시청 가능성과 반응을 높일 수 있으며(메타 권장), 소리가 없더라도 직관적으로 이해될 수 있는 콘텐츠를 만드는 것이 효과적이다.
- 세로형 동영상을 적절하게 활용해 모바일 지면을 최대한 활용하는 것이 좋다.
- '맞춤 설정할 노출 위치를 선택하세요.'의 서브 메뉴를 클릭하면 동일한 콘텐츠를 다르게 업로드할 수 있다.
- 위치별 사이즈가 정해져 있으므로 가능하면 '자동 노출 위치' 및 '자산 맞춤 설정'을 사용하는 경우 해당 사이즈를 맞춰서 콘텐츠가 위아래로 잘려 나갈 위험이 없도록 주의한다(Tip 참조).
- '기존 게시물 사용' 메뉴를 통해 기존에 진행한 광고나 게시물을 불러와 광고를 집행하는 경우 유기적으로 받은 '좋아요, 댓글, 공유'까지 함께 노출된다.

기적의 TIP

캠페인 세팅 전략

- A사는 신제품의 브랜드 인지도 증대를 위해 TV CF를 제작하였다.
- A사의 마케팅 팀은 해당 광고의 조회수를 높일 수 있는 동영상 조회수 극대화 캠페인이 적합하다고 판단하였다.
- 이 브랜드는 비즈니스 목표는 CPV 효율성 확보이다.

- 위 사례의 경우 자동 노출 위치 및 자산맞춤 설정을 사용하고 노출 위치별로 다양한 화면비 사용하는 것이 효과적인 캠페인 세팅 전략이다.
- 모바일은 TV보다 광고 회피가 용이하므로 TV CF를 최초 3초 이내에 브랜드 메시지를 노출하여 15~30초 영상으로 재구성하여 사용하는 것이 비즈니스 목표를 달성하는 데 효과적이다.

⑤ 슬라이드

- 화면을 오른쪽으로 넘기면서 더 많은 이미지 혹은 영상을 보여주는 광고 형식이다.
- '광고 소재'를 설정하는 단계에 광고 만들기, 크리에이티브 항목이 나오면 슬라이드를 선택한다.
- 이미지를 직접 올리거나 카탈로그에서 이미지를 불러올 수도 있는데, [이미지, 동영상, 링크 직접 선택하기]를 누르면 설정이 시작된다.
- 최대 10장의 이미지나 동영상을 올릴 수 있으며 캡션 텍스트의 경우 문구 125자, 제목 32자, 설명 18자를 권장한다.
- 슬라이드마다 제목, 설명, 링크(웹사이트 URL)를 별도로 지정할 수 있다.
- 성과가 개선될 것으로 예측되는 경우 슬라이드를 자동으로 피드에 동영상으로 표시하도록 선택할 수 있다.
- 'URL 매개변수 만들기'는 말 그대로 카드에 변수의 값을 만드는 것으로, 광고를 여러 개 진행하고 있을 때 정확한 유입 경로를 파악하기 위하여 이용할 수 있다.
- 📌 첫 번째 카드에 매개변수를 'first_card'로 넣게 되면 유입 경로에 '/first_card'라는 URL이 보여서 첫 번째 카드를 보고 넘어왔음을 알 수 있다. 두 번째 카드에는 'second_card' 등을 넣어 확인할 수 있다. 매개변수로 광고별 유입 경로를 파악하려면 '구글 애널리틱스' 등의 분석 도구를 이용해야 한다.
- '이전 광고에서 슬라이드 선택' 항목은 이전에 슬라이드 광고를 진행했던 것을 그대로 가지고 오는 기능으로 3가지 옵션이 있다.

가장 성과가 좋은 슬라이드를 자동으로 먼저 표시	카드의 순서가 사용자의 반응에 따라 뒤바뀜
페이지 프로필 사진이 포함된 마지막 슬라이드 추가	마지막 페이지 다음에 프로필 로고가 들어간 카드가 생성(사용도가 높진 않은 옵션)
기본 문구	이미지나 동영상 위에 들어가는 본문을 적는 공간

- 'URL 더 보기'는 '페이지 프로필 사진이 포함된 마지막 슬라이드 추가'를 선택했을 경우에만 적용되며, 해당 프로필 사진을 클릭했을 때 넘어가는 URL이다.
- '표시 링크 더 보기'는 위의 'URL 더 보기'에서 표시되는 기본 링크 대신 다른 링크를 사용하고 싶을 때 사용된다.
- [행동 유도]는 광고를 본 사람의 다음 행동을 유도하는 버튼으로 일반적으로 [더 알아보기] 버튼이 가장 많이 사용된다.
- 인스타그램의 경우 공개 콘텐츠 중 슬라이드형 게시물을 이용해서 브랜드 인지도 증대를 목표로 광고를 진행할 수 있다.

⑥ 컬렉션

- 컬렉션은 메인 이미지/동영상 아래에 추가로 4개의 서브 이미지/동영상이 노출되는 방식으로 카탈로그 세팅이 되어 있는 경우에만 인스턴트 경험을 설정하여 노출시킬 수 있다.
- 모바일 전용으로 제공되는 광고 형식으로 제품 노출은 물론 구매 연결까지 가능한 광고 형식이며 캡션 텍스트의 경우 문구 125자, 제목 40자를 권장한다.
- 광고 클릭 후 페이스북이나 인스타그램을 이탈하지 않고 제품을 손쉽게 둘러볼 수 있다.
- 컬렉션을 클릭하면 이미지나 동영상을 선택하는 대신 하단의 랜딩 페이지 항목에서 '인스턴트 경험' 만들기로 안내된다.
- 인스턴트 경험을 만들고 나면 컬렉션 하단 피드에 표시되는 제품이라는 메뉴가 나타나며 카탈로그 제품 지정 방식에 대한 2가지 옵션을 선택할 수 있다.

자동으로 순서 지정(동적으로 선택된 또는 전 제품의 카탈로그 연동)	• 광고 보는 사람에게 가장 관련 있는 제품을 표시 • 사용자의 행동을 바탕으로 메타에서 판매 가능성이 높은 제품을 임의로 추천해 　주는 시스템
특정 순서 선택	• 판매자가 팔고 싶은 제품을 노출 • 표시할 제품을 최대 4개까지 선택할 수 있음

- 만약, 다양한 상품을 보유한 온라인 쇼핑몰 사업자가 매출을 효과적으로 높이기 위해서 캠페인을 운영한 다면 '동적으로 선택된' 또는 '자동으로 순서 지정' 또는 '전 제품의 카탈로그 연동' 등의 옵션을 선택하는 것이 적합한 크리에이티브 전략이다.
- 컬렉션 광고는 인스턴트 경험을 활용한 풀스크린 광고 형식으로 노출되므로 세로형 이미지나 동영상이 사용된다.
- [+ 새로 만들기]를 클릭하면 인스턴트 경험의 '템플릿 선택' 화면으로 이동한다.

⑦ 인스턴트 경험

- 인스턴트 경험은 이미지/동영상이나 슬라이드 이미지/동영상을 클릭했을 때 전체 화면으로 바뀌는 모바일 전용 웹페이지이다.
- 인스턴트 경험 추가에 체크를 하면 아래로 새로 만들기 메뉴가 나오는데, 신규 고객 확보, 제품 판매(카탈로그 없음), AR 경험, 스토리텔링 등의 다양한 템플릿과 맞춤 설정을 할 수 있는 맞춤 인스턴트 경험 옵션이 있다.
- 원하는 템플릿을 선택하거나 '맞춤 인스턴트 경험'을 클릭하여 수동으로 만들 수 있다.
- 신규 고객 확보는 가장 일반적으로 사용되는 기능으로 페이스북이나 인스타그램에 Shop을 운영하고 있는 경우 Shop의 카탈로그에서 모든 정보를 불러와서 손쉽게 등록할 수 있으며, 제품판매(카탈로그 없음)는 Shop이 없는 경우 직접 등록하는 템플릿이다.
- '인스턴트 경험 추가'를 하면 메인 문구와 배너 이미지/동영상이 노출되는 광고를 클릭했을 때 사용자의 모바일이 전체 화면으로 바뀌면서 지정했던 템플릿 내용이 보이게 된다.
- 카탈로그 제품 지정 방식에는 '자동으로 순서 지정'과 '특정 순서 선택'이 있다.
- 만약 다양한 상품을 보유한 온라인 쇼핑몰 사업자가 매출 증대를 목적으로 캠페인을 운영한다면 '자동으로 순서 지정'을 선택하는 것이 적합한 크리에이티브 전략이다.
- 인스턴트 경험을 만들고 나면 광고 만들기 화면에 '피드에 표시되는 제품'이라는 메뉴가 다시 한번 나타나며 '동적으로 선택된(추천)'과 '표시할 제품을 최대 4개까지 선택'에 대한 선택을 변경할 수 있다.

⑧ 노출 위치 자산 맞춤화

- 광고를 저장하거나 게시한 경우 광고 위에 커서를 가져가 '⋯'을 선택하여 '수정'을 클릭하면 수정창이 열리고 노출 위치에 적합하게 크리에이티브 자산을 맞춤 설정하는 광고 크리에이티브 맞춤 설정 화면이 나타나는데 이 과정을 노출 위치 자산 맞춤화라고 부른다.
- 게시된 광고를 수정하면 수정 사항이 발생하기 전의 댓글, 좋아요, 공유 활동이 표시되지 않으며 노출 위치 자산 맞춤 설정을 사용하여 광고를 복제하는 경우 기존 공감, 댓글, 공유 등의 노출 여부를 선택할 수 있다.
- 자산 맞춤화를 통해 직접 업로드하거나 계정 이미지, 비즈니스 이미지, 인스타그램 이미지, 페이지 이미지 등을 맞춤 설정할 수 있는데, 비즈니스 이미지는 메타와 연결된 미디어 라이브러리를 통해 스탁(Stock) 사이트의 이미지를 제공하는 기능이다.

- 노출 위치 자산 맞춤화 기능을 사용하면 이미지를 동영상으로 만들 수도 있고, 변경 또는 수정하여 노출 위치에 적합하게 크리에이티브를 맞춤 설정할 수 있다.
- 노출 위치별 광고 크리에이티브 사이즈는 다음과 같으며 '더블체크(✓✓)'된 곳은 해당 위치에 적합한 비율로 메타에서 권장하는 사이즈이고, 빈칸은 사용할 수 없는 사이즈를 뜻한다.

구분	광고 노출 위치	사이즈(가로:세로)					
		1.91:1	16:9	1:1	4:5	2:3	9:16
피드	페이스북 피드	✓	✓	✓✓	✓✓		
	인스타그램 피드 및 탐색 탭	✓	✓	✓✓	✓✓	✓	✓
	페이스북 마켓플레이스	✓	✓	✓✓	✓✓	✓	✓
	페이스북 동영상 피드	✓	✓	✓✓	✓✓	✓	✓
	페이스북 오른쪽 칼럼(PC전용)	✓✓	✓	✓	✓	✓	✓
	인스타그램 Shop	✓	✓	✓✓	✓		
	메신저 받은 메시지함	✓	✓	✓✓	✓	✓	✓
스토리 및 릴스	페이스북 스토리 및 릴스	✓	✓	✓	✓	✓	✓✓
	인스타그램 스토리 및 릴스	✓	✓	✓	✓		✓✓
	메신저 스토리	✓	✓	✓	✓	✓	✓
인스트림	페이스북 인스트림 동영상	✓	✓✓	✓	✓	✓	✓
검색 결과	페이스북 검색 결과	✓✓		✓✓			
	인스타그램 검색 결과						
메시지	메신저 홍보 메시지	✓✓	✓	✓	✓	✓	✓
앱 및 사이트	Audience Network 네이티브, 배너 및 삽입 광고	✓	✓	✓	✓	✓	✓✓
	Audience Network 보상형 동영상	✓	✓	✓	✓	✓	✓✓

- 캠페인 목표 중에서 인지도나, 전환 위치 중에서 메시지 앱 또는 페이지 등을 사용하는 경우 또는 컬렉션 광고 형식에서 일부 사용이 제한된다.
- 노출 위치 자산 맞춤화 기능을 사용할 수 없는 경우는 다음과 같다.

노출 위치 자산 맞춤화 기능 사용 불가	설명
일부 목표를 사용할 수 없음	인지도, 참여(전환 위치로 메시지 앱 또는 페이스북 페이지 사용 또는 참여 유형으로 이벤트 응답 사용), 앱 홍보(메타 어드밴티지+ 앱 캠페인) 또는 판매(수동 판매 캠페인 설정 카탈로그를 사용하는 경우)
일부 홍보 목표를 사용할 수 없음	앱(메타 어드밴티지+ 앱 캠페인에서 사용된 경우), 카탈로그, 쿠폰
일부 형식을 사용할 수 없음	컬렉션
기기 유형별로 광고를 변경할 수 없음	모바일과 데스크톱에 서로 다른 자산을 사용할 수 없음
일부 행동 유도(CTA) 버튼을 사용할 수 없음	티켓 구매, 저장, 지금 전화하기 등의 CTA를 사용할 수 없음
일부 페이스북 도구를 사용할 수 없음	다이내믹 크리에이티브 광고, 페이스북 Shops 광고
일부 노출 위치를 사용할 수 없음	페이스북 그룹
기존 공감, 댓글, 공유를 복제할 수 없음	노출 위치 자산 맞춤 설정을 사용하여 광고를 복제하는 경우 이 기능을 사용할 수 없음

⑨ 랜딩 페이지

웹사이트 이외에 다양한 메신저나 전화 걸기 등 다양한 랜딩 페이지로 연결할 수 있다.

메뉴	옵션	설명
인스턴트 경험	• 신규 고객확보 • 스토리텔링 • 제품 판매 • AR 경험 • 맞춤 인스턴트 경험	• 메타 내부에서 랜딩 페이지를 만들어 주는 기능 • 전체 화면으로 열리며, 브랜드 스토리 전달 및 제품과 서비스 강조 시 사용
웹사이트	• 전화번호 • 왓츠앱 메신저	• 홈페이지 링크로 연결되는 기본 링크 • 전화번호, 왓츠앱 등을 추가하면 내부 브라우저의 랜딩 페이지 하단에 버튼 노출
페이스북 이벤트	없음	• 행사나 이벤트 참석자 모집에 효과적 • 별도의 사이트 불필요
전화	없음	전화 걸기로 바로 연결

⑩ 언어

- 다른 언어 버전으로 현지인에게 광고할 때 유용하게 사용할 수 있으며 최대 48개까지 추가할 수 있다.
- 광고를 여러 언어로 만들고 제목과 텍스트를 추가한 후에 '번역하기'를 선택하면 사람들이 광고를 볼 때 '자동 번역됨'이라는 레이블이 표시되는데, 이때 '자동 번역' 기능을 사용하면 번역을 수동으로 추가하지 않고도 타겟의 기본 언어로 더 많은 사람에게 도달할 수 있다(신용, 고용, 주택, 사회 문제, 선거 또는 정치 등의 광고는 자동 번역 기능 사용 불가).
- 자동 번역 기능은 다이내믹 언어 최적화(DLO, Dynamic Language Optimization)라고도 부르며 사용이 가능한 노출 위치는 다음과 같다.

자동번역(DLO) 가능 위치	자동번역(DLO) 불가능 위치
• 페이스북 피드 • 인스타그램 피드 • 인스타그램 탐색 탭 • 페이스북 스토리 • 인스타그램 스토리 • 메신저 스토리 • 페이스북 인스트림 동영상	• 페이스북 마켓플레이스 • 페이스북 동영상 피드 • 페이스북 오른쪽 칼럼 • 메신저 받은 메시지함 • 메신저 홍보 메시지 • 페이스북 인스턴트 아티클 • Audience Network 네이티브, 배너 및 전면 광고 • Audience Network 보상형 동영상 • Audience Network 인스트림 동영상

⑪ 추적(광고 전환 추적)

- 웹사이트 이벤트는 메타의 사용자 행동 추적 도구인 픽셀을 통해 광고 성과를 추적하는 기능이며, 기존에 픽셀을 설정했다면 자동으로 활성화된다.
- 오프라인 이벤트는 매장 방문, 쿠폰 회수 등의 오프라인 연계 메뉴이며 사용 빈도는 높지 않다.
- URL 매개변수는 웹사이트의 URL 뒤에 변수의 값을 추가하여 방문자의 유입 소스를 추적하는 기능이다. 페이스북, 구글, 네이버 등 여러 매체에서 광고를 진행하는 경우 고객 유입 추적 용도로 사용된다.

행동 추적 도구	내용
메타 픽셀(Meta Pixel)	• 광고를 통해 웹사이트에서 발생하는 이벤트를 파악하기 위해 만든 소스 코드 • 픽셀을 활용하는 경우의 이점 　– 광고를 노출하기에 알맞은 타겟 생성 가능 　– 캠페인을 통해 유입된 사용자의 행동 분석 가능 　– 광고 전환 최적화를 통한 성과 증대에 효과적
메타 SDK	Software Development Kit의 약자로 앱에서 발생하는 데이터를 추적하고 측정하여 광고에 반영하는 개발자 도구
전환 API	• 서버, 웹사이트 플랫폼, 앱 또는 CRM의 마케팅 데이터를 메타의 광고 시스템에 연결하는 도구 • API는 Application Programming Interface(애플리케이션 프로그래밍 인터페이스)의 줄임말로 애플리케이션은 고유한 기능을 가진 모든 소프트웨어를 나타내며 인터페이스는 두 애플리케이션 간의 약속을 말함
오프라인 API	• 오프라인 이벤트 데이터를 메타의 광고 시스템에 연결하는 도구 • 매장에서 확보한 데이터(이메일, 핸드폰 등)를 메타에서 제공하는 오프라인 이벤트 양식에 입력하여 전환 성과(구매, 전화 주문 등)를 추적하는 방법 • 오프라인에서 확보한 행동 데이터를 토대로 페이스북이나 인스타그램 사용자 중에서 해당 성향에 맞는 유사 타겟에게 광고를 노출할 수 있음

• 이 밖에 설정한 캠페인 목표에 따라 '모의 광고 만들기'나 '메시지 자동 설정' 등의 메뉴가 등장하는 경우도 있다.
• 모든 설정이 끝났으면 '동의'를 클릭하여 광고 준비를 마무리한다.

🅑 기적의 TIP

애플 ATT와 쿠키 지원 중단(Cookieless)

메타는 성과 기여, 고급 매칭, 전환 API 등 다양한 방법으로 사용자를 추적하여 전환을 유도하는데, 애플이 iOS 14.5부터 구동되는 모든 앱은 이용자에게 앱 트래킹 여부를 선택하도록 묻는 애플 ATT(App Tracking Transparency) 정책을 시행하면서 어려움을 겪고 있다. 최근에는 안드로이드에서도 이러한 움직임에 동참하고 있으며 크롬 브라우저 역시 쿠키 지원을 중단한다고 발표하면서 다음과 같이 전환 추적 방식에 변화가 생기고 있다.

1. 페이스북 성과 기여
• 여러 퍼블리셔, 채널, 기기에서 광고의 효과를 측정하고 파악할 수 있도록 페이스북에서 만든 성과 기여 측정 방식이다.
• 여기서 '기여'란 소비자의 전환 경로에 따른 광고 접점 중에서 구매에 기여한 정도를 배분하는 프로세스를 말한다.
• iOS 14.5 이상 기기를 사용하는 경우 애플 ATT 알림창을 보고 추적에 동의해야만 고급 매칭을 사용할 수 있고 해당 기기를 통해 페이스북 또는 인스타그램 앱에서 동의해야 하므로 캠페인 최적화 구현에 어려움을 겪게 되면서 2021년 8월 25일부터 페이스북 성과 기여는 중단되었다.

2. 고급 매칭
• 메타는 결제, 계정 로그인, 등록 과정에서 웹사이트로부터 수집하는 고객 정보를 포착하여 '해싱'이라는 알고리즘을 통해 해독 불가능한 형식으로 해시 처리한다.
• 메타 광고 시스템은 브라우저를 통해 해시 처리된 데이터와 이벤트를 수신하여 해당 고객과 매칭하는데, 이를 고급 매칭이라고 부른다.
• 자동 고급 매칭과 수동 고급 매칭 방식이 있으며, 최근 쿠키 지원을 중단하는 브라우저가 늘어나면서 점차 사용 비중이 줄어들고 있다.

3. 전환 API & 오프라인 API
• API(Application Programming Interface)를 사용하면 서버, 웹사이트 플랫폼, 앱 또는 CRM의 마케팅 데이터를 메타의 광고 시스템에 직접 연결하는 방식으로 전환을 추적할 수 있다.
• 애플 ATT와 쿠키 지원을 중단하는 상황에 전환 추적의 대안으로 떠오르고 있는 방식이다.

04 메타 광고 관리 전략

1) 광고 폴더 관리 방법

- 광고 관리자에서 캠페인 이름을 클릭해서 광고 세트 단계로 들어간다.
- 해당 광고 세트 이름 위에 마우스 커서를 가져가면 '차트 조회, 수정, 복사, 고정(메뉴명과 위치는 수시로 변경될 수 있음)'의 4가지 옵션이 보이는데, 그중에 '복사'를 클릭한다.
- 광고 세트를 총 3개 만들고 싶다면 '사본 수'를 2로 설정하고 '복제'를 클릭한다.
- 사본 2개가 생성되면서 '임시 저장됨' 상태가 되는데, 광고 세트의 타겟과 이름을 수정한 뒤 '동의하고 게시'를 누르면 1개의 캠페인 안에 총 3개의 광고 세트가 만들어진다.
- 광고 세트를 복제하면 그 안에 있는 광고 소재(크리에이티브)까지 복사되므로 광고 세트별로 같은 소재의 설명을 쓰거나 일부 이미지를 바꾸는 등 별도의 소재를 등록하여 광고를 진행할 수 있다.

2) A/B 테스트

- 광고 관리자에서 '캠페인 목표'를 선택하고 캠페인 이름을 설정하면 A/B 테스트 항목이 보이는데, 여러 캠페인을 서로 비교하여 어떤 것이 성과가 가장 좋은지 테스트하는 기능이다.
- [A/B 테스트 만들기] 버튼을 활성화한 뒤 광고 소재까지 설정을 마치고 '동의하고 게시'를 클릭하면 테스트를 하고 싶은 변수를 설정해서 또 다른 세팅 값으로 광고를 하나 더 만들도록 안내되며, 기존의 캠페인 간에도 A/B 테스트가 가능하다.
- A/B 테스트는 캠페인, 광고 세트, 광고의 모든 단계에서 설정할 수 있는데, 'A/B 테스트' 만들기를 진행하면 진행되는 2개의 광고 세트의 타겟이 겹치지 않아 공정한 테스트가 가능하다.
- 반면, 2개의 캠페인이나 광고 세트를 별도로 만들어서 각각 다른 타겟으로 테스트하는 경우는 동일한 사람에게 두 개의 광고가 노출될 가능성이 존재하므로 공정한 테스트가 어렵다.
- 예산은 2개로 균등하게 나누어져서 진행되는데, 100만 원이면 각 광고 세트당 50만 원씩 분배된다.
- 메타에서는 테스트 기간으로 4일을 권장하지만, 목표와 업종에 따라 보다 많은 전환이 필요한 경우라면 10일 이상 테스트하는 것이 효과적이다.

3) 어드밴티지 캠페인 예산

- '캠페인 목표'를 선택하고 나면 그 아래 어드밴티지 캠페인 예산(구, 캠페인 예산 최적화, CBO) 옵션이 보인다.
- '어드밴티지 캠페인 예산'은 '광고 세트'에서 한 단계 위인 '캠페인'에서 광고 세트 간의 효율을 관리하는 기능으로 한 개의 캠페인 안에 2개 이상의 광고 세트가 있는 경우 효율 좋은 광고 세트(타겟) 위주로 노출을 늘려주는 기능이다.
- 캠페인 단계에서 어드밴티지 캠페인 예산 옵션을 선택하면 광고 세트에서는 예산을 설정할 수 없고 캠페인 예산 옵션으로 이동하는 링크가 생성된다.
- 어드밴티지 캠페인 예산 기능을 이해하려면 캠페인, 광고 세트, 광고에 대한 개념부터 정확히 이해해야 한다.
- ⓔ 메타에서 '캠페인' 안에 일일 예산으로 1,000,000원을 설정하고 두개의 광고 세트 안에 광고 소재를 각각 3개씩 만들었다고 가정하면, 두 광고 세트와 각각의 광고 소재에 동일하게 광고가 노출되는 것이 아니라 반응이 좋은 소재에 더 많은 예산이 배분된다.
- 반응이 좋다는 것은 CPM이 저렴한 광고 소재 위주로 노출한다는 의미로 한 개의 상품에 대한 광고 소재가 여러 개 있는 경우 비용 효율성을 측정하기 좋다.

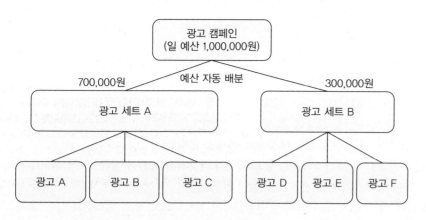

4) 메타 어드밴티지의 기타 옵션들(자동화 광고 옵션)

• AI(인공지능)를 활용하는 자동화 광고 옵션을 메타에서 새롭게 부르는 명칭으로 기존의 자동화 시스템 역시 해당 이름에 일부 변경되었다.
• 타겟, 크리에이티브, 노출 위치, 예산 등을 자동화할 수 있으며 랜딩 페이지 자동화는 현재 미국에서만 사용할 수 있다.

자동화 옵션	메뉴	설명
예산 자동화	어드밴티지 캠페인 예산 (구, 캠페인 예산 최적화)	• 광고 세트의 캠페인 예산 전체를 자동으로 관리 • 통합 캠페인 예산을 설정하고 캠페인 기간 동안 가장 효과적인 광고 세트에 실시간으로 계속 예산을 분배
노출 위치 자동화	어드밴티지+ 노출 위치	사용이 가능한 모든 노출 위치에 광고가 노출(동일한 예산으로 더 많은 타겟에게 도달하여 전환됨)
타겟 자동화	어드밴티지+ 타겟	성과가 가장 우수한 타겟에게 자동 노출
	어드밴티지 상세 타겟팅 (구, 상세 타겟팅 확장)	• 개선된 성과를 바탕으로 자동 타겟 확장 • 상세 타겟팅에만 사용할 수 있으며 위치, 연령 또는 성별 타겟팅 옵션에는 적용되지 않음
	어드밴티지 맞춤 타겟	• 맞춤 타겟을 소스로 사용하여 타겟 확장 • 일부 목표의 경우 유사 타겟을 선택하면 어드밴티지 유사 타겟 자동 적용
	어드밴티지 유사 (구, 유사 타겟 확장)	유사 타겟 이외의 사람들에게 광고 게재
크리에이티브 자동화	어드밴티지+ 카탈로그 광고 (구, 다이내믹 광고)	• 판매, 앱 홍보, 참여, 잠재고객 및 트래픽을 목표로 사용시 광고 게재 가능 • 관심사, 의도, 행동 기반 관련 제품 자동 추천 • 다음의 두 가지 타겟팅 옵션이 있음 • 광범위한 타겟을 위한 어드밴티지+ 카탈로그 광고: 아직 제품을 구매하지 않았거나 웹사이트를 방문하지는 않았지만 비즈니스가 제공하는 제품 또는 서비스 유형에 관심을 보였던 타겟에게 도달 • 리타겟팅을 위한 어드밴티지+ 카탈로그 광고: 웹사이트나 앱에서 특정 제품에 관심을 보인 타겟에게 광고를 노출하여 행동 완료 유도
	어드밴티지+ 크리에이티브	노출 위치에 따라 다양한 크리에이티브 최적화를 사용할 수 있음

	카탈로그용 어드밴티지+ 크리에이티브 (구, 다이내믹 형식 및 크리에이티브)	관련성 높은 광고를 대규모로 만들고 광고를 보는 모든 사람에게 맞춤형 광고 버전을 게재
	어드밴티지+ 인터내셔널 카탈로그 광고	카탈로그에 국가 및 언어 피드를 업로드한 경우 여러 국가 및 언어용 메타 어드밴티지+ 카탈로그 광고를 생성
랜딩 페이지 자동화	Shops 광고	국내 미지원(미국에서만 사용 가능)
	웹사이트 및 앱	

5) 광고 최적화 전략

- 광고 예산이 낭비 없이 가치 있고 안정적으로 운용되는 상태를 '유동성이 최적의 상태로 설정되었다.' 혹은 '최적화(Optimization)되었다.'라고 말한다.
- 메타는 광고 게재 초기에 알고리즘과 예측 분석을 통해 최적의 입찰가로 적합한 타겟을 찾는 최적화를 머신러닝(Machine Learning) 작업을 통해 진행한다.
- 최적화 상태의 이점은 머신러닝을 통해서 웹사이트에 방문 가능성이 큰 핵심 타겟의 데이터를 얻을 수 있다는 것으로, 설정한 이벤트가 약 50회에 도달하는 시점을 최적화로 보는데 캠페인에 따라 데이터를 확보하는 시기는 차이가 있다.
- 메타의 자료에 따르면 머신러닝 달성이 가장 쉬운 것은 인지도 캠페인이고 가장 어려운 것은 판매 캠페인이며, 트래픽, 참여, 잠재고객, 앱 홍보 등은 중간 수준으로 본다.
- 광고의 최적화 여부는 광고 세트 탭에서 확인할 수 있는데, 머신러닝은 다음의 과정을 거친다.

단계	설명
검토 중	• 광고가 본격적으로 라이브(노출)되기 전 검토를 받는 단계 • 검토는 인공지능(AI) 혹은 페이스북 정책부서에 의해 진행 • 최대 24시간이 소요되며, 24시간 이후에도 '검토 중'으로 뜰 경우 재검토 요청을 하거나 광고를 다시 만들어야 함
데이터 수집 중/ 머신러닝 진행 중	• 메타 인공지능이 광고를 최적화하기 위해 데이터를 수집하여 학습하는 단계 • ◎ 신발을 판매하려는 광고주가 30대 남성을 타겟으로 설정한 경우, 인공지능이 데이터를 수집하는 과정에서 자동차나 클럽에 관심을 보이는 30대가 신발에도 반응한다고 학습되면 자동차나 클럽에 관심있는 사람들에게 적절한 타이밍에 노출함
초기 머신러닝 완료	• 어느 정도의 데이터가 다 쌓이고 페이스북 알고리즘이 학습을 끝마친 상태 • 초기 머신러닝 기간은 지출 금액과 결괏값에 따라 다른데, 예산과 결과가 적으면 시간이 길어지고, 예산이 많고 결괏값이 많으면 짧은 시간 안에 완료 • 일반적으로 광고 세트별로 1주일에 50개 이상의 결과가 모이면 학습이 완료되는데, 트래픽은 링크 클릭 50개, 앱 홍보는 앱 설치 50개, 판매는 전환 이벤트가 50개 발생했을 때 최적화가 이루어짐
제한된 머신러닝	• 이론상으로 1주일에 광고 세트당 전환이 50건 이상 발생해야 최적화가 이루어지는데, 1주일에 전환이 50건이 되지 않아서 해당 문구가 뜨는 것 • 머신러닝이 완전히 끝난 단계는 아니지만 최적화가 어느 정도 이루어진 단계라고 볼 수 있음
활동 중	• 광고 세트에서 최적화가 완벽하게 이루어졌다는 뜻 • 세트 내 혹은 광고에서 수정이 발생한 경우 초기화될 수 있음

6) 입찰 전략

① 최적화 기준(자동입찰과 수동입찰)

- 캠페인에서 어드밴티지 캠페인 예산을 활성화하고 '캠페인 입찰 전략'에서 옵션을 선택하면 입찰 전략을 설정할 수 있다.
- 캠페인 목표에 따라 선택이 가능한 입찰 전략 옵션도 다르게 나타나는데, 선택한 입찰 전략에 따라 메타에서 광고 경매에 입찰하는 방식이 달라진다.
- 적절한 입찰 전략을 선택하면 총매출 증가, 더 많은 고객 확보, 도달 범위 확대 등 측정이 가능한 비즈니스 성과를 더 수월하게 달성할 수 있다.

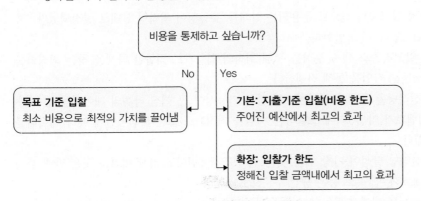

- 메타의 입찰 유형은 예산 한도를 내에서 결과나 가치를 극대화하는 데 중점을 두는 '지출 기준 입찰', 달성하려는 비용 또는 가치를 설정하고 최적화 예산을 추산하는 '목표 기준 입찰' 및 광고 경매에서의 입찰 가능 금액을 관리하는 '수동입찰'의 3가지로 나누어진다.

입찰 유형	최적화 기준	설명
지출 기준 입찰	최고 볼륨	• 한정된 예산으로 달성할 수 있는 게재 및 전환수 극대화 • '일일 예산' 혹은 '총예산' 설정을 통해 실시간 경매 시스템에 참가하여 최저 비용으로 입찰하겠다는 의미 • 최고 볼륨으로 시작해서 어느 정도 광고의 평균 CPA가 파악되면 수동입찰 전략을 시도하는 게 효과적
	최고 가치	• 동일한 예산 지출로 최고 가치의 구매를 발생시키는 데 중점 • 📌 과일가게에서 가능한 한 많은 과일을 판매하는 동시에 고가의 과일바구니를 판매하는 데 초점을 맞추는 경우
목표 기준 입찰	결과당 비용 목표	• 평균 CPA 비용을 설정하고 이에 맞추는 전략 • 📌 평균 CPA가 200원인 경우 캠페인에서 '결과당 비용 목표'를 선택하고, 광고 세트에서 '링크 클릭당 평균 비용'을 200원으로 설정하면 최대한 결과 비용을 평균 200원으로 최적화시킴 • 최저 비용으로 집행이 가능한 평균 CPA를 파악한 후 해당 평균 CPA를 '링크 클릭당 평균 비용'으로 입력해야 하므로 최저 금액을 찾을 때까지 여러 번 조정해야 함
	ROAS 목표 (광고 지출 대비 수익률)	• 캠페인 기간에 걸쳐 광고 지출 대비 수익률을 평균 금액 수준으로 유지하는 것을 목표로 하는 전략 • 📌 100,000원의 예산을 지출하여 약 110,000원의 판매를 발생시키려는 경우 (또는 수익률 110%가 목표) ROAS 관리 한도를 1.1로 설정 • ROAS 금액 준수까지 보장하지는 않음

수동입찰	기타 옵션(입찰가 한도)	• 경매에 참여할 수 있는 최대 입찰가를 직접 설정 • 경매에서 실제로 얼마의 입찰 금액(Bidding)이 지불되는지 알 수 없으므로 입찰가 한도는 원하는 결과치에 대한 비용으로 지불할 수 있는 최대치를 입력 • 이 경우 캠페인의 '일일 예산'은 광고 세트에서 설정하는 '입찰가 관리(입찰가 한도)'의 5~30배 정도 금액을 추천(평균보다 입찰가 한도를 적게 잡으면 노출이 안 되고 너무 높으면 CPA 금액이 비싸질 수 있기 때문) • 🗨️ 하루에 몇 개가 팔리든 상관없이 CPA를 10,000원 이하로 맞추겠다면 입찰가 한도를 10,000원으로 설정하고 '일일 예산'을 최소 50,000~100,000원 정도로 설정 • 즉각적인 노출보다 잠재고객 확보를 위해 장기적으로 진행하는 경우 사용

② 메타의 입찰 알고리즘

• 메타의 광고는 실시간 경매 시스템(Real-Time Bidding)을 통해 경쟁 입찰을 하는 방식이다.
• 경매의 승자는 총가치가 가장 높은 광고에게 돌아가는데, 총가치는 입찰가, 추산 행동률, 광고 품질의 3가지 요인에 따라 결정되며 이는 메타 경매 광고 순위 낙찰에 영향을 준다.

입찰가	• 광고주가 해당 광고에 설정한 입찰가 • 설정하지 않았을 때는 메타에서 자동으로 입찰가 설정
추산 행동률	• 특정 사람이 특정 광고에 반응을 보이거나 특정 광고로부터 전환되는 행동의 추정치 • 광고를 진행했을 시 참여율도 좋고 반응이 좋은 과거 기록이 있을 시 추산 행동률이 높다고 판단하며, 과거 기록이 없을 시에는 메타의 평균 데이터로 진행
광고 품질	• 광고 소재를 보는 사람들의 반응 • 광고를 보고 '광고 신고하기', '숨기기' 등의 부정적인 피드백을 받은 광고가 많은 경우는 품질 지수가 떨어짐

05 타겟 관리 전략

1) 맞춤 타겟과 유사 타겟

• 메타에서는 타겟을 3가지 유형으로 분류한다.

핵심 타겟(Core Audience)	연령, 지역, 관심사 등의 캠페인 목표에 따른 광고 노출 대상으로 '광고 세트'에서 설정
맞춤 타겟(Custom Audience)	'내 소스'나 '메타 소스'를 통해 우리 페이지나 웹사이트 등을 이미 알고 있는 기존고객으로 '광고 관리자 > 타겟'에서 설정
유사 타겟(Lookalike Audience)	기존고객과 유사한 특성을 가진 신규 고객으로 '광고 관리자 > 타겟'에서 설정

• 맞춤 타겟은 기존 고객을 대상으로 우리 광고를 집중 노출하는 리타겟팅 전략에 주로 쓰이는데, 장바구니에 상품을 담았지만, 구매는 하지 않은 사람이나 기존 구매자들을 대상으로 신상품을 광고할 경우 등에 사용된다.
• 유사 타겟은 '페이스북 페이지의 팔로워', '픽셀 가치 기반', '맞춤 타겟' 등 광고주가 가지고 있는 소스를 직접 선택해서 만들 수 있다.
• 핵심 타겟은 광고 만들기 진행 과정 중 '광고 세트' 설정의 '타겟 관리'와 '어드밴티지+ 타겟'에서 설정할 수 있고 맞춤 타겟과 유사 타겟은 '어드밴티지+ 타겟'이라는 옵션에서 '(+)타겟 추천(선택 사항)'을 클릭하면 기존에 만든 타겟을 불러오거나 새로 만들 수 있다.
• 맞춤 타겟과 유사 타겟은 여러 경로를 통해 설정할 수 있는데, 가장 쉬운 방법은 광고 관리자 하단 메뉴의 타겟을 선택하여 설정하는 것이다.

2) 맞춤 타겟 만들기 및 응용 방법

• 광고 관리자를 클릭한 후 '광고 관리자' 항목에 있는 '타겟' 메뉴를 클릭하고, 다음 화면에서 [맞춤 타겟 만들기] 버튼을 선택한다.

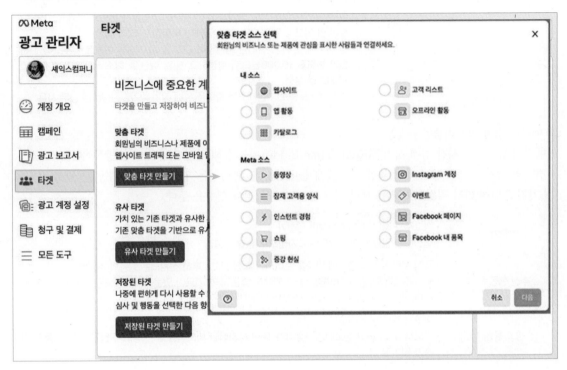

선택 가능 소스	세부 항목
내 소스	고객 리스트, 웹사이트, 앱 활동, 오프라인 활동, 카탈로그
메타 소스	동영상, 인스타그램 계정, 잠재고객용 양식, 이벤트, 인스턴트 경험, 페이스북 페이지, 쇼핑, 페이스북 내 품목, 증강현실

• 광고 계정당 최대 500개의 맞춤 타겟을 만들 수 있으며 메타 픽셀이 설치된 경우에는 자사 웹사이트에 대한 맞춤 타겟 생성도 가능하다.
• 최대 180일 이내의 방문자를 대상으로 노출할 수 있으며 단순 방문자뿐만 아니라 웹사이트에서 구매, 장바구니 담기 등의 이벤트로 전환된 사용자를 맞춤 타겟으로 생성할 수 있다.
• 실무에서는 최근 7~30일 이내에 장바구니에 상품을 담았던 사람들(구매자들 제외)을 맞춤 타겟으로 생성해서 리타겟팅으로 응용하는 경우가 많다.
• 리타겟팅이란 메타 픽셀이 심어져 있는 내 소스의 웹사이트나 앱 활동(SDK가 심어져 있는 앱에 방문한 사람들)을 타겟팅하는 광고를 말한다.
• 리타겟팅 전략은 자사 웹사이트나 앱, 매장 등을 방문한 사람들을 대상으로 노출하기 때문에 저렴한 비용으로 반응을 이끌 수 있다.

3) 맞춤 타겟 고급 옵션

① 상품을 자주 보았던 사람을 맞춤 타겟으로 만드는 방법

- 상품 페이지 URL 주소에 '666'이 들어 있다고 가정한다.
- '특정 웹페이지를 방문한 사람'이라는 옵션을 선택하고 'URL 포함'이라는 필터에 상품 페이지에 사용된 값인 '666'을 입력한다.
- '추가 세분화 기준 〉 총값'을 클릭하여 '빈도'를 선택하고 옵션에서 '다음보다 크거나 같은 경우'를 선택하고 숫자를 입력하면 설정한 숫자 이상으로 웹페이지를 방문한 사람들을 맞춤 타겟으로 설정할 수 있다.

② 이용 시간대가 높은 방문자 맞춤 타겟

- 같은 방식으로 옵션 맨 아래에서 '이용 시간별 방문자'를 선택하고 자주 방문하는 상위 백분위 빈도를 5%, 10%, 25% 중에서 선택하면 된다.
- 웹페이지 이용 시간대가 높은 이용자 위주로 맞춤 타겟을 설정하는 방법이다.

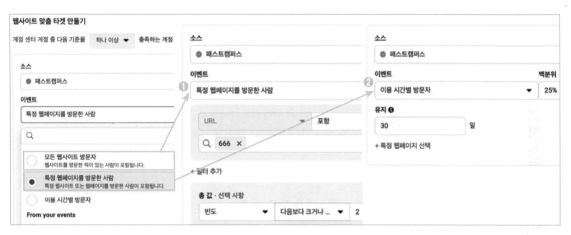

4) 맞춤 타겟을 광고에 적용하기

- 타겟 메뉴에서 타겟을 생성한 후, 광고에 적용할 수 있다.
- 광고 관리자에서 광고를 만들면서 '어드밴티지+ 타겟' 설정에서 '맞춤 타겟 〉 저장된 타겟'을 클릭하면 미리 생성한 타겟을 바로 사용할 수 있다.
- 타겟은 합집합이 아닌 교집합으로 적용되므로, 맞춤 타겟에서 '최근 구매자 30일'을 선택하고 연령대를 '25~55세'로 좁히고 '인스타그램 팔로워'도 넣어두었다면, 최근 30일 구매자 중에서 25~55세이고 내 인스타그램을 팔로우 한 사람에게만 좁혀서 광고가 나간다.
- 타겟을 좁히는 만큼 CPM 비용은 올라가므로 맞춤 타겟 소스가 정교하다고 판단되면 추가로 연령대나 관심사를 넣어서 좁힐 필요는 없다.

5) 맞춤 타겟 – 고객 리스트(1st Party Data)

기존 구매자 고객들의 연락처 혹은 이메일이 있는 경우 이 데이터를 이용하여 타겟팅을 설정할 수 있는데, 광고주가 직접 보유한 데이터라는 의미로 퍼스트 파티 데이터(1st Party Data)라고도 부른다.

순서	고객 리스트 맞춤 타겟 방법
1	맞춤 타겟 만들기 메뉴에서 '내 소스'의 웹사이트 옆에 있는 '고객 리스트'를 클릭
2	다음을 클릭하고 '파일 템플릿 다운로드'를 클릭하여 엑셀 파일 다운
3	엑셀 파일을 열고 양식에 맞게 이메일, 전화번호, ID(모바일 광고, 페이스북 사용자, 페이스북 페이지 사용자, 인스타그램 사용자 등), 성, 이름, 생년월일, 우편번호, 도시, 주, 국가 등의 연락처 정보를 입력할 수 있음
4	이메일, 전화번호 열만 채워도 되고, 여러 개 있는 경우는 1개 열만 채우고 나머지는 비워도 됨(전화번호에는 한국의 국가번호인 82를 꼭 넣어야 함)
5	파일을 업로드하고 '타겟 이름'을 지정한 뒤 다음을 클릭하면 메타 사용자들과 매핑 작업이 진행됨(CSV 또는 TXT 파일이어야 하며 고객 100명 이상을 포함해야 함)

기적의 TIP

고객 리스트의 수와 매핑된 모수의 수

- 고객 리스트가 1,000명인데, 매핑 후 확인된 모수는 600명 정도밖에 안 되는 경우가 많다. 이는 고객 리스트 정보와 페이스북 유저의 정보를 일치시키는 작업에서 약 60%만 일치가 되기 때문이다.
- 주로 사용하는 이메일, 전화번호 등의 연락처가 페이스북에 입력된 연락처와 서로 달라 발생하는 일이다.

6) 맞춤 타겟 – 동영상

- 동영상 맞춤 타겟은 동영상을 시청했던 사람들을 맞춤 타겟으로 만드는 기법으로 동영상 콘텐츠를 많이 소비하는 사람들에게 유용하게 쓸 수 있는 전략이다.
- 동영상 광고 A, B, C를 업로드하고 1개월 동안 시청한 사람들을 대상으로 새로운 D의 동영상 광고를 노출해 구매전환율을 높일 수 있는 방식이다.

순서	동영상 맞춤 타겟 방법
1	동영상 광고 집행 경험이 있는 광고주의 경우 다음의 방법으로 유저들의 평균 조회수를 미리 확인 가능(처음인 경우는 건너뜀) • 광고 관리자 메인화면의 전체 캠페인이 보이는 상황에서 조회하고자 하는 일정을 선택 • '열:광고' 혹은 '열:사용자 지정'을 클릭한 후 동영상 참여를 선택하면 동영상 광고를 조회했던 사람들의 모수를 전부 파악 가능(목록에서 '동영상 참여' 키워드 검색) • 짧은 동영상이라면 25%와 95% 조회의 차이가 무의미하므로 95%로 설정
2	맞춤 타겟 만들기 메뉴에서 메타 소스 항목의 '동영상'을 클릭
3	• '참여'의 '콘텐츠 유형을 선택하세요'를 클릭하여 내 영상을 얼마나 길게 시청했는가에 따라 타겟을 선택 가능 • 동영상을 95% 지점까지 시청한 사람들일수록 상품/서비스에 대한 기억이 강하여 광고 효과는 높겠지만 모수는 적어짐
4	맞춤 타겟을 선택하고 동영상 선택을 클릭
5	페이스북 페이지를 선택한 후 조회한 사람들에게 노출하고 싶은 동영상 게시물을 하나 이상 선택 후 확인 클릭
6	기간을 설정하고 이름을 지정해 준 다음 타겟 만들기를 클릭하면 타겟 맞춤이 완료되고, 이후 광고 만들기에서 광고에 적용

7) 맞춤 타겟 – 페이스북 페이지

페이스북 페이지 맞춤 타겟은 페이스북 페이지에 연관된 모든 사람을 타겟팅하는 방법이다.

순서	페이스북 페이지 맞춤 타겟 방법
1	맞춤 타겟 만들기 메뉴에서 메타 소스 항목의 [페이스북 페이지]를 클릭
2	'페이지에 참여한 모든 사람'을 클릭하여 다음의 서브 메뉴 중 선택 • 페이지에 참여한 모든 사람: 모든 카테고리에 다 포함된 사람 • 페이지를 방문한 모든 사람: 페이지를 방문한 모든 사람 • 게시물이나 광고에 참여한 사람: 페이스북 게시물이나 광고를 보고 유기적으로 도달한 사람이나 팔로우를 한 사람 • 행동 유도 버튼을 클릭한 사람: 이미지나 동영상 밑에 달리는 [더 알아보기], [지금 구매하기] 등의 버튼을 클릭한 사람 • 페이지로 메시지를 보낸 사람: 페이지로 메시지를 보낸 사람 • 페이지 또는 게시물을 저장한 사람: 위의 게시물이나 광고 등을 저장한 사람
3	일반적으로 '페이지에 참여한 모든 사람'이나 '게시물이나 광고에 참여한 사람'을 추천하며, '타겟 이름'을 지정하고 타겟 만들기를 클릭하면 완료됨

8) 맞춤 타겟 – 앱 활동

- 앱 활동 맞춤 타겟은 앱에서 활동한 사람들을 맞춤 타겟으로 만드는 것으로 SDK가 정상적으로 설치된 사람들만 이용할 수 있다.
- 앱 활동 맞춤 타겟 방법은 맞춤 타겟 만들기 메뉴에서 앱 활동을 클릭한 뒤, '동의합니다.'에 체크하고 타겟 만들기를 선택하면 된다.
- 다양한 카테고리별로 맞춤 타겟을 생성할 수 있으며 앱 활동은 최대 180일 전까지 추적할 수 있다.
- 앱 설치 캠페인으로 인해 페이스북 앱 등록 없이 진행할 수 없다.

9) 맞춤 타겟 제외 전략

- 맞춤 타겟으로 동일한 광고를 오랫동안 진행하면 같은 사람에게 동일한 광고가 노출될 가능성이 크다.
- 이런 경우 맞춤 타겟의 특정한 페이지를 방문한 사람을 제외하는 전략을 시도할 수 있다.
- '타겟 〉 맞춤 타겟 〉 타겟 만들기'의 타겟 조건에서 [사람 제외]를 선택하여 제외 옵션을 통해, 특정 사이트나 URL, 페이지 등에 방문한 사람을 제외시킬 수 있다.

10) 유사 타겟

- 유사 타겟 적용 방법은 맞춤 타겟과 동일하게 '광고 관리자'의 '타겟'을 클릭하여 원하는 유사 타겟을 선택하면 된다.
- 광고 관리자의 타겟 메뉴에서 '타겟 만들기 〉 유사 타겟'을 선택한 뒤 유사 소스, 타겟 위치, 타겟 크기를 지정하고 타겟 만들기를 클릭하면 된다.
- 유사 타겟은 이미 연령대와 관심사를 메타에서 자동으로 분석하고 있기 때문에 추가로 연령대나 관심사를 넣어서 타겟을 좁힐 필요는 없다.
- 옵션을 추가할 때마다 타겟이 정교해지므로 CPM이 대체적으로 높아진다.

유사 타겟 만들기	옵션	설명
유사 소스 선택	기존 타겟 또는 데이터 소스 선택	• 가치 기반 소스: 맞춤 타겟, 제품 카탈로그, 픽셀 중에서 선택 • 기타 소스: 페이지에서 선택
	새로운 소스 만들기	• 맞춤 타겟: 기존고객이나 비즈니스와 교류한 가망고객을 바탕으로 타겟 생성 • 고객 가치가 포함된 맞춤 타겟: 광고주의 가장 가치 있는 타겟과 유사 타겟 생성(팁 참고)
타겟 위치 선택		• 기반이 되는 소스와 유사한 타겟을 설정한 위치를 의미 • 국내는 대한민국으로 설정하고, 해당 소스를 이용해 일본에 타겟팅하고 싶다면 일본으로 위치를 설정하면 됨
타겟 크기 선택		• 유사 타겟수: 비슷한 유형의 타겟을 최대 6개까지 만들 수 있음 • 유사 타겟 규모: 크기와 유사성에 따라 1~10%까지 설정할 수 있으며, 1%에 가까울수록 소스 타겟과 유사성은 높지만 범위가 좁아지고, 10%에 가까울수록 유사성은 떨어지지만, 범위가 넓어짐 • 유사 타겟에 사용할 소스 타겟의 규모는 1,000~50,000명 정도가 적당함 • 유사성의 평가 기준은 소스의 맞춤 타겟과 우리나라 페이스북 유저의 고정 데이터임

🇫 기적의 TIP

고객가치의 활용
- '고객가치가 포함된 맞춤 타겟'에서 고객가치란 광고주의 비즈니스에 소요한 시간 및 빈도를 기준으로 산출된 비교 가능한 숫자를 말한다.
- 고객 관련 가치는 샘플로 제공되는 고객 리스트 파일에 고객가치 열을 추가하여 가치와 상대적인 숫자를 입력하여 사용할 수 있다.
- 메타는 이를 바탕으로 유사한 행동을 보이는 유저를 가치 기반 유사 타겟으로 확보한다.
- 메타에서 제시하는 고객가치의 예는 다음과 같다.

가치	형식
평균 주문 금액	10,000원은 10,000으로 입력
주문된 제품수	제품이 4개이면 4로 입력
멤버 현황	멤버는 1, 멤버가 아니면 0
고객 생애 가치(LTV, Lifetime Value 또는 CLV, Customer Lifetime Value)	고객과 관계를 유지하는 동안 고객이 기여할 것으로 예상되는 순이익을 숫자로 입력

06 커머스 관리자에서 광고하기

1) 커머스 관리자의 이해

- 페이스북과 인스타그램에서 물건을 등록하고 판매하는 기능을 하는 관리 도구이다.
- 카탈로그는 이커머스(제품)는 물론, 여행(호텔, 항공편), 부동산, 자동차 등의 거래 가능한 서비스를 등록하고 관리하는 메뉴로 '카탈로그 추가'를 통해 항목을 생성할 수 있으며, 콘텐츠 만드는 것처럼 제품이나 서비스를 직접 등록하고 관리한다.

- 커머스 관리자에서 카탈로그에 제품을 추가하는 방법은 다음과 같다.

방법	설명	인벤토리 크기	인벤토리 유형	관리 난이도
수동	• 수동 양식을 사용하여 제품을 일일이 추가 • 관리해야 할 제품이 50개 미만인 경우 효과적	작고 자주 변경되지 않음	제품만 등록 가능	높음: 수동으로 제품 업데이트
데이터 피드	• 스프레드시트 또는 XML 파일을 업로드하여 제품을 일괄 추가하는 방식 • 파일을 한 번 업로드하거나 예약된 업로드를 설정하여 매시간, 매일 또는 매주 업데이트할 수 있음	중간~큰 크기이거나 자주 변경됨	모든 인벤토리 유형 등록 가능	보통: 필요에 따라 데이터 피드 파일 업데이트
파트너 플랫폼	• 픽셀을 사용하여 웹사이트에서 자동으로 제품을 가져오고 업데이트하는 방법 • 인벤토리가 크거나 변경이 잦은 경우 효과적	중간~큰 크기이거나 자주 변경됨	제품만 등록 가능	보통: 파트너 플랫폼에서 제품 관리
픽셀	• 메타와 통합된 파트너 플랫폼에서 자동으로 제품을 가져옴 • 파트너 플랫폼에서 계속 제품을 관리할 수 있으며 모든 업데이트 사항은 커머스 관리자에 자동으로 동기화됨	중간~큰 크기이거나 자주 변경됨	제품만 등록 가능	낮음: 픽셀을 통해 자동으로 제품 업데이트
배치 API	• 개발자가 단일 HTTP 요청에서 여러 제품을 추가, 업데이트 및 삭제할 수 있는 고급 방식 • 물품이 수십만 개이고 인벤토리가 빠르게 변경되는 카탈로그를 사용하는 대규모 비즈니스에 적합	크고 자주 변경됨	모든 인벤토리 유형 등록 가능	보통: 필요에 따라 업데이트 전송

- 커머스(Shop)는 쇼핑몰 계정을 연결하여 물건을 판매하는 메뉴로, '계정 추가'를 통해 생성할 수 있다.
- 메타에서 승인된 플랫폼만 연결할 수 있으며, 해당 플랫폼에 등록된 제품의 링크를 연결하여 사용한다.
- 카탈로그나 Shop을 등록하면 페이스북 계정에 제품이 노출되고 인스타그램 프로필에 [구매하기] 버튼이 생성되는 등 이커머스 기능이 활성화된다.

2) 커머스 관리자에서 광고하는 방법

- 커머스 관리자에 등록된 제품은 별도의 방식으로 홍보와 광고 등의 마케팅을 진행할 수 있다.
- 직접 진행할 수 있는 광고는 다음과 같다.

특성	도구	설명
홍보	쿠폰	• Shop의 쿠폰을 만드는 기능으로 제품 하단에 해당 쿠폰 내용이 추가되어 노출 • 금액 할인, 할인, 무료 배송, 구매 혜택을 선택하면 원하는 제품 하단에 자동 노출
광고	트래픽 광고	• 캠페인 목표가 '트래픽'으로 자동 설정되어 광고가 세팅됨 • 광고 소재의 크리에이티브 소스를 '카탈로그'로 선택하면 커머스에서 등록한 카탈로그나 Shop에서 제품을 불러올 수 있음
	어드밴티지+ 카탈로그 광고(구, 다이내믹 광고)	• 카탈로그에 등록된 제품을 사용자의 관심사, 구매 내역, 메타에서 취한 행동 등에 따라 자동으로 노출시킴 • 메타 픽셀 또는 SDK에 연결해야 함

3) 메타 어드밴티지+ 카탈로그 광고(구, 다이내믹 광고 또는 다이내믹 캠페인)

- 메타 어드밴티지+ 카탈로그 광고는 관심사, 의도, 행동을 기반으로 사람들에게 관련 제품을 자동으로 추천하는 광고로 제품에 관심을 보이는 사용자가 발견되면 해당 고객 맞춤 광고가 표시(페이스북, 인스타그램 및 Audience Network의 다른 단일 이미지 광고, 슬라이드 광고, 컬렉션 광고와 동일)된다.
- 메타 어드밴티지+ 카탈로그 광고를 진행하기 위해서는 먼저 커머스 관리자에서 제품을 등록하여 카탈로그를 만들 수 있으며 장점은 다음과 같다.

맞춤화	고객의 행동과 관심사에 따라 관련성이 높은 콘텐츠와 크리에이티브를 자동으로 제공
상시 게재	각 제품에 따른 개별 광고를 구성하지 않아도 모든 제품을 지속적으로 최적화하고 홍보하는 자동화된 캠페인
리타겟팅	웹사이트나 모바일 앱 고객을 리타겟팅하여 고객이 둘러보고 구매하지는 않은 제품을 상기시켜 줌
신규 고객 확보	웹사이트나 앱을 아직 방문하지 않았더라도 광범위 타겟팅을 활용하여 유사한 제품에 관심을 보인 새로운 사람에게 도달
일반 재고	사람들이 카탈로그를 재방문하도록 재고 목록 사이에 광고 캠페인의 제품 상세 정보가 노출

- 어드밴티지+ 카탈로그 광고는 상품을 판매하는 비즈니스(예 소비재, 이커머스, 리테일)나 온라인으로 인벤토리의 제품/서비스를 판매하는 비즈니스(예 여행, 자동차, 부동산)에서 신규고객 및 기존고객을 타겟팅하여 온라인 매출 확보에 용이하다.
- 제품 카탈로그에서 가장 관련성 높은 크리에이티브를 게재하며 적합한 잠재 구매자에게 적합한 제품 홍보를 하기 위한 용도로 적합하다.

- 메타 픽셀과 앱 SDK를 사용하여 광고를 최적화할 수 있는데, 기본적으로 선택하는 픽셀 및 앱 표준 이벤트는 다음과 같다.

광고 유형	메타 픽셀 표준 이벤트(웹)	메타 SDK 표준 이벤트(앱)
자동차 인벤토리 광고 (어드밴티지+ 카탈로그 광고 유형)	• Search • ViewContent • AddToWishlist • Lead	• fb_mobile_search • fb_mobile_content_view • fb_mobile_add_to_wishlist • Lead
카탈로그	• ViewContent • AddtoCart • Purchase	• EVENT_NAME_VIEWED_CONTEN • VENT_NAME_ADDED_TO_CART • EVENT_NAME_PURCHASED(안드로이드 기준)
제품을 위한 메타 어드밴티지+ 카탈로그 광고		
오프라인 매장	• delivery_category • curbside • in_store • home_delivery	없음
부동산 광고(어드밴티지+ 카탈로그 광고 유형)	• Search • ViewContent • InitiateCheckout • Purchase	• fb_mobile_search • fb_mobile_content_view • fb_mobile_initiated_checkout • fb_mobile_purchase
여행 광고(어드밴티지+ 카탈로그 광고 유형)		

07 메타에서 콘텐츠 수익화하기

- 메타는 크리에이터와 퍼블리셔가 콘텐츠를 수익화할 수 있는 기능 및 제품을 제공하고 있다.
- 인스트림 광고, 라이브 인스트림 광고, 스타, 구독, 브랜디드 콘텐츠 등이 있으며 우리나라에서는 아직 활성화되지 않은 기능도 있다.

수익화 방법	특징	수익 창출 요건
인스트림 광고	수익을 창출하기 위해 업로드한 동영상에 포함할 수 있는 짧은 광고	다음 조건을 모두 충족해야 가능 • 팔로워 5,000명 • 최근 60일 동안 총 유효 조회 시간 60,000분 • 페이지의 활성 동영상 5개
라이브용 인스트림 광고	• 라이브 방송 • 광고에 적합한 콘텐츠	다음 조건을 모두 충족해야 가능 • 팔로워 10,000명 • 유효 라이브 방송 조회 60,000분 이상을 포함한 최근 60일간 총 유효 조회 시간 600,000분 • 3개 이상의 이전 라이브 방송을 포함한 페이지의 활성 동영상 5개
구독	팔로워가 많은 크리에이터 및 브랜드가 구독자에게 콘텐츠를 정기적으로 제공하는 유료 구독 서비스	• 초대받은 일부만 이용 가능 • 현재 우리나라에서는 미 시행 중
스타	• 아프리카TV의 별풍선 기능과 유사 • 라이브 방송 시 사용 가능	• 팔로워 수가 연속 30일 이상 500명 이상 유지 • 만 19세 이상
브랜디드 콘텐츠	• 광고주가 브랜드 콜라보 관리자에 신청 • 크리에이터와 콘텐츠를 협업하는 방식의 수익 모델	• 브랜드 콜라보 관리자를 통해 신청 가능 • 현재는 미국 거주 인스타그램 크리에이터 대상으로만 운영 중

• 수익화할 수 없는 콘텐츠 형식은 4가지가 있다.

수익화 불가 유형	콘텐츠 형식
금지된 형식	• 정적 동영상: 하나의 정적 이미지만 포함하고 모션 효과가 거의 없거나 아예 없는 콘텐츠 • 정적 이미지 설문: 콘텐츠에 포함된 질문에 답변하기를 요청하는 등 참여를 높일 목적만으로 게시된 콘텐츠 • 이미지 슬라이드쇼: 연속으로 나타나는 정적 이미지를 중점적으로 표시하는 콘텐츠 • 반복 재생 동영상: 반복 재생되며 동일한 구간을 여러 번 보여주는 콘텐츠 • 텍스트 짜깁기: 텍스트 오버레이가 포함된 정적 이미지나 움직이는 이미지를 중점적으로 표시하는 콘텐츠 • 포함(Embed)된 광고: 프리롤, 미드롤, 포스트롤 또는 페이스북에서 광고 노출 위치를 제공하는 배너 광고가 이미 포함된 콘텐츠
금지된 행위	• 참여 유도를 위한 낚시성 콘텐츠 • 먹을 수 없는 물질 섭취 • 잔인한 장면 표시 • 약물, 담배, 주류 소비 • 탈의나 기타 성적 행위
제한된 카테고리	• 논란의 여지가 있는 사회 문제 • 참사 또는 분쟁 • 불쾌한 활동 • 성적 또는 선정적 행동 • 거친 언어 • 노골적인 콘텐츠
금지된 카테고리	• 잘못된 정보 • 오해의 소지가 있는 의료 정보

08 메타 앱 패밀리 커뮤니티 규정의 목표와 가치

1) 메타 앱 패밀리

• 페이스북, 인스타그램, 메신저, 왓츠앱을 메타 앱 패밀리라고 부르며, 메타에 관한 다양한 디지털 인사이트와 마케팅 리서치 자료를 제공하는 메타 포사이트(Meta Foresight, 구, Facebook IQ)라는 별도의 뉴스레터도 운영하고 있다.
• 커뮤니티를 지향하는 페이스북과 인스타그램은 저마다의 커뮤니티 규정과 가이드라인을 가지고 있다.

2) 페이스북과 인스타그램의 대표적인 커뮤니티 가이드라인

① 페이스북 커뮤니티 규정 위반 가능성이 있는 콘텐츠는 플랫폼에서 불시 삭제
• 가짜 계정에서 만들고 배포한 콘텐츠
• 알려진 혐오 용어가 포함된 콘텐츠
• 심각한 폭력을 선동하거나 조장할 수 있는 콘텐츠
• 따돌림 및 괴롭힘
• 스팸
• 폭력적인 이미지
• 성인 나체 이미지 및 성적 행위
• 페이스북 커뮤니티 규정에 정의된 제한된 상품 또는 서비스를 구매, 판매, 거래 또는 홍보하는 게시물

② 사용자들이 표시되는 것을 선호하지 않는 콘텐츠는 규정 위반의 소지가 있으므로 플랫폼에서 노출 제한
- 위반의 소지가 있는 성인 나체 이미지 및 성적 행위
- 위반의 소지가 있는 폭력적이고 자극적인 내용
- 위반의 소지가 있는 따돌림과 괴롭힘, 혐오 발언, 폭력 및 선동
- 규제 상품 커뮤니티 규정에 따라 금지된 서비스를 판매하거나 제공할 가능성이 있는 것으로 예상되는 그룹 게시 콘텐츠

③ 의심스러운 입소문을 암시하는 게시물의 가이드라인
- 사람들이 페이스북에서 보게 되는 콘텐츠는 신뢰할 수 있는 출처에서 게시한 것이어야 하며 페이스북 정책을 위반해서는 안 된다.
- 콘텐츠의 게시자가 신원을 확인하거나 위반 사항에 대해 검토 대기 중인 콘텐츠를 확인할 때까지 예기치 않게 빠르게 퍼지는(특히 게시자의 거주 국가 이외 지역 사람들에게) 게시물의 배포를 일시적으로 제한할 수 있다.

④ 페이스북 정책을 반복적으로 위반하는 사람에 대한 가이드라인
- 반복적으로 위반하는 사람은 최근에 페이스북 커뮤니티 규정, 서비스 약관 또는 콘텐츠 배포 가이드라인을 여러 번 반복하여 위반한 프로필, 페이지 또는 그룹의 콘텐츠를 게시한 경우를 뜻한다(계정을 여러 개 만들어서 정책을 피하려고 시도하는 사용자 포함).
- 정책을 위반하는 콘텐츠를 반복적으로 게시하는 경우 특정 수준의 강등이 적용될 수 있다.
- 위반 행동을 수정하지 않을 경우 페이스북 정책을 준수하도록 하기 위해 일정 기간 더 엄격한 강등을 적용한다.

⑤ 인스타그램 커뮤니티 가이드라인
- 직접 촬영했거나 공유할 권한이 있는 사진과 동영상만 공유한다.
- 다양한 사람들이 즐길 수 있는 사진과 동영상을 게시한다.
- 의미 있고 진심이 담긴 교류에 동참한다.
- 법규를 준수한다.
- 인스타그램을 함께 사용하는 커뮤니티 멤버를 존중한다.
- 자해 행위를 미화하지 말고 도움을 준다.
- 큰 사건은 신중하게 게시한다.

01 페이스북 페이지 없이도 비즈니스 관리자를 통해 광고 진행이 가능하다. ○ ☒

02 인스타그램의 공개 콘텐츠를 활용하여 즉시 광고를 진행할 수 있다. ○ ☒

03 매출을 위해 전환 캠페인을 세팅하기 위해서는 페이스북 전환 이벤트 준비가 필요하다. ○ ☒

04 앱 설치 캠페인을 위해서는 페이스북 앱 등록 없이 진행할 수 없다. ○ ☒

05 머신러닝으로 입찰 구매와 미디어 플래닝 등을 모두 처리할 수 있다. ○ ☒

06 머신러닝은 알고리즘과 예측 분석을 통해 최적의 입찰가로 적합한 타겟을 찾는다. ○ ☒

07 머신러닝은 클라이언트 비즈니스의 목표를 캠페인 목표에 맞게 자동으로 설정해 준다. ○ ☒

08 유사 타겟에 사용할 소스 타겟의 규모는 1,000~50,000명 정도가 적당하다. ○ ☒

09 유사 타겟을 사용하면 메타 시스템이 소스 타겟(맞춤 타겟)에 포함된 사람들과 유사한 ○ ☒
   특성을 가진 사람들에게 노출한다.

10 유사 타겟의 규모는 1~10%까지의 척도로 설정할 수 있으며 10에 가까울수록 맞춤 타 ○ ☒
   겟과 유사하다.

11 맞춤 타겟팅을 사용할 때보다 더 많은 사람에게 도달하고 싶다면 유사 타겟을 추가할 ○ ☒
   수 있다.

12 메타 비즈니스 스위트는 메타의 다양한 광고를 한 곳에서 관리할 수 있는 플랫폼이다. ○ ☒

13 메타 비즈니스 스위트는 비즈니스 관리 지원을 위해 대행사나 마케팅 파트너를 추가할 ○ ☒
   수 있다.

14 메타 비즈니스 스위트는 광고 관리만 가능하고 게시물을 올리거나 댓글을 다는 등의 콘 ◎ ⊠
    텐츠 관리 기능은 없다.

15 메타 비즈니스 스위트는 페이스북, 인스타그램 등에서의 Shop이나 카탈로그 등을 관리 ◎ ⊠
    할 수 있다.

16 맞춤 타겟팅은 광고주가 가지고 있는 고객 파일로 타겟팅하는 방식이다. ◎ ⊠

17 캠페인 유형별로 불러오기 가능한 맞춤 타겟은 모두 동일하다. ◎ ⊠

18 맞춤 타겟 소스는 광고그룹당 최대 10개까지 추가할 수 있다. ◎ ⊠

19 타겟 모수가 2,000개 미만인 경우에도 맞춤 타겟 설정은 가능하다. ◎ ⊠

20 카탈로그를 등록하고 관리할 수 있는 메뉴의 명칭은 커머스이다. ◎ ⊠

21 카탈로그는 페이스북과 인스타그램에서 판매하려는 상품을 관리할 수 있다. ◎ ⊠

22 카탈로그는 제품을 직접 등록하거나 파트너 플랫폼 등을 통해 연결하여 등록할 수 있다. ◎ ⊠

23 메타의 캠페인 목표 중에서 인지도는 관심 있을 만한 소규모 타겟에게 여러 번 노출되 ◎ ⊠
    는 방식이다.

24 캠페인 목표 중에서 앱 홍보는 앱을 설치하고 계속해서 사용할 타겟에게 광고 게재하는 ◎ ⊠
    방식이다.

25 캠페인 목표 중에서 판매는 제품이나 서비스를 구매할 가능성이 있는 타겟에 노출하는 ◎ ⊠
    방식이다.

26 캠페인 목표 중에서 트래픽은 웹사이트 방문자 수를 늘리기 위해 광고를 게재하는 방식 ⊙ ☒
이다.

27 전환 목표의 광고를 게재하려면 메타 픽셀 혹은 SDK가 설치되어야 한다. ⊙ ☒

28 전환 이벤트를 활용하여 고객을 정교하게 타겟팅할 수 있다. ⊙ ☒

29 페이스북 페이지에는 픽셀을 설치해야 작동한다. ⊙ ☒

30 픽셀을 통해 웹사이트 방문자 모수를 얻을 수 있다. ⊙ ☒

31 타겟 A/B 테스트를 통해 예산 분배 예측치를 파악할 수 있다. ⊙ ☒

32 머신러닝을 통해서 캠페인의 새로운 타겟을 파악하는 데 도움을 얻을 수 있다. ⊙ ☒

33 머신러닝을 통해 웹사이트에 방문 가능성이 높은 핵심 타겟의 데이터를 얻을 수 있다. ⊙ ☒

34 페이스북 광고는 뉴스 피드에 표시되지 않는다. ⊙ ☒

35 페이스북 광고에는 댓글, 좋아요, 공유가 더 많이 표시된다. ⊙ ☒

36 페이스북 광고는 더 세밀하게 특정 타겟에게 콘텐츠를 노출할 수 있다. ⊙ ☒

37 페이스북 광고에는 동영상을 업로드할 수 없다. ⊙ ☒

38 메타에서 정교한 타겟팅 옵션(위치, 연령 또는 성별)을 많이 사용하면 더 다양한 구매 의 ⊙ ☒
사 결정자에게 도달할 수 있다.

39 모바일에 최적화된 크리에이티브를 사용하면 행동당 비용(CPA)을 낮출 수 있다. ⊙ ☒

40 A/B 테스트에서 성과가 좋은 광고를 사용하면 광고 비용을 낮출 수 있다. ○ ✕

41 크리에이티브 최적화를 사용하면 광고 성과를 높일 수 있다. ○ ✕

42 메타 비즈니스 스위트로 마케팅 최적화에 도움이 되는 인사이트를 얻을 수 있다. ○ ✕

43 메타 비즈니스 스위트는 모바일 전용 서비스로 손쉽게 광고를 게재하고 빠르게 소재를 ○ ✕
    수정할 수 있다.

44 메타 비즈니스 스위트는 비즈니스용 게시물, 스토리 및 광고를 만들거나 예약할 수 있다. ○ ✕

45 메타에서 선거 관련 광고의 경우 자동 번역 기능을 통해 해외 거주자에게 효과적으로 ○ ✕
    광고할 수 있다.

46 해외 소비자를 대상으로 하는 캠페인일 경우 원하는 지역에만 타겟팅하여 노출할 수 있다. ○ ✕

47 어드밴티지 캠페인 예산을 이용해 광고 세트별 목표에 맞게 예산 분배를 최적화할 수 ○ ✕
    있다.

48 유저마다 적합한 광고를 만들어 노출되는 크리에이티브 자동화 기능을 사용할 수 있다. ○ ✕

49 메타의 머신러닝은 인공지능 알고리즘을 바탕으로 최적의 크리에이티브를 만들어 낸다. ○ ✕

50 머신러닝은 챗GPT처럼 광고주의 질문에 답변하는 기능을 제공한다. ○ ✕

정답				
01 ×	02 ○	03 ○	04 ○	05 ×
06 ○	07 ×	08 ○	09 ○	10 ×
11 ○	12 ○	13 ○	14 ×	15 ○
16 ○	17 ×	18 ○	19 ○	20 ○
21 ○	22 ○	23 ×	24 ○	25 ○
26 ○	27 ○	28 ○	29 ×	30 ○
31 ○	32 ○	33 ○	34 ×	35 ×
36 ○	37 ×	38 ×	39 ○	40 ○
41 ○	42 ○	43 ×	44 ○	45 ×
46 ○	47 ○	48 ○	49 ×	50 ×

해설   01 페이스북 페이지는 기본적으로 필요하다.

05 미디어 플래닝은 할 수 없다.

07 캠페인 목표와는 상관없다.

10 1에 가까울수록 맞춤 타겟과 유사하다.

14 콘텐츠 관리도 가능하다.

17 캠페인 유형별로 불러오기 가능한 맞춤 타겟은 각기 다르다.

23 대규모 타겟을 대상으로 한다.

29 페이스북 페이지에는 픽셀을 설치할 필요가 없다.

34 페이스북 광고는 뉴스 피드에 표시된다.

35 페이스북 광고에 댓글, 좋아요, 공유가 더 많이 표시되는 것은 아니다.

37 페이스북 광고에도 동영상 업로드가 가능하다.

38 타겟팅을 정교하게 할수록 특정한 사람들에게만 도달한다.

43 메타 비즈니스 스위트는 PC에서도 가능하다.

45 신용, 고용, 주택, 사회 문제, 선거 또는 정치 등의 광고는 자동 번역 기능 사용이 불가하다.

49 예측 분석을 통해 최적의 입찰가로 적합한 타겟을 찾는다.

50 머신러닝과 챗GPT는 아무런 상관이 없다.

01 다음 중 메타 비즈니스 광고 캠페인 준비 사항에 대한 설명으로 옳지 않은 것은?

① 인스타그램 지면에만 광고 노출을 원하는 경우 페이스북 페이지 없이 비즈니스 관리자를 통해 세팅하면 된다.
② 인스타그램의 공개 콘텐츠 중 '슬라이드형' 게시물을 이용해서 '브랜드 인지도 증대' 목표로 광고를 진행할 수 있다.
③ 매출을 위해 전환 캠페인을 세팅하기 위해서는 페이스북 전환 이벤트 준비가 필요하다.
④ 앱 설치 캠페인을 위해서는 페이스북 앱 등록 없이 진행할 수 없다.

02 다음 중 광고 노출 극대화 목적은 유지하면서 메타의 노출 지면 옵션인 Audience Network 내에서 특정 퍼블리셔/웹사이트에서 광고를 게재하지 않으려고 할 때, 활용해야 하는 캠페인 세팅 전략으로 적절한 것은?

① 페이스북과 인스타그램만 캠페인을 진행한다.
② '제외해야 할 웹사이트'를 좋아하는 사용자를 제외 타겟팅한다.
③ 노출 위치 중 Audience Network 선택을 해제하고 광고 노출하지 않는다.
④ 특정 퍼블리셔/웹사이트 차단 리스트와 함께 자동 노출 위치를 사용한다.

03 다음에서 설명하는 캠페인 세팅 시 적절한 전략은?

> (주)햄릿 화장품에서는 신제품의 브랜드 인지도 증대를 위해 TV CF를 제작하였다. 광고 목표는 조회수 극대화와 CPV 효율성 확보이다.

① 최근 스토리형 세로형 영상이 인기가 많으므로 (9:16) 동영상만 사용한다.
② 페이스북 노출 지면과 인스타그램 지면에 적합한 1:1 비율의 동영상을 제작한다.
③ 자동 노출 위치 및 자산 맞춤 설정을 사용하고 노출 위치별로 다양한 화면 비율을 사용한다.
④ 메신저 스토리는 9:16 비율보다 1:1 비율이 적합하다.

04 다음 중 다양한 상품을 보유한 온라인 쇼핑몰 사업자가 매출을 효과적으로 증대하기 위해 컬렉션 광고를 활용하고자 할 때 크리에이티브 전략으로 가장 적절한 것은?

① 15초 동영상 및 전 제품의 카탈로그 연동
② 15초 커버 동영상 및 판매율이 높은 4개 상품으로 구성된 제품 세트
③ 가로 커버 이미지 및 전 제품의 카탈로그 연동
④ 가로 커버 이미지 및 판매율이 높은 4개 상품으로 구성된 제품 세트

05 다음 중 메타의 광고가 오프라인에서 발생하는 매출에 대한 영향력을 측정하고 싶다면 Meta Business Suite에서 어떠한 기능 활용을 고려해야 하는가?

① Meta 픽셀
② 메타 SDK
③ 브랜드사의 로열티 프로그램
④ 메타 오프라인 전환 API 기능

06 최근 쿠키 지원을 중단하는 브라우저가 늘어나면서 웹사이트 전환 추적이 어려워짐에 따라 성과 저하 현상이 나타날 수 있다. 이와 같은 상황에서 캠페인 최적화를 위해 구현해야 하는 기능은?

① 자동 고급 매칭
② Facebook 성과 기여
③ 전환 API
④ 수동 고급 매칭

07 다음 중 Meta Business Suite에서 커머스 관리자에서 진행이 가능한 마케팅 솔루션이 아닌 것은?

① 트래픽 광고
② 쿠폰
③ 라이브쇼핑
④ 어드밴티지+ 카탈로그 광고

08 다음 중 카탈로그에 관리해야 할 제품이 10개이고 자주 변경되지 않는 제품을 업로드해야 한다면 관리자가 카탈로그에 제품을 추가할 수 있는 최적의 방법은?

① 수동 업로드
② 구글 스프레드시트 대량 업로드
③ 픽셀 사용
④ 배치 API 사용

09 1st party data와 핵심 타겟을 조합해서 타겟팅하고 있는 온라인 소매업체가 있다. CPA는 상승하는 반면 거래량은 늘지 않는 상황이라면 적합한 전략은?

① 판매 캠페인 선택/유사 타겟팅
② 판매 캠페인 선택/핵심 타겟팅
③ 트래픽 캠페인 선택/관심사 기준 타겟팅
④ 트래픽 캠페인 선택/웹사이트 리타겟팅

10 다음 중 어드밴티지+ 카탈로그 광고(구, 다이내믹 광고)를 준비하는 과정에서 메타 픽셀/SDK의 이벤트 값 중 필수 이벤트 값이 아닌 것은?

① ViewContent
② AddToCart
③ Purchase
④ InitiateCheckOut

11 다음 중 광고 캠페인 진행 시 메타 픽셀을 통해 활용할 수 있는 이점이 아닌 것은?

① 캠페인을 측정하기 위한 지표를 파악하고 설정
② 광고를 노출하기에 알맞은 타겟 생성
③ 캠페인을 통해 유입된 사용자의 행동 분석
④ 광고 전환 최적화를 통한 성과 증대

12 다음 중 메타 픽셀처럼 App Event를 추적하기 위해 선택하는 측정 솔루션은?

① Meta 애플리케이션 API
② 메타 SDK
③ MMP 배지가 있는 3rd Party Tool
④ Meta 앱 이벤트 API

13 메타의 광고 노출 지면 중 페이스북 릴스 광고 지면에 노출이 어려운 캠페인 목표는?

① 인지도
② 트래픽
③ 잠재고객
④ 참여

14 다음 중 브랜드의 TV CF 영상을 페이스북을 이용한 모바일 브랜드 캠페인에서 효과적으로 활용하기 위해 가장 적합한 방법은?

① 브랜드 TV CF 영상의 스토리 전체를 보여주기 위해 무편집본 사용
② 기존 영상 자산에 자막을 추가
③ 최초 3초 이내에 브랜드 메시지를 노출하여 15~30초 영상으로 재구성하여 사용
④ 기존 영상을 1.91:1 포맷으로 변경하여 사용

15 다음 중 페이스북 비즈니스 광고의 머신러닝을 설명하는 내용으로 가장 적합한 것은?

① 머신러닝으로 입찰 구매와 미디어 플래닝 등을 모두 처리할 수 있다.
② 머신러닝은 알고리즘과 예측 분석을 통해 최적의 입찰가로 적합한 타겟을 찾는다.
③ 머신러닝은 클라이언트 비즈니스의 목표를 캠페인 목표에 맞게 자동으로 설정해 준다.
④ 위 3가지 모두 적합하지 않다.

16 브랜드에서 S/S 컬렉션 시즌 상품을 소개하려고 한다. 시즌 신상품 이미지 20개와 15초짜리 동영상과 함께 사용해서 구매 고려도를 높이고자 할 때 다음 중 가장 적합한 광고 크리에이티브 형식은?

① 슬라이드 쇼
② 컬렉션
③ 동영상
④ 단일 이미지

17 다음 중 머신러닝의 중요한 요소인 캠페인의 유동성이 최적의 상태로 설정되었을 때, 예상되는 이점이 아닌 것은?

① 캠페인 목표를 정하는 단계에서 어떤 목표로 최적화할지 결정할 수 있다.
② 머신러닝을 통해서 캠페인의 새로운 타겟을 파악하는 데 도움을 얻을 수 있다.
③ 머신러닝을 통해 웹사이트에 방문 가능성이 큰 핵심 타겟의 데이터를 얻을 수 있다.
④ 타겟 A/B 테스트를 통해 예산 분배 예측치를 파악할 수 있다.

18 다음에서 설명하는 브랜드가 선택해야 할 입찰 방식으로 옳은 것은?

> 브랜드는 광고에 대한 도달과 광고 비용 지출의 예측을 중요하게 생각한다. 예산이 한정되어 있으므로 선택한 기간에 타겟 고객에게 빈도를 기준으로 광고를 집행하고 싶다.

① CPM   ② CPA
③ CPC   ④ CPV

19 다음 중 광고 에이전시에서 연령, 인구 통계에 대한 메타 사용자의 집계 정보를 포함하여 페이스북 페이지와 인스타그램을 팔로우한 타겟에 대해 확인 가능한 메타 도구는?

① 캠페인 플래너
② 라이브 대시보드
③ 인사이트
④ 광고 관리자

20 다음에서 설명하는 브랜드에 사용되어야 하는 목표로 적절한 것은?

> 자사 페이스북에서 신규 고객이 제품을 확인하고 메신저를 통해 대화하도록 유도함으로써 저렴한 비용으로 잠재고객과의 대화를 최대화하고자 한다.

① 메시지 전달을 목표로 하는 메신저 연결 광고
② 다이내믹 광고를 활용한 카탈로그 판매 캠페인
③ 메시지 전달을 목표로 한 컬렉션 광고
④ 매장 방문을 목표로 한 컬렉션 광고

21 다음 중 메타 비즈니스 스위트(Meta Business Suite) 광고 관리자에서 캠페인 실적을 파악하기 위해 사용할 수 있는 '측정 방법' 및 '지표'를 나타내는 용어가 아닌 것은?

① Conversion Rate
② Audience Network
③ 결과당 비용
④ 성과 및 클릭

22 다음 중 캠페인의 KPI가 400만 동영상 조회를 달성하면, 동영상 조회당 비용을 30원 이하로 유지하고자 할 때 적절한 예산은? (VAT별도)

① KRW 20,000,000
② KRW 80,000,000
③ KRW 120,000,000
④ KRW 50,000,000

23 다음 중 Meta Business Suite 기능 및 설명으로 옳지 않은 것은?

① Meta Business App Family 광고 운영 및 추적
② 페이스북 페이지, 광고 계정 등의 자산 관리
③ 비즈니스 관리 지원을 위해 대행사나 마케팅 파트너 추가
④ 소셜 미디어의 특성상 쇼핑몰 관리 기능은 미제공

24 Meta 비즈니스에서 지원하는 광고 형식에 대한 설명으로 적절하지 않은 것은?

① 뉴스 피드 또는 인스타그램 피드는 정사각형 이미지와 4:5 비율의 동영상이 적합하다.
② 스토리는 인터랙티브 요소나 스티커들을 활용하여 참여를 유도할 수 있다.
③ 인스트림 동영상은 버티컬 영상이 적합하다.
④ 메신저의 홍보 메시지는 모바일 전용이며 1.91:1 또는 16:9 이미지가 효과적이다.

25 다음 중 다양한 광고 세트를 시나리오별로 구성하여 캠페인의 성과를 극대화하고자 한다면 가장 적합한 예산 전략은?

① 어드밴티지 캠페인 예산을 활용해 광고 세트들이 전반적으로 목표에 맞게 예산이 배분되도록 최적화한다.
② 캠페인의 각 광고 세트에 동등하게 예산을 분배한다.
③ 성과가 가장 좋을 것 같은 광고 세트에 예산을 가장 높게 할당한다.
④ 광고 기간에 수동으로 광고 세트를 ON/OFF한다.

26 다음에서 설명하고 있는 내용에 적합한 구매 유형과 옵션 기능으로 알맞은 것은?

> 클라이언트의 제품 영상을 스토리텔링 형태로 노출하기 위해, 타겟그룹에게 광고 1편을 보여준 후 2편을 보여주고자 한다.

① 구매 유형: 경매 / 기능: 일정 예약
② 구매 유형: 경매 / 기능: 순차 게재
③ 구매 유형: 예약 / 기능: 일정 예약
④ 구매 유형: 예약 / 기능: 순차 게재

27 다음 중 Meta Business Suite에서 제공하는 노출 위치 자산 맞춤화에 대한 설명으로 옳지 않은 것은?

① 메타와 연결된 미디어 라이브러리를 통해 이미지를 제공한다.

② 자산 맞춤화를 사용하면 이미지를 동영상으로 만들 수도 있다.

③ 노출 위치에 따라 이미지를 자르거나 수정할 수 없다.

④ 노출 위치별로 사용된 이미지 또는 텍스트는 변경할 수 있다.

28 다음 중 Meta Business Suite의 어드밴티지+ 카탈로그 광고(구, 다이내믹 광고)에서 제공하는 카탈로그의 업종이 아닌 것은?

① 리테일/전자상거래

② 여행

③ 금융

④ 부동산

29 다음 중 크리에이티브의 유연성을 제공하기 위해 메타 비즈니스 솔루션의 기능에서 다이내믹 크리에이티브와 다이내믹 언어 최적화의 설명으로 옳지 않은 것은?

① 다이내믹 크리에이티브 기능을 이용해 크리에이티브 성과를 비교할 수 있다.

② 여러 타겟을 대상으로 어떤 크리에이티브가 가장 효과적인지 테스트할 수 있다.

③ 글로벌 캠페인 시 고객의 기본 언어에 맞게 문구를 자동으로 번역한다.

④ 다이내믹 언어 최적화는 모든 노출 위치에 자동 번역을 지원한다.

30 다음 중 Meta Business Suite 광고 시스템에서 맞춤 타겟을 만들고자 할 때, 타겟 생성 시 사용할 수 있는 소스 옵션이 아닌 것은?

① 고객 파일

② 오프라인 활동

③ 메타 픽셀/SDK

④ Meta Business Suite 관심사

31 약 6개월 전에 전환 픽셀 스크립트 설치를 완료한 온라인 커머스몰이 있다. 몰의 매출 증가를 위해 캠페인 목표와 최적화 기준으로 가장 적절한 것은?

① 판매 캠페인 목표 및 가치 최적화 기준
② 판매 캠페인 목표 및 일일 고유 도달 최적화 기준
③ 트래픽 캠페인 목표 및 랜딩 페이지 조회 최적화 기준
④ 트래픽 캠페인 목표 및 링크 클릭 최적화 기준

32 Meta는 광고 경매에서 타겟에 대해 선택된 광고 순위를 지정하고 캠페인 목표와 가치에 적합한 광고를 찾는다. 다음 중 경매 광고 순위 낙찰에 영향을 미치는 요소가 아닌 것은?

① 광고주 입찰가
② 추산 행동률
③ 광고의 관련 성과 품질
④ 입찰 조정 방식

33 Meta Business Suite는 크리에이터와 퍼블리셔가 콘텐츠를 수익화할 수 있는 기능을 제공하는데 다음 중 사용할 수 없는 수익화 도구는?

① 키워드 광고
② 별풍선 방식의 스타
③ 인스트림 광고
④ 라이브용 인스트림 광고

34 다음 캠페인으로 지속하면 향후 예상되는 진행 결과로 가능성이 높은 것은?

> 브랜드가 보유한 1st Party Data를 대상으로만 캠페인을 진행하고 있다. 현재 캠페인은 성공적으로 매출 성과가 실행되고 있어 만족도가 굉장히 높은 상태이다.

① 캠페인의 성과가 최적화되어 매출이 지속적으로 증대된다.
② 기존 고객에게 광고가 지속적으로 노출되면서 브랜드 충성도가 높아진다.
③ 광고 타겟이 한정적이어서 광고 예산을 늘려도 노출량이 줄어든다.
④ 크리에이티브만 지속적으로 변경해 준다면 광고 피로도가 적어 매출은 증대될 것이다.

35 다음 중 Meta Business Suite 앱 패밀리 커뮤니티 규정의 목표와 가치가 아닌 것은?

① 콘텐츠의 진실성 보장을 위한 허위 계정 생성 차단

② 사람의 존엄성과 권리 보장을 위해 괴롭힘과 모욕적인 콘텐츠 차단

③ 개인정보와 사생활 보호를 위한 개인정보 보호 기능 제공

④ 표현의 자유를 위해서 개인 뉴스는 제한 없이 자유롭게 보장

36 새로운 모델 출시로 매출 증대를 꾀하는 자전거 제조 업체가 있다. 자사 온라인 쇼핑몰에서 '지난 시즌의 모델 구매에 관심을 보인 고객'을 대상으로 판매 효과를 테스트하고자 할 때 가장 필요한 데이터 소스는?

① 웹사이트 방문자

② 오프라인 CRM 데이터

③ 3rd Party SDK

④ 온라인 구매 전환 데이터

37 다음 중 메타의 광고 시스템에서 차단할 수 있는 콘텐츠 카테고리가 아닌 것은?

① 혐오 콘텐츠

② 성인용 콘텐츠

③ 구인·구직 콘텐츠

④ 참사 및 분쟁 콘텐츠

38 브랜드 캠페인 진행에 있어 도달 및 빈도를 조절하는 광고를 구매할 계획이다. 다음 중 해당 캠페인의 광고 인벤토리에 적용할 게재 비용 방식으로 적합한 것은?

① CPM

② CPA

③ CPV

④ CPC

39 다음 중 Meta의 앱 패밀리(광고 노출 지면)에 가장 낮은 비용으로 광고를 최적화하기 위해 자동 게재 위치 사용에 대한 장점으로 옳지 않은 것은?

① 동일한 예산으로 더 많은 전환 결과를 얻을 수 있다.

② 캠페인의 광고가 페이스북 앱 패밀리 전반에 걸쳐 노출된다.

③ 동일한 예산으로 더 많은 타겟에게 도달할 수 있다.

④ 광고 게재 위치를 세밀하게 제어할 수 있다.

40 화장품 브랜드를 신규로 출시할 계획이다. 신규 고객을 유치하는 것이 브랜드의 목적일 때, 캠페인 타겟팅 전략 추천으로 옳은 것은?

① 위치 및 인구 통계기반의 폭넓은 핵심 타겟
② 웹사이트 방문자 리타겟팅 고객은 제외
③ 위치 및 인구 통계 기반을 토대로 구성한 팔로워 유사 타겟
④ 고객을 포함한 웹사이트 방문자 유사 타겟

41 다음 중 메타의 비즈니스 광고와 연관되어 비즈니스 성장을 위해 고객에게 노출할 수 있는 앱에 대한 설명으로 옳지 않은 것은?

① 페이스북은 비즈니스 페이지를 통해 광고할 수 있다.
② 인스타그램은 사진과 동영상을 공유하며 영감을 얻고 새로운 관계를 만들어 나갈 수 있다.
③ 메신저를 통해 더 많은 신규 고객 확보가 가능하다.
④ WhatsApp은 전 세계에서 가장 많은 사용자를 보유한 메신저로 한국에서도 효과적인 광고 매체이다.

42 다음 중 Meta Business Suite의 광고 캠페인 목표에 적절하지 않은 것은?

① 브랜드 인지도 증대(Brand Awareness)
② 제품 선호도 증가(Product Like)
③ 트래픽(Traffic)
④ 판매(Purchase)

43 다음 중 비즈니스 목표를 설정하기 위한 질문으로 적절한 예시가 아닌 것은?

① 캠페인에 대한 수치적/정량적 목표치와 달성 시기
② 신규 캠페인을 위한 광고 크리에이티브 유무
③ 이전 마케팅 활동에 대한 히스토리와 성공 여부
④ 새로운 주요 경쟁 업체로 인한 시장 변화 여부

44 다음 중 페이스북 광고 형식의 유형 중 카탈로그가 필요한 광고 형식은?

① 이미지 광고
② 동영상 광고
③ 슬라이드 광고
④ 컬렉션 광고

45 다음 중 캠페인을 위해 무엇을 노력해야 하는지를 정확하게 알 수 있도록 잘 정의된 비즈니스 목표는?

① 20~30대 여성 타겟으로 TV CF 광고 영상 제작
② 작년 4분기 대비 브랜드 사이트 회원가입 수 증대
③ 내년 1분기까지 금년 4분기 대비 동일한 광고 비용으로 ROAS 350% 달성
④ 충성고객 증대를 위해 앱 개발

46 Meta Business Suite의 이미지 광고 모범 사례에 대한 설명 중 광고에 적합한 크리에이티브 접근 방식으로 옳지 않은 것은?

① 페이스북의 다양한 노출 위치에 권장되는 화면 비율을 사용한다.
② 제품이나 서비스, 브랜드를 이미지 내에 노출하여 메시지를 효율적으로 전달한다.
③ 이미지 자체에 배너와 같이 많은 정보를 담은 텍스트로 정보를 전달한다.
④ 최소 픽셀 크기의 요구 사항을 확인해서 광고가 흐려지지 않도록 한다.

47 다음 중 비즈니스 광고 관리자에서 캠페인을 신규로 세팅할 때, 광고 세트 수준에서 선택할 수 없는 것은?

① 광고 추적 옵션
② 광고 노출 위치 설정 옵션
③ 광고 타겟팅(핵심 타겟, 유사 타겟, 맞춤 타겟) 옵션
④ 광고 예산 및 일정 옵션

48 다음 중 Meta에서 성과 측정을 위해 제공하는 데이터 소스 및 기능이 아닌 것은?

① Meta 픽셀
② 전환 API
③ Meta SDK
④ Web Site Search Console

49 다음 중 광고 목표에 따라 이용이 가능한 광고 게재 최적화 방법으로 옳지 않은 것은?

① 광고 상기도 성과 증대: 최대한 많은 사람이 광고를 본 것을 기억하도록 게재
② 도달: 타겟에게 광고를 최대한 여러 번 게재
③ 랜딩 페이지 조회: 웹사이트 또는 인스턴스 경험(캔버스)을 읽어 들일 가능성이 높은 타겟에게 광고를 게재
④ 앱 이벤트: 특정 액션을 1회 이상 취할 가능성이 가장 큰 타겟에게 광고 게재

50 A사의 대표이사는 최근 월례 회의에서 다음과 같이 말했다. 마케팅팀에서는 대표이사의 지침에 맞추어 광고 캠페인을 진행하려고 한다. 가장 적절한 캠페인 목표는?

> 올해 우리의 가장 중요한 목표는 업계 1위인 B사보다 더 많은 사용자를 확보하여 대한민국 1위가 되는 것입니다.

① 전환수 극대화
② 광고 클릭수 극대화
③ 브랜드 인지도 상승
④ 광고 노출수 극대화

01 ①	02 ④	03 ③	04 ①	05 ④
06 ③	07 ③	08 ①	09 ①	10 ④
11 ①	12 ②	13 ①	14 ③	15 ②
16 ②	17 ①	18 ①	19 ③	20 ①
21 ②	22 ③	23 ④	24 ③	25 ①
26 ④	27 ③	28 ③	29 ④	30 ④
31 ①	32 ④	33 ①	34 ③	35 ④
36 ④	37 ③	38 ①	39 ④	40 ①
41 ④	42 ②	43 ②	44 ④	45 ③
46 ③	47 ①	48 ④	49 ②	50 ①

01 ①

인스타그램 지면에만 광고 노출을 원하는 경우에도 페이스북 페이지 생성은 필수이다.

02 ④

광고그룹 만들기의 '브랜드가치 보호 및 적합성' 메뉴에서 차단 리스트 만들기를 선택하면 특정 퍼블리셔나 웹사이트에 노출을 제한할 수 있다. 문제에서 광고 노출 극대화가 목적이라고 했으므로 '노출 위치 중 Audience Network 선택을 해제하고 광고 노출하지 않는' 것보다 특정 퍼블리셔/웹사이트 차단 리스트를 만들고 자동 노출 위치를 사용하는 것이 효과적이다.

03 ③

CPV는 Cost Per View의 약자로 조회수당 광고비를 말한다. 자동 노출 위치를 사용해서 CPV를 활용하기 위해서는 자동 노출 위치 및 자산 맞춤 설정을 사용하고 노출 위치별로 다양한 화면 비율을 사용하는 것이 효과적이다.

오답 피하기

- ①: 노출 위치별로 다양한 화면비를 사용하는 것이 효과적이므로 스토리형 세로형 영상에만 광고한다는 표현은 옳지 않다.
- ②: 페이스북 노출 지면과 인스타그램 지면에 적합한 1:1 비율의 동영상을 제작하는 경우 노출 위치별로 다양한 화면비를 사용하겠다는 광고 목표에 부합하지 않으므로 틀린 표현이다.
- ④: 메신저 스토리는 9:16 비율이 적합하다.

04 ①

컬렉션 광고는 메인 이미지나 동영상 아래에 추가로 4개의 서브 이미지나 동영상이 노출되는 방식으로 카탈로그 세팅이 된 때에 따라 인스턴트 경험을 설정하여 노출하는 광고이다. 문제에서 '다양한 상품을 보유한 온라인 쇼핑몰 사업자가 매출을 효과적으로 증대하기 위해서'라고 단서를 주었으므로 '전 제품의 카탈로그 연동'을 선택하는 것이 가장 적합한 크리에이티브 전략이다.

오답 피하기

- ②: 광고주가 판매량이 많다고 생각하는 제품을 4개로 임의로 선별하는 내용이고 ①은 전 제품의 카탈로그를 연동하여 메타 알고리즘이 제품 4개를 선별하는 것을 말한다. ①과 ②를 비교했을 때 광고를 여러 번 본 사람에게 동일한 제품 4개가 노출되는 것보다 노출 반응이 없는 경우 새로운 제품을 노출하는 것이 더 효과적일 것이다(알고리즘이 뛰어나도 제품이 4개뿐일 경우에는 불가능한 내용이지만 다양한 제품을 보유했다고 제시되어 있음).
- ③: '가로 커버 이미지'라는 표현은 인스턴트 경험을 활용한 풀스크린 광고 형식이므로 노출되는 컬렉션 광고에 적합하지 않다.

05 ④

메타 오프라인 전환 API 기능을 통해 Meta for Business의 광고가 오프라인에서 발생하는 매출에 대한 영향력을 측정할 수 있다. 전환 API 기능을 사용하려면 비즈니스 설정 도구에서 사용자 〉 시스템 사용자에서 'Conversions API System User'를 설정하여 활성화할 수 있다.

오답 피하기

- ①: Meta 픽셀은 온라인에서 발생하는 전환을 측정하는 도구이다.
- ②: SDK는 Software Development Kit의 약자로 메타 SDK는 모바일 앱 용 픽셀에 해당한다. 기능은 Meta 픽셀과 유사하다.

06 ③

전환 API는 서버, 웹사이트 플랫폼, 앱 또는 CRM의 마케팅 데이터를 메타의 광고 시스템에 연결하는 도구이므로 쿠키 지원을 중단하는 상황에 대안으로 떠오르고 있다.

- 고급 매칭: 해시 처리된 고객 정보를 메타 픽셀 이벤트와 함께 보내 전환 증대에 기여하고 더 많은 사람에게 도달할 수 있도록 만드는 메타의 광고 시스템이다. 메타는 결제, 계정 로그인, 등록 과정에서 웹사이트로부터 수집하는 해시 처리된 고객 정보를 포착하면 알고리즘이 '해싱'이라는 프로세스로 해당 정보를 해독 불가능한 형식으로 변환한다. 해시 처리된 데이터와 이벤트를 수신하면 메타 광고 시스템이 해당 데이터와 이벤트를 고객과 매칭한다. 여기에는 자동 고급 매칭과 수동 고급 매칭이 있다.

자동 고급 매칭을 사용해야 하는 경우	수동 고급 매칭을 사용해야 하는 경우
• 코드 수정에 익숙하지 않으며 도와줄 개발자가 없는 경우 • 웹사이트에서 IMG 픽셀을 사용하지 않는 경우 • 픽셀이 iFrame 형식이 아닌 경우 • 비즈니스가 투자 은행 및 중개업, 보험, 금융 서비스, 리테일, 신용 조합 및 상업 은행, 신용, 금융, 담보 대출업, 의약품 또는 건강 등 규제 업종에 속하지 않는 경우 • 비즈니스에서 Shopify 플랫폼을 사용하는 경우	• 코드 수정에 익숙하거나 도와줄 개발자와 협력하는 경우 • 웹사이트에서 IMG 픽셀을 사용하는 경우(고객 정보를 수동으로 형식 지정하고 해시해야 함) • 픽셀이 iFrame 형식인 경우 • 비즈니스가 자동 버전 사용이 금지되는 규제 업종에 속하는 경우

→ 최근 iOS 14.5 이상 기기를 사용하는 경우 애플 ATT(App Tracking Transparency) 알림창을 보고 추적에 동의해야만 고급 매칭을 사용할 수 있고 해당 기기를 통해 Facebook 또는 인스타그램 앱에서 동의해야 하므로 캠페인 최적화 구현에 어려움을 겪고 있는 방식이다.

- Facebook 성과 기여: 여러 퍼블리셔, 채널, 기기에서 광고의 효과를 측정하고 파악할 수 있도록 페이스북에서 만든 성과 기여 측정 방식이다. 여기서 '기여'란 소비자의 전환 경로를 따라 소비자의 광고 접점 중에서 구매에 기여한 정도를 배분하는 프로세스를 말한다. 예를 들어 누군가 휴대폰으로 Facebook 앱을 보거나, 업무용 컴퓨터로 웹사이트를 방문하고 집에 있는 컴퓨터의 검색엔진을 통해 광고를 봤다고 가정했을 때 이 사람이 구매하기 전에 마지막으로 클릭한 광고는 집에 있는 컴퓨터에서 검색엔진을 통해 보게 된 광고이다. 이런 경우, 다른 모든 광고 역시 브랜드와 제품을 인지하고 구매를 고려하도록 유도했다고 할지라도 이 검색엔진 광고가 최종 구매에 대한 모든 기여를 인정받아야 한다고 생각할 수 있다. 이 구매자가 전환하기까지 거친 각 단계를 광고 접점(터치포인트)이라고 한다. 여기에는 광고에 대한 소비자의 모든 반응이 포함되는데, 이 방식은 쿠키를 사용한다. 최근 쿠키 지원을 중단하는 브라우저가 늘어나면서 웹사이트 전환 추적이 어려워짐에 따라 2021년 8월 25일부터 Facebook 성과 기여는 중단되었다.

메타의 라이브쇼핑 기능은 현재 우리나라에서 구현되고 있지 않다.

관리해야 할 제품이 50개 미만인 경우 수동 양식을 사용하여 제품을 추가하는 것이 효과적이다.

커머스 관리자에서 카탈로그에 제품을 추가하는 방법은 다음과 같다.

방법	설명	인벤토리 크기	인벤토리 유형	관리 난이도
수동	• 수동 양식을 사용하여 제품을 일일이 추가 • 관리해야 할 제품이 50개 미만인 경우 효과적	작고 자주 변경되지 않음	제품만 등록 가능	높음: 수동으로 제품 업데이트
데이터 피드	• 스프레드시트 또는 XML 파일을 업로드하여 제품을 일괄 추가하는 방식 • 파일을 한 번 업로드하거나 예약된 업로드를 설정하여 매시간, 매일 또는 매주 업데이트할 수 있음	중간~큰 크기이거나 자주 변경됨	모든 인벤토리 유형 등록 가능	보통: 필요에 따라 데이터 피드 파일 업데이트
파트너 플랫폼	• 픽셀을 사용하여 웹사이트에서 자동으로 제품을 가져오고 업데이트하는 방법 • 인벤토리가 크거나 변경이 잦은 경우 효과적	중간~큰 크기이거나 자주 변경됨	제품만 등록 가능	보통: 파트너 플랫폼에서 제품 관리
픽셀	• 메타와 통합된 파트너 플랫폼에서 자동으로 제품을 가져옴 • 파트너 플랫폼에서 계속 제품을 관리할 수 있으며 모든 업데이트 사항은 커머스 관리자에 자동으로 동기화	중간~큰 크기이거나 자주 변경됨	제품만 등록 가능	낮음: 픽셀을 통해 자동으로 제품 업데이트
배치 API	• 개발자가 단일 HTTP 요청에서 여러 제품을 추가, 업데이트 및 삭제할 수 있는 고급 방법 • 물품이 수십만 개이고 인벤토리가 빠르게 변경되는 카탈로그를 사용하는 대규모 비즈니스에 적합	크고 자주 변경됨	모든 인벤토리 유형 등록 가능	보통: 필요에 따라 업데이트 전송

09 ①

광고 목표가 거래량 증가이므로 캠페인 목표는 인지도, 트래픽, 참여, 잠재고객, 앱 홍보, 판매 중에서 판매 캠페인이 적합하다. 자신이 가지고 있는 데이터인 1st party data를 사용했다는 것은 맞춤 타겟의 내 소스에서 '고객 리스트'를 설정했다는 의미이고, 위치, 연령, 성별, 언어, 관심사 등을 중심으로 하는 현재의 핵심 타겟 방식으로는 CPA가 높고 거래량이 늘지 않는다고 했으므로 CPA를 낮추기 위해서는 유사 타겟팅과 웹사이트 리타겟팅을 시도해볼 수 있다. 따라서 가능한 방법은 판매 캠페인 선택과 유사 타겟팅 또는 판매 캠페인 선택과 웹사이트 리타겟팅의 조합이다.

10 ④

제품을 위한 어드밴티지+ 카탈로그 광고를 게재하려면 픽셀/SDK의 이벤트 값에는 다음과 같은 표준 이벤트를 포함해야 한다.

ViewContent	누군가가 카탈로그의 제품을 조회한 경우
AddToCart	누군가가 카탈로그의 제품을 웹사이트의 장바구니에 추가한 경우
Purchase	누군가가 카탈로그의 제품을 웹사이트에서 구매한 경우

오답 피하기

InitiateCheckout(구매 의향 추적)은 부동산이나 여행 광고 유형에서 사용하는 이벤트 값이다.

11 ①

픽셀은 광고 결과를 측정하고 평가하기 위한 도구이다. ①의 캠페인을 측정하기 위한 지표를 파악하고 설정하는 것은 메타 광고 관리자의 역할에 대한 설명이다.

12 ②

웹사이트의 이벤트를 추적하는 것은 메타 픽셀이고 앱 이벤트를 추적하여 성과를 측정하는 것은 메타 SDK이다.

오답 피하기

'MMP 배지가 있는 3rd Party Tool'에서 MMP란 모바일 측정 파트너(Mobile Measurement Partner)를 말하며 메타가 공개적으로 승인한 협력사의 도구를 의미한다.

13 ①

대부분의 광고 지면은 모든 캠페인에서 노출이 가능하나, Facebook 릴스 광고와 Audience Network 보상형 동영상은 인지도 캠페인 목표로 사용이 불가능하다.

14 ③

모바일 브랜드 캠페인에서 효과적으로 활용하기 위해서는 최초 3초 이내에 브랜드 메시지를 노출하여 15~30초 영상으로 재구성하여 사용하는 것이 효과적이다.

오답 피하기

- ①: 모바일 사용자들은 TV시청자에 비해 광고 회피가 용이하므로 무편집본 보다는 모바일 사용자의 성향에 맞게 3초 이내 브랜드 메시지를 노출하도록 편집하는 것이 효과적이다.
- ②: 자막을 추가하는 것도 좋은 전략이지만 기존 영상에 자막을 넣는 것보다는 모바일 사용자 성향에 맞게 동영상을 먼저 수정하는 것이 좋다.
- ④: 기존 영상을 1.91:1 포맷으로 변경하여 사용하기보다 자동 노출 위치 및 자산맞춤 설정을 사용하고 노출 위치별로 다양한 화면 비율을 사용하는 것이 효과적이다.

15 ②

메타는 광고 게재 초기에 알고리즘과 예측 분석을 통해 최적의 입찰가로 적합한 타겟을 찾는 머신러닝 작업이 진행된다.

오답 피하기

- ①: 입찰 구매는 입찰 전략에서 진행하며 머신러닝에서는 미디어 플래닝과 무관하다.
- ③: 클라이언트 비즈니스의 목표를 캠페인 목표에 맞게 자동으로 설정해 주는 것은 페이스북이나 인스타그램 계정의 '광고 만들기' 메뉴를 통해 약식으로 광고를 진행할 때 생성되는 옵션으로 머신러닝과 무관한 설명이다.

16 ②

20개의 상품과 동영상 소재가 있으므로 사용자에 따라 적합한 소재가 노출될 수 있는 컬렉션 광고를 사용하는 것이 가장 효과적이다.

17 ①

캠페인 목표를 정하면 그에 맞게 최적화하는 것이 머신러닝의 역할이다. 캠페인 목표를 정하는 단계에서 어떤 목표로 최적화할지 결정하는 것은 마케터의 역할이다.

18 ①

도달과 빈도를 조절하는 광고 판매 방식은 CPM(Cost Per Mille)이다.

오답 피하기

클릭이나 조회에 관한 내용이 없으므로 CPA(Cost Per Action), CPC(Cost Per Click), CPV(Cost Per View)는 해당하지 않는다.

19 ③

인사이트에 관한 설명이다. 메타의 관리 도구는 메타 비즈니스 스위트(Meta Business Suite) 좌측 하단 맨 아래쪽의 '모든 도구'에서 확인할 수 있다.

20 ①

메신저를 활용하므로 메시지 전달을 목표로 하는 메신저 연결 광고가 올바른 목표이다.

21 ②

Audience Network는 메타 광고 관리자를 통해 광고를 집행할 수 있는 제휴 네트워크에 속한 사이트나 앱을 말한다.

22 ③

4,000,000×30원=120,000,000원

23 ④

메타 비즈니스 스위트(Meta Business Suite)는 커머스(커머스 관리자) 도구를 통해 카탈로그 및 Shop관리 기능을 제공한다.

24 ③

스트림(Stream)은 방송 시청을 의미하므로 인스트림(In-Stream)은 동영상을 시청하려는 상황을 말하여 여기서 말하는 동영상은 일반적으로 방송과 같은 가로형 영상을 말한다.

25 ①

광고 세트를 시나리오별로 구성하였으므로 여러 광고 세트 중에서 가장 효과가 높은 시나리오를 발견하도록 캠페인의 설정을 통해 하위 광고 세트의 시나리오들을 평가하는 방법을 묻는 문제이다. 다음과 같이 광고 세트들이 전반적으로 목표에 맞게 예산이 배분되도록 최적화할 수 있는데 이를 어드밴티지 캠페인 예산이라고 한다.

오답 피하기

- ②: 각 광고 세트에 동등하게 예산을 분배하는 것이 아니라 각 세트 중에서 효과가 높은 시나리오에 더 많은 예산이 배분될 수 있도록 캠페인 단위에서 자동 노출을 해야 한다.
- ③: 가장 좋을 것 같은 광고 세트에 예산을 높게 할당하는 것이 아니라 자동 노출을 해야 한다.
- ④: 수동으로 광고 세트를 설정하는 것이 아니라 자동 노출을 통해 효과 높은 시나리오를 발견해야 한다.

26 ④

예약 구매 옵션에는 최대 50개 광고의 순서를 원하는 대로 정렬하여 타겟에게 노출할 수 있게 해주는 순서 선택 도구가 있는데, '게재 일정 기본 설정'에서 '순차 게재'를 선택하면 설정한 순서로 광고가 노출된다(순서 선택 도구는 캠페인이 시작된 후에 활성화됨).

27 ③

자산 맞춤화를 통해 직접 업로드하거나 계정 이미지, 비즈니스 이미지, 인스타그램 이미지, 페이지 이미지 등을 맞춤 설정할 수 있는데, 비즈니스 이미지는 메타와 연결된 미디어 라이브러리(Stock 사이트)를 통해 이미지를 제공하는 기능이다. 자산 맞춤화 기능을 사용하면 이미지를 동영상으로 만들 수도 있고, 변경 또는 수정 등의 기능과 텍스트 해당 광고를 수정하여 노출 위치에 적합하게 크리에이티브를 맞춤 설정할 수 있다.

28 ③

어드밴티지+ 카탈로그 광고는 상품을 판매하는 비즈니스(예 소비재, 이커머스, 리테일)나 온라인으로 인벤토리의 제품/서비스를 판매하는 비즈니스(예 여행, 자동차, 부동산)에서 신규 고객 및 기존고객을 타겟팅하여 온라인 매출을 증대하고 제품 카탈로그에서 가장 관련성 높은 크리에이티브를 게재하며 적합한 잠재 구매자에게 적합한 제품 홍보하기에 적합하다.

29 ④

다이내믹 언어 최적화(자동 번역)는 모든 노출 위치에서 지원하지 않는다. 지원하는 노출 위치는 다음과 같다.

다이내믹 언어 최적화 (자동 번역) 가능 위치	다이내믹 언어 최적화 (자동 번역) 불가능 위치
• 페이스북 피드 • 인스타그램 피드 • 인스타그램 탐색 탭 • 페이스북 스토리 • 인스타그램 스토리 • 메신저 스토리 • 페이스북 인스트림 동영상	• 페이스북 마켓플레이스 • 페이스북 동영상 피드 • 페이스북 오른쪽 칼럼 • 메신저 받은 메시지함 • 메신저 홍보 메시지 • 페이스북 인스턴트 아티클 • Audience Network 네이티브, 배너 및 전면 광고 • Audience Network 보상형 동영상 • Audience Network 인스트림 동영상

30 ④

맞춤 타겟은 고객 파일이나 기업의 오프라인 활동, 픽셀이나 SDK를 바탕으로 기업이 모은 데이터로 광고를 하는 방식이다. Meta Business Suite 관심사는 상세 타겟에서 설정 가능한 항목이다.

31 ①

매출 향상이 목표이므로 트래픽 캠페인은 제외한다. 최적화 중에서 일일 고유 도달 최적화 기준은 가장 많은 사람에게 광고가 노출되는 것이다. 가치 최적화 기준은 최고 가치 기준이라고도 부르며 동일한 예산 지출로 최고 가치의 구매를 발생시키는 것을 말한다. 최적화에서 말하는 '가치'란 가능한 한 많은 제품을 판매하는 동시에 고가의 제품을 판매하는 데 초점을 맞추는 최적화 입찰 방식을 말한다.

32 ④

경매의 승자는 총가치가 가장 높은 광고에게 돌아가는데, 총가치는 입찰가, 추산 행동률, 광고 품질의 3가지 요인에 따라 결정된다.

33 ①

현재 Meta Business Suite에서 지원하는 수익화 도구는 별풍선 방식의 스타, 인스트림 광고, 라이브용 인스트림 광고이다.

34 ③

가지고 있는 타겟 대상으로만 광고를 집행하므로 광고를 보고 제품을 구매하는 사람들이 늘어날수록 광고 효율이 떨어진다. 따라서 구매 가능성이 높은 사람들에게만 광고를 진행하는 메타 광고 시스템의 특성상 광고 타겟이 한정적이어서 광고 예산을 늘려도 노출량이 줄어든다.

35 ④

개인 뉴스라고 해도 커뮤니티 규정을 위반할 가능성이 있는 콘텐츠는 언제든지 플랫폼에서 삭제되고, 사용자들이 표시되는 것을 선호하지 않는 콘텐츠는 커뮤니티 규정을 위반할 소지가 있으므로 플랫폼에서 노출이 제한된다.

36 ④

온라인 쇼핑몰이므로 온라인 구매 전환 데이터 소스가 필요하다.

37 ③

구인 · 구직 콘텐츠는 일반적인 상황에서 사용할 수 있는 콘텐츠이며 나머지는 분쟁의 소지가 있으므로 차단 가능성이 높은 카테고리에 해당한다.

규정 위반 자동 삭제	규정 위반 소지 노출 제한
• 가짜 계정에서 만들고 배포한 콘텐츠 • 알려진 혐오 용어가 포함된 콘텐츠 • 심각한 폭력을 선동하거나 조장할 수 있는 콘텐츠 • 따돌림 및 괴롭힘 • 스팸 • 폭력적인 이미지 • 성인 나체 이미지 및 성적 행위 • 페이스북 커뮤니티 규정에 정의된 제한된 상품 또는 서비스를 구매, 판매, 거래 또는 홍보하는 게시물	• 위반의 소지가 있는 성인 나체 이미지 및 성적 행위 • 위반의 소지가 있는 폭력적이고 자극적인 내용 • 위반의 소지가 있는 따돌림과 괴롭힘, 혐오 발언, 폭력 및 선동 • 규제 상품 커뮤니티 규정에 의해 금지된 서비스를 판매하거나 제공할 가능성이 있는 것으로 예상되는 그룹 게시 콘텐츠

38 ①

도달과 빈도를 조절하는 광고 판매 방식은 CPM(Cost Per Mille)이다. 클릭이나 조회에 대한 내용이 없으므로 CPA(Cost Per Action), CPV(Cost Per View), CPC(Cost Per Click)는 해당하지 않는다.

39 ④

광고 게재 위치를 세밀하게 제어하면 타겟이 좁아지고, 타겟을 좁히는 만큼 CPM 비용은 올라간다. 따라서 가장 낮은 비용으로 광고를 최적화하는 것이 목표라면 광고 게재 위치를 세밀하게 제어할 수 없다.

40 ①

신규 출시이므로 웹사이트 방문자, 팔로워가 부족하다. 따라서 위치 및 인구 통계기반의 폭넓은 핵심 타겟을 중심으로 캠페인 전략을 수립하는 것이 효과적이다.

41 ④

카카오톡으로 인해 한국에서 WhatsApp의 존재감은 미약하다. 조사 기관 리얼미터에 따르면 메신저 선호도에서 카카오톡은 67.6%를 차지했으며 다음으로는 페이스북 메신저가 6.4%를 차지했고, 왓츠앱은 1.2%에 불과했다.

42 ②

광고 캠페인 목표는 인지도, 트래픽, 참여, 잠재고객, 앱 홍보, 판매의 6가지이다. 제품 선호도는 설문조사를 통해 사후적으로 조사해봐야 할 수 있는 내용이다.

43 ②

브랜드와 소비자는 광고 소재라는 크리에이티브를 접점으로 해서 연결된다. 광고를 집행하기 위해서 광고 크리에이티브는 없으면 안되므로 광고 크리에이티브 유무는 목표를 설정하기 위한 질문으로 적합하지 않다.

44 ④

컬렉션 광고는 메인 이미지/동영상 아래에 추가로 4개의 서브 이미지/동영상이 노출되는 방식으로 카탈로그 세팅이 되어 있는 경우에 한하여 인스턴트 경험 설정을 통하여 노출시킬 수 있다.

45 ③

비즈니스 목표 설정 시 고려 사항은 구체적(Specific)이고, 측정이 가능(Measurable)하며, 달성할 수(Achievable) 있고 사업 연관(Relevant)되며 달성 기한이 있는(Time-bound) 목표인가 하는 것이다. '내년 1분기까지 금년 4분기 대비 동일한 광고 비용으로 ROAS 350% 달성'이라는 목표는 ROAS를 구체적으로 명시하고 350%라는 수치로 측정이 가능하다.

오답 피하기

- ①: '20∼30대 여성 타겟으로 TV CF 광고 영상 제작'은 TV CF를 구체적으로 어떻게 제작할지 명확하게 정의하지 않았다.
- ②: '작년 4분기 대비 브랜드 사이트 회원가입 수 증대'는 몇 퍼센트를 증대시킬 것인지 측정이 가능한 수치가 제시되어 있지 않다.
- ④: '충성고객 증대를 위해 앱을 개발'은 캠페인을 위한 노력과는 거리가 있는 내용이다.

46 ③

메타 광고 시스템은 이미지 광고에서 텍스트의 비중이 20%를 넘지 않는 것을 권장한다.

47 ①

광고 추적 옵션은 광고 소재가 아니라 '광고' 수준에서 선택할 수 있는 옵션이다.

48 ④

Meta에서 성과 측정을 위해 제공하는 데이터 소스 및 기능은 메타 픽셀, 전환 API, 메타 SDK 등이다.

49 ②

타겟에게 광고를 최대한 여러 번 게재하면 도달은 낮아지고 빈도가 높아진다. 반면 타겟에게 광고 빈도는 1회로 제한하면 더 많은 사람에게 광고가 보이므로 도달은 높아진다.

50 ①

전환은 광고를 클릭한 사람들이 광고주가 원하는 행동을 하는 것을 말한다. 매출을 올리기 위해서라면 총전환수를 광고 목표로 삼는 것이 좋다.

유튜브(YouTube)

▶ 합격 강의

빈출 태그 ▶ 크리에이터, 구글애즈, 유튜브 스튜디오, 리마케팅, 수익화, 전환 유도, 인스트림, 범퍼 광고, 인피드, 쇼츠,
저작권, 프리롤, 마스트헤드, 컴패니언, 품질평가점수, 도달 범위 플래너, 브랜드 광고 효과 측정

01 유튜브 광고 시스템의 이해

1) 유튜브의 개요

• 유튜브는 전 세계에서 가장 많은 사용자를 보유한 동영상 플랫폼이다.
• 최근에는 최대 3분으로 제한된 짧은 영상을 통해 순간을 공유할 수 있는 쇼츠(Shorts) 서비스도 인기를 끌면서 최고의 동영상 트래픽을 자랑하고 있다.
• 유튜브 광고는 구글애즈(ads.google.com)를 통해 관리할 수 있다.

2) 구글애즈(Google Ads)

• 구글애즈 계정에 로그인하면 가장 먼저 나타나는 '개요' 페이지에서는 실적과 계정 전체와 개별 캠페인 및 광고그룹의 개요, 실적 변동 폭, 요일 및 시간대별 실적, 새 단어 등의 중요한 통계의 요약 정보가 제공되어 광고 성과를 확인하고 수정할 수 있다.
• 구글애즈의 광고 세팅은 판매, 리드, 웹사이트 트래픽 등 광고주가 달성하고자 하는 주요 목표를 중심으로 캠페인 목표를 선택하면서 시작된다.
• 광고 계정의 구조는 '캠페인 〉 광고그룹 〉 광고'로 메타 광고 시스템과 유사하다.
• 좌측 메뉴의 '관리 〉 액세스 및 보안'에서 이메일 초대(Gmail 계정 필요)를 통해 사용자를 추가할 수 있으며 계정에 액세스할 수 있는 사용자의 수준을 선택할 수 있다.

계정 액세스 수준 선택	이메일 전용	결제	읽기 전용	표준	관리자
캠페인 보기 및 계획 도구 사용			○	○	○
캠페인 수정				○	○
결제 정보 보기		○	○	○	○
결제 정보 수정		○		○	○
보고서(이메일 포함) 보기	○		○	○	○
보고서 수정			○	○	○
사용자, 관리자, 제품 링크 보기			○	○	○
이메일 전용 사용자 추가			○	○	○
사용자, 관리자, 제품 링크 수정					○

관리자 계정(MCC)과 구글애즈 계정

1. 관리자 계정(MCC)

- 일반적으로 구글애즈는 관리자 계정을 포함하여 최대 20개의 계정을 하나의 이메일 주소에 연결할 수 있으나 20개 이상의 계정을 관리하는 경우, 여러 구글애즈 계정을 한곳에서 쉽게 조회하고 관리할 수 있는 계정을 만들 수 있는데, 이를 MCC(My Client Center, 관리자 계정)이라고 부른다.

- 관리자 계정의 또 다른 장점은 광고주의 신용 한도를 통해 광고 비용으로 월 단위의 지출을 할 수 있는 결제 방식인 월별 인보이스를 사용할 수 있다는 것인데, 월별 인보이스를 사용하기 위해서는 1년 이상의 계정 활성 상태 및 양호한 결제 정책 준수는 물론 지난 1년 내 최근 3개월 중 한 달 지출 비용이 USD 5,000 이상이어야 한다.

- 개별 구글애즈 계정 1개를 직접 관리할 수 있는 관리자 계정은 5개로 제한되며, 관리자 계정 1개를 직접 관리할 수 있는 다른 관리자 계정은 1개로 제한된다.

- 고객 계정의 구조는 최대 6개 수준(단계)으로 설정할 수 있으며 하나의 구글애즈 계정에 동일한 MCC 계층에 있는 둘 이상의 관리자 계정은 연결할 수 없다.

관리자 계정(MCC)
구글애즈 계정

2. 관리자 계정(MCC)에 결제 프로필 연결하기

- 관리자 계정MCC 계정에는 월별 인보이스를 사용하는 결제 프로필만을 연결할 수 있으며, 직접 결제 방식(자동/수동 결제)을 사용하는 광고 계정은 계정 연결만 가능할 뿐 결제는 해당 광고 계정에서만 진행할 수 있다.

- 이후 MCC에서 인보이스를 사용하는 계정의 결제 프로필을 연결하거나 새로 만드는 방법은 다음과 같다.

  - '도구 및 설정 〉 결제' 열 내 '결제 설정'으로 이동하여 파란색 [+] 버튼을 눌러 만들거나 이미 만들어진 인보이스를 결제 설정으로 연결

  - 새로 만드는 경우는 '새 결제 설정 추가'를 클릭

  - 다음 페이지에서 청구서 수신 국가 및 통화를 선택

  - 결제 프로필 ID를 입력하거나 새 결제 설정에 사용할 결제 프로필 ID를 검색하고 결제 – 프로필을 사용하여 구글애즈 계정의 재정 책임자를 선택

  - '결제 옵션'에서 원하는 결제 설정 세부 정보를 입력

  - 인보이스 이름/인보이스 발송을 위한 이메일 주소/인보이스 발송을 위한 우편 주소(선택 사항)/청구지 주소/서비스 계약

  - 결제 설정 만들기를 클릭하면 완료

02 유튜브 광고 세팅하기

1) 캠페인 목표와 유형

• 광고를 시작하기 위해서는 먼저 캠페인 목표를 선택해야 하는데, 선택이 가능한 캠페인 목표와 캠페인 유형 및 캠페인 하위 유형은 다음과 같다.

판매
온라인, 앱, 전화, 매장을 통한 판매를 촉진합니다.

리드
고객의 액션을 유도하여 리드 및 다른 전환을 늘립니다.

웹사이트 트래픽
관련성 높은 사용자가 웹사이트를 방문하도록 유도합니다.

앱 프로모션
앱의 설치 수, 참여도 및 사전 등록을 늘립니다.

인지도 및 구매 고려도
광범위한 잠재고객에게 도달하여 제품 또는 브랜드에 대한 관심도 높이기

브랜드 목표가 병합되었습니다.

오프라인 매장 방문 및 프로모션
음식점, 대리점 등 오프라인 매장으로의 방문을 유도합니다.

목표 설정 없이 캠페인 만들기
목표를 바탕으로 한 추천 없이 캠페인 유형을 먼저 선택합니다.

캠페인 목표	설명	선택이 가능한 캠페인 유형	선택이 가능한 캠페인 하위 유형
판매	구글 제휴 사이트, 동영상, 앱 접속 시 광고 게재 등의 서비스를 통해 판매가 이루어지도록 광고 노출	• 검색 • 실적 최대화 • 디스플레이 • 쇼핑 • 동영상 • 디맨드젠(Demand Gen) 캠페인	'전환 유도'로 자동 설정됨
리드	• 리드는 구매나 전환 직전에 연락처를 받는 행동을 말함 • 방문 예약, 설문 참여, 이벤트 신청 등을 통해 연락처 정보를 기입해 제품이나 서비스에 관심을 남기도록 유도하는 마케팅 전략		
웹사이트 트래픽	• 웹사이트를 방문하도록 유도하는 광고 노출 방식 • 방문 가능성이 높은 사용자에게 노출되며 동일한 키워드의 경우에도 클릭하지 않으면 다시 검색할 때 순위가 변경됨		
앱 프로모션	앱의 설치수, 참여도 및 사전 등록을 늘림	앱	• 앱 설치 • 앱 참여 • 앱 사전 등록(안드로이드 전용)
인지도 및 구매 고려도	• 광범위한 잠재고객에게 도달하여 제품 또는 브랜드에 대한 관심도를 높임 • 기존 '제품 및 브랜드 구매 고려도' 목표는 이쪽으로 합쳐짐	• 디스플레이 • 동영상 • 디맨드젠(Demand Gen) 캠페인	• 동영상 조회수 • 동영상 도달 범위 • 광고 순서(시퀀스) • 오디오
오프라인 매장 방문 및 프로모션	음식점, 대리점 등 오프라인 매장으로의 방문 유도	실적 최대화	캠페인 피드의 위치 선택
목표 설정 없이 캠페인 만들기	목표 대신 캠페인 유형을 먼저 선택하는 방식	모든 광고 유형 선택 가능	모든 하위 유형 선택 가능(아래 표 참조)

- 캠페인 유형 중에서 '실적 최대화'는 전환 목표를 설정하고 해당 목표를 최대화시킬 수 있는 모든 방식에 광고를 노출하는 것을 말한다.
- 새로 만들어진 캠페인 유형인 디맨드젠(Demand Gen, 수요 창출)은 광고주가 가진 광고 자산 중 구매 전환율이 가장 높은 자산을 더 많이 노출하여 광고를 최적화하는 방식으로, 구글의 AI가 자동으로 적절한 자리에 전환율이 높은 광고를 노출해준다.
- '목표 설정 없이 캠페인 만들기'라는 캠페인 목표를 선택하면 모든 '캠페인 유형의 광고'와 모든 '하위 유형'을 선택할 수 있다.
- 모든 캠페인 유형이란 '검색, 실적 최대화, 디스플레이, 쇼핑, 동영상, 앱, 스마트, 호텔, 디맨드젠 캠페인' 등을 말하는데, '스마트'는 소규모 비즈니스를 위한 고객에게 도달하는 원스톱 솔루션을 말하며, '호텔'은 구글 검색 및 지도에서 호텔을 노출하는 광고이다.
- 선택이 가능한 하위 유형의 종류는 다음과 같으며 '목표 설정 없이 캠페인 만들기'에서는 모두 선택할 수 있다(앱 설치 관련 유형은 제외).

하위 유형	설명
전환 유도 (동영상 액션 캠페인 또는 비디오 액션 광고)	• 비즈니스와 상호작용을 유도하기 위하여 전환 가능성이 높은 시청자를 찾아다니며 전환수를 늘리는 동영상 광고 • 건너뛸 수 있는 인스트림 광고, 인피드 광고, 쇼츠 광고, 아웃스트림 광고 등으로 게재될 수 있음(건너뛸 수 없는 인스트림 광고, 범퍼 광고는 사용할 수 없으므로 주의)
동영상 조회수	• 내 제품 또는 브랜드를 고려할 가능성이 큰 사용자를 대상으로 조회수를 높이는 전략 • 사용자가 광고를 시청한 경우에만 비용이 청구됨 • 건너뛸 수 있는 인스트림 광고, 인피드 광고, 쇼츠 광고 등으로 게재될 수 있음(건너뛸 수 없는 인스트림 광고, 범퍼 광고는 사용할 수 없으므로 주의)
동영상 도달 범위 (Trueview for Reach)	• 정해진 예산으로 도달 범위를 극대화: 범퍼 광고, 건너뛸 수 있는 인스트림 광고, 인피드 광고 및 쇼츠 광고 형식의 효율적인 조합을 사용 • 전달하고자 하는 메시지를 모두 사용자에게 전달: 건너뛸 수 없는 인스트림 광고 형식만 사용 • 동일한 사용자에게 여러 번 도달: 범퍼 광고, 건너뛸 수 있는 인스트림 광고, 건너뛸 수 없는 인스트림 광고 형식의 다양한 조합을 주기적으로 사용
광고 순서 (광고 시퀀스)	• 개별 시청자에게 정해 놓은 순서대로 광고를 보여주면서 제품 또는 브랜드 스토리를 전달 • 건너뛸 수 있는 인스트림 광고, 건너뛸 수 없는 인스트림 광고, 범퍼 광고 또는 이 모든 광고의 조합 사용
효율적 잠재고객 도달	• 정해진 예산으로 도달 범위를 극대화하는 유형 • 범퍼 광고, 건너뛸 수 있는 인스트림 광고, 인피드 광고, 쇼츠 광고 사용
타겟 게재 빈도	• 동일한 사용자에게 두 번 이상 도달하는 유형 • 건너뛸 수 있는 인스트림 광고, 건너뛸 수 없는 인스트림 광고, 범퍼 광고 사용
건너뛸 수 없는 인스트림	• 15초의 건너뛸 수 없는 인스트림 광고로 메시지를 충분히 전달 가능한 유형 • 건너뛸 수 없는 인스트림 광고 사용
오디오	오디오 기반 광고를 이용해 유튜브에서 오디오를 듣고 있는 잠재고객에게 도달

2) 캠페인 하위 유형 – 전환 유도(동영상 액션 캠페인 또는 비디오 액션 광고)

① 전환 유도 캠페인의 의미
- 사용자에게 가장 관련성 높은 광고 조합을 노출하는 방법으로 웹사이트에 전환 추적을 설정하고 구글 태그가 세팅된 뒤 사용할 수 있다.
- 캠페인 목표를 판매, 리드 또는 웹사이트 트래픽으로 선택하는 경우 캠페인 하위 유형으로는 전환 유도가 자동 선택되며, 동영상 액션 캠페인, 비디오 액션 광고 등의 명칭으로 불린다.

② 전환 유도 설정 방법
- 캠페인 이름을 입력하고 '입찰 전략' 섹션에서 입찰 전략을 타겟 CPA, 전환수 최대화, 전환가치 극대화, 또는 타겟 광고 투자수익(ROAS)으로 설정한다.
- 타겟 CPA를 선택하는 경우 전환 1회당 지출하고자 하는 타겟 금액을 설정하고, 전환가치 극대화 및 타겟 광고 투자수익(ROAS) 입찰 전략은 캠페인에서 전환수 30회를 수집한 경우에만 사용할 수 있다.
- 사이트 링크, 제품 피드 등을 추가하면 다양한 방문을 유도할 수 있다.

3) 캠페인 하위 유형 – 동영상 조회수

① 동영상 조회수 캠페인의 의미
- 구글 AI를 활용하여 사용자의 영상 조회 습관에 맞는 광고를 노출해 조회수를 끌어올리는 방법이다.
- 캠페인 목표를 '인지도 및 구매 고려도' 또는 '목표 설정 없이 캠페인 만들기'로 선택한 후 캠페인 유형을 '동영상'으로 선택할 때 사용 가능한 캠페인 하위 유형이다.
- 동영상 조회수 획득 유형은 여러 광고 형식의 동영상 광고를 적절하게 조합하여 실적이 가장 우수한 게재 위치를 결정하므로 총조회수를 극대화할 수 있다.
- 동영상 조회수에서 사용되는 광고 형식은 '건너뛸 수 있는 인스트림 광고', '인피드 동영상 광고', '쇼츠 광고'이며, 하나의 광고 형식만 사용하려는 경우 별도의 광고그룹에 지정하여 사용할 수도 있다.
- 동영상 조회수의 입찰 전략은 타겟 CPV와 최대 CPV가 있는데, 기본적으로는 타겟 CPV(조회당 비용)만 선택이 가능하고, 최대 CPV를 선택하기 위해서는 아래 표에서 설명하는 추가 작업이 필요하다.
- 쇼츠 광고는 타겟 CPV 입찰 전략에서만 사용할 수 있다.

② 동영상 조회수의 입찰 전략

입찰 전략	설명
타겟 CPV	• 동영상 조회수의 기본 입찰 전략 • 캠페인에서 발생하는 조회당 지불할 수 있는 평균 금액을 설정 • 설정한 타겟 CPV로 최대한 많은 조회가 발생하도록 최적화
최대 CPV	• 기본적으로는 선택이 불가능하며 하단 '다양한 형식의 광고' 항목에서 '다양한 형식을 활용해 생성된 동영상 광고를 사용하지 않도록' 체크박스를 풀어주어야 전환 가능 • 체크박스를 풀면 하단의 입찰가가 '타겟CPV → 최대CPV' 자동 바뀜

4) 캠페인 하위 유형 – 동영상 도달 범위(트루뷰포리치, Trueview for Reach)

① 동영상 도달 범위 유형의 특징

- 동영상 도달 범위 유형은 과거 트루뷰포리치(Trueview for Reach) 광고로 불린 유형으로 목표 달성 방법에 따라 범퍼 광고와 건너뛸 수 있는 인스트림 광고 또는 건너뛸 수 없는 인스트림 광고 등을 결합한 광고 상품이다.
- 도달률 증대에 효과적인 노출 목적의 광고 유형이며, 트루뷰 인스트림 집행 시 트루뷰포리치 상품을 믹스하여 집행하면 인스트림만 집행했을 때보다 도달률을 높일 수 있다.
- 동영상 도달 범위 캠페인은 '캠페인 목표 〉 캠페인 하위 유형'을 선택한 뒤 '목표 달성 방법'을 한 단계 더 선택해야 설정이 가능하다.
- 선택할 수 있는 목표 달성 방법은 '효율적 잠재고객 도달', '건너뛸 수 없는 도달 범위', '타겟 게재 빈도' 등이 있다.
- 기존에 선택 가능했던 목표 달성 방법 중에서 인피드 광고 및 쇼츠 광고를 함께 활용하여 정해진 예산으로 도달 범위를 더욱 넓히는 방식인 '다양한 형식의 광고'는 캠페인 설정 메뉴 안으로 이동하여 어떤 목표 달성 방법을 선택해도 함께 사용할 수 있게 되었다.
- 영상 길이에는 제한이 없지만 15~20초의 영상이 권장된다.

목표 달성 방법	설명	사용이 가능한 형식
효율적 잠재고객 도달	낮은 비용으로 더 많은 순사용자에게 도달	• 건너뛸 수 있는 인스트림 광고 • 범퍼 광고 • 위 형식의 조합
건너뛸 수 없는 도달 범위	최대 15초 길이의 건너뛸 수 없는 인스트림 광고로 긴 메시지 노출이 가능	건너뛸 수 없는 인스트림 광고
타겟 게재 빈도	매주 정해진 횟수만큼 동일한 사용자에게 도달	• 건너뛸 수 있는 인스트림 광고 • 건너뛸 수 없는 인스트림 광고 • 범퍼 광고

② 동영상 도달 범위 캠페인의 의미와 장점

동영상 도달 범위 캠페인은 정해진 예산 한도에서 도달 범위를 넓히는 방식의 캠페인으로 다음과 같은 장점이 있다.

도달 범위 목표 달성	예산 및 타겟팅 기준에 맞춰 가능한 많은 순사용자에게 도달하도록 최적화
유연한 방법 선택	정해진 예산으로 도달 범위를 극대화하거나, 건너뜀 없이 전달하고자 하는 메시지를 모두 전달하거나, 동일한 사용자에게 여러 번 도달하는 방법을 자유롭게 선택 가능
브랜드 인지도 구축	선택한 방식과 관계없이 다양한 잠재고객을 대상으로 브랜드를 최대한 노출

③ 동영상 도달 범위 캠페인이 유용한 경우
- 도달 범위 또는 인지도를 목표로 하는 브랜드 구매자로서, 가장 낮은 비용으로 최대한 많은 타겟층에 도달하고자 하는 경우 유용하다.
- 다양한 광고 형식을 갖춘 여러 캠페인을 만드는 대신 단일 캠페인에서 여러 광고 형식을 활용하여 효율적 잠재고객 도달을 극대화하려는 경우 유용하다.
- 전달하고자 하는 메시지를 모두 전달하기 위해 건너뛸 수 없는 인스트림 광고만으로 사용자에게 도달하려는 경우 유용하다.
- 동일한 사용자에게 여러 번 도달하여 광고 회상을 개선하고 제품 또는 서비스의 구매를 고려하도록 유도하려는 경우 유용하다.

5) 캠페인 하위 유형 – 동영상 광고 순서(시퀀스)

① 동영상 광고 순서(시퀀스)의 특징
- 시퀀스(Sequence) 캠페인은 일련의 동영상을 정해진 순서대로 노출하여 제품이나 브랜드 이야기를 알릴 수 있는 방법으로 유튜브에서만 실행할 수 있으며, '잠재고객' 및 '인구통계학적 타겟팅'을 선택하면 관련성 높은 잠재고객을 찾을 수 있다.
- 단, 시퀀스 캠페인에서 키워드, 게재 위치, 주제로 타겟팅할 수는 없으며 '잠재고객' 및 '인구통계학적 타겟팅'과 '제외' 기능은 캠페인 수준에서만 설정할 수 있다.
- 동영상 광고 시퀀스에 사용이 가능한 입찰 전략 및 광고 형식은 다음과 같다.

입찰 전략	설명	사용 가능한 형식
타겟 CPM(tCPM)	• 잠재고객에게 시퀀스 캠페인 전체를 보여주기 위해 입찰가 최적화 • 시퀀스 완료율을 높일 수 있음	• 건너뛸 수 있는 인스트림 광고 • 건너뛸 수 없는 인스트림 광고 • 범퍼 광고 • 위 형식의 조합
최대 CPV	동영상 광고가 1회 조회될 때 지불하고자 하는 최대 금액을 설정	건너뛸 수 있는 인스트림 광고

② 시퀀스의 설정 방법과 동영상 광고 시퀀스의 템플릿
시퀀스는 6개의 템플릿 중에서 하나를 고른 뒤 원하는 영상을 배치하는 방식으로 진행된다.

템플릿	특징
맞춤 시퀀스	나만의 방식으로 조합한 동영상 광고로 고유한 시퀀스를 생성
자동 시퀀스	동영상 광고의 조합을 사용하고 주문을 자동으로 최적화
소개 및 강화	[긴 광고] 브랜드 소개 + [짧은 광고] 메시지 노출
메시지 전달 및 액션 유도	[짧은 광고] 관심 끌기 + [긴 광고] 액션 유도
관심 유도 및 안내	[짧은 광고] 관심 끌기 + [긴 광고] 액션 유도 + [짧은 광고] 액션 연결
참여 유도 및 차별화	짧은 동영상 광고 4개를 사용하여 브랜드 소개 및 스토리텔링

③ 시퀀스의 설정 방법
- 시퀀스의 단계는 여러 개의 동영상 광고로 구성되며 각 시퀀스 캠페인은 일련의 '단계'로 구성되는데, 시퀀스의 각 단계에는 광고그룹과 동영상 광고가 있다.
- 설정은 캠페인 수준에서 정하지만, 시퀀스 규칙, 광고 형식, 입찰가는 시퀀스의 각 단계에서 선택하고 정의한 순서로 광고가 게재된다.
- 노출수, 조회수 또는 건너뛰기 횟수 등 선택한 설정에 따라 광고가 게재되는데, 예를 들어 다음 단계로 이동하기 위한 조건으로 노출을 선택하는 경우, 시청자가 시퀀스의 두 번째 단계로 이동하려면 첫 번째 단계에서 동영상의 노출수가 집계되어야 다음으로 넘어간다.

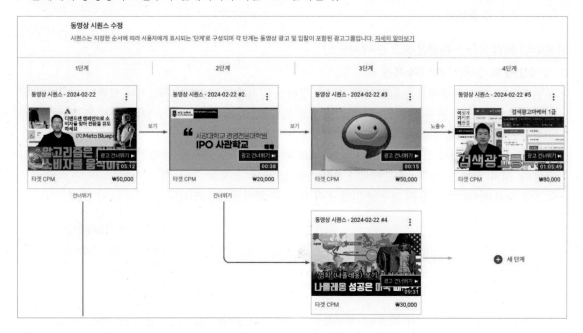

④ 시퀀스 캠페인과 다른 동영상 캠페인과의 차이점
- 키워드, 주제 또는 게재 위치를 타겟팅할 수 없으며, 캠페인 수준에서 키워드, 주제 또는 게재 위치를 제외하는 것은 가능하다.
- 시퀀스 캠페인에서 홍보하는 동영상을 다른 캠페인에서 본 사용자에게는 해당 동영상이 노출되지 않는다.
- 최대 게재 빈도는 사용자 1인당 7일 동안 1개의 시퀀스이며 30일 동안 1개의 시퀀스를 표시하도록 조정할 수 있다.
- 동영상 광고 시퀀스 캠페인에서는 예상 트래픽을 사용할 수 없다.

6) 캠페인 나머지 설정
- 원하는 캠페인 목표와 하위 유형을 선택하고 나면 나머지 광고 세팅이 시작되는데, 설정 순서 및 메뉴 등은 선택한 목표와 유형에 따라 달라진다.

• 다음 설정은 동영상 광고 유형의 사례이다.

캠페인 설정	설명
캠페인 이름	띄어쓰기를 포함하여 최대 256자까지 허용

| 입찰 전략 | • 캠페인 목표에 따라 선택할 수 있는 입찰 전략이 달라짐
• 노출수, 클릭수, 전환수 등의 광고 목표에 따라 타겟 CPM, 최대 CPV, 조회 가능 CPM, 전환수 최대화, 타겟 광고 투자수익(ROAS) 등 다양한 전략이 존재 |

입찰 전략	실적 목표	입찰 방법
• 타겟 CPA(전환당 비용) • 타겟 광고 투자수익(ROAS) • 전환수 최대화 • 전환가치 극대화 • 향상된 CPC 입찰 기능	내 사이트에서 고객의 직접적인 액션을 유도하는 것이 목표+전환 추적 사용	스마트 자동입찰
• 클릭수 최대화 • 수동 CPC 입찰	웹사이트 트래픽을 늘리는 것이 목표	클릭당 비용(CPC) 입찰
• 타겟 노출 점유율 • 타겟 CPM(tCPM, vCPM)	브랜드 인지도 제고가 목표	조회 가능 노출 1,000회당 비용(vCPM) 입찰
• CPV 입찰 방식 • 전환 유도(TrueView 동영상 캠페인)	유튜브 광고에만 사용 가능하며, 광고 조회나 광고와의 상호작용을 늘리는 것이 목표	조회당 비용(CPV) 또는 1,000회 노출당 비용(CPM) 입찰
	유튜브 광고에만 사용 가능하며, 제품 또는 브랜드 구매 고려도를 높이는 것이 목표	조회당 비용(CPV)

※ 입찰 전략에 대한 자세한 설명은 뒷 부분의 '유튜브 광고 노출 전략' 참고

예산 및 날짜	예산 유형 및 금액 입력(일일예산, 캠페인 총예산), 시작일과 종료일 등의 날짜 설정
네트워크	• 검색 네트워크: 구글 검색 결과 페이지와 지도 및 쇼핑 등의 구글 사이트는 물론 광고를 게재하도록 구글과 파트너 관계를 맺은 검색 사이트 • 디스플레이 네트워크: 유튜브, Gmail과 같은 구글 사이트와 인터넷상의 수많은 파트너 웹사이트가 포함
위치	• 전 세계 국가를 비롯 해당 국가의 구와 동까지 선택할 수 있으며 '위치'에서 검색된 지역명 옆의 '타겟' 또는 '제외' 등을 클릭하여 선택 및 제외 가능 • '반지름'을 선택하면 지도에서 1km 내외의 지역부터 정교하게 타겟팅 가능
언어	고객이 사용하는 언어를 지정할 수 있음
관련 동영상	• 사용자 참여를 높이기 위해 내 동영상 광고와 관련된 동영상을 추가 • 유튜브에서 동영상 광고가 재생될 때 광고 아래에 관련 동영상 목록을 표시하여 기본 동영상 광고 이상으로 광고의 메시지를 보강하고 확장
다양한 형식의 광고	• 동영상을 여러 형식으로 혼합하여 실적이 가장 우수한 위치를 파악 • 세로 동영상과 가로 동영상을 모두 사용하게 하면 구글에서 실적이 더 높을 것으로 예상되는 광고 형식의 조합을 만들어 줌
광고 로테이션 (※ 참고 사항)	• 검색, 쇼핑, 디스플레이 캠페인에서 선택할 수 있는 옵션(동영상은 선택 불가) • 광고그룹 내의 여러 광고를 서로 비교하여 게재 빈도를 지정할 수 있는데, '최적화' 설정과 '최적화 하지 않음' 두 가지 설정 옵션이 있음 • '최적화' 설정을 하면 키워드, 검색어, 기기, 위치 등의 신호를 토대로 다른 광고보다 실적이 더 우수할 것으로 예상되는 광고를 우선적으로 게재됨 • '최적화 사용 안함'은 무제한 로테이션으로 게재됨

- 입찰 전략은 광고를 통해 얻고자 하는 목표나 설정한 캠페인의 성격에 따라 다양하게 세울 수 있다.
- 설정이 완료되면 하단의 '추가 설정'을 눌러 기기, 게재 빈도 설정, 광고 일정, 제3자 측정 등을 선택할 수 있다.

추가 설정	설명
기기	• 게재 가능한 모든 기기에 게재 • 특정 기기 타겟팅 설정: 컴퓨터, 휴대전화, 태블릿, TV 화면은 물론 운영체제 제조사와 기기 모델, 와이파이 또는 SKT, KT, LGU+ 등의 통신사까지 설정할 수 있음
게재 빈도 설정	• 노출 빈도 제한: 동일한 사용자에게 게재되는 횟수를 일, 주, 월 단위로 제한 • 조회 빈도 제한: 동일한 사용자가 광고를 조회하거나 상호작용하는 횟수를 일, 주, 월 단위로 제한 • 노출과 조회 빈도는 함께 사용할 수도 있음
광고 일정	광고 게재를 희망하는 시간과 요일, 주말과 평일 등을 설정할 수 있음
제3자 측정	미디어 랩사 등에서 캠페인의 측정 데이터를 볼 수 있도록 권한 부여

7) 광고그룹 만들기

- 캠페인 세팅이 완료되면 하위 단계인 광고그룹 만들기로 넘어간다.
- 광고그룹 이름, 잠재고객, 타겟팅 최적화, 광고그룹 URL 옵션 등을 설정할 수 있다.
- 타겟팅은 잠재고객 또는 잠재고객 세그먼트라고 부르는 '사용자 기반 타겟팅'과 '콘텐츠 기반 타겟팅'으로 나뉜다.

광고그룹	설명
광고그룹 이름	띄어쓰기를 포함하여 최대 256자까지 허용
잠재고객	• 잠재고객 이름: 라이브러리에 저장할 잠재고객의 이름(선택 사항) • 인구통계: 연령(10세 단위), 성별, 자녀 유무, 가구 소득(10% 단위) 등을 설정하여 타겟팅 가능 • 관심 분야 및 세부 인구통계: 관심 분야(광고 및 마케팅 서비스, 미디어 및 엔터테인먼트, 여행, 라이프스타일 및 취미, 소셜 미디어 애용자, 게임 이용자, 음악 애호가, 음식 & 음식점 등은 물론 Google Analytics를 바탕으로 설정), 상세한 인구통계 또는 생애 주요 이벤트(경조사), 구매 의도 등 추가 • 내 데이터(구, 리마케팅): 광고주가 가지고 있는 고객 연락처나 사이트 방문 기록, 유튜브 사용자 등을 추가 • 맞춤 검색어: 검색 활동을 기반으로 한 사용자 추가 • 제외 게재 위치 및 카테고리: 이 캠페인에서 제외할 사용자 선택 ※ '맞춤 검색어'와 '제외 게재 위치 및 카테고리'는 '추가 잠재고객 세그먼트'에 해당
잠재고객 확장	• 위의 설정을 완료하면 '잠재고객 확장 사용' 체크 항목이 나타남 • '잠재고객 확장 사용'을 체크하면 잠재고객과 유사한 사용자를 더 많이 찾아 동일한 입찰가와 예산으로 캠페인의 잠재 도달 범위와 실적을 높일 수 있음
콘텐츠	• 키워드: 관련된 검색어를 선택하여 콘텐츠를 타겟팅하는 기능으로 방문 페이지, 관련 웹사이트나 제품/서비스를 설명하는 단어 등을 입력하여 키워드 아이디어를 얻을 수 있음 • 주제: 표시하고 싶은 콘텐츠의 주제를 선택하여 타겟팅 • 게재 위치: 유튜브 채널, 유튜브 영상, 웹사이트(디스플레이 네트워크), 앱, 앱 카테고리(예 도서) 등을 직접 지정할 수 있음(동영상 라인업은 최근 제외됨) ※ 여러 콘텐츠 타겟팅 방법을 결합하면 실적이 제한될 수 있음

8) 광고 만들기

- 유튜브 광고를 진행하기 위해서는 광고 영상이 반드시 유튜브 채널에 업로드되어 있어야 하며, 유튜브 동영상을 검색하거나 유튜브 영상 주소를 직접 붙여 넣으면 광고 미리보기가 자동으로 생성된다.
- 최대 5개까지의 동영상을 추가하여 타겟에 따라 다른 광고 소재를 노출할 수 있으며, 세로형 영상을 하나 정도 업로드하면 실적이 가장 우수한 광고 형식 전반에 동영상을 표시하여 더 낮은 조회당 비용으로 조회수를 늘릴 수 있는데, 유튜브에서는 실적이 좋은 3분 이하의 영상을 권장한다.
- 광고를 클릭할 때 넘어가는 경로는 최종 URL과 표시 URL로 나뉘며 표시 URL은 광고를 클릭하기 전 시청자에게 보이는 링크를 말한다.
- 마지막으로 입찰가를 입력하면 캠페인 만들기가 완성되는데, 타겟 CPV(조회당 비용)를 사용하면 이 캠페인의 조회에 지불할 수 있는 평균 금액을 설정할 수 있다.
- 기본적으로 구글애즈에서는 설정한 타겟 CPV로 최대한 많은 조회수가 나오도록 입찰가를 최적화하지만, 조회를 발생시키기 위한 비용이 타겟 비용보다 높거나 낮은 경우도 있다.

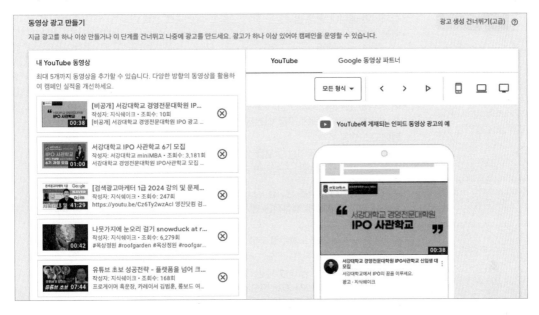

9) 유튜브 광고의 유형과 과금 방식

- 유튜브에는 크리에이터가 자신의 동영상에 수익 창출을 사용 설정했을 때 광고가 게재되며, 광고 삽입 시점에 따라 동영상 재생 전(프리롤), 재생 중(미드롤), 재생 후(포스트롤) 3가지 광고 유형이 있다.
- 크리에이터가 동영상을 업로드하면서 광고 사용을 설정하면 유튜브에서는 자동으로 시청자에게 프리롤, 포스트롤, 건너뛸 수 있는 광고, 또는 건너뛸 수 없는 광고를 적절한 시점에 표시한다(영상 길이가 8분 이상인 경우에만 미드롤 광고 게재가 가능하다).
- 크리에이터가 광고를 직접 삽입할지 또는 자동으로 삽입할지 결정할 수도 있다.

동영상 광고 형식	설명	과금 방식
건너뛸 수 있는 인스트림 (동영상) 광고 (구, 트루뷰 인스트림 광고)	• 5초 후에 건너뛸 수 있으며 시청 시간 또는 클릭에 따라 광고 비용이 과금됨 • 시청 시간 과금(CPV): 30초 이상인 영상은 30초 이상을, 30초 미만인 영상은 전체 시청을 완료해야 과금되며 10초 이상 시청하는 경우 조회수에도 반영됨 • 클릭 과금(CPC): 제목, 배너, 링크 등 영상 내 다른 영역을 클릭하면 과금됨 • 모바일과 데스크톱의 사이트링크, 리드 양식, 판매자 센터의 제품 피드 등 확장소재 선택 가능 • 데스크톱 화면에서 컴패니언 배너나 영상 썸네일을 함께 노출시킬 수 있도록 선택 가능 • Instream은 콘텐츠를 보기 전에 등장한다는 뜻	CPV (CPC, CPA, CPM도 가능)
건너뛸 수 없는 인스트림 (동영상) 광고	• 15초 또는 20초(지역에 따라 다름) 이하의 광고를 시청해야 동영상을 볼 수 있음 • 컴패니언 배너나 영상 썸네일을 함께 노출할 수 있도록 선택 가능 • 영상 조회수에는 반영되지 않으나, 광고 도중 컴패니언 배너를 클릭하면 조회수로 집계됨	CPM
유튜브 쇼츠(Shorts) 광고 (카테고리 중심 동영상 광고)	• 최대 3분짜리 짧은 영상인 유튜브 쇼츠 콘텐츠와 같은 세로(9:16) 중심의 영상에 노출되는 광고 • 이 형식을 선택하면 쇼츠, 앱, 유튜브 검색, 인피드, 인스트림 등 모바일의 세로형 지면 이외에 구글 디스플레이 네트워크의 동영상 파트너 지면에도 노출됨 • 사용자가 재생되는 동영상 광고를 10초 이상, 또는 광고가 10초 미만인 경우 광고가 끝날 때까지 시청하면 조회수로 집계됨	CPM
범퍼 광고(Bumper Ad)	• 인지도를 높이거나 다른 광고를 강조하기 위해 사용하는 광고 • 거부감 없이 타겟에게 핵심적인 메시지를 전달할 수 있도록 최대 길이를 6초로 제한 • 타겟 CPM 방식으로 노출수를 기준으로 과금되며 건너뛰기 버튼이 없는 것이 특징 • 캠페인 하위 유형을 '광고 순서(광고 시퀀스), 동영상 도달 범위의 효율적 잠재고객 도달과 타겟 게재 빈도'를 선택할 때 광고 집행이 가능 • 영상 조회수에 반영되지 않음	CPM
인피드(Infeed) 동영상 광고 (구, 트루뷰 디스커버리 광고)	• 유튜브 피드나 검색 결과에 노출되어 클릭을 유도하는 광고로 이미지 썸네일, 광고 제목, 최대 2줄의 텍스트로 구성되며 광고 게재 위치에 따라 차이가 있음 • 시청자가 클릭하여 광고를 실제로 시청한 경우(광고가 로드(Load)된 경우)에만 비용이 청구 • 동영상 광고 길이가 10초 이상인 경우는 10초, 광고가 10초 미만인 경우 광고가 끝날 때까지 자동 재생될 때 조회로 집계됨 • 사용자가 광고를 클릭해도 조회로 집계됨	CPV

아웃스트림(Outstream) 광고(모바일 전용)	• 유튜브 이외에 구글 디스플레이 네트워크의 동영상 파트너 지면에 노출되는 모바일 전용 광고 상품 • 음소거 상태로 재생되며 시청자가 광고를 탭하여 동영상의 음소거를 해제 가능 • 배너, 전면광고, 인피드, 네이티브 등의 위치에 게재되며 세로 모드 및 전체 화면 모드를 모두 지원 • 조회 가능한 것으로 측정된 광고 1,000회 노출당 비용(vCPM)을 기준으로 사용자가 동영상을 2초 이상 재생한 경우에만 과금되며 영상 조회수에 반영됨 • Out-stream은 콘텐츠가 끝난 다음에 광고가 노출된다는 뜻	vCPM
마스트헤드 광고	• 유튜브 첫페이지 상단에 노출되는 광고로 최대 30초 동안 소리 없이 자동 재생(음소거 버튼 클릭 시 소리)되며 와이드스크린 또는 16:9 비율의 광고 게재 • 원하는 경우 최대 2개의 컴패니언 동영상 추가 가능 • CPM 마스트헤드: 마스트헤드 상품을 CPM 과금 방식으로 진행할 수 있는 광고 상품으로 타겟팅 가능(단, 타겟팅 할증은 추가됨) • CPH 마스트헤드: 구매한 예약 기간 동안 독점하여 광고를 노출하며 별도 타겟팅 불가능 • 경매 방식이 아닌 예약형 상품으로 별도의 광고 담당자를 통해 구매할 수 있음	CPM CPH(Cost Per Hour)
컴패니언 동영상	• 컴패니언(Companion)이란 '단짝'이라는 뜻으로 주요 광고 우측이나 하단에 함께 노출되는 광고를 말함 • 데스크톱(PC)에서 마스트헤드 광고 옆에 표시되는 동영상 • 컴패니언 동영상을 사용하려면 별도로 2개의 유튜브 동영상을 추가해야 하며 동일한 채널의 동영상일 필요는 없음	마스트헤드와 함께 판매
컴패니언 배너	• 건너뛸 수 있는 인스트림 광고, 건너뛸 수 없는 인스트림 광고, 범퍼 광고의 데스크톱(PC) 화면에 노출 • 컴패니언 배너를 클릭하면 광고를 30초 이상 시청하지 않아도 조회수로 집계됨 • 사이즈는 300X60픽셀(최대 150KB)이며 JPEG, PNG, 초당 5프레임 미만의 GIF 형태 이미지만 가능	CPM
프라임 팩	• TV 방송사 및 웹 오리지널 콘텐츠 채널을 선별하여 판매하는 예약형 광고 상품 • 인지도 증대, 유튜브 내 프리미엄 콘텐츠 구매 목적일 때 적합하며 최소 집행 기간은 없지만 최소 4주를 권장	CPM (구매 방식은 예약형)
유튜브 키즈	• 어린이 시청자만을 위한 맞춤 앱으로 가장 안전한 환경에서 광고 노출이 가능한 어린이 전용 영상 플랫폼 • 인스트림 동영상 광고 형식만 허용되며, 건너뛸 수 없는 광고는 게재 위치에 따라 15~20초, 건너뛸 수 있는 광고는 60초까지 게재할 수 있음 • 광고는 클릭할 수 없으며 도착 URL과 클릭 유도 문구 오버레이 및 정보 카드 등의 외부 링크는 사용할 수 없음 • 관심기반 광고, 리마케팅 또는 기타 추적 픽셀이 사용된 광고는 불가	CPV

확장소재와 컴패니언 배너의 차이

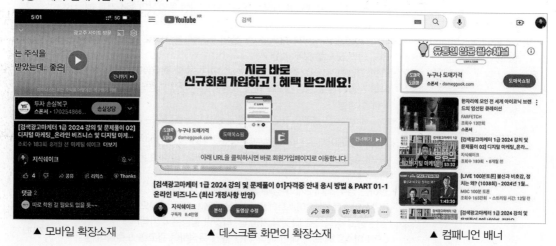

▲ 모바일 확장소재   ▲ 데스크톱 화면의 확장소재   ▲ 컴패니언 배너

10) 잠재고객, 키워드, 콘텐츠 관리(수정 및 제외)

좌측 메뉴의 '캠페인 〉잠재고객, 키워드, 콘텐츠' 항목을 선택하여 잠재고객, 키워드, 콘텐츠를 확인하거나 수정 또는 제외할 수 있다.

제외 옵션	설명
잠재고객 제외	• 캠페인과 광고그룹별로 잠재고객 세그먼트를 제외할 수 있음 • 확장 인구통계 정보(상세한 인구통계), 관심 분야 및 습관 정보(관심 분야), 시장조사 또는 구매 계획 정보(구매 의도 및 생애 주요 이벤트), 비즈니스와 상호작용한 방식(내 데이터 세그먼트) 등을 제외할 수 있음
콘텐츠 제외	• 계정과 캠페인, 광고그룹별로 다음 항목을 제외할 수 있음 • 주제 제외: 특정 주제와 관련된 콘텐츠에 광고 제외 • 게재 위치 제외: 디스플레이 네트워크 및 유튜브에 광고 제외 • 키워드 제외: 사용자가 해당 키워드를 검색하거나 관련 콘텐츠를 찾아볼 때 광고 제외

구글 디스플레이 네트워크의 동영상 파트너 게재 지면에 노출될 수 있는 유튜브 광고

건너뛸 수 있는 인스트림 광고, 건너뛸 수 없는 인스트림 광고, 범퍼 광고, 아웃스트림 광고

03 유튜브 광고 노출 전략

1) 유튜브 광고 성과에 영향을 미치는 요소

① 광고 품질과 광고 게재 순위의 관계

• 구글애즈 광고 시스템은 입찰에 참여하는 광고를 게재하는 검색이 실행될 때마다 광고 순위를 계산하며 광고 순위 계산에는 입찰가, 입찰 시점의 예상 CTR 측정치, 광고 관련성, 방문 페이지 만족도 등 여러 요소를 종합적으로 반영한다.

- 경쟁사의 광고 입찰가가 더 높더라도 경쟁사보다 키워드와 광고의 관련성이 높으면 낮은 비용으로도 더 높은 위치에 게재될 수 있다.
- 광고 품질을 높이면 CPC가 낮아지므로 클릭당 지불하는 비용을 줄일 수 있는데, 광고 품질을 개선할 수 있는 요인은 3가지가 있다.

광고의 예상 클릭률	광고의 이전 클릭수 및 노출수(확장 소재, 기타 형식 등 사용자가 이전에 클릭한 광고의 노출에 영향을 줄 수 있는 요소 조정)를 부분적으로 개선
검색과 광고의 관련성	광고와 사용자가 검색하는 내용의 관련성 정도를 높임
방문 페이지의 품질	광고와 페이지의 관련성, 투명성, 탐색 용이성을 향상

② 광고 게재 순위에 영향을 주는 요인

광고 게재 순위는 관련성, 클릭률 및 해당 검색 결과 페이지에서의 확장 소재 또는 형식의 가시성(또는 가시도)과 같은 다양한 요소를 고려하며 다음의 6가지 요인에 따라 결정된다.

입찰가	광고 클릭 1회에 지불할 수 있는 최대 금액으로 광고주가 최종적으로 실제 지불하는 금액은 입찰가보다 낮으며, 언제든지 변경할 수 있음
광고 및 방문 페이지의 품질	광고 및 광고와 연결된 웹사이트가 고객에게 얼마나 관련성이 높고 유용한지 확인하여 품질평가점수로 수치화하며, 이 점수는 구글애즈 계정에서 직접 모니터링 및 개선할 수 있음
광고 순위 기준	• 광고 품질: 소비자를 위한 고품질 광고 경험을 유지하기 위해 품질이 낮은 광고는 노출 비용이 더 높음 • 광고 게재 순위: 검색 결과 페이지 상단에 게재되는 광고는 하단에 게재되는 광고보다 기준이 더 높으므로 고품질 광고가 페이지 상단에 게재될 가능성이 커짐 • 사용자 신호 및 속성(에 위치, 기기 유형 등): 사용자 위치(에 국가별)와 사용자가 사용하는 기기(에 모바일 vs. 데스크톱)를 포함한 사용자 속성에 따라 달라질 수 있음 • 검색 주제 및 특성: 사용자가 검색어의 특성에 따라 달라질 수 있는데, 가령 결혼식 관련 검색에 대한 기준은 사진 촬영 강의 관련 검색 기준과 다를 수 있음 • 관련 입찰: 관련 쿼리의 입찰에 따라 달라질 수 있는데, 가령 검색어 [자동차 보험]에 대한 광고 순위 기준은 검색어 [자동차 보험] 및 [충돌 보험]에 대한 입찰을 통해 알 수 있음
입찰 경쟁력	• 동일한 게재 순위를 두고 경쟁하는 두 광고의 순위가 비슷하면 각 광고가 해당 게재 순위에 낙찰될 가능성은 유사함 • 두 광고주의 광고 간 순위 격차가 커질수록 순위가 더 높은 광고가 낙찰될 확률이 높아지고 클릭당 비용도 커짐
사용자의 검색 문맥	광고 순위를 계산할 때 사용자가 입력한 검색어, 검색 당시의 사용자 위치, 사용 중인 기기 유형(에 휴대기기 또는 데스크톱), 검색 시점, 검색어의 특성, 페이지에 게재되는 다른 광고 및 검색 결과, 다른 사용자 신호 및 속성을 고려함
광고 확장 소재 및 다른 광고 형식의 예상 효과	전화번호, 사이트의 특정 페이지로 연결되는 링크 등의 광고 확장 소재 및 기타 광고 형식이 광고 실적에 미칠 영향을 예측하여 점수화함

🅑 기적의 TIP

유튜브의 품질평가점수
- 다른 광고주와 비교해 내 광고 품질을 파악할 수 있는 진단 도구
- 1~10의 값으로 측정, 10에 가까울수록 점수가 높은 것
- 광고 및 방문 페이지가 관련성이 높고 유용하다는 것을 확인할 수 있는 점수
- 3가지 요소(예상 클릭률(CTR), 광고 관련성, 방문 페이지 만족도)의 실적을 통합적으로 고려하여 산출

③ 도달 범위와 게재 빈도

도달 범위(Reach)	몇 명의 고객에게 도달하는가에 대한 지표
게재 빈도(Frequency)	한 명의 사용자에게 반복되어 도달되는 횟수에 대한 지표

④ 조회수와 조회율

- 사용자가 유튜브 동영상 광고를 시청하거나 광고에 참여하는 것을 조회(View)라고 하며, 특정 시간 이상 광고를 보거나 광고와 상호작용한 경우 조회수 1회로 인정한다.
- 조회율(View Rate)은 노출수 대비 동영상 광고 유료 조회수의 비율로, 가령 노출수가 1,000회인 광고의 유료 조회수가 10회라면 조회율은 1%가 된다.
- 배너 광고의 클릭률(CTR)과 비슷한 개념이며, 이를 바탕으로 유튜브 및 디스플레이 네트워크의 동영상 캠페인의 가치를 추적할 수 있다.

⑤ 입찰 전략(구글애즈에서 사용할 수 있는 다양한 입찰 전략과 세부 사항)

조회당 비용(CPV)	• 시청자가 동영상을 30초 지점까지(동영상 광고가 30초 미만인 경우 광고 전체) 시청하거나 동영상 또는 배너 등과 상호작용을 할 때 비용을 지불하는 전략 • 배너 광고나 썸네일을 통해 클릭한 뒤 과금이 되는 인피드 동영상 광고의 경우는 클릭 후 유튜브 플레이어에서 동영상이 로드되면 과금됨
타겟 전환당 비용(CPA)	전환당 비용(CPA)이 목표값 수준을 넘지 않는 범위에서 전환수를 늘려주는 전략
타겟 광고 투자수익(ROAS)	전환가치를 기준으로 캠페인을 최적화하려는 전략으로, 전환가치를 높이는 동시에 특정 광고 수익율(ROAS)을 높이는 전략
전환수 최대화	CPA를 고려하지 않고 예산 전체를 이용하면서 전환수를 최대한 늘리는 전략
전환가치 극대화	전환가치를 기준으로 캠페인을 최적화하는 전략으로, ROAS 목표 없이 예산 전체를 지출하려는 경우 사용
향상된 CPC 입찰 기능	수동입찰가의 자동 조정을 통해 전환수를 최대한 많이 발생하는 전략
클릭수 최대화	일일예산을 설정하면 구글에서 예산 내에서 클릭이 최대한 많이 발생하도록 입찰가를 자동으로 관리하는 전략
수동 CPC 입찰	최대 CPC(Cost Per Click) 입찰가를 직접 관리하는 전략
타겟 노출 점유율	유튜브 검색 결과 페이지의 절대 상단이나 페이지 상단 또는 페이지 어디에나 광고가 게재되도록 입찰가를 자동으로 설정
CPM	유튜브나 구글 디스플레이 네트워크에서 발생한 노출수를 기준으로 비용이 청구되는 입찰 전략
tCPM(target CPM)	노출 1,000회당 지불할 수 있는 평균 금액을 설정하는 입찰 전략으로, 캠페인의 평균 CPM을 설정한 타겟과 같거나 더 높게 유지할 수 있음
vCPM	• Active View 1,000회 노출당 비용(Active View CPM) 입찰로 1,000회 광고 노출에 대한 입찰가를 제시하고, 최소 1초간 화면에 광고의 50% 이상이 게재되는 경우에 지불 • 광고의 목표가 인지도 제고인 경우 사용할 수 있는 수동입찰 전략
TrueView 동영상 캠페인	조회 1회당 지불할 최대 금액을 입력하는 전략

2) 구글애즈의 잠재고객 관리자 활용

- 잠재고객 관리자는 고객을 세그먼트(Segment, 분할)하여 타겟팅에 활용하는 도구로 구글애즈에서 '도구 〉 공유 라이브러리 〉 잠재고객 관리자'에서 관리할 수 있다.
- 사이트 태그, 앱 분석 서비스 제공 업체, 유튜브 채널과 같은 잠재고객 소스를 설정·관리·모니터링하고, 설정한 잠재고객 소스를 기반으로 연결(전부 또는 공통 부분만)하여 다양한 세그먼트를 만들 수 있다.
- '잠재고객 관리자'에서 만들어진 잠재고객 세그먼트는 '광고그룹'을 설정하는 과정의 '사용자 기반의 잠재고객 세그먼트'에서 불러와서 활용할 수 있다.

잠재고객 관리자 메뉴	설명
내 데이터 세그먼트	• 광고주의 웹사이트, 유튜브 등에서 추가한 잠재고객 소스 • 잠재고객 세그먼트에서는 추가한 잠재고객 소스를 기반으로 내 데이터로 구성된 새 분류 기준을 만들 수 있음 • 잠재고객 세그먼트 표를 사용하면 분류 기준을 검색, 정렬, 필터링, 라벨 적용, 삭제, 그룹화하여 데이터 세그먼트를 관리할 수 있음
잠재고객	• 잠재고객 만들기[+] 버튼을 통해서 생성한 잠재고객 목록 • 맞춤 세그먼트, 내 데이터, 관심 분야 및 세부 인구통계, 제외, 인구통계 옵션 등을 통해 사용자가 임의대로 생성할 수 있는 데이터로, 광고 집행 시 활용할 수 있음
맞춤 세그먼트	• 사용자의 관심사나 구글 검색 키워드 등을 바탕으로 타겟팅 그룹을 관리하는 메뉴 • 디스플레이, 디스커버리, Gmail, 동영상 캠페인에서 제품 또는 서비스와 관련된 특정 키워드, URL, 앱을 추가한 맞춤 세그먼트를 설정할 수 있음 • 구글애즈에서는 캠페인 목표와 입찰 전략을 기반으로 '도달 범위', '구매 고려도', '실적' 중 하나에 초점을 맞춘 잠재고객을 선택하게 됨
합성 세그먼트	• 상세한 인구통계, 관심 분야 등 여러 가지 세그먼트 속성을 교차하여 타겟팅 세그먼트를 표현하는 '캐릭터'를 생성 • 사용자의 배경, 요구사항, 목표에 따라 다양한 캐릭터(세그먼트)를 무제한으로 만들어 적시에 원하는 고객에게 타겟팅 • 주택 소유와 같은 상세한 인구통계, 생애 주요 이벤트, 내 데이터 세그먼트 등 모든 기준을 결합할 수 있음 • 🔢 아웃도어 애호가(관심 분야 세그먼트) 또는 자동차를 구매하려는 사람(구매 의도 세그먼트)을 대상으로 SUV광고를 타겟팅하는 경우 구매 의도 세그먼트와 관심 분야를 교차한 합성 세그먼트를 만들면 자동차를 구매하려는 아웃도어 애호가를 대상으로 자동차 광고를 타겟팅할 수 있음
데이터 통계	• 잠재고객 통계에서는 구글의 네트워크 데이터를 사용하여 잠재고객 세그먼트의 세부 정보를 파악하고 중요한 패턴과 기회를 파악할 수 있음 • 관심 분야 카테고리, 구매 의도 카테고리, 연령, 성별, 지역, 기기, 구매 의도, 관심 분야 등을 기준으로 데이터로 구성된 세그먼트를 분류
데이터 소스	잠재고객과 세그먼트 데이터를 끌어온 경로를 보여주는 메뉴로 사용하는 소스 • 전체 사이트 태그: 웹사이트에서 데이터를 수집하여 웹사이트를 방문한 사용자에게 광고를 게재 • 구글 애널리틱스: 구글 애널리틱스에 기본으로 제공되는 잠재고객 세그먼트를 가져와서 구글애즈에서 잠재고객에게 도달할 수 있음 • 유튜브: 광고주 채널을 시청하는 사용자에게 광고를 게재하고, 동영상 광고를 시청한 후의 액션을 추적하며, 클릭 유도 문구 오버레이로 클릭을 유도할 수 있음 • 구글 플레이: 현재 앱 사용자 및 인앱 구매자를 기반으로 데이터 세그먼트를 만들 수 있음 • 앱 애널리틱스: 타사 앱 분석 서비스 제공 업체(Firebase 포함) 또는 자체 소프트웨어 개발 키트(SDK)를 계정에 연결하여 앱 사용자에게 광고를 게재 • 고객 데이터: 고객이 구글 검색, 유튜브, Gmail 등 구글 서비스에서 탐색할 때 고객에게 광고가 게재되도록 고객 연락처 정보를 업로드

3) 유튜브 리마케팅(내 데이터 또는 유튜브 시청자 세그먼트)

① 리마케팅의 의미

- 구글애즈 계정 하나에 최대 10,000개의 유튜브 채널을 연결할 수 있고, 하나의 유튜브 채널에 최대 300개의 구글애즈 계정을 연결할 수 있다.
- 유튜브 채널의 리마케팅 옵션을 구글애즈와 연결하면 해당 채널의 영상을 시청했거나 유튜브 채널을 방문했던 유저 등에게 다시 광고를 노출할 수 있다.
- 리마케팅이란 유튜브에서 과거에 상호작용을 했던 유저를 대상으로 다시 마케팅하는 것으로 최근에 '내 데이터'로 명칭이 변경되었으며, 유튜브와 연동 시 '유튜브 시청자 세그먼트'로 부르기도 한다.
- 유튜브(또는 비디오) 리마케팅 목록으로 할 수 있는 활동은 다음과 같다.
  - 채널의 동영상을 조회
  - 채널 구독
  - 특정 동영상을 조회
  - 채널 홈페이지를 방문함
  - 채널의 동영상을 광고로 조회
  - 채널의 동영상을 좋아함
  - 특정 동영상을 광고로 조회
  - 채널의 동영상을 재생목록에 추가함
- '초기 목록 크기'에서는 최근 30일 사이에 내 채널에서 활동한 적이 있는 사용자의 목록을 만들 수 있으며, 빈 목록으로 시작할 수도 있다.
- 비디오 리마케팅으로 생성한 목록은 GDN 광고로도 사용할 수 있다.

② 리마케팅 프로세스

- '도구 〉 데이터 관리자'에서 [+] 버튼을 눌러 '유튜브 사용자'를 클릭하여 유튜브 계정을 연결하여야 한다.
- 채널 이름이나 URL을 입력하여 연결할 채널을 선택할 수 있다.
- 광고주 소유가 아닌 계정은 소유주에게 이메일을 보내 승인을 받아야 하며 연결된 계정을 해제하는 경우 역시 마찬가지로 승인이 필요하다.
- 채널 소유주가 메일의 링크를 클릭하면 '조회수, 유튜브 시청자 세그먼트(리마케팅), 사용자 참여' 등을 체크하여 유튜브와 구글애즈를 연결할 수 있는데, 이 과정에서 별도의 태그를 심을 필요는 없다.
- 세그먼트 이름을 적고 유튜브 채널에서 유튜브 계정을 연결한다.
- 유튜브의 특정 계정에 방문한 사람들에게 리마케팅을 하기 위해서는 해당 유튜브 계정을 연결해야 한다.
- 연결된 유튜브 계정은 '도구 〉 잠재고객 관리자 〉 데이터 소스 〉 유튜브'에서 확인할 수 있다.

4) 도달 범위 플래너(Reach Planner)

① 도달 범위 플래너의 의미

- 도달 범위 플래너는 유튜브와 동영상 파트너 사이트 및 앱에 광고를 게재하는 도달 범위 기반 동영상 캠페인을 정확하게 설정할 수 있게 해주는 구글애즈 캠페인 계획 도구이다.
- 도달 범위 플래너의 데이터는 내 캠페인에서 도달하고 있는 순사용자의 수를 보여주는 Unigue Reach 산출 방식에 기반한 것으로 제3자가 유효성을 검증했으며, 실제 도달 범위 및 입찰가와 일치한다.
- 도달 범위 플래너는 가능한 한 최신 데이터를 제공하기 위해 매주 업데이트된다.
- 광고주는 이를 바탕으로 순사용자 도달 범위, 조회수, 전환수를 중심으로 미디어 계획을 수립할 수 있다.

② 도달 범위 플래너 사용 방법

- '도구 〉 계획 〉 도달 범위 플래너'를 클릭하고 [+] 버튼을 눌러 '새 계획 만들기'를 선택한다.
- '유튜브'와 '유튜브 및 기존 TV' 옵션이 있는데 현재는 유튜브만 지원한다.
- 캠페인을 희망하는 날짜, 원하는 인구통계와 사용 예산을 선택한다.
- 유튜브 미디어 계획 세우기에서 잠재고객의 카테고리, 타겟 사용자가 선호하는 묶음인 라인업, 기기, 게재 빈도 등을 설정한다.
- 유튜브 캠페인에서는 목표에 따라 광고 유형을 선택할 수 있다.
- 원하는 설정값을 입력한 뒤 '예측하기'를 클릭하면 타겟층 도달 빈도, 평균 게재 빈도, 총 CPM, 도달 범위당 비용 등을 확인할 수 있다.

- 위 그림은 2천만 원으로 35~44세 여성에게 광고할 경우 도달할 수 있는 범위를 예측한 결과로, 도달수와 CPM을 추산할 수 있다.

③ 도달 범위 플래너 활용 시 이점

- 유튜브 및 구글 동영상 파트너 사이트에서 광고의 도달 범위, 게재 빈도, 지출을 계획할 수 있다.
- 광고 형식 및 예산 할당을 선택하거나 맞춤 미디어를 계획할 수 있다.
- 캠페인 유형의 다양한 조합을 만들어 효과를 비교할 수 있다.
- 선택한 미디어 계획의 상세한 도달 범위, 인구통계, 기기 통계를 확인할 수 있다.

5) 브랜드 광고 효과(Brand Lift) 측정

- 클릭수, 노출수, 조회수 같은 전통적인 측정 항목 대신 광고 회상, 브랜드 인지도, 고려도 같은 항목을 통해 광고 효과를 측정하는 방식이다.
- 브랜드 광고 효과 측정 메뉴는 '제품' 또는 '브랜드' 수준은 물론 모든 캠페인의 예산 총액이 다음의 10일 동안 최소 예산 요건을 하는 구글애즈 계정에만 활성화된다.

- 우리나라는 '국가 C'에 해당하며 질문 1개는 15,000달러(약 2천만 원), 질문 2개는 30,000달러(약 4천만 원), 질문 3개는 60,000달러(약 8천만 원)의 예산을 집행해야 조사가 가능하다.

측정된 질문의 수	국가 A	국가 B	국가 C
질문 1개	미화 5,000달러	미화 10,000달러	미화 15,000달러
질문 2개	미화 10,000달러	미화 20,000달러	미화 30,000달러
질문 3개	미화 20,000달러	미화 60,000달러	미화 60,000달러

- 브랜드 광고 효과 측정은 구글애즈 계정의 '목표 아이콘 〉 섹션 메뉴'에서 '측정 드롭다운 〉 광고 효과 측정 〉 더하기 버튼'을 클릭하여 측정할 수 있으며, 설문이나 구글 검색 데이터를 비교하는 방법이 있다.

브랜드 광고 효과 측정	특징
브랜드 리프트 서베이 (BLS, Brand Lift Survey)	• 실험그룹과 통제그룹을 나누어 광고를 접한 실험그룹과 광고를 접하지 못한 통제그룹에게 약 하루 정도의 시간 동안 설문 조사를 통해 광고 효과를 측정하는 방법 • 설문은 인스트림 광고 형태로 제시되기 때문에 응답률도 높고 응답에 참여하는 모수를 확보하기에 용이 • 이후 응답 내용을 바탕으로, 두 그룹 간의 브랜드에 대한 인식과 태도를 비교하여 광고의 영향 정도를 판단하는 방식 • 두 실험그룹 간의 다른 속성은 동일하므로 이들의 인식 차이를 살펴보면 광고가 얼마나 브랜드 인식에 영향을 주었는지 판단할 수 있음
유튜브 서치 업리프트 리포트 (YouTube Search Uplift Report)	• 검색 데이터를 비교하는 방법으로 두 개의 랜덤 그룹을 설정하여 한 쪽은 해당 광고를 보여주고, 다른 그룹은 관계가 없는 광고를 보여주고 사용자 의견을 조사 • 이후 두 그룹의 구글 검색 행동을 살펴보게 되는데, 브랜드와 연관된 키워드를 얼마나 자주 검색하는가를 비교하는 방식 • '브랜드와 연관된 키워드' 데이터의 흐름을 통해 브랜드에 대한 관심을 갖게 하는 데 광고가 얼마나 기여했는지 알 수 있음

- 두 가지 방식 모두 광고를 통해 브랜드가 사용자들에게 어떻게 영향을 주는지 간단하게 살펴보기에 효과적인 도구이다.
- 입찰을 통해 구매한 인스트림 및 범퍼 광고에 적용할 수 있으며, 아웃스트림 및 인피드 동영상 광고에는 적용할 수 없다.

6) 유튜브 비디오 빌더(Video Builder)

- 브랜드가 보유한 이미지와 텍스트만으로 15초 유튜브 동영상 광고 제작이 가능한 도구이다.
- 구글애즈 계정이 있으면 누구나 사용할 수 있으며 공식 명칭은 '구글애즈 동영상 만들기'이다.
- 현재는 별도의 메뉴로 연결되어 있지는 않으며 링크(https://director.youtube.com/videobuilder/)를 통해 직접 접속이 가능하다.

7) 교차 미디어 도달 범위(Cross Media Insight-XMI)

- 유튜브와 TV 캠페인을 같이 집행할 때 TV 단독 캠페인 대비 유튜브를 통해 얼마만큼의 추가 도달률을 확보했는지 검토하는 기능이다.
- TV 시청률 조사기관인 AC 닐슨의 자료와 연동되어 검토할 수 있으며 구글애즈 계정의 섹션 메뉴에서 '목표 〉 측정 〉 교차 미디어 도달 범위'를 클릭하여 진행할 수 있다.

1) 광고의 검수

대부분의 광고는 영업일 기준 1일(24시간) 이내에 검수가 완료되지만, 더 복잡한 검토가 필요할 경우 시간이 더 소요될 수 있다.

검토 중		광고가 아직 검토 중이며, 운영 가능 상태가 될 때까지 게재될 수 없음
검토 후 게재 가능 상태	광고의 상태	• 운영 가능: 광고가 구글애즈 정책을 준수하므로 모든 잠재고객에게 게재될 수 있음 • 운영 가능(제한적): 광고가 게재될 수 있지만, 상표 사용이나 도박 관련 콘텐츠 등에 관한 정책 제한 때문에 모든 상황에서 게재될 수 있는 상태가 아님 • 운영 가능(모든 위치 제한): 정책 제한 및 타겟팅 설정으로 인해 타겟 지역에서 광고를 게재할 수 없으며, 다만 타겟 지역에 관심을 보이는 사용자에게는 광고를 게재할 수 있음 • 게재 중: 동영상 광고가 유튜브에 게재될 수 있음
	광고 확장의 상태	• 승인됨: 광고 확장이 구글애즈 정책에 부합하여 모든 잠재고객에게 게재될 수 있는 상태 • 승인됨(제한적): 광고 확장이 게재될 수는 있지만, 상표 사용이나 도박 관련 콘텐츠 등에 관한 정책 제한 때문에 모든 상황에서 게재될 수 있는 상태가 아님
검토 후 게재 불가능 상태		• 비승인: 광고의 콘텐츠 또는 도착 페이지가 구글애즈 정책을 위반하므로 광고가 게재될 수 없음 • 운영 불가능: 캠페인이 일시중지, 삭제, 종료 또는 대기 중이거나 광고그룹이 일시중지, 삭제 또는 설정이 미완료되어 광고가 게재되지 않음

🅑 기적의 TIP

게재와 공개의 차이점
• 구글애즈 시스템에서의 '검토 중'은 이미 업로드되어 '공개된' 영상에 대한 광고 운영 가능 여부 등을 검토하여 광고 '게재' 여부를 판단한다.
• 유튜브 시스템(유튜브 스튜디오)에서의 '검토 중'은 일반 동영상 업로드 시 저작권 여부를 판단하는 과정으로, 검토가 진행되는 동안에도 동영상을 '공개'로 설정할 수 있지만 저작권 침해로 판명되면 해당 부분 또는 전체 영상을 삭제하거나 '수익 창출 없이 공개' 등을 선택해야 한다.

2) 구글애즈 보고서 에디터(편집기)

① 구글애즈 보고서 에디터(편집기)의 기능과 활용

• 광고 보고서에서 유튜브 동영상 광고에 대해 실시간으로 성과지표를 확인할 수 있다.
• 좌측 메뉴의 '캠페인 〉 통계 및 보고서 〉 보고서 에디터'를 선택하면 보고서 작성 및 편집이 가능하다.
• 보고서 에디터는 자주 사용하는 보고서, 저장된 보고서, 템플릿 갤러리 등으로 구성되어 있으며, [+ 보고서 작성]을 누른 뒤 캠페인을 선택하면 보고서 작성이 시작된다.
• 기본적으로 캠페인 실적, 광고그룹 실적, 검색 키워드, 잠재고객, 라벨 실적, 콘텐츠, 쇼핑 제품, 쇼핑 제품 – 광고된 장바구니 상품, 쇼핑 제품 – 판매된 장바구니 상품 등의 맞춤형 템플릿이 제공된다.
• 원하는 템플릿을 선택한 후 차트 유형과 표의 X축과 Y축에 들어갈 데이터값을 선택하면 표가 만들어진다.
• '표 만들기'를 클릭하면 행과 열에 들어갈 자료를 선택하는 팝업창이 안내되며 행(Y축)에는 캠페인, 광고그룹 등의 측정 기준을, 열(X축)에는 클릭수 또는 전환수 같은 측정 항목을 선택하여 비교할 수 있다.

- 캠페인 상단 메뉴의 '보고서'를 클릭해도 보고서 편집이 가능한데, 보고서 편집기를 사용하면 데이터를 별도로 다운로드할 필요 없이 구글애즈에서 직접 맞춤표와 차트를 만들 수 있으며, 확인이 가능한 지표는 시간, 전환, 위치, 확장 소재, 애셋, 입찰 통계 등이 있다.
- 구글 스프레드시트로 저장하여 다른 사용자와 공유하거나 맞춤 설정된 대시보드에 추가하여 실적 데이터를 더욱 자세히 분석하고 표시할 수도 있다.
- 보고서를 저장하려면 저장을 클릭하고, '다른 이름으로 저장'을 사용하면 새 이름으로 보고서 사본을 저장할 수 있으며 .csv 및 .xml을 비롯한 여러 형식으로 보고서를 다운로드할 수 있다.

② 작업 가능한 보고서 템플릿

구분	템플릿 명	설명
실적 요약	캠페인 실적	캠페인 실적 검토 및 사용 설정된 기능 및 설정 확인
	광고그룹 실적	광고그룹 실적 검토 및 사용 설정된 기능과 설정 확인
	검색 키워드	키워드 실적 검토
	잠재고객	모든 캠페인의 잠재고객 타겟팅 실적 검토
	라벨 실적	캠페인, 광고그룹 등에 적용된 라벨을 검토하여 맞춤 카테고리의 실적 비교
	콘텐츠	콘텐츠 타겟팅 방법(⨁ 주제 및 문맥 키워드)이 어떻게 실적을 개선하는지 검토
	쇼핑 제품	상품 ID, 제품 유형 등 다양한 광고 식별자를 기반으로 쇼핑 광고 실적을 검토
	광고된 장바구니 상품	각 광고 항목의 기본 판매 정보(수익, 주문, 평균 주문 금액)를 파악
	판매된 장바구니 상품	판매된 항목에서 발생한 수익을 확인
목표 및 전환수	매장 방문	캠페인으로 매장 방문을 유도하는 방법을 확인할 수 있음
	SKAdNetwork 전환수	Apple SKAdNetwork API의 세부정보를 통해 iOS 캠페인에서 발생한 앱 설치수 검토
	전환	광고를 통해 웹사이트 액션, 통화, 앱 다운로드, 인앱 액션 등의 전환 액션 발생 과정 확인
	매장 위치	내 매장 위치에 대한 매장별 작업의 기존 통계를 확인할 수 있음
광고가 게재된 시기 및 위치	검색어	검색을 통해 게재된 검색 또는 쇼핑 광고의 실적 확인
	소매업 카테고리	검색 및 쇼핑 캠페인의 각 제품 카테고리 실적을 검토
	앱 캠페인 게재위치	웹페이지 또는 앱에 앱 프로모션 광고가 게재된 빈도 확인
	광고가 게재된 시점	특정일, 시간대 등을 기준으로 시간 경과에 따른 광고 실적을 비교하고 추적
	거리	비즈니스 위치에 따른 광고 실적을 확인
	게재 위치	광고가 게재되는 웹페이지, 동영상, 앱 분석
	YouTube 검색어	광고를 트리거한 YouTube 검색 및 실적 확인
노출 경쟁	유료 및 무료	검색결과에 웹사이트가 표시되는 빈도를 확인하고 사용자를 해당 페이지로 유도하는 검색어 검토
	입찰 통계 – 검색	검색 캠페인 입찰에 참여하는 상위 경쟁업체를 확인하고 시간 경과에 따른 경쟁업체 변화 검토

광고 및 확장 소재	광고 실적	개별 광고 실적 확인하기
	통화 세부정보	전화번호 및 위치 확장 소재, 통화 전용 광고 실적 검토하기
	동영상 조회 가능성	웹페이지, 기기 또는 앱에서 조회 가능한 위치에 광고가 게재되는 빈도 확인
	방문 페이지	광고 트래픽을 전달하고 있는 페이지의 실적을 확인
	기존 애셋	광고의 기존 애셋이 실적 증대에 어떤 도움이 되었는지 검토
	업그레이드된 애셋	광고의 업그레이드된 애셋이 실적 증대에 어떤 도움이 되었는지 검토
결제	청구 비용	구글애즈 계정 조정 적용 이후 실제로 결제할 금액을 검토
	무료 클릭	비용이 발생하지 않는 광고와의 상호작용 유형(ⓔ 마우스 오버, 동영상 재생) 검토

• 광고의 시간, 전환, 위치, 확장 소재, 애셋, 입찰 통계, 조회수, 노출수, 클릭수 등 다양한 수치의 확인이 가능하며, 요일별, 시간별, 광고 소재별로도 상세 성과 지표를 확인할 수 있다.

③ 보고서 예약 및 공유

• 이메일 전송을 예약하면 전환수에 대한 주간 업데이트를 공유할 수 있다.
• '저장된 보고서'를 선택하면 우측 상단에 '일정'이라고 표시된 시계 모양의 아이콘이 보인다.
• 아이콘을 클릭한 뒤 매일 또는 매주 등 보고서를 공유할 빈도와 보고서를 전송할 형식(.pdf, .csv, .xml)을 선택한 다음 보고서를 전송할 계정 사용자를 선택한다.
• [지금 이메일 전송하기]를 클릭하면 메시지와 함께 이메일이 전송된다.

3) 애셋 라이브러리

• 좌측의 '캠페인 〉 애셋' 메뉴는 광고 소재에 사용되는 이미지, 텍스트(업체명, 광고 제목, 설명, 확장 문구, 웹사이트 콘텐츠), 사이트 링크, YouTube 동영상, 광고 확장(비즈니스 로고, 콜아웃, 구조화된 스니펫, 통화, 리드 양식, 메시지, 위치, 가격, 앱, 프로모션) 등의 애셋 라이브러리가 존재한다.
• 광고 제작 시 만들어진 소재를 한 곳에서 관리하고 소재별, 텍스트별 클릭수 등을 확인할 수 있는 일종의 갤러리이다.
• 캠페인을 구성하는 과정에서 미디어 선택 도구를 사용하면 이미 만들어진 애셋 라이브러리의 자료를 광고의 확장 소재에 적용할 수 있다.

4) 잠재고객, 키워드, 콘텐츠

• 좌측의 '캠페인 〉 잠재고객, 키워드, 콘텐츠' 메뉴는 검색 키워드, 잠재고객, 위치, 콘텐츠, 광고 일정, 동적 광고 타겟, 고급 입찰가 조정 등을 관리하거나 특정한 타겟을 제외하는 기능을 제공한다.
• 동적 광고 타겟은 웹사이트의 특정 페이지나 섹션을 기반으로 타겟을 설정하여 관련성 높은 광고를 자동으로 게재하는 방식을 말하며, 생성된 광고는 최신 정보가 지속적으로 업데이트된다.
• 고급 입찰 조정은 입찰가의 백분율을 증가 또는 감소로 설정해 두면 사람들이 접속하는 위치, 시간, 방법(장치, 위치, 시간대별) 등 다양한 요인에 따라 광고를 더 자주 또는 덜 자주 표시하는 기능이다.

1) 유튜브 계정 인증

유튜브에 동영상을 업로드하기 위해서는 전화번호로 유튜브 계정에 대한 인증을 받아야 한다.

계정 인증 완료 후 가능한 작업	• 길이가 15분을 초과하는 동영상 업로드 가능 • 맞춤 썸네일 추가(단, 과도한 노출 또는 성적 호기심을 유발하는 콘텐츠, 증오심 표현, 폭력, 유해하거나 위험한 콘텐츠, 영상에 없는 내용을 볼 수 있다고 오해하게 만드는 이미지는 사용 불가) • 라이브 스트림 • Content ID 소유권 주장에 대한 항소

➕ 더 알기 TIP

유튜브 동영상 공개 범위 설정
- 모든 크리에이터는 동영상을 공개, 비공개 또는 일부 공개로 설정할 수 있다.
- 만 13~17세 크리에이터의 경우 기본적인 동영상 공개 범위 설정이 비공개로 설정된다.
- 18세 이상의 경우에는 기본적인 동영상 공개 범위 설정이 공개로 설정된다.
- 일부 공개로 설정해도 댓글 작성과 '좋아요' 표시가 가능하다.
- 유튜브 광고는 유튜브 채널 내 동영상 등록 상태가 '일부 공개', '공개' 상태여야 설정할 수 있으며, '비공개' 상태의 동영상에는 광고할 수 없다.
- 광고 소재 목적으로 제작한 동영상의 경우 '일부 공개' 상태가 사용하기 적합하다.

2) 유튜브의 맞춤 동영상 추천 기준

- 소셜 미디어의 특징은 사용자마다 다른 화면을 가지고 있다는 것인데, 유튜브 역시 사용자의 이용 내역을 기반으로 맞춤 동영상을 추천하는 기능을 가지고 있다.

맞춤 동영상 선정에 영향을 미치는 요인	• 동영상을 클릭한 사용자들이 해당 영상에 얼마나 오래 머물렀는지 혹은 동영상 재생한 후 채널의 다른 콘텐츠도 클릭했는지 여부 • 사용자가 구독 중인 채널과 관련된 영상 • 현재 보고 있거나 과거에 시청 이력이 있는 영상과 관련된 영상

- 조회 이력과 상관없이 인기 급상승 동영상은 다수의 사용자에게 노출되는데, 유튜브는 다양한 알고리즘을 통해 동영상의 급상승 여부를 결정한다.
- 일반적으로 알려진 급상승 동영상의 특징은 다음과 같다.

급상승 여부 결정 요인	• 다양한 시청자의 관심을 끄는 동영상 • 현혹적이거나 클릭을 유도하거나 선정적이지 않은 동영상 • 유튜브와 전 세계에서 일어나고 있는 일들을 다루는 동영상 • 크리에이터의 다양성을 보여주는 동영상 • 흥미와 새로움을 느낄 만한 동영상
영향을 미치는 신호들	• 조회수 • 동영상 조회수 증가 속도 • 유튜브 외부를 포함하여 조회수가 발생하는 소스 • 동영상 업로드 기간 • 해당 동영상을 같은 채널에 최근 업로드한 다른 동영상과 비교한 결과

3) 유튜브 파트너 프로그램

- 업로드한 영상이 인기를 끌어 구독자와 조회수가 증가하면 누구나 유튜브 스튜디오에서 수익 창출을 신청하고 관리할 수 있으며, 이를 위해서는 파트너 프로그램(YPP, Youtube Partner Program)에 가입해야 한다.

유튜브 파트너 프로그램에 참여하기 위해 만족해야 하는 조건	• 모든 유튜브 채널 수익 창출 정책을 준수 • 유튜브 파트너 프로그램이 제공되는 국가/지역에 거주 • 채널에 활성 상태인 커뮤니티 가이드 위반 경고가 없어야 함 • 구글 계정에 2단계 인증을 사용 설정해 놓아야 함

- YPP에 가입하기 위해서는 애드센스에 가입해야 하며 채널 수익을 창출하려면 조건을 충족해야 한다.

수익 창출 방법	채널 수익 창출 조건
• 채널 멤버십 • 수퍼챗 및 슈퍼스티커 • 수퍼땡스 • YouTube Shopping(자체 제품 판매 기능 활성화)	• 구독자 500명과 다음 중 하나의 요건을 충족 • 365일간 동영상 시청 3,000시간 또는 쇼츠 동영상 조회수 300만 회 이상
• 광고 수익 및 유튜브 프리미엄 수입의 일부 지급 • 크리에이터 수익은 동영상 55%, 쇼츠 45%	• 구독자 1,000명과 다음 중 하나의 요건을 충족 • 365일간 동영상 시청 4,000시간 또는 쇼츠 동영상 조회수 1,000만 회 이상
• YouTube Shopping(다른 브랜드의 제품 판매 기능 활성화)	• 구독자 20,000명과 다음 중 하나의 요건을 충족 • 365일간 동영상 시청 4,000시간 또는 쇼츠 동영상 조회수 1,000만 회 이상

4) 유튜브 스튜디오

① 유튜브 스튜디오의 메뉴

- 유튜브 스튜디오(studio.youtube.com)는 동영상 업로드, 채널 관리, 시청자와의 소통, 수익 창출 등의 모든 활동을 한 곳에서 관리할 수 있는 크리에이터를 위한 공간이다.
- 첫 화면인 채널 대시보드에서 새로운 활동과 소식 등을 대략적으로 파악할 수 있으며 과거 유튜브 애널리틱스 기능은 유튜브 스튜디오의 분석 메뉴로 합쳐졌다.
- 유튜브 스튜디오를 통해 확인 가능한 내용은 다음과 같다.

대시보드	• 유튜브 채널 전반의 수익 창출을 위한 승인 여부, 저작권 침해 여부 등 소식 • 커뮤니티 가이드에 따른 주의, 경고 또는 이의신청 결과 • Creator Insider 채널을 통해 영감을 줄 수 있는 최신 동영상 • 유튜브 스튜디오 및 크리에이터 도구의 최신 업데이트 정보

		기능	비공개	일부 공개	공개
콘텐츠	• 등록한 동영상, 쇼츠, 라이브, 게시물, 재생목록, 팟캐스트 등을 관리 • 콘텐츠 조회수와 공개 상태, 삭제 등 일괄 관리 가능 • 만 13~17세 크리에이터의 경우 기본적인 동영상 공개 범위 설정이 비공개로 설정됨			
	URL 공유 가능		×	○	○
	채널 섹션에 추가 가능(⑩ 맴버십)		×	○	○
	검색, 관련 동영상, 맞춤 동영상에 표시 가능		×	×	○
	채널에 게시		×	×	○
	구독자 피드에 표시		×	×	○
	댓글 작성 가능		×	○	○
	공개 재생목록에 표시 가능		×	○	○
분석(애널리틱스)	• 영상을 시청한 유저의 성과를 인트로, 인기 장면, 급상승 구간, 하락 구간의 지표로 제공 • 채널 조회수, 시청 시간, 구독자, 예상 수익 등을 관리 • 조회 기간의 인기 콘텐츠, 실시간 인기 콘텐츠 등을 집계 • 재방문 시청자, 순 시청자는 물론 시간대, 시청 지역, 인기 자막 언어 등에 대한 정보 제공 • 유튜브 수익 및 채널 실적을 확인할 수도 있음			
댓글	• 최근 등록된 댓글을 한꺼번에 관리할 수 있는 메뉴 • 응답하지 않은 댓글이 노출되며 답글을 달면 목록에서 사라짐			
자막	콘텐츠 자막 설정 상태를 제공			
저작권	• 내가 올린 영상과 동일한 영상이 업로드된 채널을 알려줌 • 발견되는 경우 삭제 요청 등을 보낼 수 있음			
수익 창출	유튜브에서 수익을 창출할 수 있는 기능을 신청 및 관리하는 메뉴			
맞춤 설정	• 유튜브 채널의 이름, 핸들(주소), 설명, 프로필과 배경화면, 링크와 연락처, 워터마크와 재생목록, 추천 영상 등을 설정하는 곳 • 채널 이름은 14일 내 2회 변경할 수 있고, 핸들은 14일마다 2번 변경 가능 • 과거 영문(최대 30자)만 가능했던 채널 핸들명은 한글(최대 10자)로도 설정할 수 있으며, ID 기반으로 만들어진 채널 URL이 별도로 제공됨 • 구독자가 100,000명에 도달하면 채널 인증을 요청할 수 있음			
오디오 보관함	저작권에 대한 문제 없이 사용할 수 있는 다양한 배경음악과 효과음 등의 오디오를 제공			

② 유튜브 채널의 광고 설정 방법

• 유튜브는 동영상에서 개별 광고가 조회된 횟수를 '광고 노출'이라고 부르고, 광고가 포함된 동영상을 시청한 횟수를 '추정 수익 창출 재생'이라고 부른다.
• ⑩ 동영상 조회수가 10회인데 그중 8회에 광고가 게재되었다면 조회수 10회, 추정 수익 창출 재생은 8회이다. 추정 수익 창출 재생 중 한 번은 광고가 2개 포함되었다면 9회의 광고 노출이 발생했다고 집계된다.
• 유튜브는 광고, 채널 멤버십, 유튜브 프리미엄 수익, 슈퍼챗, 슈퍼스티커 등 여러 수익원을 기준으로 동영상 1,000회 조회당 수익(RPM, Revenue Per Mille)을 정산한다.
• 유튜브 스튜디오를 활용하면 크리에이터가 자신의 유튜브 채널에 광고를 게재하는 방식을 다양하게 설정할 수 있는데, 광고 설정 방법은 다음과 같다.

여러 동영상에 광고 사용 설정 일괄 관리	유튜브는 동영상 사이에 조회된 광고에서 발생한 수익의 55%를 크리에이터에게 지급하는데, 광고 설정 방법은 다음과 같음 • 유튜브 스튜디오의 왼쪽 메뉴에서 콘텐츠를 선택 • 수익을 창출할 동영상의 썸네일 왼쪽에 있는 회색 상자를 선택 • 동영상 목록 위에 있는 검은색 바에서 수정 드롭다운을 클릭하고 다음 수익 창출을 클릭 • 수익 창출 드롭다운에서 사용을 클릭 • 동영상 업데이트를 클릭하고 다음 '이 작업이 미치는 영향을 이해합니다.' 옆에 있는 체크박스를 선택한 후 다음 동영상 업데이트를 클릭
기본 미드롤 광고 설정	• 길이가 8분 이상인 수익 창출 동영상의 경우 동영상 중간 부분에 광고(미드롤)를 일괄 또는 개별적으로 사용 설정할 수 있음 • 광고 시점 도구를 사용하면 자동으로 게재되는 미드롤 광고 시점을 만들고, 미리 보고, 수정할 수 있음
연달아 재생되는 광고 (광고 모음)	• 길이가 5분 이상인 수익 창출 동영상의 경우 광고가 2개 연달아 재생되는 동영상 광고를 게재할 수 있음 • 2개가 연달아 재생되는 동영상 광고는 광고 모음이라고도 부름
유튜브 쇼츠(Shorts) 광고	• 쇼츠 피드의 동영상 사이의 광고에서 발생한 수익의 경우 크리에이터에게 45%를 지급 • 쓸어넘기기(Swipe) 가능한 동영상 또는 이미지 광고 형식으로 쇼츠 피드의 동영상 사이에 게재됨 • 기본 미드롤 광고 설정: 동영상을 업로드하면 자동으로 미드롤 광고가 세팅되며 채널의 기본 설정을 통해 변경 가능 • 연달아 재생되는 광고: 광고 2개가 연달아 재생되는 동영상 광고는 광고 모음이라고도 하며, 긴 형식 동영상(최소 5분 길이)에 광고를 사용 설정한 경우에 게재

06 유튜브 콘텐츠 적합성과 저작권 문제

1) 콘텐츠 적합성 설정

• 유튜브 콘텐츠는 광고주 친화적인 콘텐츠 가이드라인을 준수하여 제작해야 한다.
• 구글 정책에는 크리에이터와 게시자가 수익 창출에 사용할 수 있는 콘텐츠 유형이 정의되어 있다.
• 콘텐츠 적합성 설정을 사용하면 제품 또는 브랜드에 적합하지 않은 동영상, 웹사이트, 앱과 같은 콘텐츠를 추가로 필터링할 수 있으며 유튜브 및 디스플레이 네트워크에서 운영 중인 캠페인(검색 및 쇼핑 캠페인 제외)에 적용된다.
• 아직 등급이 지정되지 않은 콘텐츠에도 광고 노출을 제외할 수 있다.
• 유튜브 외부의 웹사이트에 삽입된 동영상에 광고 노출을 제외할 수 있다.
• 실시간 스트리밍 동영상에 광고 노출을 제외할 수 있다.
• '구글애즈 > 도구 > 콘텐츠 적합성'에서 인벤토리 유형, 민감한 콘텐츠, 디지털 콘텐츠 라벨, 테마, 키워드, 게재 위치 등을 제한할 수 있다.

① 유튜브의 인벤토리 유형

• 인벤토리 유형은 유튜브 및 구글 디스플레이 네트워크에서 운영 중인 캠페인에 적용된다(앱 캠페인 제외).
• 유튜브의 광고 노출 범위는 아래의 3가지 인벤토리 유형 중에서 선택할 수 있다.

유형	설명	제외 콘텐츠
확장된 인벤토리	일부 민감한 콘텐츠에 광고를 게재하여 인벤토리를 최대로 사용	• 과도한 욕설 • 묘사가 노골적인 성적 콘텐츠 및 과도한 노출 • 노골적으로 묘사된 폭력 및 심각한 상해
표준 인벤토리 (기본 설정 옵션)	대부분의 브랜드에 적합한 콘텐츠에 광고가 게재로 구글애즈 권장 크기임	위 콘텐츠에 다음 콘텐츠 추가 제외 • 반복되는 심한 욕설 • 노골적인 성적 콘텐츠 및 음란한 대화 • 실제 또는 연출된 폭력
제한된 인벤토리	대부분의 민감한 콘텐츠 유형을 제외하고 사용이 가능한 인벤토리를 제한	위 콘텐츠에 다음 콘텐츠 추가 제외 • 가벼운 욕설 • 다소 외설적인 콘텐츠

② 디지털 콘텐츠 라벨

- 유튜브는 디지털 콘텐츠 라벨을 사용하여 여러 연령대의 잠재고객에게 게재할 광고 콘텐츠의 적합성을 평가한다.
- 영화 또는 비디오 게임에 설정하는 콘텐츠 등급과 비슷하며 OS에 따라 안드로이드와 iOS의 표시 방식에 약간 차이가 있다.

디지털 콘텐츠 라벨	안드로이드	iOS	설명
DL-G: 전체 시청가 (General audience)	만 3세 이상	4+	가족 및 아동 등 모든 연령대에 적합한 콘텐츠
DL-PG: 보호자 동반 시청가 (Parent Guidance suggested)	만 7세 이상	9+	비현실적이고 만화 폭력과 같은 주제 등 보호자가 동반하는 경우 대부분의 연령대에 적합한 콘텐츠
DL-T: 청소년 시청가 (Teen audience)	12+	12+	일반 보건, 소셜 네트워크, 무서운 이미지, 격투 스포츠와 같은 주제 등 청소년 이상의 연령대에 적합한 콘텐츠
DL-MA: 성인 시청가 (Mature Audience only)	만 16세 이상, 만 18세 이상	17+	알코올, 도박, 성적인 콘텐츠, 무기와 같은 주제 등 성인에게만 적합한 콘텐츠

2) 유튜브 콘텐츠 저작권

- 유튜브에서 수익 창출을 위해서는 자신이 만든 영상 안의 모든 영상 및 오디오 요소를 상업적으로 사용하는 데 필요한 권한을 갖춰야 한다.
- 업로드한 동영상이 유튜브 Content ID 시스템 내의 다른 동영상(또는 동영상의 세그먼트)과 일치하는 경우 Content ID 소유권이 자동으로 생성된다.
- Content ID 소유권 주장이 제기되면 저작권 소유자의 Content ID 설정에 따라 동영상이 시청할 수 없도록 차단될 수 있다.
- 이때 추적 또는 수익을 창출하도록 설정한 콘텐츠의 경우 유튜브에서 계속 시청은 가능하며 동영상에 광고를 게재해 업로더와 수익 공유를 해야한다.
- 음반사가 유튜브의 Content ID 시스템을 통해 소유권을 주장한 노래의 경우 배경음악을 삽입하거나 바깥에서 들리는 음악소리가 영상에 들어간 채로 유튜브에 올리면 수익 창출이 불가능하다.
- 자신이 직접 커버한 영상을 올리고 광고 수익 공유 동영상으로 등록하면 수익 창출이 가능하다.
- 라이브 콘서트 공연에 직접 가서 녹화한 영상은 수익 창출이 불가능하다.

- 콘텐츠를 올리고 음원을 사용하다 보면 저작권 위반 경고를 받는 경우가 있는데, 이는 보호되는 콘텐츠의 저작권 소유자가 삭제 요청을 제출했기 때문이며 유튜브 검토 후 삭제 요청이 타당한 경우 동영상을 삭제해야 한다.
- 동영상에는 저작권 위반 경고가 한 번에 1개만 주어질 수 있으며 저작권 이외의 이유로도 사이트에서 동영상이 삭제될 수 있다.
- 단순히 Content ID 소유권 주장 때문에 경고가 주어지지는 않으며 이 기능은 유튜브 스튜디오 콘텐츠 관리자를 사용하는 파트너에게만 제공된다.

3) 유튜브 저작권 침해 시 해결 방법
- 저작권 위반 경고를 처음 받으면 4개의 짧은 객관식 문제로 구성된 저작권 학교를 수료해야 한다.
- 활성 상태의 라이브 스트림이 저작권 위반으로 삭제되는 경우 라이브 스트리밍 사용이 7일 동안 제한된다.
- 저작권 위반 경고를 3번 받을 경우에는 계정 및 계정과 연결된 모든 채널 해지, 계정에 업로드된 모든 동영상 삭제, 그리고 새로운 채널을 만들 수 없게 된다.

4) 기타 법률 위반 신고
- 유튜브에서 법률 위반 신고 상황이 발생하면 원칙적으로는 해당 업로더에게 직접 콘텐츠 삭제를 요청해야 한다.
- 콘텐츠가 신고되어도 자동으로 게시 중단되는 것은 아니며, 가이드라인에 따라 검토한 후에 유튜브 커뮤니티 가이드를 위반하는 콘텐츠는 유튜브에서 삭제되며 미성년자에게 부적절할 수 있는 콘텐츠에는 연령 제한이 적용될 수 있다.
- 업로더가 동의하지 않거나 업로더에게 연락하기가 불편한 경우 유튜브 개인정보 보호 가이드라인 절차를 통해 유튜브 동영상 차단 신고서를 제출할 수 있다.
- 법률 위반 신고 대상은 저작권, 상표권, 모조품, 명예훼손, 저장된 음악 정책, 전기통신사업법에 따른 불법 촬영물(한국), '대화형 AI 도구, 협력자 칩, 자동 생성된 퀴즈, 댓글 주제, 지난해 요약, 검색 개요, 동영상 답변, 동영상 요약과 관련된 법적 문제' 등이 있다.
- 명예훼손의 경우, 상황에 따라서 법원 명령을 필요로 하며, 주장하는 바가 명확하고 근거가 확실한 경우에 한하여 명예훼손 차단 요청을 처리할 수 있다.

07 유튜브 쇼핑
- 유튜브 쇼핑은 크리에이터와 시청자가 유튜브에서 상품을 구매할 수 있는 서비스이다.
- 유튜브 쇼핑 관리 도구에서 '마켓 상품 가져오기'를 사용하면 기존의 외부 오픈 마켓에 등록된 상품들도 쉽게 스토어로 끌어와 유튜브에서 판매할 수 있다.
- '유튜브 쇼핑 〉 프로모션 〉 파트너 특가' 메뉴에서 파트너로 등록된 크리에이터의 채널을 통한 상품 판매도 가능하다.

• 카페24와 연동되어 별도의 디자인 작업 없이 손쉽게 스토어를 만들 수 있으며 상품 관리 및 주문/배송 관리 등 간편하게 스토어를 관리할 수 있는 기능들이 제공된다.

기능	크리에이터는 스토어를 열거나 콘텐츠에 상품을 태그할 수 있고, 시청자는 영상을 시청하며 상품을 구매할 수 있음
조건	• 유튜브 파트너 프로그램에 가입되어 있고 다음 조건을 만족하면 승인을 통해 자신의 제품을 판매할 수 있음 • 조건: 구독자 500명 이상, 3회 이상의 영상 업로드(최근 90일간), 유효 시청 시간 3,000시간 또는 쇼츠 조회수 300만 회 이상(최근 1년간) • 다른 브랜드의 제품 판매를 위해서는 구독자가 10,000명 이상이어야 함
특징	유튜브의 강력한 사용자 기반을 활용해 노출 효과를 높이고 신규 고객을 유치할 수 있음
방법	① 유튜브 스튜디오의 수익 창출 메뉴에서 쇼핑 탭 선택 ② 조건을 만족시켰으면 구글 판매자 센터 계정 생성 ③ 판매 채널 〉 유튜브 〉 유튜브 쇼핑으로 이동(https://ytshopping.cafe24.com) ④ 구글 계정으로 로그인하여 카페24 유튜브 쇼핑 설정 ⑤ 유튜브 채널에 연동

08 유튜브 커뮤니티 가이드

1) 스팸 및 기만 행위

동영상 스팸	과도하게 자주 게시되거나 반복되거나 뚜렷한 대상이 없고 다음 내용을 하나 이상 포함한 콘텐츠 • 무언가를 보여주겠다고 약속하지만 보여주지 않고 외부 사이트로 유인 • 빠른 수익 창출을 약속하면서 유튜브 외부 사이트로의 클릭, 조회 또는 트래픽을 유도 • 유해한 소프트웨어를 유포하거나 개인정보를 수집하는 사이트 또는 부정적인 영향을 미치는 다른 사이트로 시청자를 유인
혼동을 야기하는 메타데이터 또는 썸네일	제목, 썸네일, 설명란을 이용하여 사용자가 콘텐츠의 내용을 다른 내용으로 오해하도록 속임
사기	현금 지급, 다단계 판매(다단계 구조에서 실제 제품 없이 돈만 지불)에 관한 콘텐츠 ^예 '벼락부자 되기' 광고
인센티브 스팸	• 조회수, 좋아요 수, 댓글 수와 같은 참여도 측정 항목이나 그 외 다른 유튜브 측정 항목을 판매하는 콘텐츠 • 구독자의 수, 조회수 또는 기타 측정 항목을 늘리는 것이 유일한 목적인 콘텐츠도 포함 • ^예 내 채널을 구독해야만 다른 크리에이터의 채널을 구독하겠다고 제안하는 '맞구독 제안' 콘텐츠
댓글 스팸	시청자의 개인정보를 수집하거나 잘못된 정보로 시청자를 유튜브 외부 사이트로 유인하거나 위에 설명된 금지 행동을 하는 것을 유일한 목적으로 작성된 댓글
반복되는 댓글	내용이 같거나 뚜렷한 대상이 없거나 반복적인 댓글
서드 파티 콘텐츠	• 타인 소유의 콘텐츠를 스트리밍하려는 목적의 라이브 스트림으로서 악용 가능성에 대한 반복된 경고에도 수정되지 않은 경우 • 채널 소유자는 라이브 스트림을 적극적으로 모니터링하여 문제가 될 수 있는 콘텐츠를 신속하게 수정해야 함

2) 민감한 콘텐츠

과도한 노출 및 성적인 콘텐츠에 대한 정책	• 해당 정책을 위반하는 선정적인 콘텐츠가 있는 경우 채널이 폐쇄될 수 있음 • 정책은 성행위 장면, 비디오 게임, 음악 등 실제 상황을 담은 콘텐츠, 각색된 콘텐츠, 삽화, 애니메이션 콘텐츠에 적용
썸네일 정책	• 썸네일에 음란물이 포함된 경우 채널이 폐쇄될 수 있음 • 썸네일이 다른 정책을 위반하는 경우 해당 썸네일은 삭제되고, 또한 계정이 경고를 받을 수도 있음 • 위반이 처음이라면 주의를 받고 90일 이내 2번 위반하면 경고, 3번 위반하면 폐쇄
아동 안전에 대한 정책	• 이 정책을 위반하는 콘텐츠는 삭제되고 이와 관련된 알림 이메일이 크리에이터에게 발송되며 채널이 게시하는 링크가 안전한지 확인되지 않는 경우에는 링크가 삭제될 수 있음 • 동영상 자체나 동영상의 메타데이터에 정책을 위반하는 URL을 게시하면 동영상이 삭제될 수 있음
자살, 자해, 섭식 장애에 대한 정책	• 위반이 처음이라면 주의를 받고 90일 이내 2번 위반하면 경고, 3번 위반하면 폐쇄
저속한 언어 정책	• 저속한 언어란 다음에 해당하는 사항을 말하며 위와 동일하게 제재 • 성적으로 저속한 언어 표현 또는 설명이 사용된 경우 • 콘텐츠에 과도한 욕설이 사용된 경우 • 콘텐츠의 제목, 썸네일 또는 관련 메타데이터에 과도한 욕설이나 외설적인 용어가 사용된 경우 • 과도한 성적인 소리가 사용된 경우

3) 폭력적이거나 위험한 콘텐츠

유해하거나 위험한 콘텐츠에 대한 정책	• 매우 위험한 챌린지, 위험하거나 위협적이며 짓궂은 장난, 유해하거나 위험한 행위, 사람을 해치는 방법 안내 등을 말하며 정책을 위반했더라도 교육, 다큐멘터리, 과학, 예술(EDSA) 맥락을 포함하는 콘텐츠라면 경우에 따라 콘텐츠가 계속 유튜브에 표시될 수 있음 • 위반이 처음이라면 주의를 받고 90일 이내 2번 위반하면 경고, 3번 위반하면 폐쇄
폭력적이거나 노골적인 콘텐츠에 대한 정책	• 다음에 해당하는 사항을 말하며 위와 동일하게 제재 • 특정 개인 또는 집단을 상대로 폭력적인 행위를 가하도록 다른 사람을 선동하는 내용 • 미성년자가 관여된 싸움 • 교통사고, 자연재해, 전쟁 또는 테러 공격 여파, 길거리 싸움, 신체적 공격, 분신, 고문, 시체, 시위 또는 폭동, 강도 행위, 의료 시술을 비롯해 시청자에게 충격 또는 혐오감을 주려는 의도의 기타 사건이 담긴 영상, 오디오 또는 이미지 • 시청자에게 충격 또는 혐오감을 주려는 의도로 피나 구토물과 같은 체액을 보여주는 영상 또는 이미지 • 사지 절단 등 부상 정도가 심각한 시체를 보여주는 영상 • 그밖의 동물 학대 콘텐츠나 각색하거나 가상으로 연출한 콘텐츠
폭력 범죄 조직에 대한 정책	• 다음에 해당하는 사항을 말하며 위와 동일하게 제재 • 폭력적인 극단주의, 범죄 또는 테러 조직에 의해 제작된 콘텐츠 • 다른 사람이 폭력 행위를 하도록 조장하기 위해 유명한 테러리스트, 극단주의 또는 범죄자를 찬양하거나 기념하는 콘텐츠 • 폭력적인 극단주의, 범죄 또는 테러 조직의 폭력 행위를 찬양하거나 정당화하는 콘텐츠 • 폭력적인 극단주의, 범죄 또는 테러 조직의 새 구성원 모집에 관한 콘텐츠 • 인질을 묘사하거나 범죄, 극단주의 또는 테러 조직을 대신해 회유, 위협, 협박하려는 의도로 게시한 콘텐츠 • 폭력적인 극단주의, 범죄 또는 테러 조직을 찬양하거나 홍보하기 위해 이들의 휘장, 로고, 기호를 묘사하는 콘텐츠 • 학교 총격 사건과 같은 폭력적인 참사를 미화하거나 조장하는 콘텐츠
증오심 표현에 대한 정책	어떤 경우든 증오심을 표현하는 콘텐츠는 불허하며 위반 시 위와 동일하게 제재

괴롭힘 및 사이버 폭력에 대한 정책	• 개인의 타고난 특성을 근거로 한 지속적인 모욕이나 비방이 포함된 콘텐츠나 미성년자에게 고통, 수치심, 쓸모없다는 느낌 등 불쾌한 감정을 주거나, 자신 또는 재산을 해칠 수 있는 방식으로 행동하도록 속이거나, 비방적인 호칭에 참여하게 하려는 의도의 콘텐츠는 불허하며 위반 시 위와 동일하게 제재하나 다음의 경우는 예외 • 고위 공무원 또는 지도자와 관련된 토론: 고위직 정부 공무원 또는 주요 다국적 기업의 CEO처럼 권력을 지닌 사람과 관련된 주제의 토론 또는 논쟁이 포함된 콘텐츠 • 대본 연기: 대본에 충실한 풍자, 스탠드업 코미디, 음악과 같은 예술 매체의 맥락에서 이루어진 모욕(그렇다고 해서 타인을 괴롭힌 후 '장난'이라고 주장해서는 안 됨) • 괴롭힘 교육 또는 인식 제고: 사이버 폭력을 근절하거나 인식을 제고하기 위해 다큐멘터리 목적으로 또는 자원한 참가자(◎ 연기자)가 출연하는 실제 또는 연출된 괴롭힘 장면이 포함된 콘텐츠

4) 규제 상품

불법 또는 규제 상품과 서비스 판매에 대한 정책	주류, 은행 계좌, 비밀번호, 훔친 신용카드 또는 기타 금융 정보, 위조 문서 또는 통화, 통제 대상 마약 및 기타 약물, 폭발물, 장기, 멸종위기의 동물 또는 멸종 위기 동식물의 일부 부위, 총기 및 특정 총기 액세서리, 전자담배를 포함한 니코틴 제품, 아직 구글 또는 유튜브의 검토를 받지 않은 온라인 도박 사이트, 처방전 없는 약품, 성매매 또는 에스코트 서비스, 무면허 의료 시술, 인신매매, 강한 중독성 마약 섭취 또는 제조 및 학업 부정행위에 대한 속임수 안내를 제공하는 콘텐츠를 올리면 위와 동일하게 제재
총기류에 대한 정책	위반 시 위와 동일하게 제재

5) 잘못된 정보

잘못된 정보 관련 정책	• 혼동을 야기하기 위한 인구 조사 참여 방해, 조작된 콘텐츠, 과거에 발생한 사건의 오래된 영상이 최신 사건의 영상이라는 허위 주장으로 심각한 피해를 줄 위험이 있는 콘텐츠로 출처가 잘못된 콘텐츠를 올리면 위와 동일하게 제재 • 다만 교육, 다큐멘터리, 과학 또는 예술 콘텐츠 등의 경우 위에 명시한 잘못된 정보 관련 정책을 위반하더라도 동영상, 오디오, 제목 또는 설명에 추가 맥락이 포함된 콘텐츠는 허용될 수 있음 • 위에 명시된 정책을 위반하지 않는다면 위 주제에 대해 개인적인 의견을 표현하는 것이 허용될 수 있음
잘못된 선거 정보 관련 정책	• 유권자 투표 방해, 후보자 자격요건, 민주적 절차를 방해하는 선동, 선거 공정성 등을 훼손하는 콘텐츠를 올리면 위와 동일하게 제재 • 다만 교육, 다큐멘터리, 과학 또는 예술 콘텐츠 등의 경우 위에 명시한 잘못된 정보 관련 정책을 위반하더라도 동영상, 오디오, 제목 또는 설명에 추가 맥락이 포함된 콘텐츠는 허용될 수 있음 • 위에 명시된 정책을 위반하지 않는다면 위 주제에 대해 개인적인 의견을 표현하는 것이 허용될 수 있음
잘못된 의료 정보 관련 정책	• 현지 보건 당국(LHA) 또는 세계보건기구(WHO)에서 발표한 특정 질병 및 물질에 대한 지침과 상반되는 잘못된 의료 정보를 퍼뜨려 큰 피해를 야기할 심각한 위험이 있는 잘못된 예방 정보, 잘못된 치료 정보, 질병을 부인하는 잘못된 정보를 바탕으로 한 콘텐츠를 올리면 위와 동일하게 제재 • 다만 교육, 다큐멘터리, 과학 또는 예술 콘텐츠 등의 경우 위에 명시한 잘못된 정보 관련 정책을 위반하더라도 동영상, 오디오, 제목 또는 설명에 추가 맥락이 포함된 콘텐츠는 허용될 수 있음 • 특정 의학 연구의 결과를 논의하거나 시위 또는 공청회 같은 공개 토론의 장을 보여주는 콘텐츠도 유튜브 정책을 위반하는 잘못된 정보를 조장할 목적이 아니라면 예외가 인정될 수 있음

Quiz

01 유튜브 광고는 유튜브 스튜디오를 통해서만 만들고 운영할 수 있다. ○ X

02 유튜브 캠페인에서 가장 중요한 성과지표는 영상 조회수이다. ○ X

03 조회수는 사용자가 동영상 광고를 시청하거나 광고에 참여한 횟수를 말한다. ○ X

04 건너뛸 수 있는 동영상 광고를 10초 이상 시청하면 광고 영상도 조회수에 반영된다. ○ X

05 유튜브 채널을 만들기 위해서는 만 18세 이상이거나, 만 18세 이상의 법적 보호자가 있 ○ X
어야 한다.

06 유튜브 콘텐츠는 유튜브 프리미엄 구독자용 콘텐츠 가이드라인을 준수하여 제작해야 수 ○ X
익을 낼 수 있다.

07 유튜브 콘텐츠는 광고주 친화적인 콘텐츠 가이드라인을 준수하여 제작해야 한다. ○ X

08 유튜브에서 수익을 내기 위해서는 특정 조건을 갖춘 뒤 심사를 통해 승인받아야 한다. ○ X

09 조회당 비용은 동영상을 30초 지점까지 시청하거나 동영상과 상호작용할 때 비용을 지 ○ X
불한다.

10 타겟 전환당 비용은 전환 1회당 지불하고자 하는 평균 비용을 설정하는 것이다. ○ X

11 타겟 CPM은 광고가 1,000회 게재될 때마다 지급하려는 평균 금액을 설정하는 입찰 전 ○ X
략이다.

12 전환가치 극대화는 유튜브 검색 결과 페이지의 절대 상단이나 페이지 상단 또는 페이지 ○ X
어디에나 광고가 게재되도록 입찰가를 자동으로 설정하는 것이다.

13 구글애즈는 구글의 광고 관리 시스템이다. ○ X

14 구글애즈는 '캠페인 〉 캠페인 그룹 〉 광고' 구조로 이루어져 있다.　　　　　　　　◎ ❌

15 이메일 아이디로 구글애즈 계정을 만들 수 있다.　　　　　　　　　　　　　　◎ ❌

16 유튜브 동영상 광고도 구글애즈에서 관리한다.　　　　　　　　　　　　　　◎ ❌

17 인스트림 광고는 광고 영상이 30초 이상일 경우에는 시청을 완료해야 광고 비용이 발생　◎ ❌
한다.

18 인스트림 광고의 과금 방식은 CPV(Cost Per View)이다.　　　　　　　　　◎ ❌

19 인스트림 광고는 제목, 배너, 링크 등을 클릭하여도 과금된다.　　　　　　　　◎ ❌

20 인스트림 광고는 5초 후 시청자가 광고를 건너뛸 수 있다.　　　　　　　　　◎ ❌

21 건너뛸 수 없는 광고는 15초 이내 길이로 메시지를 전달할 수 있다.　　　　　　◎ ❌

22 아웃스트림 광고는 구글 동영상 파트너에서 운영하는 웹사이트에 게재되는 광고를 말한다.　◎ ❌

23 범퍼 광고는 짧고 인상에 남는 메시지를 전달하는 광고이며 사용자가 건너뛸 수 없다.　◎ ❌

24 건너뛸 수 있는 광고는 광고주가 설정한 시간이 지나면 광고 건너뛰기 옵션이 표시된다.　◎ ❌

25 인피드 동영상 광고는 동영상의 썸네일 이미지와 텍스트로 구성된다.　　　　　◎ ❌

26 인피드 광고는 구매를 원하는 피드를 사전에 예약하므로 경매에 참여할 필요가 없다.　◎ ❌

27 인피드 동영상 광고는 광고의 정확한 크기와 모양은 게재 위치에 따라 달라질 수 있다.　◎ ❌

28 인피드 동영상 광고는 유튜브 앱 또는 모바일 유튜브 홈피드 상단에서 전체 동영상이 ◎ ☒
소리 없이 자동 재생된다.

29 인피드 동영상 광고는 사용자가 동영상을 클릭하여 시청하도록 유도한다. ◎ ☒

30 유튜브 아웃스트림 광고는 모바일 전용 광고이다. ◎ ☒

31 유튜브 아웃스트림 광고는 사용자가 전체 광고를 완전히 재생한 경우 과금된다. ◎ ☒

32 유튜브 아웃스트림 광고는 동영상 광고의 도달 범위를 확장하여 더 많은 고객에게 도달 ◎ ☒
하기 위해 사용할 수 있다.

33 유튜브 아웃스트림 광고는 파트너에서 운영하는 웹사이트 및 앱에서만 게재되고, 유튜 ◎ ☒
브에서는 사용할 수 없다.

34 CPM 마스트헤드 광고는 원하는 비용만큼만 집행하여 노출수를 확보할 수 있다. ◎ ☒

35 CPM 마스트헤드 광고는 노출 단위로 판매하는 CPM광고 상품으로 롤링되는 방식이다. ◎ ☒

36 CPM 마스트헤드 광고는 소리 없이 자동으로 재생되고, 음소거 아이콘 클릭 시 소리가 ◎ ☒
재생된다.

37 CPM 마스트헤드 광고는 타겟팅이 불가하고 최대한 많은 사람에게 알리는 것을 광고 ◎ ☒
목표로 설정한다.

38 마스트헤드는 CPC 상품이다. ◎ ☒

39 마스트헤드는 노출수를 기준으로 노출당 비용을 지불하려는 광고주에게 적합하다. ◎ ☒

40 마스트헤드는 구글애즈를 통해 광고를 게재할 수 있다. ◎ ☒

41 마스트헤드는 원하는 비용만큼 집행할 수는 있지만 타겟팅은 불가능하다. ◯ ☒

42 구글애즈의 도달 범위 플래너는 광고의 도달 범위, 게재 빈도, 지출을 계획해 준다. ◯ ☒

43 도달 범위 플래너는 구글애즈 계정에서 유료로 활용할 수 있다. ◯ ☒

44 구글애즈의 도달 범위 플래너는 광고 형식 및 예산 할당을 선택하거나 맞춤 미디어를 ◯ ☒
    계획할 수 있다.

45 구글애즈의 도달 범위 플래너는 캠페인 유형의 다양한 조합을 만들어 효과를 비교할 수 ◯ ☒
    있다.

46 유튜브의 사용자 기반 타겟팅은 잠재고객의 성향을 근거로 광고를 노출하는 방식이다. ◯ ☒

47 유튜브의 사용자 기반 타겟팅은 인구통계 타겟팅, 잠재고객 세그먼트 등이 해당한다. ◯ ☒

48 유튜브의 사용자 기반 타겟팅은 내 타겟 유저가 주로 시청하는 '동영상 라인업'을 게재 ◯ ☒
    위치로 설정할 수 있다.

49 유튜브의 사용자 기반 타겟팅은 스포츠를 좋아하는 사용자, 자동차를 구매하려는 사용 ◯ ☒
    자 등을 타겟팅할 수 있다.

50 컴패니언 배너는 데스크톱에서만 표시된다. ◯ ☒

정답				
01 ✕	02 ○	03 ○	04 ○	05 ○
06 ✕	07 ○	08 ○	09 ○	10 ○
11 ○	12 ✕	13 ○	14 ✕	15 ○
16 ○	17 ✕	18 ○	19 ○	20 ○
21 ○	22 ○	23 ○	24 ✕	25 ○
26 ✕	27 ○	28 ✕	29 ○	30 ○
31 ✕	32 ○	33 ○	34 ○	35 ○
36 ○	37 ✕	38 ✕	39 ○	40 ✕
41 ✕	42 ○	43 ✕	44 ○	45 ○
46 ○	47 ○	48 ✕	49 ○	50 ○

해설 01 유튜브 스튜디오를 통해서 자신의 영상을 홍보할 수 있는 기능이 추가되긴 했지만 기본적으로 유튜브 광고는 구글애즈를 통해 만들고 운영할 수 있다.

06 유튜브 프리미엄 구독자용 콘텐츠 가이드라인을 준수하는 것이 광고 수익 창출 요건은 아니다.

12 타겟 노출 점유율에 대한 설명이다.

14 구글애즈는 캠페인 〉 광고그룹 〉 광고의 구조로 이루어져 있다.

17 광고 영상이 30초 이상일 경우에는 30초 이상을 시청하면 광고 비용이 발생한다.

24 건너뛸 수 있는 광고는 광고가 5초 동안 재생되고 나서 광고 건너뛰기 옵션이 표시된다.

26 구매를 원하는 피드를 사전에 예약하므로 경매에 참여할 필요가 없는 것은 마스트헤드 광고에 대한 설명이다.

28 유튜브 앱 또는 모바일 유튜브 홈피드 상단에서 전체 동영상이 소리 없이 자동 재생되는 것은 마스트헤드 광고에 대한 설명이다.

31 유튜브 아웃스트림 광고는 2초 이상 재생한 경우에 과금된다.

37 마스트헤드의 CPM 광고는 타겟팅 옵션에 따라 추가 요금이 발생된다.

38 마스트헤드는 CPM과 CPH 상품이 있다.

40 마스트헤드는 구글 영업 담당자나 광고대행사를 통해 구매 가능하다.

41 CPM 마스트헤드는 타겟팅이 가능하다.

43 도달 범위 플래너 사용 비용은 무료이다.

48 콘텐츠 기반 타겟팅에 관한 설명이다.

01 다음 중 유튜브 최초 건너뛰기(Skip, 스킵)가 가능한 동영상 광고로, 조회 가능성이 큰 시청자에게 광고를 게재하는 방식의 광고 상품은?

① 건너뛸 수 있는 인스트림 광고(Skippable In-stream Ads)

② 범퍼 애드(Bumper Ad)

③ 건너뛸 수 있는 비디오 디스커버리(Trueview Video Discovery)

④ CPM 마스트헤드(Masthead)

02 다음 중 구글애즈 동영상 캠페인에서 설정할 수 없는 옵션은?

① 광고 로테이션

② 입찰 전략

③ 잠재고객

④ 타겟팅 최적화

03 다음 중 건너뛸 수 있는 인스트림 광고에서 영상을 시청하는 과정에서 노출되는 광고에 적용되는 가장 일반적인 과금 방식은?

① CPC(Cost Per Click)

② CPA(Cost Per Action)

③ CPM(Cost Per Mille)

④ CPV(Cost Per View)

04 다음 중 비디오 리마케팅에 대한 설명으로 옳은 것은?

① 비디오 리마케팅을 위해서는 태그를 심어야 한다.

② 영상이 업로드된 유튜브 계정과 유튜브 동영상 광고를 진행할 구글애즈 계정을 서로 연동해야 한다.

③ 최대 365일 이내에 내 채널에서 활동한 적이 있는 사용자의 목록을 만들 수도 있다.

④ 비디오 리마케팅 적용 시 입찰가가 할증된다.

05 다음 중 건너뛸 수 있는 인스트림 광고 노출 시 건너뛰기 버튼이 노출되는 시점으로 옳은 것은?

① 3초 후

② 5초 후

③ 7초 후

④ 10초 후

06 다음 중 비디오 리마케팅 목록으로 만들 수 없는 것은?

① 채널의 동영상 조회

② 채널 페이지 방문

③ 광고를 건너뛴 시청자

④ 채널 구독

07 다음 중 영상 길이 1분(60초) 짜리로, 건너뛸 수 있는 인스트림 광고 집행 시 과금이 되는 시점으로 알맞은 것은?

① 10초 시청
② 20초 시청
③ 30초 시청
④ 60초 시청 완료

08 다음 중 비디오 리마케팅에 대한 설명으로 옳지 않은 것은?

① 1개 유튜브 채널에 여러 개의 구글애즈 계정을 연동할 수 있다.
② 비디오 리마케팅으로 생성한 목록은 GDN 광고로도 사용할 수 있다.
③ 비디오 리마케팅을 위해서는 별도의 태그를 설치해야 한다.
④ 비디오 리마케팅은 광고 입찰가에 영향을 주지 않는다.

09 다음 중 건너뛸 수 있는 인스트림 광고가 노출되는 위치로 알맞은 것은?

① 유튜브 홈피드
② 유튜브 검색 결과
③ 유튜브 영상 시청 페이지
④ 유튜브 영상 시청 페이지 하단

10 다음 중 브랜드가 보유한 이미지와 텍스트만으로 15초 유튜브 동영상 광고 제작이 가능한 도구(Tool)는?

① 비디오 빌더(Video Builder)
② 비디오 애드 시퀀싱(Video Ads Sequencing)
③ 디렉터 믹스(Director Mix)
④ 범퍼 애드(Bumper Ad)

11 다음 중 건너뛸 수 있는 인스트림 광고의 과금 유형으로 옳지 않은 것은?

① 영상 내 랜딩 URL 클릭 시
② 건너뛰기 버튼 클릭 시
③ 컴패니언 배너 클릭 시
④ CTA(Call To Action)

12 다음 중 유튜브 광고의 컴패니언 배너에 대한 설명으로 옳지 않은 것은?

① 인스트림 광고 노출 시 이미지 오른쪽 상단에 함께 노출되는 광고이다.
② 컴패니언 배너는 이미지 배너 형태만 가능하다.
③ 컴패니언 배너를 클릭해도 과금되며 조회수로 반영도 된다.
④ 컴패니언 배너는 모바일에서만 표시된다.

13 다음 중 건너뛸 수 있는 인스트림 광고에서 15초 영상 소재를 사용할 경우 과금 시점으로 알맞은 것은?

① 5초 시청 시
② 7초 시청 시
③ 10초 시청 시
④ 15초 시청 완료 시

14 다음 중 비디오 액션 광고에 대한 설명으로 옳지 않은 것은?

① 사이트 링크를 추가할 수 있다.
② 프로덕트 피드를 추가할 수 있다.
③ 전환 추적을 설정해야 사용할 수 있다.
④ 지도 기능을 추가할 수 있다.

15 다음 중 건너뛸 수 있는 동영상 광고 집행 시 허용되는 영상 소재 길이는?

① 15초 미만
② 30초 미만
③ 60초 미만
④ 제한 없음

16 다음 중 어린이 시청자만을 위한 맞춤 앱으로 가장 안전한 환경에서 광고 노출이 가능한 게재 위치는?

① 유튜브 키즈
② 유튜브
③ 유튜브 뮤직
④ 유튜브 프리미엄

17 다음 중 건너뛸 수 있는 동영상 광고의 최소 CPV 입찰 단가로 적합한 것은?

① 50원   ② 100원
③ 없음   ④ 200원

18 다음 중 TV 방송사와 웹 오리지널 콘텐츠 채널을 선별해 판매하는 유튜브 예약형 광고 상품은?

① 마스트헤드
② 프라임팩(Prime Pack)
③ SMR
④ 유튜브 프리미엄

19 다음 중 구글의 광고 프로그램인 구글애즈(Google Ads)에서 할 수 없는 광고는 무엇인가?

① 유튜브 동영상 광고
② 구글 앱 광고
③ 구글 디스플레이 광고
④ 유튜브 라이브 스트리밍

20 다음 중 유튜브 홈페이지 최상단에 노출되며 원하는 노출량만큼 구매해 노출하는 광고 상품은?

① CPM 마스트헤드
② 프라임팩
③ 건너뛸 수 있는 비디오 디스커버리
④ 범퍼 애드

21 다음 중 건너뛸 수 있는 광고 집행 시 광고 영상 소재를 등록해야 하는 위치로 옳은 것은?

① 구글애즈(Google Ads) 광고 탭
② 유튜브 채널
③ 홈페이지
④ SNS 페이지

22 다음 중 광고 구매(입찰) 방식이 다른 한 가지 상품은 무엇인가?

① 건너뛸 수 있는 디스커버리
② 건너뛸 수 있는 비디오 디스커버리
③ CPM 마스트헤드
④ 범퍼 애드

23 다음 중 인피드 동영상 광고의 과금 방식으로 옳은 것은?

① 썸네일 or 텍스트 클릭 후 영상을 30초 이상 시청 시
② 썸네일 or 텍스트 클릭 후 영상을 5초 이상 시청 시
③ 썸네일 or 텍스트 클릭 후 광고가 로드된 경우
④ 광고 영상 공유, 좋아요, 댓글, 구독 클릭 시

24 다음 중 유튜브 광고 성과를 측정할 수 있는 솔루션으로, 광고 상기도와 브랜드 인지도 등을 측정할 수 있는 도구(Tool)는 무엇인가?

① 크로스 미디어 인사이트(Cross Media Insight-XMI)
② 브랜드 리프트 서베이(BLS, Brand Lift Survey)
③ 도달 범위 플래너(Reach Planner)
④ 유튜브 서치 업리프트 리포트(YouTube Search Uplift Report)

25 다음 중 인피드 동영상(트루뷰 디스커버리) 광고 클릭 시 연결되는 곳은?

① 광고 영상 시청 페이지
② 기업 홈페이지
③ 기업 SNS 채널
④ 기업 이벤트 페이지

26 다음 중 건너뛸 수 있는 동영상 광고에서 사용할 수 없는 타겟팅은?

① 위치&시간대&기기
② 생애주기
③ 맞춤 구매 의도
④ iOS 기기 특정 앱 사용자

27 다음 중 건너뛸 수 있는 인스트림 광고 시 사용하는 컴패니언 배너의 크기로 적합한 것은?

① 300×50
② 300×60
③ 300×100
④ 486×80

28 다음 중 인구통계 타겟팅에 해당하지 않는 것은?

① 성별, 연령별
② 자녀 유무
③ 소득 수준
④ 거주지

29 다음 중 조회율(View Rate)에 대한 정의로 옳은 것은?

① 광고를 건너뛴 시청자 비율
② 광고 노출 대비 클릭 비율
③ 광고 노출 대비 조회 비율
④ 광고 노출 대비 시청 완료 비율

30 다음 중 콘텐츠 기반의 타겟팅이 아닌 것은?

① 게재 위치
② 리마케팅
③ 주제
④ 키워드

31 다음 중 동영상 광고가 시작된 이후 15초 건너뛰기가 불가한 광고 상품은?

① 건너뛸 수 없는 인스트림 광고
② 건너뛸 수 있는 인스트림 광고
③ 건너뛸 수 있는 비디오 디스커버리 광고
④ 범퍼 애드

32 다음 중 유튜브 채널에 광고를 게재하기 위해 사용할 수 있는 타겟팅은?

① 주제
② 게재 위치(채널)
③ 관심사
④ 리마케팅

33 다음 중 유튜브 채널 내 영상 조회수가 카운팅되지 않는 광고는?

① 건너뛸 수 있는 인스트림 광고
② 건너뛸 수 없는 인스트림 광고
③ 건너뛸 수 있는 비디오 디스커버리 광고
④ 정답 없음

34 다음은 유튜브 내 뉴스 관련 채널 영상에 광고를 게재하기 위해 적합한 타겟팅은?

① 주제
② 키워드
③ 구매 의도
④ 고객 일치

35 다음 중 건너뛸 수 있는 인스트림 광고 집행 시 노출수 100,000회, 조회수 20,000회인 영상의 조회율로 옳은 것은?

① 20%
② 2%
③ 0.2%
④ 10%

36 다음 중 특정 분야에 구매 의도가 매우 높은 유저에게 광고를 노출할 수 있는 타겟팅은?

① 리마케팅
② 인구통계
③ 주제
④ 구매 의도

37 다음 중 6초 범퍼 애드의 과금 방식은?

① CPC
② CPV
③ CPD
④ CPM

38 20대 여성 쇼핑몰을 운영하는 광고주가 주요 고객인 20대 여성에게만 광고를 노출시킬 수 있는 타겟팅 방식은?

① 시즈널 이벤트
② 인구통계
③ 생애주기
④ 유사 잠재고객

39 다음 중 범퍼 애드의 작동 방식 설명으로 옳지 않은 것은?

① 최대 6초의 건너뛸 수 없는 동영상 광고
② 범퍼 애드 집행 시 영상 조회수는 증가하지 않음
③ 입찰 방식으로 CPM 또는 CPC 선택 가능
④ 효과적인 인지도 및 도달 확대 등의 목표 달성 가능

40 다음 중 키워드 타겟팅에 대한 설명으로 옳은 것은?

① 적용한 문맥을 기반으로 유튜브 내 영상 제목, 설명 문구, 태그 등에 매칭이 되어 광고 노출
② 광고그룹당 20개 이상 문맥 사용 불가
③ 경쟁사 키워드 사용 불가
④ 일정 수량 이상 키워드 사용 시 과금 비용 할증

41 다음 중 유튜브 동영상 광고가 게재되지 않는 곳은?

① 구글 디스플레이 네트워크 동영상 파트너

② 구글 검색 결과

③ 유튜브 영상 시청 페이지

④ 유튜브 홈 피드(첫 화면)

42 다음 중 '브랜드 인지도 개선'을 목표로 건너뛸 수 있는 인스트림 광고 캠페인 진행 시 가장 중요하게 평가해야 할 실적은?

① 클릭률(CTR) 및 클릭당 비용(CPC)

② 조회율, 조회당 비용(CPV), 후속 조회수

③ 조회율 및 클릭당 비용(CPC)

④ 노출수, CPM, 영상 시청 시간

43 다음 중 개별 시청자에게 특정 순서로 광고를 게재하여 내 제품 또는 브랜드 스토리를 전달하는 방식은?

① 아웃스트림

② 광고 시퀀스

③ 디렉터 믹스

④ 광고 균등 게재

44 다음 중 유튜브 스튜디오를 통해 확인할 수 없는 지표는 무엇인가?

① 영상 재생 국가

② 영상을 시청하지 않고 건너뛴 시청자 비율

③ 영상 시청자 연령 및 성별

④ 평균 시청 지속 시간

45 다음 중 일반적인 유튜브 광고 검수 소요 시간은?

① 영업일 기준 1일(24시간) 이내 검토 완료

② 영업일 기준 1시간 이내 검토 완료

③ 영업일 기준 12시간 이내 검토 완료

④ 영업일 기준 2일(48시간) 이내 검토 완료

46 다음 중 특정 키워드가 포함된 영상, 특정 연령 및 성별 등을 제외하는 타겟팅 방식은?

① 관심사 타겟팅

② 인구통계 타겟팅

③ 리마케팅

④ 제외 타겟팅

47 다음 중 두 개 연속으로 게재되는 동영상 광고가 허용되는 유튜브 내 영상 콘텐츠의 길이는?

① 1분 이상
② 3분 이상
③ 5분 이상
④ 영상 길이와 상관 없음

48 다음 중 동영상 광고 품질평가점수에 영향을 주지 않는 것은?

① 영상 조회율
② 영상 재생 진행률
③ 영상 클릭률
④ 동영상 광고비 수준

49 다음 중 유튜브 광고가 불가한 동영상 등록 상태는?

① 유튜브 채널 내 '일부 공개' 상태
② 유튜브 채널 내 '공개' 상태
③ 유튜브 채널 내 '비공개' 상태
④ 해당 사항 없음

50 다음 중 유튜브 광고 소재 목적으로 제작해, 자신의 유튜브 채널에는 노출을 원치 않을 때 할 수 있는 채널 내 영상 업로드 옵션의 설정 방법은?

① 공개
② 비공개
③ 일부 공개
④ 예약

01 ①	02 ①	03 ④	04 ②	05 ②
06 ③	07 ③	08 ③	09 ③	10 ①
11 ②	12 ④	13 ④	14 ④	15 ④
16 ①	17 ③	18 ②	19 ④	20 ④
21 ①	22 ③	23 ③	24 ③	25 ①
26 ④	27 ②	28 ④	29 ③	30 ②
31 ①	32 ②	33 ②	34 ①	35 ①
36 ④	37 ④	38 ②	39 ③	40 ①
41 ④	42 ②	43 ②	44 ④	45 ①
46 ④	47 ③	48 ④	49 ③	50 ③

01 ①

건너뛸 수 있는 인스트림 광고(구. 트루뷰 인스트림) 광고 상품에 대한 설명이다.

오답 피하기

- ②: 범퍼 애드(Bumper Ad)는 건너뛸 수 없는 짧은 길이(최대 6초)의 동영상 광고이다.
- ③: 트루뷰 비디오 디스커버리(Trueview Video Discovery)는 유튜브 피드나 검색 결과에 썸네일이 노출되어 클릭을 유도하는 광고이다.
- ④: CPM 마스트헤드(Masthead)는 유튜브 첫 페이지 상단에 노출되는 광고로 최대 30초 동안 소리 없이 자동 재생(음소거 버튼을 누르면 소리가 나옴)되는 광고이다.

02 ①

광고 로테이션은 검색, 쇼핑, 디스플레이 캠페인에서 선택할 수 있는 옵션이다. '광고 로테이션' 설정을 사용하면 광고그룹의 여러 광고를 서로 비교하여 각 광고의 게재 빈도를 지정할 수 있다. 계정에 있는 광고는 한 번에 하나만 게재할 수 있어서 광고그룹에 여러 개의 광고가 있으면 로테이션 방식이 적용된다. 광고 로테이션에는 '최적화' 설정과 '최적화하지 않음' 설정이 있다. '최적화' 설정은 키워드, 검색어, 기기, 위치 등의 신호를 토대로 클릭수가 많이 발생하도록 광고를 최적화하고 광고그룹 내에서 다른 광고보다 실적이 더 우수할 것으로 예상하는 광고를 우선으로 게재한다. '최적화 사용 안함'은 무제한 로테이션으로 게재된다.

03 ④

건너뛸 수 있는 인스트림 광고에서는 영상을 시청하는 과정에서 조회수에 따라 비용이 지불되는 CPV(Cost Per View) 과금 방식이 주로 사용된다. 하지만 부가적인 방법으로 과금이 되기도 하는데, 영상 내 랜딩 URL 클릭, 컴패니언 배너 클릭 시에는 CPC(Cost Per Click) 방식으로 과금이 되기도 한다.

오답 피하기

CPC(Cost Per Click)는 클릭당 과금 방식, CPA(Cost Per Action)는 전환당 과금 방식, CPM(Cost Per Mille)은 노출당 과금 방식을 말한다.

04 ②

리마케팅 광고를 설정하기 위해서는 영상이 업로드된 유튜브 계정과 유튜브 동영상 광고를 진행할 구글애즈 계정을 서로 연동해야 한다.

오답 피하기

- ①: 채널 소유주가 메일의 링크를 클릭하면 '조회수, 리마케팅, 참여도' 등을 체크하여 유튜브와 구글애즈를 연결할 수 있는데, 이 과정에서 별도의 태그를 심을 필요는 없다.
- ③: 최대 540일 이내에 내 채널에서 활동한 적이 있는 사용자의 목록을 만들 수도 있다.
- ④: 비디오 리마케팅 적용 시 입찰가가 할증되지는 않는다.

05 ②

건너뛸 수 있는 인스트림 광고는 5초 후에 건너뛸 수 있으며 시청 시간 또는 클릭에 따라 광고 비용이 과금된다.

06 ③

유튜브 채널을 구글애즈 계정과 연결하면 다음과 같은 활동을 한 사용자를 대상으로 비디오 리마케팅 목록을 만들 수 있다.

- 채널의 동영상을 조회
- 특정 동영상을 조회
- 채널의 동영상을 광고로 조회
- 특정 동영상을 광고로 조회
- 채널 구독
- 채널 홈페이지를 방문함
- 채널의 동영상을 좋아함
- 채널의 동영상을 재생목록에 추가함

07 ③

건너뛸 수 있는 인스트림 광고는 30초 이상인 영상은 30초 이상을, 30초 미만인 영상은 전체 시청을 완료해야 과금된다. 문제에서는 1분짜리 영상을 묻고 있으므로 30초 시청 시점부터 과금된다.

08 ③

채널 소유주가 메일의 링크를 클릭하면 '조회수, 리마케팅, 참여도' 등을 체크하여 유튜브와 구글애즈를 연결할 수 있는데, 이 과정에서 별도의 태그를 심을 필요는 없다.

09 ③

인스트림(In-Stream)은 동영상 시작 전이라는 뜻이다. 따라서 건너뛸 수 있는 인스트림 광고는 영상 시청 페이지에 노출된다.

10 ①

비디오 빌더는 브랜드가 보유한 이미지와 텍스트만으로 15초 유튜브 동영상 광고 제작이 가능한 도구로 구글애즈 계정이 있으면 누구나 사용할 수 있다.

11 ②

건너뛰기 버튼을 클릭하면 과금되지 않는다.

12 ④

컴패니언 배너는 데스크톱(PC) 화면에만 표시된다.

오답 피하기

컴패니언 배너는 데스크톱(PC) 화면 우측에 표시되는 광고이며, 영상 하단이나 모바일 화면에 표시되는 안내 문구는 '확장 소재'라고 부른다. 구분을 잘 해 두자.

13 ④

30초 이상인 영상은 30초 이상을, 30초 미만인 영상은 전체 시청을 완료해야 과금된다. 따라서 15초 시청 완료 시 과금된다.

14 ④

비디오 액션 광고에서 지도 기능을 추가할 수는 없다.

15 ④

동영상 광고 집행 시 모든 길이의 영상 소재가 허용된다. 다만 유튜브에서는 3분 이내의 영상이 효과적이라고 권장한다.

16 ①

유튜브 키즈는 어린이 시청자만을 위한 맞춤 앱으로 가장 안전한 환경에서 광고 노출이 가능한 어린이 전용 영상 플랫폼이다.

17 ③

최소 입찰가는 별도로 지정되어 있지 않다.

18 ②

프라임 팩은 TV방송사 및 웹 오리지널 콘텐츠 채널을 선별하여 판매하는 예약형 광고 상품이다.

오답 피하기

SMR은 2014년 SBS와 MBC가 공동 투자하여 설립한 온라인 미디어렙인 스마트미디어렙 주식회사(Smart Media Rep)를 말한다.

19 ④

구글애즈에서는 광고만 관리할 수 있다. 유튜브 라이브 스트리밍은 콘텐츠 제작에 관한 것으로 구글애즈와 무관하다.

20 ①

CPM 마스트헤드는 유튜브 홈페이지 최상단에 노출되면 원하는 노출량만큼 구매해 노출하는 광고이다. 최대 30초 동안 소리 없이 자동 재생(음소거 버튼을 누르면 소리가 나옴)되며 와이드스크린 또는 16:9 비율의 광고 게재가 가능하다.

21 ①

오해하기 쉽지만 구글애즈에서는 광고 영상 소재를 직접 올려줄 수는 없다. 다만 문제에서 '광고 집행 시'라는 단서가 있으므로 광고 집행 시 광고 영상 소재를 등록해야 하는 위치는 구글애즈 광고 탭이 맞다. 광고 영상 소재는 유튜브 채널이나 유튜브 스튜디오에서 직접 업로드해야 하며, 구글애즈에서는 업로드한 영상을 불러와서 광고 집행 시 광고 영상 소재로 등록할 수 있다.

22 ③

건너뛸 수 있는 디스커버리, 건너뛸 수 있는 비디오 디스커버리, 범퍼 애드는 경매 방식으로 구매할 수 있지만, CPM 마스트헤드는 예약을 통해 구매할 수 있다.

23 ③

인피드 동영상 광고는 유튜브 피드나 검색 결과에 썸네일이 노출되어 클릭을 유도하는 광고로 시청자가 썸네일을 클릭하여 광고가 로드된 경우에 비용이 청구된다.

24 ②

브랜드 리프트 서베이(BLS, Brand Lift Survey)는 유튜브 광고 성과를 측정할 수 있는 솔루션으로, 광고 상기도와 브랜드 인지도 등을 측정할 수 있는 도구이다.

- ①: 크로스 미디어 인사이트(Cross Media Insight–XMI)는 유튜브와 TV 캠페인을 같이 집행할 때 TV 단독 캠페인 대비 유튜브를 통해 얼만큼의 추가 도달률을 확보했는지를 검토하는 방법으로 우리나라 구글애즈 내에는 아직 탑재되어 있지는 않은 기능이다.
- ③: 도달 범위 플래너(Reach Planner)는 유튜브와 동영상 파트너 사이트 및 앱에 광고를 게재하는 도달 범위 기반 동영상 캠페인을 정확하게 설정할 수 있게 해주는 구글애즈 캠페인 계획 도구이다.
- ④: 유튜브 서치 업리프트 리포트(YouTube Search Uplift Report)는 검색 데이터를 비교하는 방법으로 두 개의 랜덤 그룹을 설정하여 한쪽은 해당 광고를 보여주고, 다른 그룹은 관계가 없는 광고를 보여주고 사용자 의견을 조사하는 방식이다.

25 ①

인피드 동영상 광고는 예전의 트루뷰 디스커버리 광고를 말하며 광고를 클릭하면 광고 영상 시청 페이지로 연결되어 동영상이 재생된다.

26 ④

건너뛸 수 있는 동영상 광고에서 특정 앱 사용자를 타겟팅할 수는 없다.

27 ②

건너뛸 수 있는 인스트림 광고 시 사용하는 컴패니언 이미지 배너의 사이즈는 300×60 픽셀 한 가지로만 등록할 수 있다.

28 ④

인구통계 타겟팅에 해당하는 것은 연령(10세 단위), 성별, 자녀 유무, 가구 소득(10% 단위) 등이다. 거주지는 해당하지 않는다.

29 ③

노출수 대비 동영상 광고 조회수의 비율로, 가령 노출수가 1,000회인 경우 광고 조회수가 10회라면 조회율은 1%가 된다.

30 ②

콘텐츠 기반의 타겟팅은 키워드, 주제, 게재 위치에 가능하다.

31 ①

건너뛸 수 없는 인스트림 광고는 동영상 광고가 시작된 이후 15초 건너뛰기가 불가한 광고 상품이다.

32 ②

게재 위치에 채널을 선택하면 원하는 유튜브 채널에 직접 광고를 집행할 수 있다.

33 ②

건너뛸 수 없는 인스트림 광고는 일단 노출만 되면 강제로 조회되므로 조회수를 따질 필요가 없다.

	건너뛸 수 있는 인스트림 광고	인피드 광고	건너뛸 수 없는 인스트림 광고	범퍼 광고	아웃스트림 캠페인
특징	사용자가 건너뛸 수 있으므로 조회에 대해서만 비용이 청구됨	탐색 및 검색 단계에서 참여도가 높은 사용자에게 표시됨	건너뛸 수 없으므로 사용자가 메시지 전체를 보게 됨	인지도를 높이거나 다른 광고를 강조하기 위해 건너뛸 수 없는 짧은 메시지	구글 외부의 사용자가 좋아하는 사이트를 탐색할 때 인지도를 높임
게재 위치	유튜브, GVP	유튜브 홈피드, 유튜브 검색	유튜브, GVP	유튜브, GVP	GVP (구글 동영상 파트너)
동영상 길이	최대 길이 없음(3분 미만 권장)	최대 길이 없음	15~30초	6초	최대 길이 없음
조회수 카운팅	○	○	×	×	○
공개 조회수 반영	○ (10초 이상 시청)	○	×	×	○
리마케팅 여부	○	○	×	×	○

34 ①

주제 타겟팅이 뉴스 관련 채널 영상에 광고를 게재하기에 적합하다.

35 ①

조회율=조회수÷노출수×100
=20,000÷100,000×100=20%

36 ④

관심사와 구매 의도를 선택하면 서비스를 이용하는 과정에서 수집되는 행태 정보를 기반으로 이용자의 관심사, 구매 의도를 추정하여 타겟팅할 수 있다.

37 ④

범퍼 광고는 일단 노출만 되면 조회가 강제로 이루어지기 때문에 조회수를 따질 필요가 없으며 CPV 과금 방식이 아닌 CPM 방식으로 과금된다.

38 ②

20대 여성에게만 노출할 수 있는 타겟팅 방식은 인구통계이다.

> **오답 피하기**

- ①: 시즈널 이벤트는 특정한 계정에만 광고를 노출하는 것을 말한다.
- ③: 생애주기는 판매한 고객이 A/S나 재구매까지 연결하여 지속적으로 마케팅하는 것을 말한다.
- ④: 유사 잠재고객은 잠재고객과 유사한 고객을 대상으로 하는 것을 말하는데, 연령은 물론 구매 패턴이나 관심사 등도 함께 타겟팅하므로, 이 방식으로는 20대 여성에게만 광고를 노출시키기는 어렵다.

39 ③

범퍼 광고의 과금 방식은 CPM 또는 타겟 CPM이다.

40 ①

키워드 타겟팅은 적용한 문맥을 기반으로 유튜브 내 영상 제목, 설명 문구, 태그 등에 매칭이 되어 광고가 노출되는 방식이다.

> **오답 피하기**

- ②: 각 광고그룹에는 일반적으로 5~50개의 키워드가 있어야 한다.
- ③: 구글에서는 경쟁사 키워드(제품/브랜드)에 대해서도 광고 노출이 가능하다.
- ④: 일정 수량 이상 키워드 사용해도 과금 비용 할증은 없다.

41 ②

구글 검색 결과에는 구글 검색광고가 노출된다.

42 ②

'브랜드 인지도 개선'을 목표로 건너뛸 수 있는 인스트림 광고 캠페인 진행 시 가장 중요하게 평가해야 할 실적은 광고 조회와 CPV(Cost Per View) 관련 지표들이다.

43 ②

캠페인 하위 유형 중에서 광고 순서(광고 시퀀스)에 관한 설명이다. 광고 시퀀스는 건너뛸 수 있는 인스트림 광고, 건너뛸 수 없는 인스트림 광고, 범퍼 광고 또는 광고의 조합을 사용해 개별 시청자에게 정해 놓은 순서대로 광고를 보여주면서 제품 또는 브랜드 스토리를 전달하는 방식을 말한다.

44 ②

유튜브 스튜디오를 통해 영상 재생 국가, 영상 시청자 연령 및 성별, 시청자가 유튜브를 이용하는 시간대, 조회수, 노출 수, 노출 클릭률, 평균 시청 지속 시간 등 게시물에 대한 시청자의 참여도 등을 파악할 수 있다.

45 ①

대부분의 광고는 영업일 기준 1일(24시간) 이내에 검수가 완료되지만, 더 복잡한 검토가 필요하면 시간이 더 소요될 수 있다.

46 ④

제외 타겟팅을 사용하면 특정 키워드가 포함된 영상, 특정 연령 및 성별 등을 제외할 수 있다.

47 ③

길이가 5분 이상인 수익 창출 동영상의 경우 광고가 2개 연달아 재생되는 동영상 광고를 게재할 수 있다.

48 ④

품질평가점수는 예상 클릭률(CTR), 광고 관련성, 방문 페이지 만족도 3가지 요소의 실적을 통합적으로 고려하여 산출된다. 동영상 광고비는 광고 품질평가점수에 영향을 주지 않는다.

49 ③

유튜브 광고가 가능하기 위해서는 유튜브 채널 내 동영상이 일부 공개 또는 공개 상태여야 한다.

50 ③

공개 이외에는 유튜브 채널에 노출되지 않고 예약은 정해진 시간에 공개되어 공개 전까지는 자기 자신 이외에는 누구도 볼 수 없으므로 광고 소재 목적으로 적합하지 않다. 문제는 비공개와 일부 공개의 차이인데, 비공개는 등록한 본인과 본인이 지정한 사람만 광고를 볼 수 있고 일부 공개는 링크를 아는 사람은 누구나 볼 수 있다. 광고 소재 목적으로 제작했다면, 제작한 사람과 광고주와 테스트할 매체 등 다양한 의사결정자들에게 노출되어야 하므로 일부 공개를 선택한다.

카카오톡(Kakao Talk)

▶ 합격 강의

빈출 태그 ▶ 카카오 모먼트, 카카오 비즈니스, 카카오 비즈보드, 카카오톡 채널, 픽셀 & SDK, 맞춤 타겟, 데모그래픽,
카카오 커머스

01 카카오 광고 시스템의 이해

1) 카카오톡

- 실명제 서비스라는 메신저의 장점을 바탕으로 다양한 앱과 연동을 할 수 있으며, 스마트폰을 활용하는 다양한 서비스를 제공하고 있다.
- 검색엔진 다음(Daum)은 물론 카카오톡 아이디 하나로 연결이 가능한 음원 사이트 멜론, 카카오뱅크, 택시, 대리운전과 쇼핑 등 다양한 영역까지 사업을 확장하고 있다.

2) 카카오 모먼트

- 카카오의 모든 서비스는 카카오 비즈니스(https://business.kakao.com/)를 통해서 관리할 수 있는데, 카카오톡 채널, 광고, 판매, 비즈니스 도구 등을 하나의 아이디로 로그인하여 사용할 수 있는 것이 특징이다.
- 모먼트, 키워드 광고, 브랜드 검색광고, 선물하기 광고, 카카오톡 혜택 쌓기 등이 카카오의 대표적인 광고 상품인데, 카카오톡의 광고 상품인 비즈보드, 디스플레이 광고 등은 모두 카카오 모먼트(https://moment.kakao.com/)를 통해서 관리할 수 있다.

02 카카오 모먼트 광고 시작하기

1) 카카오 모먼트 광고 프로세스

- 카카오 모먼트에서 광고를 집행하기 위해서는 광고 계정이 필요하며, 광고 계정을 새롭게 만들거나, 내 광고 계정에서 동일한 광고주 정보로 생성된 광고 계정 멤버로 참여를 요청할 수 있다.
- 사업자등록번호 없이도 본인 확인을 거치면 광고 계정을 만들 수 있으나 광고 계정을 만든 후에 사업자등록번호를 추가 등록하는 것이 불가능하다.
- 세금계산서 발급이 필요한 경우는 광고 계정 생성 시 사업자등록번호를 입력하는 것을 권장한다.
- 카카오 모먼트 광고는 캠페인 만들기, 광고그룹 만들기, 소재 만들기 순으로 작업이 진행된다.

2) 광고 유형 선택

① 광고 유형 선택

- 캠페인을 만들기 위해서는 먼저 카카오 모먼트 광고의 유형을 선택해야 한다.
- 유형에는 카카오 비즈보드, 카카오 비즈보드 CPT, 디스플레이, 카카오톡 채널, 다음 쇼핑, 동영상 등이 있다.

광고 유형	항목	설명
카카오 비즈보드	특징	• 카카오톡 친구와 채팅 탭에 노출되는 광고로, 원하는 랜딩 방식과 최종 액션을 직접 선택할 수 있음 • 선택이 가능한 랜딩 방식은 URL, 애드뷰, 채널웹뷰, 챗봇, 비즈니스폼, 톡캘린더, (카카오톡 채널에서 등록한)포스트 등임
	노출 영역	• [모바일 only] 카카오톡뿐만 아니라 다음(Daum), 카카오웹툰, 카카오버스, 카카오지하철, 카카오내비 등 카카오의 주요 서비스에 노출 • URL, 포스트 랜딩소재에 한해서 카카오와 제휴를 맺고 있는 외부 네트워크 영역에 노출됨
	과금 기준	• CPC(클릭당 과금), CPM(노출당 과금), CPA(액션당 과금) 등의 방식으로 과금 • 여기서 액션이란 클릭으로부터 24시간 이내 발생한 전환(친구 추가)을 말함
	광고 소재	이미지 배너(1,029×258픽셀, PNG, 300KB 이하)
	선택 가능 광고 목표	전환, 방문, 도달
카카오 비즈보드 CPT	특징	광고주가 원하는 시간대에 광고가 고정적으로 노출되는 광고 상품
	노출 영역	카카오톡 친구목록 탭에 특정한 시간 독점 광고 노출(활동 시간에는 2시간, 심야에는 4시간 단위 판매)
	과금 기준	CPT(Cost Per Time) 판매 방식으로 시간대별/평일과 주말에 따라 금액이 다르며, 평일 낮 2시간 기준 약 2~3천만 원
	광고 소재	이미지 배너(1,029×258픽셀, PNG, 300KB 이하)
	선택 가능 광고 목표	도달
포커스 보드	특징	Windows 카카오톡 PC 버전의 메가 트래픽을 기반으로 광고를 노출하는 상품으로 시간 점유 브랜딩을 목적으로 하는 광고에 효과적
	노출 영역	[PC] 카카오톡 메인창 하단
	과금 기준	CPT
	광고 소재	리치 네이티브(3초 분량의 동영상, 1,504×336 사이즈(하위 버전용 1,200×600 포함)의 텍스트가 포함되지 않은 배경 이미지)
	선택 가능 광고 목표	도달
포커스 풀뷰	특징	카카오톡 오픈채팅 탭에 노출되는 광고 상품으로 하루를 단독으로 점유하면서 오픈채팅 탭의 탭 리스트 내 2번째로 고정된 브랜드 버블 탭을 통해 사용자의 반응을 유도하여 클릭한 사용자에게 전면으로 브랜딩 광고를 노출
	노출 영역	[모바일] 카카오톡 오픈채팅 탭(브랜드 버블 탭과 브랜딩 페이지 내 전면 영상 광고 영역)
	과금 기준	CPT
	광고 소재	리치 네이티브
	선택 가능 광고 목표	도달

프로필 풀뷰	특징	카카오톡 친구 탭의 '업데이트한 프로필' 지면에 전면 노출되는 광고 상품	
	노출 영역	브랜드 버블 탭과 브랜딩 페이지 내 전면 영상 광고 영역	
	과금 기준	CPT	
	광고 소재	리치 네이티브	
	선택 가능 광고 목표	도달	
리치팝 올데이	특징	Windows 카카오톡 PC 버전 로그인 시점, 우측 하단 플로팅 팝업으로 노출되는 광고로 카카오톡 PC 버전 유저 대상 1일 1회 노출이 보장되는 올데이 광고 상품	
	노출 영역	[PC] 카카오톡 우측 하단 플로팅 팝업	
	과금 기준	CPT	
	광고 소재	리치 네이티브(3초 분량의 동영상, 1,504×336 사이즈(하위 버전용 1,200×600 포함)의 텍스트가 포함되지 않은 배경 이미지	
	선택 가능 광고 목표	도달	
디스플레이 광고	특징	• 다양한 크리에이티브를 활용하여, 카카오의 핵심 서비스, 주요 파트너 서비스를 중심으로 한 많은 지면에 광고를 노출 • 광고주 최적의 오디언스를 찾아줄 다양한 타겟 옵션을 통하여 광고의 효율을 높일 수 있음	
	노출 영역	• [모바일, PC] 카카오톡 콘텐츠, 다음, 카카오 광고 네트워크 • [모바일] 카카오스토리, 카카오서비스	
	과금 기준	CPC(클릭당 과금), CPM(노출당 과금), CPA(액션당 과금)	
	광고 소재	• [이미지 네이티브] 2:1 또는 1:1 비율의 단일 이미지 • [이미지 카탈로그] 카드뉴스처럼 여러 개의 이미지 등록	
	선택 가능 광고 목표	전환, 방문	
카카오톡 채널	특징	• 직접 운영하는 카카오톡 채널의 친구에게 카카오톡 채팅방으로 전달되는 메시지형 광고 • 쿠폰 발송, 이벤트, 할인 등 알림 메시지 발송 가능	
	노출 영역	카카오톡 채널 채팅방	
	과금 기준	CPMS(Cost Per Message, 발송당 과금 방식), 타겟팅 미적용 시 15원/건, 타겟팅 적용 시 30원/건	
	광고 소재	메시지	
	선택 가능 광고 목표	도달	
다음쇼핑	특징	• 쇼핑에 특화된 영역에 집중하여 광고를 노출 • 다음 지면에 방문하는 모든 사용자에게 쇼핑몰 방문 유도	
	노출 영역	• [PC] 다음 메인 페이지 우측 중간 • [모바일] 모바일 다음 웹/앱 내 뉴스, 랭킹 등	
	과금 기준	• CPT(Cost Per Time, 주 또는 월 단위 구매) 방식으로 노출 기간에 따라 과금 • 월 1천만 원, 1주일 3백만 원(VAT 별도)	
	광고 소재	이미지 박스	
	선택 가능 광고 목표	도달	

동영상	특징	• 카카오서비스에서 제공하는 다양한 지면에 동영상 광고를 노출 • 카카오의 영상 및 콘텐츠 영역에 최적의 타겟팅을 통한 광고로 높은 퍼포먼스를 달성
	노출 영역	• [모바일, PC] 카카오톡 콘텐츠, 다음, 카카오서비스, 네트워크 • [모바일] 카카오스토리
	과금 기준	CPV(Cost Per View, 동영상 조회 시 과금)
	광고 소재	동영상
	선택 가능 광고 목표	조회
상품 카탈로그	특징	제휴된 파트너의 카탈로그에 등록한 상품에 반응했던 사용자에게 카카오 서비스의 다양한 지면을 통해 리타겟팅하는 광고
	노출 영역	• [모바일, PC] 카카오톡, 카카오스토리, 다음, 카카오서비스, 네트워크 • [PC] 다음, 카카오서비스, 네트워크
	과금 기준	CPC
	광고 소재	다이내믹 카탈로그(카드뉴스처럼 여러 개의 이미지 등록)
	선택 가능 광고 목표	전환

② 광고 목표 설정

유형을 선택하면 전환, 방문, 도달, 조회 등의 광고 목표를 설정하게 되는데, 광고 유형에 따라 선택할 수 있는 목표도 달라진다.

광고 목표	설명	선택 가능 광고 유형
전환	• 비즈니스에 관한 관심을 바탕으로 구매 또는 참여, 설치 등의 행동 전환 유도 • 전환 가능성이 큰 대상에게 최적화된 광고를 노출하는 타겟팅 가능	카카오 비즈보드, 디스플레이, 상품 카탈로그
방문	• 광고주가 원하는 랜딩으로 사용자들의 방문을 극대화하여 원하는 마케팅 목표를 달성 • 입찰 방식의 과금을 통하여 효율적인 광고 운영 가능	카카오 비즈보드, 디스플레이
도달	• 많은 사람에게 광고를 노출하여 인지도를 높이는 경우 사용 • 더 많은 사용자에게 광고 노출 또는 내 카카오톡 채널 친구에게 메시지를 발송할 수 있음 • 광고 유형에 따라 사전 계약 형태의 구매 방식도 가능	카카오 비즈보드, 포커스 보드, 포커스 풀뷰, 프로필 풀뷰, 리치팝 올데이, 카카오톡 채널, 다음쇼핑
조회	• 동영상 광고를 많은 사람이 조회하도록 유도 • 홍보 및 브랜딩에 적합	동영상

3) 광고 캠페인 만들기

① 광고 목표 설정

픽셀 & SDK로 광고 최적화	• '픽셀 & SDK 선택'에서 '광고 계정에 연동된 픽셀 & SDK'를 선택할 수 있으며, 사전에 '모먼트 관리자센터 〉 광고 자산 관리 〉 픽셀 & SDK 연동 관리'에서 연동할 서비스를 등록해야 사용할 수 있음 • 구매, 앱 설치, 회원가입, 잠재고객, 서비스 신청, 장바구니의 6가지 전환 이벤트 중에서 선택 가능 • 여기서 잠재고객은 사전 예약, 상담 신청, 시승 신청, 대출한도 조회, 보험료 조회 등의 행동을 취한 고객을 말함
카카오톡 채널로 광고 최적화	카카오톡 채널 친구를 기반으로 광고를 최적화할 수 있음

② 예산 설정

캠페인 일예산은 5만 원 이상 10억 원 이하에서 10원 단위로 설정할 수 있으며 '미설정'을 체크하여 설정하지 않을 수도 있다.

③ 캠페인 이름

캠페인 이름을 50자 이내로 정한다.

4) 광고그룹 만들기

① 오디언스(광고를 노출할 대상 설정)

- 맞춤 타겟: '내 데이터 설정'을 클릭하여 픽셀 & SDK 또는 고객 파일을 등록하여 설정할 수 있으며 광고 유형과 목표에 따라 선택이 가능한 맞춤 타겟이 달라진다(CPT 상품은 해당 사항 없음).

유형	목표	광고 반응 타겟	픽셀 & SDK	카카오 사용자	고객 파일	친구그룹	카테고리
카카오 비즈보드	도달						
	방문	○	○	○	○		○
	전환 (픽셀 & SDK)		○		○		
디스플레이	방문	○	○	○	○		○
	전환(카카오톡 채널)	○	○	○	○		○
	전환 (픽셀 & SDK)		○		○		
카카오톡 채널	도달	○		○		○	
다음쇼핑	도달						
동영상	조회	○	○	○	○		○

- 데모그래픽: 성별, 나이, 지역(전체: 국내, 해외/행정구역: 읍, 면, 동까지 타겟팅 가능)을 세부적으로 타겟팅할 수 있으며 광고 유형과 목표에 따라 데모그래픽의 옵션이 달라진다.

유형	목표	성별	나이	지역
카카오 비즈보드	도달	○	○	
	방문	○	○	○(해외 제외)
	전환(픽셀 & SDK)	○	○	○(해외 제외)
디스플레이	방문	○	○	○
	전환(카카오톡 채널)	○	○	○
	전환(픽셀 & SDK)	○	○	○
카카오톡 채널	도달	○	○	○
다음쇼핑	도달			
동영상	조회	○	○	○

② 게재지면 및 디바이스

디바이스	• 가능한 모든 디바이스 노출, 상세 설정(캠페인에 따라 달라짐) • 안드로이드와 iOS 중에서 선택할 수 있으며 '와이파이에서만 노출'도 선택 가능
게재지면	• 가능한 모든 지면 노출, 상세 설정(캠페인에 따라 달라짐) • 기본적으로 카카오톡, 다음, 카카오서비스, 네트워크 등을 선택할 수 있으며 카카오톡의 경우 채팅탭에만 노출을 선택할 수 있음

③ 입찰 방식

• 캠페인에 따라 선택할 수 있는 입찰 방식이 달라지며, 자동입찰과 수동입찰 방식이 있다.

광고 유형	광고 목표	최적화 설정 대상	수동입찰						자동입찰			
			CPA	CPC	CPM	CPV	CPMS	CPT	클릭수 최대화	전환수 최대화	CPC 비용 목표	CPA 비용 목표
카카오 비즈보드	도달	–			○							
	방문	–			○				○		○	
	전환	카카오톡 채널	○	○	○					○		○
		픽셀 & SDK								○		○
디스플레이	방문	–		○	○				○		○	
	전환	카카오톡 채널	○	○	○					○		○
		픽셀 & SDK								○		○
카카오톡 채널	도달	–					○					
다음쇼핑	도달	–						○				
동영상	조회	픽셀 & SDK				○						

• 자동입찰은 클릭수 최대화(방문)를 유도하는 방식으로 카카오 비즈보드 광고의 경우 자동 선택(기본값)되며 'CPA 비용 목표 설정'을 체크하면 평균 비용을 직접 입력할 수 있다.

• CPA 비용 목표는 광고그룹 전환수 50건 이상, 그리고 최적화를 위한 학습 조건을 충족해야 동작하며 CPA 비용 목표를 설정하더라도 조건을 충족하지 않으면 전환 수 최대화 입찰 방식이 동작하므로, 해당 기간에는 일예산이 전체 소진될 수 있다.

• 수동입찰은 캠페인 목표에 맞게 클릭과 노출, 조회 등을 선택하는 방식으로 입찰 금액은 광고그룹 일예산 내에서 자동으로 설정되며 CPC(클릭당 과금)과 CPM(노출당 과금)의 경우는 입찰 금액을 직접 입력할 수 있다.

④ 일예산

광고그룹은 최소 1만 원 이상 5억 원 이하에서 10원 단위로 설정할 수 있으며 캠페인 일예산을 추가할 수 없다.

⑤ 집행 기간

• 일자: 시작일 및 종료일을 입력해야 하고 종료일 미설정이 가능하다.
• 요일/시간: 가능한 모든 요일/시간 노출을 설정할 수 있으며 상세 설정을 체크하여 세부적으로 조정할 수 있다.

⑥ 게재 방식

• 빠른 게재: 광고그룹에 설정된 일예산을 최대한 빠르게 소진하도록 광고를 노출하는 방식이다.
• 일반 게재: 광고그룹에 설정된 일예산을 바탕으로 시간대별로 고려된 예산을 초과하지 않도록 예산을 분할하여 광고 노출을 제어하는 방식이다.

⑦ 타겟 설정 후

'새로 저장'을 클릭해 새 오디언스를 저장하거나, '타겟 관리 〉 오디언스 관리'에서 오디언스 생성 후 불러올 수 있다.

⑧ 광고그룹 이름

광고그룹 이름을 50자 이내로 정한다.

⑨ 기타

맨 아래 [+광고그룹 추가] 버튼을 누르면 최대 5개의 광고그룹을 동시에 추가할 수 있다.

5) 소재 만들기(카카오 비즈보드)

광고 소재 항목	설명
소재 설명	장애인에게 음성으로 안내되기 위한 정보로서, 광고 소재에 대한 30자 이내의 간단한 정보를 입력
랜딩 URL	• URL: 외부 URL 주소로 랜딩 • 애드뷰(풀뷰, 콤팩트뷰): 생성된 애드뷰 리스트 선택(▶광고계정 〉 광고자산 관리 〉 애드뷰 만들기에서 등록) • 채널웹뷰: 카카오톡 채널의 특정 페이지로 랜딩 • 챗폼: 챗봇이 설정된 카카오톡 채널로 랜딩 • 비즈니스폼: 설문, 사전신청 등의 응모 신청으로 랜딩 • 톡캘린더: 톡캘린더 일정 확인 및 등록 화면으로 랜딩 • 포스트: 카카오톡 채널 내 등록한 포스트로 랜딩
확장요소(선택 사항)	동영상형, 이미지형, 멀티형 등을 통해 동영상과 이미지를 추가할 수 있으며 행동 유도 버튼을 추가할 수 있음

홍보 이미지	• 이미지 추가: 미리 만들어 놓은 이미지를 넣을 수 있음
	• 배너 만들기: 텍스트를 직접 입력하고 이미지를 추가하여 배너를 만들 수 있는데, 카카오 비즈보드의 경우 4가지 유형의 배너를 다양한 형태로 제작할 수 있음
	  – 오브젝트형: 텍스트와 주인공 캐릭터 노출
	  – 썸네일형: 텍스트와 사각형 썸네일 노출
	  – 마스킹형: 텍스트와 배경이 일부 지워진 썸네일 노출
	  – 텍스트형: 텍스트만 노출

게재 빈도	게재 빈도 자동 설정(상세 설정 시 1~5 사이로 설정 가능)
소재 이름	40자 이내로 입력

03 카카오 모먼트 기타 기능

1) 광고 자산 관리

① 메시지 관리
- 카카오 모먼트에서 메시지 소재를 바로 작성하고 관리할 수 있는 기능이다.
- 메시지 관리에서 만든 메시지는 카카오톡 채널 친구 대상으로 발송하는 '카카오톡 채널×도달 캠페인 하위 메시지 소재로 사용할 수 있다.

② 애드뷰 관리
- 애드뷰는 카카오톡 채팅탭 내에서 아래에서 위로 노출되는 화면을 통해 노출되는 형태의 랜딩 페이지를 말하며, 풀뷰와 콤팩트뷰가 있다.
- 풀뷰는 모바일 화면 전체를 세로 이미지 혹은 세로 동영상으로 채워 사용자의 시선을 사로잡는 랜딩 페이지이고, 콤팩트뷰는 모바일 사용성에 적합한 형태로 화면 절반 정도의 크기로 노출되는 랜딩 페이지이다.
- 카카오 모먼트 관리자센터의 광고 자산 관리 메뉴에서 애드뷰를 만들고 관리할 수 있다.

③ 비즈니스폼 연동 관리
광고를 통해 설문, 응모, 예약을 비즈니스폼에 연동할 수 있다.

④ 픽셀 & SDK 연동 관리
- 카카오 픽셀 & SDK는 카카오에서 제공하는 전환 추적 서비스이다.
- 광고 계정에서 사용하고 싶은 픽셀 & SDK가 있으면 [픽셀 & SDK 만들기] 버튼을 눌러 생성할 수 있다.

2) 타겟 관리

① 오디언스 관리
- 타겟을 조합하여 오디언스를 만들고, 광고그룹 만들기/수정 시에 사용할 수 있다.
- 광고그룹 만들기/수정 시에는 캠페인 유형에 맞는 오디언스만 사용할 수 있다.

② 광고 반응 타겟 관리
- 광고 반응 타겟은 광고그룹의 광고에서 발생한 클릭/재생/전환 반응데이터를 조합하여 만드는 새로운 타겟을 말한다.
- 최근 90일 동안 집행 광고에 반응(클릭, 전환, 재생, 열람)한 사용자를 리타겟팅한다.
- 캠페인 목표와 유형에 따라 다양하게 제공되는 광고 반응 데이터를 조합하여 활용할 수 있다.
- 각 광고 유형에 따른 반응은 다음과 같다.

광고 유형	반응	설명
카카오 비즈보드 동영상 광고	재생	• 동영상을 3초 이상 혹은 25% 이상 재생한 사용자 • 동영상 재생에는 클릭 혹은 전환까지 한 사용자가 포함될 수 있음
	클릭	광고의 클릭 영역 중에서 1곳이라도 클릭한 사용자
	전환	• 카카오 픽셀 & SDK로 전환이 수집된 사용자 • 광고를 통하여 카카오톡 채널을 추가한 사용자(카카오 비즈보드 X 전환 중 광고 목표가 카카오톡 채널인 경우)
카카오톡 채널 광고	열람	카카오톡 채널과 채팅방을 열어서 메시지를 읽음 처리한 사용자
	클릭	광고의 클릭 영역 중에서 1곳이라도 클릭한 사용자
	재생	• 동영상을 3초 이상 혹은 25% 이상 재생한 사용자 • 동영상 재생에는 클릭 혹은 전환까지 한 사용자가 포함될 수 있음

| 디스플레이
다음 쇼핑 광고 | 클릭 | 광고의 클릭 영역 중에서 1곳이라도 클릭한 사용자 |
| | 전환 | • 카카오 픽셀 & SDK로 전환이 수집된 사용자
• 광고를 통하여 카카오톡 채널을 추가한 사용자(카카오 비즈보드 X 전환 중 광고
  목표가 카카오톡 채널인 경우) |

③ 고객 파일 관리
다수의 광고 집행과 브랜드 및 서비스 운영을 통해 광고주가 보유하고 있는 고객 식별자(ADID)를 직접 업로드하여 타겟팅에 활용할 수 있다.

④ 친구 그룹 관리
'카카오톡 채널×도달 캠페인'에서 활용 가능한 오디언스 설정 방식으로, 광고주가 카카오톡 채널 서비스 등을 운영하여 직접 확보한 고객 식별자(전화번호/앱 사용자 아이디/메시지 발송 대상자)를 친구그룹 가져오기를 통해 타겟팅할 수 있다.

04 기타 카카오 광고 상품과 서비스

1) 카카오 커머스 서비스와 광고 상품
- 카카오 커머스는 카카오톡 메신저 안에서 거래가 가능한 전자상거래 서비스로 카카오톡 선물하기, 카카오톡 쇼핑하기, 쇼핑하우, 카카오 쇼핑라이브, 카카오 프렌즈 샵 등이 있다.
- 다음 쇼핑트렌드, 다음 빅카드, 네이트 쇼핑박스, 네이트 쇼핑트렌드 등에도 광고할 수 있으며 공식 대행사를 통해 집행할 수 있다.

2) 상품 카탈로그 광고
- 카카오 커머스 광고 상품의 일종으로 온라인에서 내 상점의 상품에 관심을 보인 사용자를 찾아 구매 전환을 유도하는 다이내믹 광고를 노출하는 방식으로 카탈로그에 등록한 상품 세트 정보가 연동되어 최소 1개~최대 10개의 상품이 다이내믹한 템플릿으로 노출된다.
- 연동된 상품 세트 정보에서 사용자의 관심사에 맞는 상품을 노출하고, 노출 지면 및 템플릿 유형에 따라 상품 정보가 다양하게 구성될 수 있다.
- 상품 카탈로그의 소재는 '광고자산 관리 〉 카탈로그 관리'에서 생성 및 관리할 수 있다.
- 상품 카탈로그 광고는 '상품 카탈로그×전환' 캠페인을 통해서만 집행할 수 있으며 CPC 자동입찰 방식으로 운영 및 과금된다.

3) 카카오 비즈플러그인
- 비즈플러그인은 개인 정보 이용, 카카오싱크, 위치 전송, 이미지 보안 전송 등 다양한 활동을 카카오톡 내에서 화면 전환없이 수행할 수 있도록 해주는 서비스이다.
- 카카오톡 내에서 사용자를 대상으로 비즈니스를 확장하기 위해서는 개인정보 이용 동의, 회원가입 동의(카카오싱크 활용 목적), 위치 전송 동의에 대한 동의 사항이 필요하다.

01   카카오 광고의 CPA는 클릭으로부터 24시간 이내 발생한 친구 추가에 대해서 과금된다.   ◎ ☒

02   카카오 광고의 CPV는 동영상 1,000회 재생당 과금하는 방식이다.   ◎ ☒

03   카카오 광고의 CPT는 원하는 타겟 단위로 구매하는 방식이다.   ◎ ☒

04   카카오 광고의 CPC 자동입찰은 예산에 상관없이 최대한 많은 클릭을 발생시킬 수 있도   ◎ ☒
록 입찰 금액을 자동으로 설정하는 방식이다.

05   카카오 비즈보드의 경우 배너 형식으로 노출되므로 텍스트 소재는 사용할 수 없다.   ◎ ☒

06   카카오 비즈보드의 소재 설명은 장애인 음성 안내를 위한 정보로서 30자 이내로 입력한다.   ◎ ☒

07   카카오 비즈보드는 동영상과 이미지, 행동 유도 버튼을 추가할 수 있다.   ◎ ☒

08   모바일 다음, 카카오웹툰, 카카오서비스에 노출되는 카카오 비즈보드 광고 랜딩 페이지   ◎ ☒
는 챗봇만 가능하다.

09   카카오 모먼트 광고 디바이스는 안드로이드와 iOS 중에서 선택할 수 있다.   ◎ ☒

10   카카오 모먼트 광고 노출 위치는 카카오톡, 다음, 카카오서비스, 네트워크 등을 선택할   ◎ ☒
수 있다.

11   카카오톡에 광고를 노출하는 경우 '채팅 탭에만 노출' 별도 선택이 가능하다.   ◎ ☒

12   카카오 모먼트에서 와이파이에서만 노출된 타겟은 별도로 선택할 수 없다.   ◎ ☒

13   카카오 비즈보드 광고에서 광고 목표가 방문일 때 기본값으로 자동 선택되는 입찰 방식   ◎ ☒
은 클릭수 최대화이다.

14   카카오 모먼트의 광고그룹은 최소 1만 원 이상 5억 원 이하에서 10원 단위로 설정할 수   ◎ ☒
있다.

15 카카오 모먼트는 가능한 모든 요일/시간 노출을 세부적으로 조정할 수 있다. ☐O ☒X

16 카카오 모먼트의 빠른 게재는 설정된 예산을 최대한 빠르게 소진하도록 광고를 노출하는 방식이다. ☐O ☒X

17 카카오 모먼트는 시작일과 종료일을 설정해야만 광고 집행이 가능하다. ☐O ☒X

18 다음 쇼핑은 클릭수나 노출수와 무관하게 노출 기간에 따라 과금된다. ☐O ☒X

19 애드뷰는 카카오톡 채팅 탭 내에서 아래에서 위로 노출되는 화면을 통해 노출되는 형태의 랜딩 페이지를 말한다. ☐O ☒X

20 카카오 픽셀 & SDK는 카카오에서 제공하는 전환 추적 서비스이다. ☐O ☒X

정답				
01 O	02 X	03 X	04 X	05 X
06 O	07 O	08 X	09 O	10 O
11 O	12 X	13 O	14 O	15 O
16 O	17 X	18 O	19 O	20 O

해설   02 CPV는 동영상 1회 재생당 과금하는 방식이다.
03 CPT는 설정된 기간 단위(구좌)를 구매하는 방식이다.
04 CPC 자동입찰은 예산 한도가 있다.
05 오브젝트형, 썸네일형, 마스킹형, 텍스트형 등 4가지 유형의 배너를 다양한 형태로 제작할 수 있다.
08 모바일 다음, 카카오웹툰, 카카오서비스에 노출되는 카카오 비즈보드 광고는 URL 랜딩만 가능하다.
12 카카오 모먼트에서 와이파이에서만 노출된 타겟도 선택 가능하다.
17 종료일은 설정하지 않고 미설정으로 체크해도 광고 집행이 가능하다.

01 다음 중 카카오 광고 시스템의 명칭은?

① 카카오 비즈니스 매니저
② 카카오 성과형 디스플레이 광고
③ 카카오 모먼트
④ 카카오 애즈

02 다음 중 카카오 광고에서 동영상 광고의 노출 위치가 아닌 것은?

① 카카오톡 콘텐츠 영역
② 다음 모바일 앱 뉴스 탭 영역
③ 카카오스토리 피드 영역
④ 카카오페이 메인 영역

03 다음 중 카카오 비즈보드의 특성이 아닌 것은?

① 카카오톡 채팅 리스트의 최상단에 있는 배너이다.
② 캠페인 목표에 따라서 픽셀 또는 SDK를 설치하여 활용한다.
③ 여러 가지 랜딩 페이지를 만들 수 있다.
④ 동영상 광고가 가능하다.

04 다음 중 카카오 비즈보드의 노출 영역에 대한 설명으로 옳지 않은 것은?

① 카카오톡 채팅 최상단 영역만 노출할 수 없으며 카카오서비스에 동시 노출된다.
② 카카오버스, 카카오지하철, 카카오내비 등에 노출된다.
③ 다음(Daum) 영역에 노출된다.
④ URL, 포스트 랜딩 소재만 외부 네트워크 영역에 노출된다.

05 다음 중 카카오 비즈보드에서 랜딩 페이지로 적합하지 않은 것은?

① URL
② 카카오 채널
③ 챗봇
④ 카카오페이 구매

06 다음 중 카카오 비즈보드의 배너 광고 유형이 아닌 것은?

① 오브젝트형
② 썸네일형
③ 마스킹형
④ 동영상

07 다음 중 카카오 비즈보드의 캠페인 목적이 아닌 것은?

① 전환
② 방문
③ 공유
④ 도달

08 다음 중 카카오 비즈보드 그룹 내에서 맞춤 타겟으로 설정할 수 있는 것이 아닌 것은?

① 픽셀 & SDK
② 카카오사용자
③ 고객 파일
④ 페이스북 친구 리스트

09 다음 중 카카오 비즈보드의 캠페인 내에서 최소 일예산은?

① 자유롭게 설정 가능
② 210,000원
③ 50,000원
④ 100,000원

10 다음 중 카카오에서 광고 반응 타겟 관리를 위해 수집할 수 있는 데이터가 아닌 것은?

① 동영상을 3초 이상 혹은 25% 이상 재생한 유저
② 광고의 클릭 영역 중에서 1곳이라도 클릭한 유저
③ 카카오 픽셀 & SDK로 전환이 수집된 유저
④ 쇼핑 카테고리에 카카오톡 채널을 추가한 유저

정답 & 해설

01	③	02	④	03	④	04	①	05	④
06	④	07	③	08	④	09	③	10	④

01 ③

카카오의 광고 시스템 이름의 유래는 다음과 같다.
- 모먼트는 '모먼트 델라 베르다(Moment de la Verdad)'라는 스페인어에서 유래한 말로, 투우사가 소의 급소를 찌르는 순간을 의미한다.
- 마케팅에서는 여기에 착안하여 제품과 고객이 극적으로 마주하는 순간을 '결정적 순간(Moment of Truth)'이라고 부른다.
- 소비자가 원하는 제품이나 서비스를 모바일로 먼저 찾아보는 순간 노출되는 광고가 카카오톡이기를 바라기 때문에 카카오 광고 시스템을 모먼트라고 지은 것이다.

02 ④

동영상 광고는 카카오에서 거의 모든 광고 매체에 노출이 되며 카카오톡 콘텐츠, 다음, 카카오서비스, 카카오 광고 네트워크 및 카카오스토리 등에 노출된다. 카카오페이는 광고 매체에 해당하지 않는다.

03 ④

카카오 비즈보드는 이미지 배너만 광고 가능하다.

04 ①

카카오 비즈보드는 카카오톡 채팅 최상단 영역에 중점적으로 노출되며 카카오버스, 카카오지하철, 카카오내비, 다음(Daum) 영역에 노출된다. 또한, URL, 포스트 랜딩 소재만 카카오톡과 제휴된 외부 네트워크 영역에 노출된다.

05 ④

선택이 가능한 랜딩 방식은 URL, 애드뷰, 채널웹뷰, 챗봇, 비즈니스폼, 톡캘린더, (카카오톡 채널에서 등록한) 포스트 등이다.

06 ④

카카오 비즈보드는 텍스트를 직접 입력하고 이미지를 추가하여 배너를 만들 수 있는데, 카카오 비즈보드의 경우 4가지 유형의 배너를 다양한 형태로 제작할 수 있다.
- 오브젝트형: 텍스트와 주인공 캐릭터 노출
- 썸네일형: 텍스트와 사각형 썸네일 노출
- 마스킹형: 텍스트와 배경이 일부 지워진 썸네일 노출
- 텍스트형: 텍스트만 노출

07 ③

카카오 비즈보드의 캠페인 목적은 도달, 방문, 전환이다.

08 ④

카카오 비즈보드 그룹 내에서 맞춤 타겟으로 설정할 수 있는 것은 광고 반응 타겟, 픽셀 & SDK, 카카오사용자, 고객 파일, 친구 그룹, 카테고리 등이다.

09 ③

캠페인은 최소 50,000원~최대 10억 원까지 설정할 수 있으며, 10원 단위로 일예산 입력이 가능하다.

10 ④

광고를 통하여 카카오톡 채널을 추가한 유저의 데이터만 수집할 수 있으므로, 쇼핑 카테고리에서 카카오톡 채널을 추가한 유저는 광고 반응 타겟 관리를 위해 수집할 수 있는 데이터에 해당하지 않는다.

네이버 밴드(Naver Band)

빈출 태그 ▶ 비즈센터, 파트너센터, 성과형 디스플레이 광고 시스템, GFA

01 네이버 밴드의 이해

1) 네이버 밴드의 특징

- 소규모 그룹을 만들고 관리하는 게시판 서비스로 채팅, 사진첩, 캘린더, 주소록, 투표, 동창 찾기 등 다양한 기능을 제공한다.
- 초기에는 인터넷 카페의 모바일 특화 서비스 정도로 인식되었으나 최근에는 소모임 밴드 기능을 바탕으로 카카오톡 오픈채팅방과 유사한 서비스로 인기를 끌고 있다.
- 월 사용자가 2,000만 명에 달하는 국내 대표 소셜 미디어 서비스로 남성과 여성의 사용자 비율은 48:52로 큰 차이가 없으며 40~50대 사용자의 비중이 높다는 특징이 있다.

2) 네이버 밴드 광고 상품

- 밴드에는 소셜 광고, 알림 광고, 피드(네이티브) 광고, 스마트채널 광고, 풀스크린 광고 5가지 상품이 있다.
- 풀스크린 광고는 네이버 보장형 디스플레이 광고 플랫폼 방식으로 대행사를 통해 예약 구매할 수 있다.
- 피드 광고와 스마트채널 광고는 네이버 성과형 디스플레이 광고 플랫폼(https://gfa.naver.com/)에서 직접 운영할 수 있다.
- 밴드 소셜 광고와 알림 광고는 밴드 파트너센터를 통해 직접 운영할 수 있다(2025년 4월 1일부로 밴드 비즈센터에서 진행하던 기존의 알림 광고 기능은 파트너센터로 이동).

광고 구분	알림 광고	소셜 광고	피드 광고	스마트채널 광고	풀스크린 광고
운영 시스템	파트너센터		성과형 디스플레이 광고 시스템		보장형 디스플레이 광고 시스템
광고 집행 방법	직접 운영 가능		직접 운영 가능		대행사에 위탁 운영
특징	• 운영 중인 밴드의 멤버들에게 특정 게시글을 알릴 수 있음 • 빅밴드만 이용 가능	게시물이나 콘텐츠 사이에 광고 노출	• 콘텐츠 사이에 자연스럽게 노출되어 네이티브 광고라고도 부름 • 리얼 타임 비딩 상품	채널 상단 배너 노출	• 앱을 닫을 때 팝업 형식으로 화면 전체에 광고 노출 • 1일 1 광고주 단독 노출(유저당 기본 3회, 최대 5회까지 노출)
과금 기준	건당 5원(VAT포함) (정액 상품도 판매)	CPM, CPA	CPM, CPC, CPV	CPM, CPC	1일 고정가 (평일 3,000만 원/ 공휴일 2,500만 원)
타겟팅 옵션	최근 밴드를 사용한 멤버 중에서 특정 성별/연령별 타겟에 맞춰 발송 가능	별도의 타겟 옵션 없음	시간/요일, 연령/성별, 지역, 디바이스, 관심사 타겟팅 및 맞춤 타겟 설정 가능		• 성별 타겟팅만 가능 • 안드로이드에만 노출

02 밴드 알림 광고 집행하기

1) 알림 광고 서비스 시작하기

• 밴드 파트너센터(https://partner.band.us/)에 접속한다.
• 약관에 동의한 뒤 밴드에 로그인하는 아이디를 입력하면 운영 중인 밴드 계정과 파트너센터가 연동된다. 이 과정에서 운영 중인 밴드를 등록할 수 있는데, 계정 생성 후에도 등록할 수 있으므로 우선 회원가입만 한다.

2) 알림 광고를 이용할 밴드/페이지 추가하기

• 알림 광고 '홈 〉 이용 중인 밴드/페이지'에서 [밴드/페이지 추가]를 클릭한다.
• '알림 발송 밴드/페이지 추가하기' 창에서 알림 광고를 이용할 '밴드/페이지'를 선택한 뒤 [추가]를 누른다.
• 알림 광고에 '밴드/페이지 추가'는 내가 리더/운영자인 밴드/페이지만 가능하다.
• 알림 광고는 밴드의 최대 멤버수 설정이 무제한(빅밴드)인 밴드에서만 발송이 가능하며, 빅밴드가 아닌 밴드를 알림 광고에 추가할 경우에는 자동으로 빅밴드 전환된다.

3) 발송 준비

• '알림 광고 홈 〉 이용 중인 밴드/페이지'에서 새로 추가한 밴드/페이지의 우측에 [광고주 정보 등록〉] 버튼을 눌러 개별밴드 홈으로 이동한다.
• 알림을 이용할 밴드/페이지의 알림 광고 개별밴드 홈에서 '광고주 정보' 혹은 상단 안내바의 '정보 입력하기'를 클릭하여 광고주 및 결제 정보를 입력한다.
• 알림 발송은 광고주 정보 입력 완료(사업자 광고주의 경우 검수 완료) 후 익일부터 발송이 가능한데, 충전금을 충전한 후 발송권을 구매하여 발송하는 시스템이다.
• 좌측 메뉴 상단 충전금 정보에서 [충전] 버튼을 클릭하여 충전금 현황에 진입하고 [충전하기] 버튼을 클릭하여 충전금을 충전하며, 알림 발송 중 발송 설정 단계에서 바로 충전하여 발송도 가능하다.
• 4회, 10회, 20회 단위로 묶인 발송권을 구매하여 충전금으로 건당 발송보다 저렴하게 알림을 보낼 수도 있다.
• 발송권 구매는 좌측 메뉴 상단 보유 발송권 정보에서 [구매] 버튼을 클릭하여 발송권 현황에 진입한 뒤 [알림 발송권 구매하기] 버튼을 눌러 구매할 수 있으며, 알림 발송 중 발송 설정 단계에서 바로 구매하여 발송도 가능하다.

4) 알림 발송

- 좌측 메뉴에서 알림 내역을 선택하고 알림 내역 상단의 [알림 발송] 버튼을 클릭한다.
- 관리용 알림 제목을 입력(미 입력 시 알림 제목은 자동 생성)하고 알림을 보내 알릴 게시글을 선택하면 글 내용, 글 작성자, 등록 일시와 알림 메시지는 게시글의 내용으로 자동 입력되며 수정하여 직접 보내고 싶은 내용으로 입력할 수도 있다.
- 알림 유형과 발송 범위, 발송 형태를 선택은 새 소식만 발송할지, 새 소식과 함께 푸시 알림을 발송할지를 선택할 수 있으며 푸시 알림도 함께 보낼 때는 알림 유형이 광고성인지에 따라 발송이 가능한 시간에 제한이 있다.
- 예약 발송 여부(7일 이내 특정 일시를 지정 가능)와 결제 방법을 선택(해당 페이지에서 충전금 충전, 발송권 구매도 가능)한 뒤 발송 버튼을 눌러 알림을 발송한다.
- 알림 발송을 완료하거나, 발송 예약이나 임시 저장한 알림은 좌측 메뉴의 '알림 내역'에서 확인이 가능하다. 임시 저장한 알림의 삭제/수정도 가능하며, 발송 예약을 해둔 알림의 예약 취소/수정도 가능하다.
- 건당 5원(VAT 포함)의 요금이 과금되며 알림 정액 상품을 구매할 수도 있는데, 가격은 밴드 멤버/페이지 구독자의 수에 따라 다음과 같이 달라진다(단위: 원).

멤버의 수	알림 4회권	알림 10회권	알림 20회권
10,000명 이하	30,000	60,000	100,000
10,001~30,000명	70,000	140,000	245,000
30,001~50,000명	180,000	360,000	630,000
50,001~100,000명	360,000	720,000	1,260,000
100,001~150,000명	520,000	1,040,000	1,820,000
+ 50,000명당	+160,000	+320,000	+560,000

- 밴드에서 리더 위임, 밴드 탈퇴, 밴드 삭제, 멤버수 무제한 설정 해제(천 명 이하인 경우) 등은 충전금 또는 발송권을 모두 소진하거나 환불 처리를 완료한 뒤 파트너 정보를 삭제해야 가능하다.

03 밴드 소셜 광고 집행하기

1) 소셜 광고 집행 프로세스

- 밴드 파트너센터(https://partner.band.us/)에 접속한다.
- 광고주 정보를 등록하고 광고할 밴드/페이지를 연결한 다음, 충전금을 충전하고 광고를 만들면 된다.
- 운영자가 자신의 밴드를 홍보하는 기능을 활용할 수 있어서 '소셜 광고(Social AD)'라고 부른다.
- 소셜 광고는 '캠페인 만들기 → 광고그룹 만들기 → 광고 소재 만들기' 순으로 진행된다.

2) 캠페인 만들기

- 캠페인 만들기에서는 캠페인 이름, 캠페인 목적 등을 할 수 있으며, 일예산 한도는 선택 사항으로 설정하지 않을 수도 있다.
- 캠페인 목적은 밴드 게시글 홍보하기, 밴드 알리기, 밴드 스티커 보상형 3가지가 있다.

밴드 게시글 홍보하기	• 소재 생성 시 선택한 특정 게시글로 랜딩되며, 주요 게시글, 이벤트를 밴드 미가입 유저에게 노출 • 밴드 타입이 '공개 밴드'인 경우만 광고 집행 가능
밴드 알리기	• 소재 클릭 시 광고를 집행하는 밴드의 홈으로 랜딩 • 밴드 타입이 '공개 밴드'인 경우만 광고 집행 가능 • 광고 소재를 클릭하여 방문한 유저는 밴드 멤버와 동일하게 모든 게시글을 살펴보고 가입 여부를 결정할 수 있음
밴드 스티커 보상형	• '밴드 스티커 샵 무료 탭 〉 진행 중 이벤트 페이지'에 노출되며, 유저가 밴드 가입 시 보상으로 무료 스티커를 지급하는 상품 • 멤버수를 빠르게 늘리고 싶을 때 효과적이며, 유저는 다양한 종류의 무료 스티커 중 1개를 자유롭게 선택할 수 있음

3) 광고그룹 만들기

- 광고그룹 이름을 입력하고 '광고 대상 선택'에서 광고하고자 하는 '밴드/페이지'를 선택한다.
- 선택이 가능한 밴드/페이지가 없는 경우 좌측의 '광고 계정 설정 〉 광고 대상 연결' 메뉴에서 등록한 뒤에 광고 집행이 가능한데, 이때 등록한 밴드는 본인의 밴드 계정으로 이동하여 승인을 해야 광고 가능한 상태로 활성화되며 관리자가 별도의 승인이나 거절을 하지 않는 경우 24간 이후 시스템에 의해 자동으로 승인된다.
- 광고 게재 위치를 선택하는데 위치는 새 소식, 밴드 홈, 스티커샵이 있으며, 밴드 게시글 홍보하기와 밴드 알리기의 경우 '새 소식과 밴드 홈' 둘 중 하나를 선택할 수 있고, '밴드 스티커 보상형'의 경우 스티커샵만 선택할 수 있다.

- 입찰 및 예산 설정을 선택하면 광고가 마무리되는데, '밴드 게시글 홍보하기'와 '밴드 알리기'는 노출당 과금되는 CPM 방식이며 '밴드 스티커 보상형'은 밴드 가입자 수에 따라 과금되는 CPA 방식으로 두 방식 모두 입찰가는 최소 100원부터 10원 단위로 입력할 수 있다.
- 일예산은 광고그룹에서 지출할 수 있는 하루 최대 금액으로 최소 10,000원부터 10원 단위로 입력한다.
- 마지막으로 집행 기간을 선택하면 광고그룹 설정은 완료되며, 입력된 '일예산×집행 기간'의 값이 광고그룹의 예산이 된다.
- 광고그룹 예산이 설정되면 가용 충전금에서 예산만큼 충전금이 차감되어 사용 예정 충전금으로 전환되며, 가용 충전금이 부족한 경우 광고 진행이 불가하다.

4) 광고 소재 만들기
- 광고 소재 이름을 입력하고 랜딩 페이지로 사용할 게시글을 선택한다.
- 하나의 광고그룹 하위에 최대 10개까지 소재 등록이 가능하며, 10개 제한에 도달한 경우 기존에 등록한 소재를 삭제하면, 새로운 소재를 추가할 수 있다.
- 소재 구성은 대표 이미지는 300×300픽셀(10MB 이하)로 선택하고 제목과 내용을 필수사항으로 입력하고 선택 사항으로 액션 이미지를 등록할 수 있다(액션 이미지는 '새 소식' 광고에만 적용되며 마우스를 올리면 액션 이미지로 바뀌는 기능).
- 소재 구성에 '의료 광고 소재일 경우 체크해 주세요.'라는 문구가 있는데, 의료 광고의 경우 해당 문구를 체크하면 의료 심의필 번호와 심의필 서류를 등록할 수 있다.
- 등록이 완료되면 소재 미리보기를 통해 광고 내용을 확인한 뒤, 검수 의견을 추가할 수 있으며(선택 사항) '본 광고주는 제삼자의 권리 사용에 대한 동의를 받는 등 관련 법령에 따라 콘텐츠 등록 및 이용에 필요한 모든 조처를 하였음을 확인합니다.'라는 약정을 체크하면 검수 요청이 진행된다.
- 소재의 검수는 평일 오전 10시~오후 5시까지 진행되며 검수가 완료되지 못했거나, 그 외 시간에 신청된 건은 돌아오는 영업일 오전 10시부터 순차적으로 검수가 진행된다.

04 피드 광고(네이티브 광고)와 스마트채널 광고 집행하기

1) 네이버 디스플레이 광고 시스템의 이해
- 네이버에는 검색광고 시스템 이외에 디스플레이 광고를 관리하는 시스템이 별도로 존재하는데, 디스플레이 광고 시스템은 보장형과 성과형으로 나누어진다.
- 정해진 금액에 따라 기간이나 노출수를 보장하는 보장형 광고는 '보장형 디스플레이 광고 시스템(NOSP, Naver Open Sales Platform)'을 통해 관리할 수 있으며 지정된 대행사에게만 관리 권한이 주어진다.
- 실시간 입찰 방식(리얼 타임 비딩)으로 성과에 따라 광고비가 소진되는 성과형 광고는 네이버 성과형 광고 시스템(GFA, GLAD for Advertiser)을 통해 누구나 직접 관리할 수 있으며 밴드에 노출되는 피드 광고와 스마트채널 광고는 이 방식을 통해 노출된다.

2) 성과형 디스플레이 광고 시스템을 통해 광고 집행하기
- 성과형 디스플레이 광고 시스템(https://gfa.naver.com/)에 접근하여 로그인 계정을 생성한다.
- 로그인 계정을 생성하여 광고 관리 시스템에 접근하면 광고 계정과 관리 계정을 추가로 생성하여야 하는데, 광고 계정은 광고 집행, 정산, 리포트 등의 기능을 운영할 수 있는 광고 집행의 최소 단위이며 관리 계정은 검색광고를 포함한 복수의 광고 계정을 효율적으로 관리하고 정산을 일괄적으로 처리하기 위한 상위 계정이다.

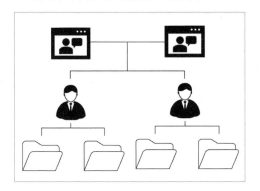

▼ 대행사가 여러 광고주 계정을 광고하는 경우

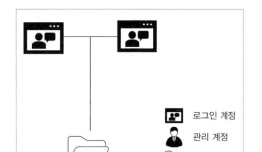

▼ 광고주가 자신의 계정을 광고하는 경우

로그인 계정
관리 계정
광고 계정

- 설정은 캠페인 만들기 → 광고그룹 만들기 → 광고 소재 만들기 순으로 진행되며 광고 계정당 등록이 가능한 캠페인, 광고그룹, 광고 소재 수는 다음과 같다.

항목	등록 가능한 개수
계정당 캠페인	최대 10,000개
계정당 광고그룹	
계정당 광고 소재	
캠페인당 광고그룹	최대 200개
광고그룹당 광고 소재	최대 100개
일간 소재 생성수	최대 500개(삭제된 광고 소재 포함)

3) 캠페인 목적 설정하기

- 광고 계정 〉 광고 관리 〉 [캠페인 만들기] 버튼을 클릭하면 새 캠페인을 생성할 수 있다.
- 선택이 가능한 캠페인 목적은 다음과 같다.

웹사이트 전환	사이트 방문 후, 전환 행동을 유도하는 것이 목적
웹사이트 트래픽	사이트 방문을 유도하는 것이 목적
앱 설치	앱 설치 페이지의 방문을 유도하는 것이 목적
동영상 조회	동영상 노출을 목적
카탈로그 판매	카탈로그 제품의 판매 유도가 목적
쇼핑 프로모션	고객 혜택 및 프로모션 소식으로 홍보가 목적

4) 캠페인 만들기

캠페인 만들기에서는 캠페인 목적, 대표 URL, 브랜드/업종 정보를 설정하고 캠페인 이름과 예산 한도를 설정할 수 있다.

캠페인 생성 시 입력할 항목	설명
캠페인 이름	최대 128자까지 입력 가능
대표 URL	• 홍보하고자 하는 광고주 브랜드의 사이트 주소를 의미 • 필수로 등록이 필요하며, 사전에 등록된 네이버 쇼핑 및 웹사이트 유형의 비즈채널 중 검수 승인된 비즈채널 URL로 등록할 수 있음
전환 추적 대상	• '도구 〉 전환 추적 관리'에서 신청한 비즈 채널 중 선택할 수 있음 • 대표 URL은 광고 전송 제어 용도이며, 전환 추적의 기준으로는 더 이상 사용되지 않음
브랜드/업종	• 광고 집행 및 성과 리포트 확인을 위해 브랜드/업종 정보를 설정할 수 있음(필수 입력) • 브랜드/업종 정보를 설정하면 성과 리포트에서 브랜드와 업종 필터 옵션을 이용하여 조회할 수 있음 • 선택이 가능한 브랜드/업종이 없을 경우 '브랜드 설정하기' 링크를 클릭하거나, 설정 〉 광고 계정 관리 〉 브랜드 관리 메뉴로 이동하여 새 브랜드/업종 정보를 입력하면 됨
카탈로그	• 캠페인 목적이 '카탈로그 판매'인 경우 설정할 수 있는 옵션 • 카탈로그 설정을 위해서는 네이버 쇼핑에서 카탈로그를 생성해야 함 • 네이버 쇼핑 유형 비즈 채널의 쇼핑몰과 일치하는 카탈로그에 생성된 아이템 세트를 소재로 등록할 수 있으며 캠페인 생성 후에는 변경 불가능
캠페인 지출 한도	캠페인 지출 한도는 한도만 설정하므로 광고그룹 예산 설정에 영향을 주지는 않으며 개별 광고그룹의 예산을 캠페인 지출 한도 보다 크게 설정할 수 있음
지정 키워드	• '설정 〉 광고 계정 관리 〉 키워드 관리'에서 개별 캠페인당 최대 5개 키워드 설정이 가능 • 검수 승인된 키워드만 설정할 수 있으며, 지정 키워드를 설정한 캠페인에 대해서만 브랜드 서치 시너지 리포트를 확인할 수 있음

5) 광고그룹 만들기

• 캠페인 만들기 페이지에서 [다음] 버튼 클릭 시 연결된 광고그룹을 이어서 생성할 수 있으며, '광고 계정 〉 광고 관리 〉 캠페인 대시보드' 화면에서 [광고그룹 만들기] 버튼 클릭 시 새 광고그룹을 생성할 수 있다.
• 광고그룹을 설정하는 과정에 우측에 타겟 도달 범위가 나타나는데, 매체별 도달 범위 정의 요소를 고려하여 광고를 본 이력이 있는 식별자 중 일부를 랜덤 추출하여 추정한 예상 도달수로 광고 전략을 수립하는 자료이며 실제 도달수와 다를 수 있다.
• 광고그룹은 광고그룹 이름, 타겟팅 설정, 디바이스 및 게재 위치, 입찰 및 예산, 게재 일정 및 방식, 타겟 도달 범위 등의 패널로 구성되어 있으며, 세부 내용은 다음과 같다.

광고그룹 항목	설명
광고그룹 이름	최대 128자까지 입력 가능
타겟팅 유형	• 타겟팅 유형은 오디언스 타겟팅과 콘텍스트 타겟팅 중 선택 • 오디언스 타겟팅(사용자 기반): 수집된 이용자 행태 정보를 기반으로 맞춤 타겟, 데모 타겟, 상세 타겟, 성인 업종 등 타겟팅 가능 • 콘텍스트 타겟팅(콘텐츠 기반): 광고 노출 위치 주변의 콘텍스트 정보를 기반으로 타겟팅 가능
맞춤 타겟	• '타겟 불러오기'를 통해 광고주가 가지고 있는 고객 파일, MAT(Mobile App Tracker) 타겟, 유사 타겟 등을 바탕으로 타겟팅 하는 방식으로 캠페인 유형별로 불러올 수 있는 타겟이 다름 • 맞춤 타겟 소스는 광고그룹당 최대 10개까지 추가할 수 있으며, 타겟 관리 메뉴에서 미리 타겟 소스를 생성한 후 타겟 모수가 확인될 경우 추가할 수 있음 • 타겟 모수가 2,000개 미만인 경우에는 맞춤 타겟 설정은 가능하나 '포함(타겟팅)' 설정은 불가

데모 타겟	• 성별, 연령, 지역별로 설정이 가능하며 연령은 5세 단위로 설정 가능 • 지역은 2단계 또는 3단계 지역(도 > 시/군, 시 > 구, 시 > 구 > 동, 시/도 > 군 > 면) 등으로 설정할 수 있으며 여러 지역 동시 설정 가능 • 추가적으로 니즈가 많은 '확장 데모 > 부모' 타겟도 제공
상세 타겟	• 관심사와 구매 의도: 서비스를 이용하는 과정에서 수집되는 행태 정보를 기반으로 이용자의 관심사, 구매 의도를 추정하여 타겟팅 • 타겟 추천: 선택한 관심사/구매의도 카테고리의 타겟 집단과 가장 유사한 카테고리를 추천해주는 기능 • 타겟 설정 방식: 상세 타겟에서 관심사, 구매 의도를 동시에 선택할 수 있으며, 두 타겟팅 옵션 간의 타겟 모수 설정 방식을 포함(합집합) 또는 일치(교집합)로 선택 • 성인 타겟(연령 제한 업종 설정): 일부 업종의 경우 성인 타겟팅 설정이 필수로 반드시 설정해야 하며, 성인 타겟팅 옵션이 설정된 광고그룹은 설정 해제가 불가능 • 주제 타겟: 선택한 주제를 AI가 분석하여 적합한 지면에 광고를 노출하는 콘텍스트 기반의 타겟팅
디바이스	광고를 본 사용자의 접속 환경을 PC와 모바일로 구분하여 타겟팅 설정할 수 있으며 '모바일'의 경우 'Android'와 'iOS' 중 선택 가능
게재 위치	• 네이버, 네이버 패밀리 매체, 네이버 퍼포먼스 네트워크 등 노출하고자 하는 매체 그룹을 설정할 수 있으며 '스마트채널', '배너 영역', '피드 영역' 등으로 하위 게재 위치를 선택할 수 있음 • 네이버 패밀리 매체는 네이버 서비스를 제외한 밴드 등 여러 서비스를 포함함 • 네이버 퍼포먼스 네트워크는 네이버 및 패밀리 매체를 제외한 지도/교통 앱, 금융 앱, 날씨 앱 등 다양한 매체가 포함됨
입찰 전략	• 캠페인 목적과 광고 운영 방식에 따라, 3가지 입찰 전략(전환수 최대화 자동입찰, 클릭수 최대화 자동입찰, 수동입찰) 중 한 가지로 운영 • 자동입찰 설정 시 정해진 한도 금액 및 설정된 예산 내에서 입찰가를 자동으로 관리하며, 캠페인 목적에 해당하는 결과를 최대화하고, 수동입찰 설정 시 개별 입찰가를 직접 설정함
비용 관리 옵션 및 청구 기준	• 자동입찰 선택 시, 입찰가 조정의 기준에 따라 3가지 선택이 가능한 비용 관리 옵션(입찰가 한도, 비용 한도, 입찰가 한도 없음) 중 하나를 선택할 수 있음 • 수동입찰 시 등록 가능한 입찰가는 과금 방식에 따라 다르며, 자동입찰은 CPC 과금으로 입찰가 한도 및 비용 한도 금액 모두 CPC 기준과 동일(부가세 별도)

<table>
<tr><td>청구 기준</td><td>게재 위치</td><td>최소 입찰가</td><td>최대 입찰가</td></tr>
<tr><td>CPC</td><td>공통</td><td>10원</td><td rowspan="4">1,000,000원</td></tr>
<tr><td rowspan="2">CPM</td><td>스마트채널</td><td>1,000원</td></tr>
<tr><td>스마트채널 외</td><td>100원</td></tr>
<tr><td>CPV</td><td>공통</td><td>10원</td></tr>
</table>

	• 게재 위치를 스마트채널로 선택하였거나, 스마트채널을 포함한 복수의 게재 위치를 설정한 경우 스마트채널의 최소 입찰가 기준으로 적용됨
예산	해당 광고그룹에 지출할 일별 또는 총금액을 일 예산 또는 총예산 단위로 설정할 수 있음
게재 일정 및 방식	• 광고의 집행 기간을 설정하는 메뉴이며 상세 일정을 설정한 경우 설정된 요일과 시간에 광고가 노출됨 • 게재 방식: '일반 게재' 방식을 선택하면 광고 기간에 균등한 예산이 소진되고 '빠른 게재' 방식을 선택하면 광고그룹에 설정된 예산을 최대한 빠르게 소진되는데, 입찰가 설정에서 '자동입찰'을 설정한 경우에는 '빠른 게재' 옵션을 설정할 수 없음 • 소재 선택 방식: 최적화, 성과 가중, 균등 방식의 3가지 중에서 선택이 가능하며 최적화는 성과가 낮은 소재는 노출이 안되지만 성과 가중은 성과가 낮은 소재도 적은 수로 노출됨 • 노출 빈도: '광고그룹' 또는 '광고 소재' 단위별로 1일 최소 2회에서 5회까지 설정할 수 있으며 '빠른 게재'로 설정한 경우에는 설정할 수 없음

6) 광고 소재 만들기

- 캠페인 만들기, 광고그룹 만들기가 완료되면, 광고 소재 만들기를 통해 신규 소재 생성이 가능하다. 이미 생성된 광고그룹 하위에 [광고 소재 만들기] 버튼을 통해 새 광고 소재를 추가할 수도 있다.
- 광고 소재는 타겟 대상에게 노출될 크리에이티브로, 광고그룹에서 설정할 수 있으며 캠페인 목적에 맞는 소재 타입을 선택하면 광고 효율을 극대화할 수 있다.
- 네이버 성과형 디스플레이 광고에서는 네이티브 이미지, 이미지 슬라이드, 동영상, 이미지 배너, 카탈로 그 총 5가지 타입의 소재를 지원하며 소재의 타입은 캠페인 목적, 광고그룹의 게재 위치, 청구 기준 등에 따라 달라질 수 있다.

광고 소재의 구성	설명
소재 구성 유형	광고그룹에서 선택한 게재 위치 및 디바이스 타겟에 따라 소재 구성 유형이 제공됨
프로필 이름	피드형은 19자, 배너형은 14자까지 입력 가능
프로필 URL	프로필 영역 클릭 시 이동할 랜딩 URL로 광고주 웹사이트 또는 브랜드를 확인할 수 없는 경우 등록이 불가함
프로필 이미지	프로필 영역에 노출될 대표 이미지로 1:1 비율의 300×300px 사이즈를 권장
광고 이미지	• 선택한 광고 구성 타입별로 광고 이미지 최소 1개는 필수 등록해야 함 • 네이티브 이미지, 이미지 배너 타입인 경우 광고 이미지는 한 번에 최대 10개까지 업로드 가능하며, 최대 10개까지 소재 등록 가능 • 광고 이미지를 여러 개 등록하더라도, 랜딩 URL, 광고 문구, 설명 문구, 행동 유도, 고지 문구 등은 공통으로 적용
랜딩 URL	광고 영역 클릭 시 이동하는 URL로 등록해야 하며 광고 이미지를 여러 개 등록하였더라도, 랜딩 URL은 공통으로 적용됨
설명 문구	• 피드형의 경우 28자까지 입력 가능, 배너형의 경우 12자까지 입력 가능 • PC 배너형의 경우에 해당하며 28자까지 입력 가능
행동 유도	광고를 통해 유도하고자 하는 액션에 맞는 문구를 선택할 수 있으며, 캠페인 목적에 따라 제공되는 문구가 다름
고지 문구	광고 소재에 대한 사전 심의가 필요한 금융 및 의료 업종의 경우 해당 기관으로부터 받은 심의 번호를 반드시 입력하여, 심의 증빙 자료는 '의견 및 증빙' 항목에 첨부 필요
고객 혜택 프로모션	쇼핑 프로모션 캠페인 하위 소재에서만 제공되는 항목으로, 내 스토어에서 제공하는 고객 혜택 중 광고 소재에 표시할 것을 선택할 수 있음

05 풀스크린 광고

- 밴드에서 뒤로가기를 통해 앱을 종료할 때 1일 1광고주 단독 노출되는 보장형 디스플레이 상품으로, 안드로이드 전용 상품이다.
- 성별 타겟팅을 지원하며 소재 타입은 이미지/동영상형 중 선택하여 집행이 가능하다.

항목		설명
광고 소재		• 광고 소재는 이미지형과 영상형이 있으며 최대 4개까지 검수 및 세팅 가능(집행 3영업일 17시 전까지 전달) • 단, 유통업종의 경우 품절 등의 이슈 대응을 위해 최대 7종까지 가능
	이미지형	• 텍스트와 버튼, 이미지로 구성된 풀스크린 형태 • 클릭 시 광고주 모바일 페이지로 이동
	영상형	• 광고 내에서 동영상 시청이 가능한 풀스크린 형태 • 자동 재생 3초 이상 또는 재생 버튼 클릭 시 조회수 1로 집계(클릭수로는 미집계) • Wi-Fi에서 자동 재생, 클릭 시 확장되어 소리와 함께 영상이 재생(자동 재생은 사용자의 모바일 기기 설정에 따라 바뀔 수 있음) • 별도의 링크 클릭 시 광고주 모바일 페이지로 이동(클릭수로 집계)
노출 방식		• 노출 수는 대략 일 노출수 평일 770만/공휴일 630만 Imps 예상 • 유저당 3회/일 기본으로 노출(단, 18시 전에 3회가 다 소진된 경우, 18~21시에 추가 1회, 21~24시에 추가 1회 노출하여 최대 5회까지 노출 가능)
청약 방법		• 네이버 파트너사가 NOSP(Naver Open Sales Platform, 네이버 보장형 광고 플랫폼)를 통해 선착순 구매 청약(부킹)하는 상품 • 동일 브랜드 최대 주 2회까지 청약 가능(단, 동일 광고주의 다른 브랜드가 유사 성격일 경우, 브랜드별로 보지 않고 광고주 단위로 제한할 수 있음) • 집행 당월 취소 구좌 발생 시 주 2회 이상 청약 가능
위약금		• 집행 전 15영업일 이후~집행 개시 예정 일시 사이에 취소 시: 10% • 집행 전 8영업일 이후~집행 개시 예정 일시 사이에 취소 시: 20% • 집행 전 4영업일 이후~집행 개시 예정 일시 사이에 취소 시: 40% • 집행 개시 예정 일시 이후 취소 시 최종 단가 정액 청구

01 네이티브 광고는 리얼 타임 비딩 광고 상품이다. ⃞O⃞X

02 네이티브 광고는 네이버 비즈센터를 통해서 집행할 수 있다. ⃞O⃞X

03 네이티브 광고는 CPC 최소 입찰가는 부가세를 제외하고 10원이다. ⃞O⃞X

04 네이티브 광고는 CPM 최소 입찰가는 부가세를 제외하고 100원이다. ⃞O⃞X

05 풀스크린 광고는 고정 가격으로 집행되는 1일 고정형 광고이다. ⃞O⃞X

06 스마트채널 광고는 입찰을 통하여 집행되는 성과형 광고이다. ⃞O⃞X

07 네이티브 피드 광고는 CPM, CPC, CPV 과금을 사용할 수 있다. ⃞O⃞X

08 네이버 밴드의 소셜 광고는 다양한 맞춤 타겟이 가능하다. ⃞O⃞X

09 네이버 밴드의 알림 광고는 네이버 성과형 디스플레이 광고 시스템을 통해 진행할 수 ⃞O⃞X
    있다.

10 네이버 밴드 알림 광고는 건당 5원의 요금이 과금된다. ⃞O⃞X

11 네이버 밴드 알림 광고는 회당 몇 건의 알림을 보낼 수 있는 정액 상품도 판매한다. ⃞O⃞X

12 네이버 밴드 알림 광고는 빅밴드로 전환한 밴드만 이용 가능하다. ⃞O⃞X

13 풀스크린 광고는 네이버 밴드에서 앱 종료 시 노출된다. ⃞O⃞X

14 풀스크린 광고는 화면 전체로 노출되어 브랜드 인지 효과 및 클릭을 극대화할 수 있다. ⃞O⃞X

15 풀스크린 광고는 CPM 방식으로 노출당 과금되는 상품이다. ⃞O⃞X

16 풀스크린 광고는 성별 타겟팅이 가능하다. ⃞O⃞X

17 네이버 밴드의 스마트채널 광고는 수집된 행태 정보를 기반으로 이용자의 관심사, 구매 ☑ ☒
의도를 추정하여 타겟팅할 수 있다.

18 네이버 밴드의 스마트채널 광고는 선택한 관심사/구매 의도 카테고리의 타겟 집단과 가 ☑ ☒
장 유사한 카테고리를 추천받을 수 있다.

19 네이버 밴드의 스마트채널 광고는 선택한 주제와 적합한 지면에 광고를 노출하는 콘텍 ☑ ☒
스트 기반의 타겟팅이 가능하다.

20 네이버 밴드의 스마트채널 광고는 네이버 보장형 디스플레이 광고 시스템을 통해 집행 ☑ ☒
할 수 있다.

정답	01 ○	02 ×	03 ○	04 ○	05 ○
	06 ○	07 ○	08 ×	09 ×	10 ○
	11 ○	12 ○	13 ○	14 ○	15 ×
	16 ○	17 ○	18 ○	19 ○	20 ×

해설
02 네이티브 광고는 GFA를 통해서 진행할 수 있다.
08 네이버 소셜 광고는 별도의 타겟 옵션을 가지고 있지 않다.
09 네이버 밴드 알림 광고는 비즈센터를 통해 진행할 수 있다.
15 풀스크린 광고는 1일 단독 상품이다.
20 네이버 밴드의 스마트 채널 광고는 GFA를 통해서 진행할 수 있다.

01 다음 중 밴드에 대한 설명으로 옳지 않은 것은?

① 월간 2,000만 명의 순이용자가 이용하는 국내 소셜 미디어 1위 매체이다.
② 남성과 여성의 비율이 8:2로, 압도적으로 남성의 이용자가 많다.
③ 핵심 구매 연령인 30~50대 이용자가 많다.
④ 페이스북, 인스타그램 이용자 대비 40대와 50대가 가장 많이 사용한다.

02 다음 중 밴드에서 집행이 가능한 디스플레이 광고 상품명이 아닌 것은?

① 풀스크린 광고
② 인터랙티브 광고
③ 네이티브 피드 광고
④ 스마트채널 광고

03 다음 중 네이버 밴드의 광고 상품별 과금 방식이 옳지 않은 것은?

① 풀스크린 광고는 광고 집행을 보장하는 보장형 광고이며 고정 가격이다.
② 네이티브 피드 광고와 스마트채널 광고는 입찰을 통하여 노출되는 성과형이다.
③ 네이티브 피드 광고는 CPM, CPC, CPV 과금을 사용할 수 있다.
④ 스마트채널 광고는 CPC 입찰 방식만 있다.

04 다음 중 네이버 밴드에서 앱 종료 시 노출되는 1일 1 광고주 단독 노출 상품으로 브랜드 인지 효과 및 클릭을 극대화할 수 있는 안드로이드 전용 상품은?

① 네이티브 광고
② 스마트채널 광고
③ 동영상 광고
④ 풀스크린 광고

05 다음 중 네이버 밴드 광고인 '네이티브 피드 광고'에 대한 설명으로 옳지 않은 것은?

① 리얼 타임 비딩 광고 상품이다.
② 최소 입찰가는 부가세를 포함하여 CPM 110원, CPC 11원, CPV 11원이다.
③ GFA를 통해서 진행할 수 있다.
④ 캠페인 목적은 웹사이트 트래픽만 가능하다.

06 다음 중 네이버 밴드 광고인 '네이티브 피드 광고'의 타겟팅 옵션에 대한 설명으로 옳지 않은 것은?

① 시간 및 요일 타겟팅이 가능하다.
② 성별 및 연령 타겟팅이 가능하다.
③ 모든 OS 타겟팅에서 가능하다.
④ 맞춤 타겟으로 광고주의 브랜드를 알고 있거나 접한 적이 있는 대상 타겟이 가능하다.

07 다음 중 네이버 밴드 광고 집행 방법에 대하여 옳지 않은 것은?

① 풀스크린 광고는 성별, 시간, 디바이스 등 다양한 타겟팅 방법이 가능하다.

② 네이티브 광고와 스마트채널 광고는 앱, 관심사 타겟팅 외 맞춤 타겟 설정이 가능하다.

③ 풀스크린 광고는 렙사와 대행사를 통해서 집행할 수 있다.

④ 네이티브 광고와 스마트채널 광고는 대행사 외에 직접 운영이 가능하다.

08 다음 중 네이버 밴드 광고인 '스마트채널 광고'에 대한 설명으로 옳지 않은 것은?

① 밴드앱 홈, 새 소식, 채팅 최상단에 노출된다.

② 최소 입찰가는 CPM 1,000원, CPC 10원이다.

③ 타겟팅 옵션은 네이티브 피드 광고와 동일하다.

④ 밴드 영역 상단 고정 노출로 주목도를 높일 수 있다.

09 다음 중 네이버 밴드 광고인 '네이티브 피드 광고'의 세팅에 대한 설명으로 옳지 않은 것은?

① 맞춤 타겟 설정은 고객 파일, MAT 타겟, 유사 타겟을 설정할 수 있다.

② 맞춤 타겟은 고객수에 대하여 제한이 없다.

③ 지역 타겟을 설정할 수 있으며, 하나의 지역만 선택할 수 있다.

④ 안드로이드와 iOS를 나눠서 타겟팅이 가능하다.

10 다음 중 네이버 밴드 광고인 '네이티브 피드 광고'의 타겟 세팅에 대한 설명으로 옳지 않은 것은?

① 상세 타겟 설정은 관심사 타겟, 구매 의도 타겟, 검색 타겟이 있다.

② 게재 위치 타겟은 네이버는 기본 노출 설정이 되며, 패밀리 매체에 대한 추가 노출을 설정한다.

③ 소재 선택은 최적화, 성과 가중, 균등 방식이 있다.

④ 1일 노출 빈도를 설정할 수 있다.

| 01 ② | 02 ② | 03 ④ | 04 ④ | 05 ④ |
| 06 ③ | 07 ① | 08 ④ | 09 ③ | 10 ② |

01 ②

네이버 밴드는 3월 사용자가 2,000만 명에 달하는 국내 대표 소셜 미디어 서비스로 남성과 여성의 사용자 비율은 48:52로 큰 차이가 없으며 40~50대 사용자의 비중이 높다는 특징이 있다.

02 ②

네이버 밴드에서 집행이 가능한 광고는 알림 광고, 소셜 광고, 피드(네이티브) 광고, 스마트채널 광고 등이 있다.

03 ④

스마트채널 광고는 CPC와 CPM 두 가지로 과금된다.

오답 피하기

- ①: 풀스크린 광고는 광고 집행을 보장하는 보장형 광고이며 고정 가격으로 평일 3,000만 원, 공휴일 2,500만 원에 판매한다.
- ②: 네이티브 피드 광고와 스마트채널 광고는 네이버 성과형 디스플레이 광고 시스템을 통해서 입찰하는 성과형 광고 상품이다.
- ③: 네이티브 피드 광고는 CPM(Cost Per Mille), CPC(Cost Per Click), CPV(Cost Per View) 과금을 사용할 수 있다.

04 ④

네이버 밴드에서 앱 종료 시 노출되는 1일 1 광고주 단독 노출 상품으로 브랜드 인지 효과 및 클릭을 극대화할 수 있는 안드로이드 전용 상품은 풀스크린 광고이다.

05 ④

네이티브 피드 광고는 웹사이트 전환, 웹사이트 트래픽, 앱 설치, 동영상 조회 등 거의 모든 캠페인 목적에서 가능하다.

오답 피하기

- ①: 네이티브 피드 광고는 네이버 디스플레이 광고 시스템을 통해 구매할 수 있으며 리얼 타임 비딩 광고 상품이다.
- ②: 최소 입찰가와 최대 입찰가는 다음과 같으며 부가가치세를 포함하면 최소 입찰가는 CPM 110원, CPC 11원, CPV 11원이다.

청구 기준	게재 위치	최소 입찰가	최대 입찰가
CPC	공통	10원	
CPM	스마트채널	1,000원	1,000,000원
CPM	스마트채널 외	100원	
CPV	공통	10원	

- ③: GFA를 통해서 진행할 수 있는데 GFA는 네이버 디스플레이 광고 시스템(GFA, GLAD for Advertiser)을 말한다.

06 ③

PC와 모바일을 구분하여 타겟팅이 가능하고 모바일의 경우 안드로이드와 iOS를 선택할 수 있다. 따라서 모든 OS 타겟팅이 가능한 것은 아니다.

07 ①

풀스크린 광고는 성별 타겟팅만 가능하며 안드로이드 운영체제에서만 노출된다.

08 ④

스마트채널 광고는 밴드 영역 상단에 노출되어 주목도를 높일 수는 있으나 고정 노출이 아닌 CPM이나 CPC 방식으로 노출되는 상품이다.

09 ③

지역은 2단계 또는 3단계 지역(도 〉 시/군, 시 〉 구, 시 〉 구 〉 동, 시/도 〉 군 〉 면) 등으로 설정할 수 있으며 여러 지역을 동시에 설정할 수 있다.

10 ②

네이버는 기본 노출 설정이 아니므로 네이버가 아닌 다른 매체만 광고할 수 있다.

SECTION
05
기타 SNS 광고

출제빈도 상 중 하
반복학습 1 2 3

▶ 합격 강의

빈출 태그 ▶ 틱톡, 틱톡 포 비즈니스, 탑뷰, 엑스, 테이크오버, 링크드인, 스폰서드 콘텐츠

01 틱톡(TikTok)

1) 개요

- 15초~10분 길이의 짧은 비디오 영상을 제작·공유할 수 있는 숏폼 동영상 플랫폼으로 2016년 150개 국가 및 지역에서 75개의 언어로 서비스를 시작하였고, 한국에서는 2017년 11월부터 정식으로 서비스를 시작했다.
- 중국의 바이트댄스 사에서 운영하며 중국 이외 지역에서만 사용할 수 있고, 중국 본토에서 사용하는 틱톡은 抖音(Dǒuyīn, 더우인)라는 이름으로 별도 서비스 중이다.

2) 광고 방법

- 틱톡 포 비즈니스(TikTok for Business)의 광고 관리자(https://ads.TikTok.com)에서 광고를 직접 운영할 수 있다.
- 자신의 틱톡 계정과 연동하면 게시물로 광고를 만들 수 있고 광고 제작을 위한 다양한 템플릿을 제공하여 누구나 손쉽게 광고를 제작할 수 있으며, 숏폼 전용 편집 앱인 캡컷(Capcut)을 별도로 제공한다.
- 광고는 '캠페인 → 광고그룹 → 광고 만들기' 순으로 제작할 수 있다.

3) 캠페인 설정하기

- 캠페인 이름과 캠페인 목표와 설정, 예산 등을 설정하는 항목이다.
- 선택하는 캠페인 목표에 따라 '분할 테스트 생성', '캠페인 예산 최적화', '예산 설정' 등의 메뉴가 적절하게 등장하며 캠페인 예산 최적화를 선택하면 분할 테스트는 선택할 수 없다.
- 예산은 '하루 예산(매일)'과 '총액(총계)' 2가지 방식이 있고 최소 50,000원(상품 판매는 10,000원)부터 선택이 가능하며, 선택이 가능한 캠페인 목표와 설정은 다음과 같다.

선택 가능한 캠페인 목표		설정	설명
인지도	도달	별도 없음	타겟 유저에 대해 가장 효율적인 가격에서 최대 광고 노출수로 광고 노출
관심 유도	트래픽	스마트+ 캠페인	유저들을 웹사이트의 랜딩 페이지, 블로그 포스트, 앱 등의 URL로 유도
	동영상 조회	별도 없음	동영상에 참여할 가능성이 가장 높은 유저로부터 동영상 광고 재생을 극대화
	커뮤니티 상호작용	별도 없음	팔로워 수를 늘리거나 프로필 페이지 트래픽을 증가시켜 더 많은 유저가 브랜드의 계정에 참여하도록 유도

전환	앱 프로모션	• 앱 설치(수동 캠페인, 스마트+ 캠페인) • 앱 리타겟팅	비용 효율적으로 더 많은 사람이 설치하고 앱에서 원하는 행동을 취하도록 유도
	리드 생성	• 수동 캠페인 • 스마트+ 캠페인 • 카탈로그 사용(수동 캠페인 선택 시 활성화)	틱톡 앱이나 웹사이트를 활용하여 즉석에서 비즈니스에 대한 리드를 수집
	웹사이트 전환	스마트+캠페인	새로운 사람들이 앱을 사용하도록 유도하고 기존 사용자를 재참여시킴
	상품 판매	틱톡 샵	동영상 쇼핑 광고, 라이브 쇼핑 광고 또는 제품 쇼핑 광고를 사용하여 판매 연계

4) 광고그룹 만들기

• 광고그룹은 '일반'과 '스마트+ 캠페인' 중 선택에 따라 설정 메뉴가 달라진다.
• 일반적인 광고는 아래 항목에 따라 만들어지며, 스마트+ 캠페인을 선택하는 경우 '최적화 위치와 광고 만들기' 메뉴가 함께 나타나고 동영상과 광고 텍스트의 조합을 기반으로 광고가 생성된 후, 성과가 우수한 조합이 자동으로 게재된다.

항목		설명	
설정		이름 설정(위치와 시간 등의 템플릿으로 자동 설정 가능)	
게재 위치		틱톡 피드 내(필수), 검색 피드, 틱톡 라이트 등을 선택할 수 있으며 광고에 대한 댓글, 다운로드, 공유 등의 허용 여부를 선택할 수 있음	
오디언스 타겟팅	인구통계	위치, 나이, 성별, 언어, 소비력	
	타겟	고객 파일, 참여, 앱 활동, 웹사이트 트래픽, 리드 생성, 비즈니스 계정(팔로워나 내 영상을 조회한 사람), 상점 활동, 오프라인 활동	
	장비	iOS, 안드로이드 등의 운영체제와 OS 버전, 스마트폰 제조사, Wi-Fi 및 5G, 통신사, 인터넷 서비스 회사, 장치 가격대 등에 따라 타겟팅	
문맥 타겟팅		TV 및 영화, 요리 등 선호 분야 중심 노출	
콘텐츠 제외	인벤토리 필터	• 확장된 인벤토리: 성인용 콘텐츠에 광고 표시(명백하게 부적절한 콘텐츠 제외) • 표준 인벤토리: 대부분의 콘텐츠에 광고 표시(일부 성인용 주제 포함) • 제한된 인벤토리: 성인용 콘텐츠 광고 노출 불가	
	카테고리 제외	도박 및 복권/전투 스포츠/청소년 콘텐츠/폭력적인 비디오 게임 중에서 선택	
	업종별 민감도	뷰티, 식품, 반려동물, 여행, 기술, 패션 및 소매, 금융 서비스, 자동차, 게임, 전문 서비스, 엔터테인먼트 등의 업종을 선택하면 해당 업종에 부적합한 콘텐츠에는 광고 노출이 제외됨	
예산 및 일정		• 하루 예산(매일)과 총액(총계) 두 가지 방식이 있고 최소 20,000원부터 설정 가능 • 시작 및 종료 일정과 광고 노출 시간을 요일별로 설정 가능	
입찰 및 최적화 (캠페인 목표에 따라 다름)	도달	• 빈도 제한 : 7일마다 3회 이하, 매일 1회 이하, 사용자 지정 • 입찰 관리: 설정한 금액 이하로 유지 • 청구 이벤트: 광고 결제 시기 결정 • 광고 게재 방법: 표준과 빠른(CPA를 높이기 위해 초반에 더 많이 소진) 중에서 선택	
	트래픽	• 최적화 목표: 클릭, 랜딩 페이지 조회수 • 클릭당 비용 상한(선택 사항)	

동영상 조회	• 최적화 목표: 조회수 6초, 15초 • 입찰 관리 비용 상한(선택 사항)
커뮤니티 상호작용	• 최적화 목표: 팔로우, 틱톡 페이지 방문 • 최대 게재: 전환수 극대화만 존재 • 청구 이벤트: 광고 결제 시기 결정 • 광고 게재 방법: 표준만 존재
앱 프로모션	• 최적화 목표: 클릭 • 클릭당 비용 상한(선택 사항)
리드 생성	• 최적화 목표: 양식 제출 • 타겟 CPA 비용 상한(선택 사항) • 가속 게재: 비용 상한을 선택한 경우 초반 지출을 높임
웹사이트 전환	• 최적화 목표: 전환, 클릭 • 타겟 CPA 비용 상한(선택 사항) • 기여도 설정: 광고를 본 후 전환까지 유효 기간 설정 　－ 기여도 기간은 클릭 1, 7, 14, 28일/조회 끔, 1, 7일 　－ 이벤트 횟수는 매번과 한 번 중에 선택
상품 판매	틱톡 샵과 연동

5) 광고 만들기

항목	설명
광고 이름	이름 설정
최적화 위치	스마트+ 캠페인 선택 시 나타나는 항목으로 웹사이트, 앱, 인스턴트 양식, 틱톡 다이렉트 메시지 등 광고 목표에 따라 유연하게 나타남
광고 생성	틱톡 계정 ID(광고용으로 별도 생성 가능), 목적지, 크리에이티브 추가(최대 30개), 텍스트 추가(최대 5개), 콜투액션(주문하기, 방문하기 등), URL, 추적(선택 사항), URL 파라미터, 인터렉티브 애드온 등 광고 목표에 따라 유연하게 나타남

광고 소재	동영상, 이미지, 스파크 애즈 게시물, 인스턴트 양식, 인터렉티브 애드온 등을 조합하여 광고를 만들 수 있음	
	스파크 애즈	• 실제 틱톡 계정에 올린 본인의 게시물이나 다른 크리에이터가 제작한 게시물을 작성자 승인 아래 광고로 사용 • 광고 종료 후 계정 내 영상은 물론 광고를 통해 얻은 조회수, 댓글 수, 공유 횟수, '좋아요' 수 및 팔로우 수가 그대로 유지 • 각 틱톡 광고 관리자 계정은 최대 10,000개의 스파크 애즈를 지원
	인스턴트 양식	질문 카드, 문의, 브랜드 스토리, 영화 예고편 등 다양한 템플릿 제공
	인터렉티브 애드온	• 팝업, 스티커, 제스처 및 기타 시각적 요소를 사용하여 참여도 높은 시청자를 유도하는 디스플레이 광고 • 표준 애드온: 클릭수 및 전환율 촉진과 같은 하위 퍼널 마케팅 목표 달성 시 활용 • 프리미엄 애드온: 브랜드 인지도 및 커뮤니티 구축과 같은 상위 퍼널 목표 달성 시 활용

6) 광고 상품

① 일반적인 광고 상품

광고 상품	광고 형식	설명
인피드 동영상	탑뷰	• 틱톡 실행 시 가장 먼저 전체 화면의 사운드 온 동영상으로 노출 • 동영상 테이크 오버로 시작된 이후 3초가 지나면 상호작용(좋아요, 댓글, 공유, 방문 등) 유도 • 탑뷰는 최대 60초의 영상을 활용할 수 있고, 브랜드 테이크 오버의 경우는 최대 5초의 영상과 이미지를 사용할 수 있음
	탑피드	• 도달 및 빈도 캠페인의 피드 유형 옵션 • 첫 번째 인피드 광고 슬롯에 노출
	표준 피드	• 경매형과 예약형이 있으며 스파크 애즈 또는 비 스파크 애즈가 노출됨 • 스파크 애즈는 이모티콘을 포함하여 최대 4줄의 자막이 콘텐츠에서 발췌되어 자동 노출 • 비 스파크 애즈는 정해진 자막이 노출되며 링크, 기호(@), 해시태그는 지원되지 않음
	틱톡 펄스 모음	• 틱톡의 주요 콘텐츠 피드 바로 뒤에 게재하는 광고 상품 • 최대 펄스: 틱톡에서 가장 인기 있는 상위 4% 콘텐츠 옆에 광고를 게재하여 최대 도달 범위를 확보 • 카테고리 라인업: 뷰티, 스포츠, 엔터테인먼트 등 13개 이상의 특정 카테고리에서 인기 있는 콘텐츠를 선별하여 광고를 게재 • 시즌별 라인업: 설, 추석, 겨울 휴가철 등 주요 시즌에 맞춰 인기 콘텐츠를 선별하여 광고를 게재 • 펄스 프리미어: Disney, NBCUniversal 등 주요 퍼블리셔의 프리미엄 콘텐츠 바로 뒤에 광고를 게재
인피드 인터랙티브	플레이어블 광고	앱 다운로드 전에 앱을 미리 볼 수 있는 대화형 동영상 광고
	캐러셀 광고	• 2~35개의 이미지를 차례로 업로드할 수 있는 이미지 기반의 크리에이티브로 표준과 VSA 방식이 있음 • 표준 캐러셀: 트래픽, 웹 전환, 리드 생성, 앱 프로모션 목표에 사용 • 동영상 쇼핑 광고(VSA) 캐러셀: 틱톡 인피드 광고(틱톡 지면용) 및 전면 광고/보상형 광고/앱 오프닝 광고(자동 배치 및 Pangle 전용 지면용)로 활용
검색 결과 및 피드 외 지면	검색 결과(구, 검색 광고 토글)	'스폰서' 콘텐츠로 표시되고 검색 결과 페이지 내에서 다양한 위치에 표시되는 광고
	검색 광고 캠페인	키워드를 사용하여 제품이나 서비스와 관련된 특정 용어를 검색하는 사람들에게 도달하는 광고
	메시지 광고	• 틱톡 다이렉트 메시지 및 인스턴트 메시지 앱을 통해 잠재고객에게 메시지를 전달 • 특정 지역에만 제공되며 우리나라는 현재 미적용
	글로벌 앱 번들	• 캡컷(CapCut) 및 피조(Fizzo)와 같이 바이댄스의 신규 앱에 광고를 게재하는 통합형 트래픽 솔루션 • 팽글의 광고 알고리즘으로 구동
	팽글(Pangle)	• 틱톡의 광고 네트워크로 인공지능을 통해 광고 사이즈가 해당 앱 크기에 자동으로 맞추어 노출 • 앱을 운영하는 경우 팽글 네트워크에 가입하면 틱톡의 광고를 수주할 수 있음

② 브랜드 콜라보 광고 상품

광고 상품	설명	
브랜디드 미션	콘텐츠를 크라우드 소싱한 후, 성과 좋은 동영상을 광고로 전환할 수 있도록 해 주는 틱톡 광고 솔루션으로 다음 순서로 진행	
	① 시작	요건을 갖춘 크리에이터(◎ 팔로워 1,000명 이상)에게 요청이 가면 직접 참여 여부와 방법 결정
	② 브랜디드 미션 페이지 접근 방법	• 브랜디드 해시태그 또는 브랜드 효과 페이지 • 틱톡 크리에이터 마켓플레이스 검색 페이지 • 크리에이터 받은 편지함 알림 • 브랜디드 미션 공유 링크
	③ 참여	크리에이터는 브랜디드 미션 페이지에서 캠페인에 참여하기 위한 동영상 (UGC)을 제작
	④ 캠페인 관리 및 광고 활용	브랜드는 UGC 동영상을 검토 및 관리하고, 성과가 높은 동영상을 선정하여 사용자 추천 피드 광고(UGA)로 활용
	⑤ 크리에이터 보상	캠페인 종료 후, 선정된 크리에이터는 브랜디드 미션 브리프와 약관에 따라 참여 및 유료 동영상 조회수에 대한 보상을 받음
브랜디드 해시태그 챌린지	• 브랜드 테마로 콘텐츠를 생성하도록 유저를 초대하여 규모 있는 UGC를 만들어 내고 브랜드를 팔로우하도록 하는 예약형 상품 • 챌린지 6일(탑뷰 1일+인피드 원데이 맥스 3일 노출 포함)	
브랜디드 스티커	브랜드 맞춤형 스티커를 제작하여 유저에게 배포하는 광고 상품	

02 엑스(X)

1) 개요

- 미국 기업 엑스(X Corp.)에서 제공하는 단문형 마이크로 블로그 방식의 소셜 네트워크 서비스 플랫폼으로, 옛 명칭인 트위터(Twitter)로 더 잘 알려져 있다.
- 엑스로 이름을 변경한 뒤에는 중국의 위챗을 벤치마킹하여 트윗 편집, 맞춤 트윗 등이 추가되어 다양한 기능을 갖춘 종합 플랫폼으로 바뀌었다.
- 메시징, 음성채팅, 영상 콘텐츠, 암호화폐 송금 등의 기능이 추가되었으며 향후 챗봇, 간편결제, 예약, 데이팅, 구인 구직, 차량 호출 등의 수단도 꾸준히 추가되고 있다.
- 유럽과 일본에서 꾸준한 사용자를 확보하고 있으며 우리나라의 경우 10대를 중심으로 사용자층이 다시 증가하고 있다.
- 엑스의 텍스트 광고는 엑스에서 가장 네이티브 광고에 가까운 상품이다.

2) 광고 지면

엑스의 광고 지면은 타임라인(Feed 또는 First View)과 트렌드 탭 두 곳이 있으며 해당 지면의 광고가 이미지이냐 동영상이냐, 노출형이냐 참여형이냐에 따라 광고 구매 방식 및 광고 상품이 달라진다.

▼ 타임라인

▼ 트렌드 탭

3) 광고 상품

투표, 대화형 버튼을 통한 참여 유도 콘텐츠와 '해시태그&해시패티'와 같은 광고주 맞춤형 광고 상품 등이 있다.

구매 방식	광고 상품	설명
경매형	기본형 (타임라인/트렌드 탭)	• 타임라인(Feed 또는 First View) 및 트렌드 탭 등에 텍스트, 이미지, 동영상을 활용하여 트윗처럼 제작 • 6장의 슬라이드도 가능하며 키워드 매칭을 통해 관련 트윗을 올린 사람들에게 광고 가능
	앰플리파이 프리롤 (Amplify Pre-roll)	동영상 콘텐츠를 시청하기 전에 15초~2분 20초 동영상 광고 노출(건너뛰기 가능)
	버티컬 비디오 광고	세로형 풀사이즈 영상광고로 노출 6~15초 권장(최대 2분 20초)
참여형	투표	2~4개의 맞춤 선택지에 투표하는 방식으로 참여 유도
	대화형 버튼	자동으로 입력되는 유저 참여 트윗으로, 유저가 대화형 버튼을 클릭한 이후 행동을 유도
전환형	웹카드 (다이내믹 프로덕트 광고)	이미지 광고 및 비디오 광고를 웹사이트 랜딩이 포함된 카드 형태로 변환한 상품
	웹카드(콜렉션 광고)	하나의 메인 이미지와 그 하단에 최대 5개의 작은 썸네일을 보여주는 쇼핑 광고
	앱카드	이미지/비디오 광고를 앱 설치 버튼이 포함된 카드 형태로 변환한 상품

일 고정 상품	타임라인 테이크오버	24시간 동안 홈 타임라인의 첫 화면 독점 동영상 광고
	트렌드 테이크오버	24시간 동안 트렌드 리스트 상단 독점 동영상 광고
	트렌드 테이크오버+	트렌드 탭 상단에 노출되는 광고
광고주 맞춤형고	앰플리파이 스폰서십 (Amplify Sponsorship)	동영상 시청 전 6초 이내의 짧은 동영상 노출 광고
	브랜드 알림	특정 액션을 취한 유저들을 대상으로 런칭 당일 자동으로 알림을 발송하는 API솔루션
	X–라이브	엑스의 이벤트 페이지를 활용하여 라이브 방송 송출
	해시태그&해시패티 (Hashfetti)	• 해시태그에 브랜드의 이모지를 부착하는 형태 • 해시패티는 브랜드의 이모지를 해시태그로 사용할 때 나타나는, 색종이 뿌리는(Confetti) 애니메이션 효과를 말함

4) 과금 방식

목표	과금 방식	설명
클릭	클릭당 과금(CPLC, Cost Per Link Click)	링크 혹은 웹사이트 카드를 클릭
참여	참여당 과금(CPE, Cost Per Engagement)	프로모션 트윗의 '참여'에 해당하는 클릭 또는 탭
팔로워	팔로워당 과금(CPF, Cost Per Follower)	프로모션 계정의 '팔로우' 클릭
도달	(1K)노출당 과금(CPM)	유저에게 노출되었을 때
동영상 조회	• 동영상 조회당 과금(CPV) • 3초/100% 조회당 과금(CPV) • 6초 조회당 과금(CPV) • 15초 조회 시 과금(CPM)	• 2초 이상 50% 뷰 재생 • 3초 이상 100% 뷰 재생 • 6초 이상 50% 뷰 재생(15초 이내 영상만) • (1K)노출당 과금(15초 이내는 조회 완료)
프리롤 조회	• 2초/50% 조회당 과금(CPV) • 3초/100% 조회당 과금(CPV) • 6초 조회당 과금(CPV) • 15초 조회(CPM)	• 2초 이상 50% 뷰 재생 • 3초 이상 100% 뷰 재생 • 6초 이상 50% 뷰 재생(15초 영상만) • 동영상 조회(15초 이내는 조회 완료)
앱 설치	• (1K)노출당 과금(CPM) • 앱 클릭당 과금(CPAC, Cost Per App Click)	• (1K)노출당 • 앱 클릭 시
앱 재참여	앱 클릭당 과금(CPAC, Cost Per App Click)	앱 클릭 시

1) 개요

- 세계 최대의 비즈니스 전문 소셜 미디어 플랫폼으로, 페이스북 등의 여타 소셜 네트워크와는 다르게 특정 업계 사람들이 서로 구인 구직, 동종업계 정보 팔로잉 등을 파악할 수 있는 서비스이다.
- 2016년 6월 13일 기준으로 262억 달러(31조 원)로 마이크로소프트에 인수됐으며 2023년 상반기 기준 9억 5,000만 명의 회원을 보유하고 있다.
- 회사 페이지나 브랜드 페이지를 등록하여야 광고를 진행할 수 있으며 직접 구인도 가능하다.
- 링크드인의 스폰서 메시지 광고는 네이티브 광고의 일종에 해당한다.

2) 광고 방식

- 링크드인은 '캠페인 → 캠페인 그룹 → 광고' 순으로 광고가 진행된다.
- 캠페인 목표는 인지도, 고려, 전환의 3가지로 설정할 수 있으며 세부 방법은 다음과 같다.

캠페인 목표	세부 방법	설명
인지도	브랜드 인지도	타겟 유저에 대해 가장 효율적인 가격에서 최대 광고 노출수로 광고 노출
고려	웹사이트 방문	사람들을 웹사이트의 랜딩 페이지, 블로그 포스트, 앱 등의 URL로 유도
	참여	콘텐츠 반응이 높을 것으로 예상되는 사람들에게 노출
	동영상 조회	동영상에 참여할 가능성이 가장 높은 유저로부터 동영상 광고 재생을 극대화
	메시지	많은 오디언스가 회사 계정에 메시지를 보내도록 유도
전환	리드 창출	링크드인 프로필 데이터가 미리 입력된 리드 양식을 사용하여 작성 가능성이 높은 사람들에게 표시
	웹사이트 전환	구입, 구매, 다운로드가 높아지도록 사용자 반응을 유도
	지원자 모집	회사 채용공고를 널리 알리는 데 사용

3) 광고 상품

광고 상품	설명	과금 방식
스폰서 콘텐츠 (Sponsored Content)	피드에 표시되는 프로모션성 게시물로 텍스트, 이미지, 비디오 또는 채용 공고 및 링크 등을 실을 수 있는 광고로 게시물 왼쪽 상단에 노출	CPM, CPC, CPV
텍스트 광고(Text Ads)	• 페이지 우측 또는 탑 배너에 표시되는 광고 • 광고주의 로고 같은 이미지를 포함할 수 있고 텍스트 광고를 클릭하면 웹사이트로 이동	CPM, CPC
스폰서 메시지 (Sponsored Messaging)	• 네이티브 광고의 일종으로서 회원들의 메시지 내에 표시되며 메시지 광고(Message Ads)와 대화 광고(Conversation Ads)가 있음 • 광고주가 선택한 세그먼트를 기반으로 회원이 사이트 내에서 활동 중일 때 데스크톱 및 모바일 장치에 메시지 광고와 대화 광고가 표시됨	CPA
다이내믹 광고	• 각각의 회원에 대해 동적으로 변화하는 개인화된 광고로 회원의 프로필 사진, 이름, 직무 등을 사용 • 각 회원은 자신의 맞춤화된 정보를 볼 수 있으며, 회원 프로필 정보는 다른 회원에게 표시되지 않음	CPM, CPC (PC 전용 상품)

04 아프리카 TV(숲, SOOP)

1) 개요

- 인터넷 PC통신 서비스 나우누리가 2006년부터 시작한 개인방송 전문 플랫폼으로 인수와 합병을 거쳐 현재 아프리카 TV의 모습을 갖추었다.
- 유튜브와 트위치의 등장으로 시장 점유율을 잃었으나 트위치의 한국시장 철수와 꾸준한 업데이트를 거쳐 제2의 전성기를 맞고 있으며 2024년 글로벌 진출을 선언하며 회사명을 숲(SOOP)으로 바꾸었다.

2) 광고 방식

- 아프리카TV는 AfreecaTV Ads Manager(AAM)라는 광고 시스템을 통해 직접 광고 집행이 가능하다.
- 사업자등록증과 통장 사본을 업로드해야 가입 신청이 가능하며, 가입 신청 2~3일 후에 승인이 되며 아프리카TV에 직접 문의하여 광고를 진행하는 것도 가능하다.
- 캠페인 목적은 비디오 조회와 트래픽 중에서 선택할 수 있고 성별, 연령별, 관심사 등을 타겟팅할 수 있다.
- 광고 형식은 3가지 방식(입찰형, 구좌형, 직접 문의)으로 진행된다.

3) 광고 상품

형식	광고 상품	특징	최소입찰가	판매 방식
입찰형	PC/모바일 인스트림	• 콘텐츠 전/중/후 중에서 캠페인 효율 최적화에 맞는 위치로 자동 게재 • 노출 위치: PC, 모바일(선택 가능)	2,500원	비딩 CPM
	모바일 인스트림 커플 배너	• 하단 띠배너는 콘텐츠 방송 종료 전까지 유지되어 상시 노출되며, VOD 시청 시에는 광고 영상 종료 후에 리스트 배너로 유지되어 노출 • 노출 위치: 모바일	2,500원	비딩 CPM
	모바일 인스트림 풀 배너	• LIVE 프리롤, 미드롤에서 처음 풀 배너 형태로 노출되며, 닫기 클릭 시 커플 배너 형태로 유지되어 노출 • 노출 위치: 모바일	2,500원	비딩 CPM
	모바일 메인브랜딩	• 스킵 버튼 생성 없이 영상 종료 시까지 자동 재생(영상형의 경우 WiFi 환경에서 자동재생) • 노출 위치: 모바일	500원	비딩 CPM
	모바일 캐치 인피드	• 스킵 버튼 생성 없이 영상 종료 시까지 자동 재생 • 노출 위치: 모바일	500원	비딩 CPM
	모바일 커넥트 배너	노출 위치: 모바일	500원	비딩 CPM
	모바일 종료 배너	노출 위치: 모바일(AOS APP Only)	500원	비딩 CPM
	모바일 검색창 배너	노출 위치: 모바일	500원	비딩 CPM

	PC 서브 카테고리 배너	• 단독 이미지형/확장 이미지형/확장 동영상형 선택 가능 • 최초 축소형 이미지 배너 노출되며, 마우스오버 혹은 클릭 시, 확장형 사이즈 배너 노출 • 노출 위치: PC	1,000원	비딩 CPM
	PC 채팅창 팝업 배너	노출 위치: PC	500원	비딩 CPM
	PC 채팅창 타임 배너	• 1시간 단위 판매이며 0~10분 사이 랜덤 노출 • 확장형 사이즈 약 15초간 노출 후, 축소형 사이즈 배너 노출 후 소멸 • 노출 위치: PC/모바일(선택 불가, 동시 노출)	500원	비딩 CPM
	PC 플레이어 상단 배너	• 인스트림, PC 채팅창 팝업 배너와 함께 패키지로 진행 가능 • 노출 위치: PC	500원	비딩 CPM
	PC/모바일 방송국 배너	노출 위치: PC/모바일	100원	비딩 CPC
구좌형	모바일 인트로 배너	• 스킵 버튼 생성 없이 영상 종료 시까지 자동 재생(영상형 한정) • 노출 위치: 모바일	1일 고정 1,000만 원	선착순 구좌제
	PC 메인 브랜딩	스킵 버튼 생성 없이 영상 종료 시까지 자동 재생(영상형 한정) 노출 위치: PC	1일 고정 1,000만 원 0.5일 고정 500만 원	선착순 구좌제
	PC/모바일 로딩 대기화면 배너	클릭 불가 상품, 노출 위치: PC/모바일(선택 가능하나, 동시 노출 권장)	1주일 독점	선착순 구좌제
직접 문의	공식 방송 중간 광고	클릭 불가 상품		
	검색 키워드 광고/ 브랜드 검색 페이지	별도 협의		

05 라이브 커머스(Live Commerce)

1) 소셜 미디어와 쇼핑의 결합

- 소셜 미디어의 발달로 인해 TV로 보던 홈쇼핑이 라이브 커머스라는 이름으로 손바닥 안으로 들어왔다.
- 채팅으로 소비자와 소통하면서 상품을 소개하는 스트리밍 방송인 라이브 커머스의 가장 큰 특징은 '상호 소통'이다.
- 생방송이 진행되는 동안 이용자들은 채팅을 통해 진행자, 혹은 다른 구매자와 실시간 소통할 수 있다.

2) 라이브 커머스의 시장 상황

• 라이브 커머스가 가장 활성화된 국가는 중국으로 2023년 중국 라이브 커머스 거래액은 4,795억 달러(약 630조 원)로, 전체 전자상거래 시장의 16.5%를 차지했다.

• 미국은 2021년 110억 달러에서 2023년 260억 달러로 2배 이상 성장하고 있으며 최근에는 아마존도 라이브 커머스 시장에 진출했다.

• 우리나라 역시 꾸준히 성장해서, 2023년 국내 라이브 커머스 시장 규모는 전년 대비 45% 성장한 3조 원, 조회수는 18억 회에서 37억 회로 약 2배 이상 증가했다.

• 유튜브와 틱톡의 쇼핑 사업 진출, 인스타그램 역시 쇼핑 기능을 강화할 것으로 보여 향후 주요 플랫폼 중심으로 재편될 가능성이 높다.

• 실제로 중국의 인스타그램이라고 불리는 샤오홍슈(小红书, Xiaohongshu)는 소셜 미디어에 쇼핑 기능을 추가하여 커머스 플랫폼의 가능성을 보여준 사례로 평가되고 있다.

3) 주요 라이브 커머스 플랫폼

• 최초의 라이브 커머스 업체인 그립이 카카오에 인수되고 배민라이브가 서비스를 종료하는 등 업체별 실적에 희비가 엇갈리면서 주요 플랫폼 중심으로 재편 움직임을 보인다.

• 방문자가 많은 메타, 유튜브, 카카오, 네이버 등 주요 플랫폼과 라이브 커머스 대국인 중국에서 만든 틱톡, 한국의 아마존으로 불리는 쿠팡 등을 중심으로 라이브 커머스 거래 규모가 지속적으로 확대될 것으로 보인다.

• 각 플랫폼의 수익 구조는 현재 3~10%의 판매 수수료 수준이지만, 향후 사용자가 늘어나면서 소셜 미디어 광고 시스템을 기반으로 하는 광고 상품을 개발할 것으로 보인다.

01 틱톡은 중국의 바이트댄스가 만든 SNS이다. ○ ✕

02 틱톡은 중국 본토에서도 사용할 수 있다. ○ ✕

03 틱톡의 탑뷰는 추천 피드에 노출되는 비디오 광고이다. ○ ✕

04 틱톡의 브랜드 테이크오버는 앱을 열었을 때 가장 먼저 보이는 전면 광고로 최대 60초 ○ ✕
까지 지원한다.

05 틱톡의 브랜드 테이크오버는 이미지 광고도 가능하다. ○ ✕

06 틱톡의 인피드 광고는 광고 종료 후 계정 내 영상 유지가 가능하다. ○ ✕

07 틱톡의 브랜드 해시태그 챌린지는 규모 있는 UGC를 만들어 내며 브랜드를 팔로우하는 ○ ✕
데 도움이 된다.

08 틱톡의 광고는 틱톡 비즈니스 스위트를 통해 관리가 가능하다. ○ ✕

09 엑스의 타임라인 테이크오버는 24시간 동안 홈 타임라인의 첫 광고 지면을 독점하는 동 ○ ✕
영상 광고이다.

10 엑스의 웹카드 콜렉션 광고는 메인 이미지와 그 하단에 최대 5개의 작은 썸네일을 보여 ○ ✕
주는 쇼핑 광고이다.

11 엑스의 텍스트 광고는 엑스에서 가장 네이티브 광고에 가까운 상품이다. ○ ✕

12 엑스의 팔로워 광고는 CPV 방식으로만 과금된다. ○ ✕

13 링크드인은 마이크로소프트에서 운영하는 세계 최대의 비즈니스 전문 SNS이다. ○ ✕

14 링크드인의 스폰서 메시지 광고는 네이티브 광고의 일종에 해당하는 형태이다. ⊙ ✕

15 링크드인은 캠페인 → 캠페인 그룹 → 광고 순으로 광고가 진행된다. ⊙ ✕

정답
01 ○	02 ✕	03 ✕	04 ✕	05 ○
06 ○	07 ○	08 ✕	09 ○	10 ○
11 ○	12 ✕	13 ○	14 ○	15 ○

해설 02 틱톡은 중국 본토에서는 사용이 불가능하며 '더우인'이라는 별도의 앱을 사용해야 한다.
03 틱톡의 탑뷰는 사용자가 앱을 열 때 처음 보이는 광고이다.
04 틱톡의 브랜드 테이크오버의 최대 길이는 5초이다.
08 틱톡 광고는 틱톡 포 비즈니스를 통해 관리 가능하다.
12 엑스 팔로워 광고는 팔로워당 과금(CPF, Cost Per Follower) 방식이다.

01 소셜 미디어의 광고 설정 방식은 대부분 유사하다. 다음 중 광고 설정 방법에 포함되지 않는 단계는?

① 캠페인 설정
② 광고그룹 설정
③ 콘텐츠 설정
④ 광고 설정

02 소셜 미디어는 대부분 글로벌 플랫폼이다. 다음 중 국적이 다른 플랫폼은?

① 스레드
② 틱톡
③ 왓츠앱
④ 스냅챗

03 다음 중 틱톡의 캠페인 목표로 적합하지 않은 것은?

① 판매
② 인지도
③ 관심 유도
④ 전환

04 다음 중 엑스에 대한 설명으로 옳지 않은 것은?

① 최근 일론 머스크가 인수하였다.
② 원래 명칭은 트위터였다.
③ 대표적인 숏폼 비디오 플랫폼이다.
④ 메타의 스레드와 유사한 텍스트 기반 소셜 미디어이다.

05 다음 중 링크드인에 대한 설명으로 옳지 않은 것은?

① 세계 최대의 비즈니스 전문 소셜 미디어 플랫폼이다.
② 특정 업계 사람들이 서로 구인 구직, 동종 업계 정보 팔로잉 등을 파악할 수 있는 서비스다.
③ 캠페인 → 캠페인 그룹 → 광고 순으로 광고가 진행된다.
④ 광고의 랜딩 페이지 링크는 URL, 애드뷰, 비즈니스폼 등 다양하게 사용할 수 있다.

06 다음 중 소셜 미디어 플랫폼과 해당 광고 시스템 명칭의 연결로 옳지 않은 것은?

① 메타 – 메타 비즈니스 스위트
② 틱톡 – 틱톡 포 비즈니스
③ 카카오톡 – 카카오 포 비즈니스
④ 네이버 밴드 소셜 광고 – 밴드 파트너센터

07 다음 중 엑스의 광고 상품이 아닌 것은?

① 풀스크린 광고
② 버티컬 비디오 광고
③ 콜렉션 광고
④ 트렌드 테이크 오버

08 다음 중 틱톡의 광고 네트워크를 부르는 명칭은?

① Playable
② GDN
③ Audience Network
④ Pangle

09 엑스의 노출 광고 지면은 크게 두 가지로 나눌 수 있다. 그 명칭이 올바른 것은?

① 피드와 검색
② 메인 페이지와 서브 페이지
③ 채팅 탭과 콘텐츠 탭
④ 타임라인과 트렌드

10 다음은 링크드인의 광고 상품에 대한 설명이다. 광고 상품의 이름은?

- 각 회원에 대해 동적으로 변화하는 개인화된 광고로 회원의 프로필 사진, 이름, 직무 등을 사용
- 각 회원은 자신의 맞춤화된 정보를 볼 수 있으며, 회원 프로필 정보는 다른 회원에게 표시되지 않음

① 다이내믹 광고
② 스폰서 메시지
③ 텍스트 광고
④ 스폰서 콘텐츠

정답 & 해설

01 ③	02 ②	03 ①	04 ③	05 ④
06 ③	07 ①	08 ④	09 ④	10 ①

01 ③
소셜 미디어의 광고 만드는 순서는 '목표 설정 → 캠페인 설정 → 광고그룹 설정 → 광고 설정'이다. 콘텐츠 설정은 광고와 상관없다.

02 ②
틱톡은 중국이 만든 세계적인 플랫폼이다.

03 ①
틱톡의 캠페인 목표는 인지도, 관심 유도, 전환이다. 판매는 메타의 캠페인 목표 중 하나에 해당한다.

04 ③
대표적인 숏폼 비디오 플랫폼은 틱톡이다.

05 ④
링크드인의 광고는 회사 페이지나 브랜드 페이지를 등록하여야 광고를 진행할 수 있다.

06 ③
카카오톡의 광고 시스템 명칭은 카카오 모먼트이고, 채널 관리, 검색광고 등을 모두 관리할 수 있는 허브 플랫폼 이름은 카카오 비즈니스이다. 따라서 카카오 포 비즈니스라는 명칭은 옳지 않다.

07 ①
풀스크린 광고는 네이버 밴드 광고 상품이다.

08 ④
팽글(Pangle)은 틱톡의 광고 네트워크로 인공지능을 통해 광고 사이즈가 해당 앱 크기에 자동으로 맞추어 노출된다.

09 ④
엑스의 광고 지면은 타임라인과 트렌드 두 곳이 있으며 해당 지면의 광고가 이미지이냐 동영상이냐, 노출형이냐 참여형이냐에 따라 광고 구매 방식 및 광고 상품이 달라진다.

10 ①
오답 피하기

- ②: 네이티브 광고의 일종으로서 회원들의 메시지 내에 표시되며 메시지 광고(Message Ads)와 대화 광고(Conversation Ads)가 있다.
- ③: 페이지 우측 또는 탑 배너에 표시되는 광고로 광고주 로고 등의 이미지를 포함할 수 있고 텍스트 광고를 클릭하면 웹사이트로 이동한다.
- ④: 피드에 표시되는 프로모션성 게시물로 텍스트, 이미지, 비디오 또는 채용 공고 및 링크 등을 실을 수 있는 광고로 게시물 왼쪽 상단에 노출된다.

PART
03

시행처 공개문제

학습 방향

- 시행처로부터 문제를 제공받아 수록하였습니다.
- 검색광고마케터 1급 자격시험은 2021년부터 비공개로 진행되고 있으며, 공개된 기출문제 중 최신 3회분 기출문제를 수록하였습니다. 실제 시험이 어떻게 출제되었는지 확인해 보세요.

문제수 및 배점 & 합격 기준

- 객관식: 40문제 × 1.5점 = 60점
- 단답식: 20문제 × 2.0점 = 40점
- 총점 70점 이상
- 유형별 각 점수 40% 미만 시 과락(불합격)

SNS광고마케터 1급 시행처 공개문제 A형

시험 일자	문항 수(소요 시간)	감독위원 확인
년 월 일	총 80문항(100분)	(비대면온라인)

수험번호 : _____

성   명 : _____

정답 및 해설 ▶ 310쪽

<1과목> SNS의 이해

01 다음 중 소셜 미디어와 매스미디어에 대한 설명으로 옳지 않은 것은?

① 매스미디어가 소셜 미디어보다 사용자에게 도달 범위가 작다.

② 매스미디어는 일방향적 소통이지만 소셜 미디어는 양방향 소통이 가능하다.

③ 소셜 미디어는 블로깅과 퍼블리싱 네트워크도 포함한다.

④ 소셜 미디어는 기술이 발전할수록 다양한 플랫폼이 생성되고 있다.

02 다음 중 소셜 미디어가 매스미디어에 비해 우위를 점하고 있는 요소가 아닌 것은?

① 사회적 관계

② 정보의 공유

③ 인맥 형성

④ 대량의 메시지 전달

03 다음 소셜 미디어 중 짧은 포맷의 영상 콘텐츠를 업로드하는 플랫폼 중 하나로 중국의 기업이 만든 것은?

① 인스타그램

② 유튜브

③ 틱톡

④ 페이스북

04 다음 중 소셜 미디어 마케팅의 범주에 포함되지 않는 것은?

① SMM(Social Media Management) 마케팅

② Paid Ads(광고) 마케팅

③ 콘텐츠 마케팅

④ SEO(Search Engine Optimization)

05 다음 중 소셜 네트워크 서비스의 종류로 분류하기 어려운 서비스는?

① 네이버 밴드

② 카카오스토리

③ 소셜 다이닝

④ 링크드인

06 다음 중 소셜 마케팅 전략을 통해 비즈니스가 가질 수 있는 이점이 아닌 것은?

① 브랜드 인지도 향상
② 새로운 고객 확보의 기회 제공
③ 검색 SEO 최적화
④ 마케팅 비용 절감

07 다음 중 기업에서 소셜 미디어 도입과 관련해서 부정적 피드백(댓글)의 폐해가 걱정될 시 생각할 수 있는 '소셜 미디어 대응 프로세스'가 아닌 것은?

① 감정(Assessment)
② 평가(Evaluate)
③ 대응(Respond)
④ 보고(Report)

08 다음 중 마케팅에서 제품/서비스를 사용할 핵심 고객(타겟)을 이해하기 위해 가상의 고객(타겟)을 정의하는 방법을 나타내는 용어로 배우들이 쓰던 가면을 가리키는 단어에서 유래된 것은?

① 페르소나
② 세그먼트
③ 프로모션
④ 포지셔닝

<2과목> SNS 광고 마케팅

09 다음 중 메타 비즈니스 광고 캠페인 준비 사항에 대한 설명으로 옳지 않은 것은?

① 인스타그램 지면에만 광고 노출을 원하는 경우 페이스북 페이지 없이 비즈니스 관리자를 통해 세팅하면 된다.
② 인스타그램의 공개 콘텐츠 중 '슬라이드형' 게시물을 이용해서 '브랜드 인지도 증대' 목표로 광고를 진행할 수 있다.
③ 매출을 위해 전환 캠페인을 세팅하기 위해서는 페이스북 전환 이벤트 준비가 필요하다.
④ 앱 설치 캠페인을 위해서는 페이스북 앱 등록 없이 진행할 수 없다.

10 다음에서 설명하는 캠페인 세팅 시 적절한 전략은 무엇인가?

> 고객이 신제품의 브랜드 인지도 증대를 위해 TV CF를 제작하였다. 해당 브랜드의 비즈니스 목표는 조회수 극대화가 필요하므로 동영상 조회수 목표 캠페인이 적합하다고 판단하였다. 이 브랜드는 자동 노출 위치를 사용해서 CPV 효율성 확보를 하려고 한다.

① 최근 스토리형 세로형 영상이 인기가 많으므로 (9:16) 동영상만 사용한다.
② 페이스북 노출 지면과 인스타그램 지면에 적합한 1:1 비율의 동영상을 제작한다.
③ 자동 노출 위치 및 자산 맞춤 설정을 사용하고 노출 위치별로 다양한 화면 비율을 사용한다.
④ Messenger 스토리는 9:16 비율보다 1:1 비율이 적합하다.

11 다음 중 메타의 광고가 오프라인에서 발생하는 매출에 대한 영향력을 측정하고 싶다면 Meta Business Suite에서 어떠한 기능 활용을 고려해야 하는가?

① Meta 픽셀
② Meta SDK
③ 브랜드 사의 로열티 프로그램
④ Meta 오프라인 전환 API 기능

12 다음 중 Meta Business Suite에서 커머스 관리자에서 진행 가능한 마케팅 솔루션이 아닌 것은?

① 트래픽 광고
② 쿠폰
③ 라이브쇼핑
④ 어드밴티지+ 카탈로그 광고

13 1st party data와 핵심 타겟을 조합해서 타겟팅하고 있는 온라인 소매업체가 있다. CPA가 상승하는 반면, 거래량이 늘지 않는 상황이라면 다음 중 어느 전략이 적합한가?

① 판매 캠페인 선택, 유사 타겟팅
② 판매 캠페인 선택, 맞춤 타겟팅
③ 트래픽 캠페인 선택, 관심사 기준 타겟팅
④ 트래픽 캠페인 선택, 웹사이트 리타겟팅

14 다음 중 광고 캠페인 진행 시 Meta 픽셀을 통해 활용할 수 있는 이점이 아닌 것은?

① 캠페인을 측정하기 위한 지표를 파악하고 설정한다.
② 광고를 노출하기에 알맞은 타겟을 생성한다.
③ 캠페인을 통해 유입된 사용자의 행동을 분석한다.
④ 광고 전환 최적화를 통한 성과를 증대시킨다.

15 다음에서 메타의 광고 노출 지면 중 Audience Network 보상형 동영상 노출이 어려운 캠페인 목표는 무엇인가?

① 인지도
② 트래픽
③ 잠재고객
④ 참여

16 다음 중 페이스북 비즈니스 광고의 머신러닝을 설명하는 내용으로 가장 적절한 것은?

① 머신러닝으로 입찰 구매와 미디어 플래닝 등을 모두 처리할 수 있다.
② 머신러닝은 알고리즘과 예측 분석을 통해 최적의 입찰가로 적합한 타겟을 찾는다.
③ 머신러닝은 클라이언트 비즈니스의 목표를 캠페인 목표에 맞게 자동으로 설정해 준다.
④ 위 3가지 모두 적합하지 않다.

17 다음 중 머신러닝의 중요한 요소인 캠페인의 유동성이 최적의 상태로 설정되었을 때, 예상되는 이점이 아닌 것은?

① 캠페인 목표를 정하는 단계에서 어떤 목표로 최적화할지 결정할 수 있다.
② 머신러닝을 통해서 캠페인의 새로운 타겟을 파악하는 데 도움을 얻을 수 있다.
③ 머신러닝을 통해 웹사이트에 방문 가능성이 큰 핵심 타겟의 데이터를 얻을 수 있다.
④ 타겟 A/B 테스트를 통해 예산 분배 예측치를 파악할 수 있다.

18 다음 중 광고 에이전시에서 연령, 인구통계에 대한 메타 사용자의 집계 정보를 포함하여 페이스북 페이지와 인스타그램을 팔로우한 타겟에 대해 확인 가능한 메타의 도구는?

① 캠페인 플래너
② 라이브 대시보드
③ 인사이트
④ 광고 관리자

19 다음 중 메타 비즈니스 스위트(Meta Business Suite) 광고 관리자에서 캠페인 실적을 파악하기 위해 사용할 수 있는 '측정 방법' 및 '지표'를 나타내는 용어가 아닌 것은?

① Conversion Rate
② Audience Network
③ 결과당 비용
④ 성과 및 클릭

20 다음 중 Meta Business Suite 기능 및 설명으로 옳지 않은 것은?

① Meta Business App Family 광고 운영 및 추적
② 페이스북 페이지, 광고 계정 등의 자산 관리
③ 비즈니스 관리 지원을 위해 대행사나 마케팅 파트너 추가
④ 소셜 미디어의 특성상 쇼핑몰 관리 기능은 제공하지 않음

21 다음 중 다양한 광고 세트를 시나리오별로 구성하여 캠페인의 성과를 극대화하고자 할 때, 예산 전략 방안으로 가장 적절한 것은?

① 어드밴티지 캠페인 예산을 활용해 광고 세트들이 전반적으로 목표에 맞게 예산이 배분되도록 최적화한다.
② 캠페인의 각 광고 세트에 동등하게 예산 분배한다.
③ 성과가 가장 좋을 것 같은 광고 세트에 예산을 가장 높게 할당한다.
④ 광고 기간에 수동으로 광고 세트를 ON/OFF한다.

22 다음 중 Meta Business Suite에서 제공하는 노출 위치 자산 맞춤화에 대한 설명으로 옳지 않은 것은?

① 메타와 연결된 미디어 라이브러리를 통해 이미지를 제공한다.

② 자산 맞춤화를 사용하면 이미지를 동영상으로 만들 수도 있다.

③ 노출 위치에 따라 이미지를 자르거나 수정할 수 없다.

④ 노출 위치별로 사용된 이미지 또는 텍스트는 변경할 수 있다.

23 다음 중 크리에이티브의 유연성을 제공하기 위해 메타 비즈니스 솔루션의 기능 중 다이내믹 크리에이티브와 다이내믹 언어 최적화의 설명으로 옳지 않은 것은?

① 다이내믹 크리에이티브 기능을 이용해 타겟에게 크리에이티브 성과를 비교할 수 있다.

② 여러 타겟을 대상으로 어떤 크리에이티브가 가장 효과적인지 테스트할 수 있다.

③ 글로벌 캠페인 시 고객의 기본 언어에 맞게 문구를 자동으로 번역한다.

④ 다이내믹 언어 최적화는 모든 노출 위치에 자동 번역을 지원한다.

24 약 6개월 전에 전환 픽셀 스크립트 설치를 완료한 온라인 커머스몰이 있다. 몰의 매출 증가를 위해 가장 적절한 캠페인 목표와 최적화 기준은 무엇일까?

① 판매 캠페인 목표 및 가치 최적화 기준

② 판매 캠페인 목표 및 일일 고유 도달 최적화 기준

③ 트래픽 캠페인 목표 및 랜딩 페이지 조회 최적화 기준

④ 트래픽 캠페인 목표 및 링크 클릭 최적화 기준

25 Meta Business Suite는 크리에이터와 퍼블리셔가 콘텐츠를 수익화할 수 있는 기능을 제공한다. 사용할 수 없는 수익화 도구는 무엇인가?

① Meta에서 광고 형태로 제공하는 프리롤 광고가 삽입된 인스트림 광고

② 지역 차단 관리 설정이 되어있는 페이스북 인스트림 광고

③ 여러 언어로 제공되는 페이스북 인스트림 광고

④ 라이브 방송의 인스트림 광고

26 다음 중 Meta Business Suite 앱 패밀리의 커뮤니티 규정의 목표와 가치가 아닌 것은?

① 콘텐츠의 진실성 보장을 위한 허위 계정 생성 차단

② 사람의 존엄성과 권리 보장을 위해 괴롭힘과 모욕적인 콘텐츠 차단

③ 개인정보와 사생활 보호를 위한 개인정보 보호 기능 제공

④ 표현의 자유를 위해서 개인 뉴스는 제한 없이 자유롭게 보장

27 다음 중 메타의 광고 시스템에서 차단할 수 있는 콘텐츠 카테고리가 아닌 것은?

① 혐오 콘텐츠

② 성인용 콘텐츠

③ 구인 · 구직 콘텐츠

④ 참사 및 분쟁 콘텐츠

28 다음 중 Meta의 앱 패밀리(광고 노출 지면)에 가장 낮은 비용으로 광고를 최적화하기 위한 자동 게재 위치 사용의 장점으로 옳지 않은 것은?

① 동일한 예산으로 더 많은 전환 결과를 얻을 수 있다.

② 캠페인의 광고가 페이스북 앱 패밀리 전반에 걸쳐 노출된다.

③ 동일한 예산으로 더 많은 타겟에게 도달할 수 있다.

④ 광고 게재 위치를 세밀하게 제어할 수 있다.

29 다음 중 메타의 비즈니스 광고와 연관되어 비즈니스 성장을 위해 고객에게 노출할 수 있는 앱에 대한 설명으로 옳지 않은 것은?

① Facebook은 비즈니스 페이지를 통해 광고할 수 있다.

② Instagram은 사진과 동영상을 공유하며 영감을 얻고 새로운 관계를 만들어나갈 수 있다.

③ Messenger를 통해 더 많은 신규고객 확보가 가능하다.

④ WhatsApp은 전 세계에서 가장 많은 사용자를 보유한 메신저로 한국에서도 효과적인 광고 매체이다.

30 다음 중 비즈니스 목표를 설정하기 위한 질문으로 적절한 예시가 아닌 것은?

① 캠페인에 대한 수치적/정량적 목표치와 달성 시기

② 신규 캠페인을 위한 광고 크리에이티브 유무

③ 이전 마케팅 활동에 대한 히스토리와 성공 여부

④ 새로운 주요 경쟁 업체로 인한 시장 변화 유무

31 다음 중 캠페인을 위해 무엇을 노력해야 하는지를 정확하게 알 수 있도록 잘 정의된 비즈니스 목표는?

① 20~30 여성 타겟으로 TV CF 광고 영상 제작
② 작년 4분기 대비 브랜드 사이트 회원가입 수 증대
③ 내년 1분기까지 금년 4분기 대비 동일한 광고 비용으로 ROAS 350% 달성
④ 충성고객 증대를 위해 앱을 개발

32 다음 중 비즈니스 광고 관리자에서 캠페인을 신규로 세팅할 때, 광고 세트 수준에서 선택할 수 없는 것은?

① 광고 추적 옵션
② 광고 노출 위치 설정 옵션
③ 광고 타겟팅(핵심 타겟, 유사 타겟, 맞춤 타겟) 옵션
④ 광고 예산 및 일정 옵션

33 다음 중 광고 목표에 따라 이용 가능한 광고 게재 최적화 방법으로 옳지 않은 것은?

① 광고 상기도 성과 증대: 최대한 많은 사람이 광고를 본 것을 기억하도록 게재
② 도달: 타겟에게 광고를 최대한 여러 번 게재
③ 랜딩 페이지 조회: 웹사이트 또는 인스턴스 경험(캔버스)을 읽어 들일 가능성이 큰 타겟에게 광고를 게재
④ 앱 이벤트: 특정 액션을 1회 이상 취할 가능성이 가장 높은 타겟에게 광고 게재

34 다음 중 메타 비즈니스 광고의 일반적인 방식으로 가장 적합한 것은?

① CPC(Cost Per Click)
② CPM(Cost Per Mille)
③ oCPM(optimize Cost Per Mille)
④ CPA(Cost Per Action)

35 다음 중 Meta 비즈니스 광고의 타겟팅 방식에 대한 설명으로 옳지 않은 것은?

① 핵심 타겟: 연령/관심사/지역 등의 기준에 따라 타겟을 정의하고 타겟
② 맞춤 타겟: 온라인이나 오프라인에서 비즈니스에 반응을 보인 타겟
③ 유사 타겟: 소스 타겟을 기준으로 유사 유저를 타겟으로 생성
④ 특별 광고 타겟: 고객 데이터를 기반으로 광고 카테고리 상관없이 사용이 가능한 타겟

36 다음 중 비즈니스 설정에서 데이터 소스에 포함된 메뉴 항목이 아닌 것은?

① 카탈로그
② 도메인
③ 맞춤 전환
④ 픽셀

37 다음 중 YouTube(이하 유튜브) 최초 건너뛰기(Skip, 스킵)가 가능한 동영상 광고로, 조회 가능성이 큰 시청자에게 광고를 게재하는 방식의 광고 상품은 무엇인가?

① 건너뛸 수 있는 인스트림 광고(Skippable In-stream Ads)
② 범퍼 애드(Bumper Ad)
③ 인피드 동영상 광고(구, 트루뷰 비디오 디스커버리)
④ CPM 마스트헤드(Masthead)

38 다음 중 건너뛸 수 있는 인스트림 광고에서 영상을 시청하는 과정에서 노출되는 광고에 적용되는 가장 일반적인 과금 방식은 무엇인가?

① CPC(Cost Per Click)
② CPA(Cost Per Action)
③ CPM(Cost Per Mille)
④ CPV(Cost Per View)

39 다음 중 건너뛸 수 있는 인스트림 광고 노출 시 건너뛰기 버튼이 노출되는 시점으로 알맞은 것은?

① 3초 후
② 5초 후
③ 7초 후
④ 10초 후

40 다음 중 영상 길이 1분(60초) 짜리로, 건너뛸 수 있는 인스트림 광고 집행 시 과금이 되는 시점으로 옳은 것은?

① 10초 시청
② 20초 시청
③ 30초 시청
④ 60초 시청 완료

41 다음 중 건너뛸 수 있는 인스트림 광고가 노출되는 위치로 옳은 것은?

① 유튜브 홈 피드
② 유튜브 검색 결과
③ 유튜브 영상 시청 페이지
④ 유튜브 영상 시청 페이지 하단

42 다음 중 건너뛸 수 있는 인스트림 광고의 과금 유형으로 옳지 않은 것은?

① 영상 내 랜딩 URL 클릭 시
② 건너뛰기 버튼 클릭 시
③ 컴패니언 배너 클릭 시
④ CTA(Call To Action)

43 다음 중 건너뛸 수 있는 인스트림 광고에서 15초 영상 소재를 사용할 경우 과금 시점으로 알맞은 것은?

① 5초 시청 시
② 7초 시청 시
③ 10초 시청 시
④ 15초 시청 완료 시

44 다음 중 건너뛸 수 있는 동영상 광고 집행 시 허용되는 영상 소재 길이로 적합한 것은?

① 15초 미만
② 30초 미만
③ 60초 미만
④ 제한 없음

45 다음 중 건너뛸 수 있는 동영상 광고의 최소 CPV 입찰 단가로 적합한 것은?

① 50원   ② 100원
③ 없음   ④ 200원

46 다음 중 구글의 광고 프로그램인 구글애즈(Google Ads)에서 할 수 없는 광고는 무엇인가?

① 유튜브 동영상 광고
② 구글 앱 광고
③ 구글 디스플레이 광고
④ 유튜브 라이브 스트리밍

47 다음 중 건너뛸 수 있는 광고 집행 시 광고 영상 소재를 등록해야 하는 위치로 옳은 것은?

① 구글애즈(Google Ads) 광고 탭
② 유튜브 채널
③ 홈페이지
④ SNS 페이지

48 다음 중 인피드 동영상 광고의 과금 방식으로 옳은 것은?

① 썸네일 or 텍스트 클릭 후 영상을 30초 이상 시청 시
② 썸네일 or 텍스트 클릭 후 영상을 5초 이상 시청 시
③ 썸네일 or 텍스트 클릭 후 광고가 로드된 경우
④ 광고 영상 공유, 좋아요, 댓글, 구독 클릭 시

49 다음 중 인피드 동영상(트루뷰 디스커버리) 광고 클릭 시 연결되는 곳은?

① 광고 영상 시청 페이지
② 기업 홈페이지
③ 기업 SNS 채널
④ 기업 이벤트 페이지

50 다음 중 건너뛸 수 있는 인스트림 광고 시 사용하는 컴패니언 이미지 배너의 크기로 적합한 것은?

① 300×50   ② 300×60
③ 300×100   ④ 486×80

51 다음 중 조회율(View Rate)에 대해 올바르게 설명한 것은?

① 광고를 건너뛴 시청자 비율
② 광고 노출 대비 클릭 비율
③ 광고 노출 대비 조회 비율
④ 광고 노출 대비 시청 완료 비율

52 다음 중 동영상 광고가 시작된 이후 15초 건너 뛰기가 불가한 광고 상품은 무엇인가?

① 건너뛸 수 없는 인스트림 광고
② 건너뛸 수 있는 인스트림 광고
③ 건너뛸 수 있는 비디오 디스커버리 광고
④ 범퍼 애드

53 다음 중 유튜브 채널 내 영상 조회수가 카운팅 되지 않는 광고는 무엇인가?

① 건너뛸 수 있는 인스트림 광고
② 건너뛸 수 없는 인스트림 광고
③ 건너뛸 수 있는 비디오 디스커버리 광고
④ 정답 없음

54 다음 중 건너뛸 수 있는 인스트림 광고 집행 시 노출수 100,000회, 조회수 20,000회인 영상 의 조회율로 옳은 것은?

① 20%   ② 2%
③ 0.2%   ④ 10%

55 다음 중 6초 범퍼 애드의 과금 방식은 무엇인 가?

① CPC   ② CPV
③ CPD   ④ CPM

56 다음 중 범퍼 애드의 작동 방식 설명으로 옳지 않은 것은?

① 최대 6초의 건너뛸 수 없는 동영상 광고
② 범퍼 애드 집행 시 영상 조회수는 증가하지 않음
③ 입찰 방식으로 CPM 또는 CPC 선택 가능
④ 효과적인 인지도 및 도달 확대 등의 목표달 성 가능

57 다음 중 유튜브 동영상 광고가 게재되지 않는 곳은?

① 구글 디스플레이 네트워크 동영상 파트너
② 구글 검색 결과
③ 유튜브 영상 시청 페이지
④ 유튜브 홈 피드(첫 화면)

58 다음 중 개별 시청자에게 특정 순서로 광고를 게재하여 내 제품 또는 브랜드 스토리를 전달하 는 방식은 무엇인가?

① 아웃스트림
② 광고 시퀀스
③ 디렉터 믹스
④ 광고 균등 게재

59 다음 중 유튜브 광고 검수 소요 시간은?

① 대부분의 광고는 영업일 기준 1일(24시간) 이내 검토 완료
② 대부분의 광고는 영업일 기준 1시간 이내 검토 완료
③ 대부분의 광고는 영업일 기준 12시간 이내 검토 완료
④ 대부분의 광고는 영업일 기준 2일(48시간) 이내 검토 완료

60 다음 중 두 개 연속으로 게재되는 동영상 광고가 허용되는 유튜브 내 영상 콘텐츠의 길이는?

① 1분 이상
② 3분 이상
③ 5분 이상
④ 영상 길이와 상관없음

61 다음 중 유튜브 광고가 불가한 동영상 등록 상태는 무엇인가?

① 유튜브 채널 내 '일부 공개' 상태
② 유튜브 채널 내 '공개' 상태
③ 유튜브 채널 내 '비공개' 상태
④ 해당 사항 없음

62 다음 중 유튜브 광고 시 동일 유저에게 반복적으로 광고가 노출되는 것을 최소화하기 위해 적합한 최적화 방법은 무엇인가?

① 광고 게재 빈도 설정을 통한 인당 광고 노출수 제한
② 광고 게재 방식을 빠른 게재에서 일반 게재로 변경
③ 광고 게재 방식을 일반 게재에서 빠른 게재로 변경
④ 광고 타겟팅 2개 이상 설정

63 다음 중 유튜브 리마케팅 목록에서 설정할 수 있는 초기 목록 크기는?

① 7일
② 14일
③ 30일
④ 60일

64 다음 중 중복 시청을 최소화하고 순시청자를 최대한 늘리려는 방법은?

① 광고 예약 기능을 통해 특정 시간대만 광고 노출
② 광고 게재 빈도 설정
③ 광고 입찰가 최소화
④ 광고 일반 게재 설정

65 다음 중 목표 타겟 도달 범위 및 예산별 적합한 광고 포맷과 상품 조합 등이 가능한 구글애즈 내 플래닝 도구(Tool)는 무엇인가?

① 크로스 미디어 인사이트(Cross Media Insight—XMI)

② 브랜드 리프트 서베이(BLS, Brand Lift Survey)

③ 도달 범위 플래너(Reach Planner)

④ 유튜브 서치 업리프트 리포트(YouTube Search Uplift Report)

66 다음 중 유튜브 동영상 광고 게재 순위를 산정하는 데 포함되지 않는 요소는 무엇인가?

① CPV 입찰가

② 영상 조회율

③ 영상 클릭률

④ 영상 좋아요, 댓글, 공유 등의 수치

67 다음 중 유튜브 채널 광고 수익 창출 조건에 해당하지 않는 것은?

① 구독자 10,000명 초과

② 최근 12개월 간 유효 시청 시간 4,000시간 이상

③ 연결된 애드센스

④ 채널 커뮤니티 가이드 위반 경고 없음

68 다음 중 카카오 광고의 기본적인 과금 방식이 아닌 것은?

① CPC(Cost Per Click)

② CPA(Cost Per Action)

③ CPM(Cost Per Mille)

④ CPI(Cost Per Install)

69 다음 중 카카오 광고의 기본 타겟팅 방식이 아닌 것은?

① 키워드 타겟

② 카테고리 타겟

③ 지역 타겟

④ 리타겟팅 타겟

70 다음 중 광고가 게재되고 있지 않은 상황은 무엇인가?

① 광고 '승인' 상태

② 광고 '운영 중' 상태

③ 광고 '제한적 승인' 상태

④ 광고 '검토 중' 상태

71 다음 중 카카오에서 광고 반응 타겟 관리를 위해 수집할 수 있는 데이터가 아닌 것은?

① 동영상을 3초 이상 혹은 25% 이상 재생한 유저
② 광고의 클릭 영역 중에서 1곳이라도 클릭한 유저
③ 카카오 픽셀 & SDK로 전환이 수집된 유저
④ 쇼핑 카테고리에 카카오톡 채널을 추가한 유저

72 다음 중 카카오 광고에서 동영상 광고의 노출 위치가 아닌 것은?

① 카카오톡 콘텐츠 영역
② 다음 모바일 앱 뉴스 탭 영역
③ 카카오스토리 피드 영역
④ 카카오페이 메인 영역

73 다음 중 카카오 비즈보드의 특성이 아닌 것은?

① 카카오톡 채팅 리스트의 최상단에 위치한 배너이다.
② 캠페인 목표에 따라서 픽셀 또는 SDK를 설치하여 활용한다.
③ 여러 가지 랜딩 페이지를 만들 수 있다.
④ 동영상 광고가 가능하다.

74 다음 중 카카오 비즈보드의 노출 영역에 대한 설명으로 옳지 않은 것은?

① 카카오톡 채팅 최상단 영역만 노출할 수 없으며 카카오서비스에 동시 노출된다.
② 카카오버스, 카카오지하철, 카카오내비 등에 노출된다.
③ 다음(Daum) 영역에 노출된다.
④ URL, 포스트 랜딩 소재만 외부 네트워크 영역에 노출된다.

75 다음 중 밴드에 대한 설명으로 옳지 않은 것은?

① 월간 2,000만 명의 순이용자가 이용하는 국내 소셜 미디어 1위 매체이다.
② 남성과 여성의 비율이 8:2로 압도적으로 남성의 이용자가 많다.
③ 핵심 구매 연령인 30대~50대 이용자가 많다.
④ 페이스북, 인스타그램 이용자 대비 40대와 50대가 가장 많이 사용한다.

76 다음 중 밴드에서 집행이 가능한 디스플레이 광고 상품명이 아닌 것은?

① 풀스크린 광고
② 인터랙티브 광고
③ 네이티브 피드 광고
④ 스마트채널 광고

77 다음 중 네이버 밴드의 광고 상품별 과금 방식으로 적절하지 않은 것은?

① 풀스크린 광고는 광고 집행을 보장하는 보장형 광고이며 고정 가격이다.
② 네이티브 피드 광고와 스마트채널 광고는 입찰을 통하여 노출되는 성과형이다.
③ 네이티브 피드 광고는 CPM, CPC, CPV 과금을 사용할 수 있다.
④ 스마트채널 광고는 CPC 입찰 방식만 있다.

78 다음 중 네이버 밴드에서 앱 종료 시 노출되는 1일 1 광고주 단독 노출 상품으로 브랜드 인지 효과 및 클릭을 극대화할 수 있는 안드로이드 전용 상품은 무엇인가?

① 네이티브 광고
② 스마트채널 광고
③ 동영상 광고
④ 풀스크린 광고

79 다음 중 네이버 밴드 광고인 '네이티브 피드 광고'에 대한 설명으로 옳지 않은 것은?

① 리얼 타임 비딩 광고 상품이다.
② 최소 입찰가는 부가세를 포함하여 CPM 110원, CPC 11원, CPV 11원이다.
③ GFA를 통해서 진행할 수 있다.
④ 캠페인 목적은 웹사이트 트래픽만 가능하다.

80 다음 중 네이버 밴드 광고인 '네이티브 피드 광고'의 타겟팅 옵션에 대한 설명으로 옳지 않은 것은?

① 시간 및 요일 타겟팅이 가능하다.
② 성별 및 연령 타겟팅이 가능하다.
③ 윈도우와 맥 등 원하는 OS에 타겟팅이 가능하다.
④ 맞춤 타겟으로 광고주의 브랜드를 알고 있거나 접한 적이 있는 대상 타겟이 가능하다.

시험 일자	문항 수(소요 시간)	감독위원 확인
년 월 일	총 80문항(100분)	(비대면온라인)

수험번호 : _____

성   명 : _____

정답 및 해설 ▶ 315쪽

〈1과목〉 SNS의 이해

01 다음 중 인스타그램을 활용한 소셜 마케팅 전략에 대한 설명으로 옳지 않은 것은?

① Instagram 스토리 광고에 설문 스티커를 활용해서 반응을 끌어낸다.
② Instagram Live로 고객들과 소통하며 충성고객을 확보해 나간다.
③ 피드와 스토리 릴스 등 이미지와 동영상에 제품 태그를 삽입한다.
④ 고객들에게 프로모션 내용에 대해서 DM을 지속적으로 보내어 참여를 유도한다.

02 다음은 소셜 미디어 플랫폼에 대한 설명이다. 설명에 맞는 매체는 무엇인가?

> • 2016년 150개 국가 및 지역에서 75개 언어로 시작한 서비스이다.
> • 15초에서 10분 길이의 숏폼(Short–Form) 비디오 형식으로 영상을 제작하고 공유할 수 있는 소셜 네트워크 서비스이다.
> • 음악과 결합된 챌린지에 많이 활용되는 서비스로 미국 대중음악 시장에도 큰 영향을 미치고 있다.

① 틱톡　　　　　② 스냅챗
③ 인스타그램 릴스　④ 트위터

03 다음 중 소셜 미디어 플랫폼별 강·약점에 대한 설명으로 옳지 않은 것은?

① 인스타그램은 다양한 필터 기능이 있다.
② 할인 프로모션 정보전달은 페이스북보다 유튜브가 더 좋다.
③ 동일한 취향과 취미를 가진 사람들과 소통하기에는 네이버 밴드가 적합하다.
④ 크리에이터가 수익 창출하기에는 유튜브가 적합하다.

04 다음 중 인스타그램 공식 채널 운영 시 권장하는 전략이 아닌 것은?

① 타겟 오디언스가 즐겨 검색하는 단어를 이용한 커뮤니티 해시태그 활용
② 프로모션 내용을 인플루언서가 인스타그램 외에 별도의 앱을 설치하여 리그램 포스팅
③ 인스타그램 크리에이터와 협업 시 브랜디드 콘텐츠 기능 활용
④ 이미지와 영상을 활용한 트렌디한 콘텐츠로 타겟에게 노출

05 기업 소셜 미디어 담당자가 브랜드 콘텐츠 마케팅 전략을 구성하고 있다. 다음 중 가장 적합하지 않은 마케팅 전략은 무엇인가?

① 인스타그램의 경우 브랜드 컨셉을 보여주는 계정을 별도로 운영한다.

② 리뷰 콘텐츠를 인플루언서들과 협력하여 제작 및 배포한다.

③ 금전적인 혜택이나 협찬을 받는 경우 인플루언서나 유튜버가 해당 사실을 공개할 의무는 없다.

④ 여론 형성을 위해 커뮤니티와 협력하여 프로모션을 진행한다.

06 다음 중 초월(Beyond), 가상을 의미하는 단어와 세계를 의미하는 합성어로 코로나 이후에 소셜 미디어 플랫폼에서 급속도로 진화하고 있는 분야의 알맞은 용어는 무엇인가?

① 증강현실

② 메타버스

③ 가상현실

④ NFT

07 다음 글이 뜻하는 용어는 무엇인가?

> • 동영상과 기록을 뜻하는 영어 단어의 합성어이다.
> • 유튜브 등의 동영상 플랫폼에서 유행했던 영상 콘텐츠 형태의 하나이다.
> • 영국 BBC 방송 비디오네이션이라는 시리즈물에서 시초가 되었다.

① 숏폼 콘텐츠

② 기획 콘텐츠

③ 브이로그

④ 라이브 스트리밍

08 디지털 놀이문화를 뜻하는 것으로 디지털 유행 코드를 뜻하는 단어이며, 한국어로 '짤방'으로 불리는 단어를 무엇이라 하는가?

① 밈(Meme)

② MZ 세대

③ UGC

④ 바이럴 비디오

09 다음 중 광고 노출 극대화 목적은 유지하면서 메타의 노출 지면 옵션인 Audience Network 내에서 특정 퍼블리셔/웹사이트에서 광고를 게재하지 않으려고 한다. 어떤 캠페인 세팅 전략을 활용해야 하는가?

① Facebook과 Instagram만 캠페인을 진행한다.
② '제외해야 할 웹사이트'를 좋아하는 사용자를 제외 타겟팅한다.
③ 노출 위치 중 Audience Network 선택을 해제하고 광고 노출하지 않는다.
④ 특정 퍼블리셔/웹사이트 차단 리스트와 함께 자동 노출 위치를 사용한다.

10 다음 중 다양한 상품을 보유한 온라인 쇼핑몰 사업자가 매출을 효과적으로 증대하기 위해 컬렉션 광고를 활용하고자 할 때, 가장 적합한 크리에이티브 전략은 무엇인가?

① 15초 동영상 및 전 제품의 카탈로그 연동
② 15초 커버 동영상 및 판매율이 높은 4개 상품으로 구성된 제품 세트
③ 가로 커버 이미지 및 전 제품의 카탈로그 연동
④ 가로 커버 이미지 및 판매율이 높은 4개 상품으로 구성된 제품 세트

11 최근 쿠키 지원을 중단하는 브라우저가 늘어나면서 웹사이트 전환 추적이 어려워짐에 따라 성과 저하 현상이 나타날 수 있다. 이와 같은 상황에서 캠페인 최적화를 위해 구현해야 하는 기능은 무엇인가?

① 자동 고급 매칭
② Facebook 성과 기여
③ 전환 API
④ 수동 고급 매칭

12 다음 중 카탈로그에 정기적으로 변경되지 않는 1,000개의 제품을 업로드해야 한다면. 관리자가 카탈로그에 제품을 추가할 수 있는 최적의 방법은 무엇인가?

① 수동 업로드
② 구글 스프레드시트 대량 수동 업로드
③ 픽셀 사용
④ 배치 API 사용

13 다음 중 어드밴티지+ 카탈로그 광고(구, 다이내믹 광고)를 준비하는 과정에서 Meta 픽셀/SDK의 이벤트 값 중 필수 이벤트 값이 아닌 것은?

① ViewContent
② AddToCart
③ Purchase
④ InitiateCheckOut

14 다음 중 Meta 픽셀처럼 App Event를 추적하기 위해 선택하는 측정 솔루션은?

① Meta 애플리케이션 API
② Meta SDK
③ MMP 배지가 있는 3rd Party Tool
④ Meta 앱 이벤트 API

15 다음 중 브랜드의 TV CF 영상을 페이스북을 이용한 모바일 브랜드 캠페인에서 효과적으로 활용하려는 방법으로 가장 적절한 것은?

① 브랜드 TV CF 영상의 스토리 전체를 보여주기 위해 무편집본을 사용한다.
② 기존 영상 자산에 자막을 추가한다.
③ 최초 3초 이내에 브랜드 메시지를 노출하여 15~30초 영상으로 재구성하여 사용한다.
④ 기존 영상을 1.91:1 포맷으로 변경하여 사용한다.

16 브랜드에서 S/S 컬렉션 시즌 상품을 소개하려고 한다. 시즌 신상품 이미지 20개와 15초짜리 동영상과 함께 사용해서 구매 고려도를 높이고자 한다. 다음 중 가장 적합한 광고 크리에이티브 형식은?

① 슬라이드쇼
② 컬렉션
③ 동영상
④ 단일 이미지

17 다음 중 모바일용 크리에이티브 스토리텔링 기법이 아닌 것은?

① 버스트: 스토리 구조를 전면에 드러내고 즐거움을 선사해서 끝까지 시청하게 만듦
② 셔플: 트레일러와 같이 콘텐츠를 짜깁기하여 첫 3~6초 이내에 주요 장면을 구성
③ 펄스: 스토리 구조를 패턴화하여 다음 순간 어떤 장면이 나올지 기대감 생성
④ 전개: 어느 정도의 시간 흐름을 통해 스토리를 전개

18 다음 중 설명하는 브랜드가 선택해야 할 입찰 방식으로 가장 적절한 것은?

> 브랜드는 광고에 대한 도달과 광고 비용 지출의 예측을 중요하게 생각한다. 예산이 한정되어 있으므로 선택한 기간에 타겟 고객에게 빈도를 기준으로 광고를 집행하고 싶다.

① CPM
② CPA
③ CPC
④ CPV

19 다음 중 설명하는 브랜드에는 어떤 목표가 사용되어야 하는가?

> 자사 페이스북에서 신규 고객이 제품을 확인하고 메신저를 통해 대화하도록 유도함으로써 잠재고객을 확보하고자 한다. 저렴한 비용으로 잠재고객과의 대화 수를 최대화하고자 한다.

① 메시지 전달을 목표로 한 Messenger 연결 광고
② 다이내믹 광고를 활용한 카탈로그 판매 캠페인
③ 메시지 전달을 목표로 한 컬렉션 광고
④ 매장 방문을 목표로 한 컬렉션 광고

20 다음 중 캠페인의 KPI가 400만 동영상 조회를 달성하고 동영상 조회당 비용을 30원 이하로 유지하고자 할 때 적절한 예산은? (VAT 별도)

① KRW 20,000,000
② KRW 80,000,000
③ KRW 120,000,000
④ KRW 50,000,000

21 Meta 비즈니스에서 지원하는 광고 형식에 대한 설명으로 적절하지 않은 것은?

① 뉴스 피드 또는 인스타그램 피드는 정사각형 이미지와 4:5 비율의 동영상이 적합하다.
② 스토리는 인터랙티브 요소나 스티커들을 활용하여 참여를 유도할 수 있다.
③ 인스트림 동영상은 버티컬 영상이 적합하다.
④ Messenger의 홍보 메시지는 모바일 전용이며 1.91:1 또는 16:9 이미지가 효과적이다.

22 다음에서 설명하고 있는 내용에 적합한 구매 유형과 옵션 기능으로 가장 적절한 것은?

> 클라이언트의 제품 영상을 스토리텔링 형태로 노출하기 위해, 타겟 그룹에게 광고 1편을 보여준 후 2편을 보여주고자 한다.

① 구매 유형: 경매 / 기능: 일정 예약
② 구매 유형: 경매 / 기능: 순차 게재
③ 구매 유형: 예약(도달 및 빈도) / 기능: 일정 예약
④ 구매 유형: 예약(도달 및 빈도) / 기능: 순차 게재

23 다음 중 Meta Business Suite의 어드밴티지+ 카탈로그 광고(구, 다이내믹 광고)에서 제공하는 카탈로그의 업종이 아닌 것은?

① 리테일/전자상거래
② 여행
③ 금융
④ 부동산

24 다음 중 Meta Business Suite 광고 시스템에서 맞춤 타겟을 만들고자 할 때, 타겟 생성 시 사용할 수 있는 소스 옵션이 아닌 것은?

① 고객 파일
② 오프라인 활동
③ Meta 픽셀/SDK
④ Meta Business Suite 관심사

25 Meta는 광고 경매에서 타겟에 대해 선택된 광고 순위를 지정하고 캠페인 목표와 가치에 적합한 광고를 찾는다. 다음 중 경매 광고 순위 낙찰에 영향을 미치는 요소가 아닌 것은?

① 광고주 입찰가
② 추산 행동률
③ 광고의 관련성과 품질
④ 입찰 조정 방식

26 다음 캠페인으로 지속하면 향후 예상되는 진행 결과로 가장 가능성이 큰 것은?

> 브랜드가 보유한 1st Party Data를 대상으로만 캠페인을 진행하고 있다. 현재 캠페인은 성공적으로 매출 성과가 실행되고 있어 만족도가 굉장히 높은 상태이다.

① 캠페인의 성과가 최적화되어 매출이 지속적으로 증대된다.
② 기존고객에게 광고가 지속적으로 노출되면서 브랜드 충성도가 높아진다.
③ 광고 타겟이 한정적이어서 광고 예산을 늘려도 노출량이 줄어든다.
④ 크리에이티브만 지속적으로 변경해 준다면 광고 피로도가 적어 매출은 증대될 것이다.

27 새로운 모델 출시로 매출 증대를 꾀하는 자전거 제조업체가 있다. 자사 온라인 쇼핑몰에서 '지난 시즌의 모델 구매에 관심을 보인 고객'을 대상으로 판매 효과를 테스트해 보고자 할 때, 가장 필요한 데이터 소스는 무엇인가?

① 웹사이트 방문자
② 오프라인 CRM 데이터
③ 3rd Party SDK
④ 온라인 구매 전환 데이터

28 브랜드 캠페인 진행에 있어 도달 및 빈도를 조절하는 광고를 구매할 계획이다. 다음 중 해당 캠페인의 광고 인벤토리에 적용할 게재 비용 방식으로 옳은 것은?

① CPM
② CPA
③ CPV
④ CPC

29 커머스 브랜드를 신규로 출시할 계획이다. 신규 고객을 유치하는 것이 브랜드의 목적일 때, 캠페인 타겟팅 전략 추천으로 가장 적절한 것은?

① 위치 및 인구 통계 기반의 폭넓은 핵심 타겟
② 웹사이트 방문자 리타겟팅, 고객은 제외
③ 위치 및 인구 통계 기반을 토대로 구성한 팔로워 유사 타겟
④ 고객을 포함한 웹사이트 방문자 유사 타겟

30 다음 중 Meta Business Suite의 광고 캠페인 목표로 적절하지 않은 것은?

① 브랜드 인지도 증대(Brand Awareness)
② 제품 선호도 증가(Product Like)
③ 트래픽(Traffic)
④ 판매(Purchase)

31 다음 중 페이스북 광고 형식의 유형 중 카탈로그가 필요한 광고 형식은?

① 이미지 광고
② 동영상 광고
③ 슬라이드 광고
④ 컬렉션 광고

32 Meta Business Suite의 이미지 광고 모범 사례에서 광고에 적합한 크리에이티브 접근 방식으로 옳지 않은 것은?

① 페이스북의 다양한 노출 위치에 권장되는 화면 비율을 사용한다.
② 제품이나 서비스, 브랜드를 이미지 내에 노출하여 메시지를 효율적으로 전달한다.
③ 이미지 자체에 배너와 같이 많은 정보를 담은 텍스트로 정보를 전달한다.
④ 최소 픽셀 크기의 요구사항을 확인해서 광고가 흐려지지 않도록 한다.

33 다음 중 Meta에서 성과 측정을 위해 제공하는 데이터 소스 및 기능이 아닌 것은?

① Meta 픽셀
② 전환 API
③ Meta SDK
④ Web Site Search Console

34 다음에서 목표 달성에 대해 평가할 때, 가장 좋은 KPI는 무엇인가?

> 브랜드의 올해 가장 중요한 목표는 매출을 올리는 것이다.

① 총전환수
② 총광고 클릭수
③ 브랜드 인지도 상승도
④ 총광고 노출수

35 메타의 비즈니스 솔루션은 각 플랫폼과 기기 전반에 걸쳐 성과 측정 및 인사이트를 파악할 수 있다. 다음 중 그것을 가능하게 하는 것은?

① 해시태그
② 메타 픽셀
③ 인터넷 Cookie
④ 키워드

36 다음 중 메타에 관한 다양한 디지털 인사이트와 마케팅 리서치 자료를 제공하는 서비스는 무엇인가?

① 비즈니스 관리자
② 이벤트 관리자
③ Meta Foresight
④ Meta Developers

37 다음 중 구글애즈 동영상 캠페인에서 설정할 수 없는 옵션은 무엇인가?

① 광고 로테이션
② 입찰 전략
③ 잠재고객
④ 타겟팅 최적화

38 다음 중 비디오 리마케팅에 대한 설명으로 옳은 것은?

① 비디오 리마케팅을 위해서는 태그를 심어야 한다.
② 영상이 업로드된 유튜브 계정과 유튜브 동영상 광고를 진행할 구글애즈 계정을 서로 연동해야 한다.
③ 최대 365일 이내에 내 채널에서 활동한 적이 있는 사용자의 목록을 만들 수도 있다.
④ 비디오 리마케팅 적용 시 입찰가가 할증된다.

39 다음 중 비디오 리마케팅 목록으로 만들 수 없는 것은?

① 채널의 동영상 조회
② 채널 페이지 방문
③ 광고를 건너뛴 시청자
④ 채널 구독

40 다음 중 비디오 리마케팅에 대한 내용으로 옳지 않은 것은?

① 1개 유튜브 채널에 여러 개의 구글애즈 계정을 연동할 수 있다.
② 비디오 리마케팅으로 생성한 목록은 GDN 광고로도 사용 가능하다.
③ 비디오 리마케팅을 위해서는 별도의 태그를 설치해야 한다.
④ 비디오 리마케팅은 광고 입찰가에 영향을 주지 않는다.

41 다음 중 브랜드가 보유한 이미지와 텍스트만으로 15초 유튜브 동영상 광고 제작이 가능한 도구(Tool)는 무엇인가?

① 비디오 빌더(Video Builder)
② 비디오 애드 시퀀싱(Video Ads Sequencing)
③ 디렉터 믹스(Director Mix)
④ 범퍼 애드(Bumper Ad)

42 다음은 유튜브의 어떤 광고 상품에 대한 설명인가?

> • 15초 또는 20초의 광고를 시청해야 동영상을 볼 수 있음
> • 컴패니언 배너나 영상 썸네일을 함께 노출할 수 있도록 선택 가능
> • 영상 조회수는 반영되지 않으나, 광고 도중 컴패니언 배너를 클릭하면 조회수로 집계됨

① 건너뛸 수 있는 동영상 광고
② 범퍼 광고
③ 건너뛸 수 없는 인스트림 광고
④ 인피드 동영상 광고

43 다음 중 비디오 액션 광고에 대한 설명으로 옳지 않은 것은 무엇인가?

① 사이트링크를 추가할 수 있다.
② 프로덕트 피드를 추가할 수 있다.
③ 전환 추적을 설정해야 사용할 수 있다.
④ 지도 기능을 추가할 수 있다.

44 다음 중 어린이 시청자만을 위한 맞춤 앱으로 가장 안전한 환경에서 광고 노출이 가능한 게재 위치는?

① 유튜브 키즈
② 유튜브
③ 유튜브 뮤직
④ 유튜브 프리미엄

45 다음 중 TV 방송사와 웹 오리지널 콘텐츠 채널을 선별해 판매하는 유튜브 예약형 광고 상품은 무엇인가?

① 마스트헤드
② 프라임팩(Prime Pack)
③ SMR
④ 유튜브 프리미엄

46 다음 중 유튜브 홈페이지 최상단에 노출되면 원하는 노출량만큼 구매해 노출하는 광고 상품은?

① CPM 마스트헤드
② 프라임팩
③ 건너뛸 수 있는 비디오 디스커버리
④ 범퍼 애드

47 다음 중 광고 구매(입찰) 방식이 다른 한 가지 상품은 무엇인가?

① 건너뛸 수 있는 디스커버리
② 건너뛸 수 있는 비디오 디스커버리
③ CPM 마스트헤드
④ 범퍼 애드

48 다음 중 유튜브 광고 성과를 측정할 수 있는 솔루션으로, 광고 상기도와 브랜드 인지도 등을 측정할 수 있는 도구(Tool)는 무엇인가?

① 크로스 미디어 인사이트(Cross Media Insight-XMI)
② 브랜드 리프트 서베이(BLS, Brand Lift Survey)
③ 도달 범위 플래너(Reach Planner)
④ 유튜브 서치 업리프트 리포트(YouTube Search Uplift Report)

49 다음 중 건너뛸 수 있는 동영상 광고에서 사용할 수 없는 타겟팅은 무엇인가?

① 위치&시간대&기기
② 생애주기
③ 맞춤 구매 의도
④ iOS 기기 특정 앱 사용자

50 다음 중 인구통계 타겟팅에 해당하지 않는 것은 무엇인가?

① 성별, 연령별
② 자녀 유무
③ 소득수준
④ 거주지

51 다음 중 콘텐츠 기반의 타겟팅이 아닌 것은 무엇인가?

① 게재 위치
② 리마케팅
③ 주제
④ 키워드

52 다음 중 BTS 유튜브 채널에 광고를 게재하기 위해 사용할 수 있는 타겟팅은 무엇인가?

① 주제
② 게재 위치(채널)
③ 관심사
④ 리마케팅

53 다음 중 유튜브 내 뉴스 관련 채널 영상에 광고를 게재하기 위한 타겟팅은 무엇인가?

① 주제
② 키워드
③ 구매 의도
④ 고객 일치

54 다음 중 특정 분야에 구매 의도가 매우 높은 유저에게 광고를 노출할 수 있는 타겟팅은 무엇인가?

① 리마케팅
② 인구통계
③ 주제
④ 구매 의도

55 20대 여성 쇼핑몰을 운영하는 광고주가 있다고 가정하자. 다음 중 주요 고객인 20대 여성에게만 광고를 노출시킬 수 있는 타겟팅 방식은 무엇인가?

① 시즈널 이벤트
② 인구통계
③ 생애주기
④ 유사 잠재고객

56 다음 중 키워드 타겟팅에 대한 설명으로 옳은 것은?

① 적용한 문맥을 기반으로 유튜브 내 영상 제목, 설명 문구, 태그 등에 매칭이 되어 광고 노출
② 광고그룹당 20개 이상 문맥 사용 불가
③ 경쟁사 키워드 사용 불가
④ 일정 수량 이상 키워드 사용 시 과금 비용 할증

57 다음 중 '브랜드 인지도 개선'을 목표로 건너뛸 수 있는 인스트림 광고 캠페인 진행 시 가장 중요하게 평가해야 할 실적은 무엇인가?

① 클릭률(CTR) 및 클릭당 비용(CPC)
② 조회율, 조회당 비용(CPV), 후속 조회수
③ 조회율 및 클릭당 비용(CPC)
④ 노출수, CPM, 영상 시청 시간

58 다음 중 유튜브 스튜디오를 통해 확인할 수 없는 지표는 무엇인가?

① 영상 재생 국가
② 영상을 시청하지 않고 건너뛴 시청자 비율
③ 영상 시청자 연령 및 성별
④ 평균 시청 지속 시간

59 다음 중 특정 키워드가 포함된 영상, 특정 연령 및 성별 등을 제외하는 타겟팅 방식은 무엇인가?

① 관심사 타겟팅
② 인구통계 타겟팅
③ 리마케팅
④ 제외 타겟팅

60 다음 중 동영상 광고 품질평가점수에 영향을 주지 않는 것은 무엇인가?

① 영상 조회율
② 영상 재생 진행률
③ 영상 클릭률
④ 동영상 광고비 수준

61 다음 중 유튜브 광고 소재 목적으로 제작해, 자신의 유튜브 채널에는 노출을 원치 않을 때, 할 수 있는 채널 내 영상 업로드 옵션의 설정 방법은?

① 공개
② 비공개
③ 일부 공개
④ 예약

62 다음 중 유튜브 광고 형식이 아닌 것은 무엇인가?

① 마스트헤드 광고
② 건너뛸 수 없는 인스트림 광고
③ 인피드 동영상 광고
④ 반응형 디스플레이 광고

63 다음 중 내 맞춤 잠재고객 세그먼트를 구축하는 데 사용되는 요소는 무엇인가?

① 언어, 성별, 연령
② 성별, 연령, 키워드, 웹사이트 URL
③ 관심사, 위치, 앱 다운로드
④ 키워드, 게재 위치, 주제

64 다음 중 구글애즈 광고 캠페인에서 특정 기기 타겟팅에 대한 설명으로 옳지 않은 것은?

① 컴퓨터/휴대전화/태블릿 등
② 모바일 운영체제(iOS, 안드로이드)
③ 통신사(SKT, KT, LGU)
④ TV 제조사(삼성, LG)

65 유튜브 크리에이터는 자유롭게 창작하고 새로운 기회를 찾으면서 돈을 벌고 있다. 다음 중 유튜브의 수익 창출 프로그램을 바르게 설명한 것은?

① 특정 구독자 수를 초과하면 수익금을 받는다.
② 유튜브 콘텐츠를 업로드할 때마다 수익금을 받는다.
③ 브랜디드 콘텐츠 제작, PPL을 하면 수익금을 받는다.
④ 콘텐츠에 게재되는 광고를 통해 수익금을 받는다.

66 다음 중 시청자가 동영상을 찾은 경로를 확인할 수 있는 유튜브 스튜디오 내 정보는 무엇인가?

① 트래픽 소스
② 시청자 연령
③ 기기 유형
④ 재생목록

67 다음 중 유튜브 스튜디오 내의 맞춤 설정에서 설정할 수 없는 기능은?

① 유튜브 채널의 프로필과 배경화면
② 재생목록과 추천 영상
③ 커뮤니티 가이드에 따른 주의, 경고 또는 이의신청 결과
④ 기업의 상업적인 내용이 들어간 홈페이지, SNS URL

68 다음 중 유튜브 커뮤니티 가이드에 위반되지 않는 것은?

① 과도하게 자주 게시되거나 반복되거나 뚜렷한 대상이 없고 다음 내용을 하나 이상 포함한 콘텐츠
② 제목, 썸네일, 설명란을 이용하여 사용자가 콘텐츠의 내용을 다른 내용으로 오해하도록 하는 콘텐츠
③ 내용이 같거나 뚜렷한 대상이 없거나 반복적인 댓글을 대량 게재하는 행위
④ 좋아하는 가수의 뮤직비디오 영상을 자신의 유튜브 채널 내 '재생목록'으로 만드는 행위

69 다음 중 카카오 비즈보드에서 랜딩 페이지로 적합하지 않은 것은?

① URL
② 카카오 채널
③ 챗봇
④ 카카오페이 구매

70 다음 중 카카오 비즈보드의 배너 광고 유형이 아닌 것은?

① 오브젝트형
② 썸네일형
③ 마스킹형
④ 동영상형

71 다음 중 카카오 비즈보드의 캠페인 목적이 아닌 것은?

① 전환
② 방문
③ 공유
④ 도달

72 다음 중 카카오 비즈보드 그룹 내에서 맞춤 타겟으로 설정할 수 있는 것이 아닌 것은?

① 픽셀 & SDK
② 카카오사용자
③ 고객 파일
④ 페이스북 친구 리스트

73 다음 중 카카오 비즈보드의 캠페인 내에서 최소 일예산은 얼마인가?

① 자유롭게 설정 가능
② 10,000원
③ 50,000원
④ 100,000원

74 다음 중 카카오톡 채널 광고의 목표로 옳은 것은?

① 전환
② 방문
③ 도달
④ 조회

75 다음 중 네이버 밴드 광고 집행 방법에 대해 옳지 않은 것은?

① 풀스크린 광고는 성별, 시간, 디바이스 등 다양한 타겟팅 방법이 가능하다.
② 네이티브 광고와 스마트채널 광고는 앱, 관심사 타겟팅 외 맞춤 타겟 설정이 가능하다.
③ 풀스크린 광고는 렙사와 대행사를 통해서 집행할 수 있다.
④ 네이티브 광고와 스마트채널 광고는 대행사 외에 직접 운영이 가능하다.

76 다음 중 네이버 밴드 광고인 '스마트채널 광고'에 대한 설명으로 옳지 않은 것은?

① 밴드 앱 홈, 새 소식, 채팅 최상단에 노출된다.
② 최소 입찰가는 CPM 1,000원, CPC 10원이다.
③ 타겟팅 옵션은 네이티브 피드 광고와 동일하다.
④ 밴드 영역 상단 고정 노출로 주목도를 높일 수 있다.

77 다음 중 네이버 밴드 광고인 '네이티브 피드 광고'의 세팅에 대한 설명으로 옳지 않은 것은?

① 맞춤 타겟 설정은 고객 파일, MAT 타겟, 유사 타겟을 설정할 수 있다.

② 맞춤 타겟은 고객수에 대하여 제한이 없다.

③ 지역 타겟을 설정할 수 있으며, 하나의 지역만 선택할 수 있다.

④ 안드로이드와 iOS를 나눠서 타겟팅이 가능하다.

78 다음 중 네이버 밴드 광고인 '네이티브 피드 광고'의 타겟 세팅에 대한 설명으로 옳지 않은 것은?

① 상세 타겟 설정은 관심사 타겟, 구매 의도 타겟, 검색 타겟이 있다.

② 게재 위치 타겟은 네이버는 기본 노출 설정이 되며, 패밀리 매체에 대한 추가 노출을 설정한다.

③ 소재 선택은 최적화, 성과 가중, 균등 방식이 있다.

④ 1일 노출 빈도를 설정할 수 있다.

79 다음에서 설명하는 내용은 어떤 매체의 광고인가?

- 앰플리파이 프리롤
- 다이내믹 프로덕트 광고
- 타임라인 테이크오버

① 엑스

② 틱톡

③ 링크드인

④ 카카오스토리

80 다음에서 설명하는 특성에 대한 명칭은 무엇인가?

- 채팅으로 소비자와 소통하면서 상품을 소개하는 스트리밍 방송
- 가장 큰 특징은 '상호 소통'이다. 생방송이 진행되는 동안 이용자들은 채팅을 통해 진행자, 혹은 다른 구매자와 실시간 소통할 수 있다.

① 소셜 커머스

② TV홈쇼핑

③ 라이브 커머스

④ 인터넷 커머스

실전 모의고사

학습 방향

– 9개년 기출문제와 최신 기출 복원문제를 철저히 분석한 데이터를 바탕으로 개발한 모의고사입니다.
– 앞으로 시험이 어떻게 출제될지 파악하며 실전처럼 풀어보세요.

문제수 및 배점 & 합격 기준

– 객관식: 40문제 × 1.5점 = 60점
– 단답식: 20문제 × 2.0점 = 40점
– 총점 70점 이상
– 유형별 각 점수 40% 미만 시 과락(불합격)

SNS광고마케터 1급 **실전 모의고사** 01회

시험 일자	문항 수(소요 시간)	감독위원 확인
년 월 일	총 80문항(100분)	(비대면온라인)

수험번호 : _____

성   명 : _____

정답 및 해설 ▶ 321쪽

<1과목> SNS의 이해

01 다음 중 소셜 미디어의 사용 목적이 나머지와 다른 것은 무엇인가?

① 카카오스토리

② 카카오톡

③ 인스타그램

④ 엑스

02 다음 중 소셜 미디어의 문제점과 한계로 옳지 않은 것은?

① 미디어가 모바일로 확대되어 가면서 보안 문제는 완벽하게 해결되었다.

② 프라이버시 문제가 사회 문제로 대두되고 있다.

③ 원치 않는 사람의 친구 요청과 맺기 등 새로운 갈등 요소도 생기고 있다.

④ 고령사회에 진입함에 따라 기술에 대한 이해가 부족한 노령인구의 정보 격차 문제가 발생한다.

03 다음 내용은 어떤 소셜 미디어에 대한 설명인가?

> • 2012년 출시되었으며 초기에는 게시판 기능을 기본으로 하는 모임 관리에 편리하다는 것을 어필하여 많은 유저를 모으는 데에 성공하였다.
> • 최근에는 친목이나 가족 모임, 동호회 운영에 유용하며 공개 여부를 선택할 수 있어서 모임이나 인터넷 커뮤니티 플랫폼으로 확장하고 있다.

① 네이버 밴드

② 카카오톡

③ 엑스

④ 틱톡

04 다음 내용은 어떤 소셜 미디어에 대한 설명인가?

> • 15초에서 10분 길이의 숏폼 비디오 형식으로 영상을 제작하고 공유할 수 있는 소셜 네트워크 서비스이다.
> • 음악과 결합된 챌린지에 많이 활용되는 서비스로 미국 대중음악 시장에도 큰 영향을 미치고 있다.
> • 개인정보 수집을 통해 관심사를 파악하여 관련 영상을 노출하는 기능이 뛰어난 것으로 알려져 있다.

① 네이버 밴드
② 카카오톡
③ 엑스
④ 틱톡

05 다음 중 소셜 미디어 플랫폼을 통해 유기적으로 제품이나 서비스를 홍보하는 최적화 방법으로 알고리즘을 이해하여 소비자와 유기적으로 연결하는 것을 일컫는 용어는 무엇인가?

① SEO(Social Engagement Optimization)
② SMO(Social Media Optimization)
③ SMM(Social Media Management)
④ LPO(Landing Page Optimization)

06 대학원에서 ESG 과정 수강생을 모집하려고 한다. 주어진 마케팅 예산이 2,000만 원이라고 할 때 다음 중 고려 가능성이 가장 낮은 매체는?

① 유튜브
② 인스타그램
③ 틱톡
④ 네이버 밴드

07 다음은 고객을 구매까지 이르도록 만드는 과정을 Funnel(깔때기)로 표현한 퍼널 마케팅의 순서이다. 가장 적합한 것은 무엇인가?

① 유지 → 구매 → 추천 → 획득 → 활성화
② 획득 → 활성화 → 유지 → 구매 → 추천
③ 추천 → 획득 → 활성화 → 유지 → 구매
④ 활성화 → 유지 → 구매 → 추천 → 획득

08 다음 중 온라인상에 노출된 광고를 클릭해 랜딩 페이지에 도달한 뒤 광고주가 원하는 특정 행동을 취할 때, 비용을 지불하는 광고 비용 책정 방법을 뜻하는 마케팅 용어는?

① CPA(Cost Per Action)
② CVR(Conversion Rate)
③ CPM(Cost Per Mille)
④ CPV(Cost Per View)

09 다음 중 메타(Meta)에서 설정이 가능한 광고 캠페인 목표가 아닌 것은?

① 인지도
② 매장 유입
③ 트래픽
④ 참여

10 인스타그램에서 특정 게시물을 메타의 광고 시스템으로 노출했을 때의 장점으로 가장 적합한 것은?

① 인스타그램 광고는 첫 화면 피드에 표시되지 않는다.
② 인스타그램 광고에는 댓글, 좋아요, 공유가 더 많이 표시된다.
③ 보다 세밀하게 특정 타겟에게 콘텐츠를 노출시킬 수 있다.
④ 인스타그램 광고에는 동영상을 업로드할 수 있다.

11 다음 중 페이스북 페이지를 통한 수익화 방법으로 적절하지 않은 것은?

① 인스트림 광고
② 브랜디드 콘텐츠
③ 스타
④ 쇼츠 광고

12 다음 중 맞춤 타겟 설정을 위해 메타(Meta)가 제공하는 소스가 아닌 것은?

① 고객 리스트
② 이벤트
③ 페이스북 페이지
④ 인스턴트 경험

13 다음 메타의 카탈로그에 대한 설명으로 적절하지 않은 것은?

① 등록하고 관리할 수 있는 메뉴의 명칭은 커머스이다.
② 페이스북과 인스타그램에서 판매하려는 상품을 관리할 수 있다.
③ 제품을 직접 등록하거나 파트너 플랫폼 등을 통해 연결하여 등록할 수 있다.
④ 전자상거래 목적으로 만들어졌으므로 카탈로그에 대한 직접적인 광고는 불가능하다.

14 다음 중 메타(Meta)에서 성과 측정을 위해 제공하는 데이터 소스 및 기능이 아닌 것은?

① Pixel
② SDK
③ API
④ GPT

15 다음 중 메타의 광고 시스템에서 입찰 시 영향을 미치는 요인이 아닌 것은?

① 광고 입찰가
② 인더스트리
③ 광고 품질
④ 추산 행동률

16 다음 중 메타에서 집행하는 광고 전략에 대한 설명으로 적절하지 않은 것은?

① 정교한 타겟팅 옵션(위치, 연령 또는 성별)을 많이 사용하면 더 다양한 구매 의사 결정자에게 도달할 수 있다.
② 모바일에 최적화된 크리에이티브를 사용하면 행동당 비용(CPA)을 낮출 수 있다.
③ A/B 테스트에서 성과가 좋은 광고를 사용하면 광고 비용을 낮출 수 있다.
④ 크리에이티브 최적화를 사용해서 광고 성과를 높일 수 있다.

17 다음 중 메타(Meta)의 마케팅 플랫폼인 메타 비즈니스 스위트(Meta Business Suite)에 대한 설명으로 옳지 않은 것은?

① 마케팅 최적화에 도움이 되는 인사이트를 얻을 수 있다.
② 인스타그램과 페이스북 등 메타의 모든 플랫폼을 관리하는 도구이다.
③ 모바일 전용 서비스로 손쉽게 광고를 게재하고 빠르게 소재를 수정할 수 있다.
④ 비즈니스용 게시물, 스토리 및 광고를 만들거나 예약할 수 있다.

18 인지도가 낮은 인도의 전기자동차 전문 기업 A사에서 신형 자동차를 출시하면서 다음과 같은 타겟팅 옵션으로 대한민국 주요 도시의 시승 프로모션을 광고하였다. 캠페인 반응이 저조했다면, 다음 중 수정해야 할 타겟팅 옵션은 무엇인가?

① 자녀가 있는 30~40대
② 소득수준 하위 30%의 유저 제외
③ 자사 브랜드에 관심이 있는 사람들
④ 대도시에 거주하는 직장인 및 전문직

19 다음 중 메타의 광고 시스템에 대한 설명으로 적절하지 않은 것은?

① 선거 관련 광고의 경우 자동 번역 기능을 통해 해외 거주자에게 효과적으로 광고할 수 있다.
② 해외 소비자를 대상으로 하는 캠페인일 경우 원하는 지역에만 타겟팅하여 노출할 수 있다.
③ 어드밴티지 캠페인 예산을 이용해 광고 세트별 목표에 맞게 예산 분배를 최적화할 수 있다.
④ 유저마다 적합한 광고를 만들어 노출되는 크리에이티브 자동화 기능을 사용할 수 있다.

20 다음 중 메타의 머신러닝에 대한 설명으로 적절하지 않은 것은?

① 광고 입찰가의 최적화가 가능하다.
② 새로운 타겟을 기반으로 타겟팅 최적화가 가능하다.
③ 타겟 A/B 테스트를 통해 예산 배분 최적화가 가능하다.
④ 기존고객의 특성을 파악하는 데에 도움을 얻을 수 있다.

21 신도시에 위치한 A유소년 축구 클럽은 B원장의 설명 동영상의 조회수를 높이는 것이 목표이다. 메타에 광고를 게재할 경우 인지도를 캠페인 목표로 설정했다면 광고 세트에서는 어떤 성과 목표로 전환을 설정하는 것이 적합한가?

① 랜딩 페이지 조회 극대화
② 트루플레이 조회 극대화
③ 일일 고유 도달 극대화
④ 노출수 극대화

22 다음 중 메타 비즈니스 스위트 광고 관리자의 머신러닝을 설명하는 내용으로 가장 적절한 것은?

① 메타의 다양한 플랫폼에 대한 미디어 플래닝 기능을 제공한다.
② 캠페인 목표에 맞게 자동으로 입찰 구매를 한다.
③ 예측 분석을 통해 최적의 입찰가로 적합한 타겟을 찾는다.
④ 인공지능 알고리즘을 바탕으로 최적의 크리에이티브를 만들어 낸다.

23 A편의점에서 메타를 활용하여 주변 지역 직장인들을 대상으로 마케팅을 진행하려고 할 때, 다음 중 적합하지 않은 것은?

① 인스타그램의 위치 태그를 바탕으로 주변 사람들을 타겟팅하여 광고한다.
② 찾아오기 쉽도록 점포 위치를 인스타그램 프로필에 업데이트한다.
③ 인기 제품 할인, 신제품 입고 현황 등의 반응이 좋았던 콘텐츠를 광고에 활용한다.
④ 인기 있는 해시태그를 구매하여 검색광고를 진행한다.

24 다음 중 메타에서 제공하는 노출 위치 자산 맞춤화 기능에 대한 설명으로 옳지 않은 것은?

① 모바일과 데스크톱 등 기기 유형별로 광고를 변경할 수 있다.
② 인지도나 참여 또는 판매 등의 일부 캠페인 목표는 사용할 수 없다.
③ 노출 위치 자산 맞춤 설정을 사용하는 경우 다이내믹 크리에이티브 광고 도구는 사용할 수 없다.
④ 노출 위치 자산 맞춤 설정을 사용하여 광고를 복제하는 경우 기존 공감, 댓글, 공유를 복제할 수 없다.

25 다음 중 메타(Meta)의 광고 캠페인 설정에 대한 설명으로 옳지 않은 것은?

① 광고 캠페인은 캠페인, 광고 세트, 광고의 순서로 만든다.

② 캠페인당 최대 10개의 광고 세트를 보유할 수 있다.

③ 위치 타겟팅을 하면 특정 반경 내에서만 광고가 노출되도록 설정할 수 있다.

④ 전환 이벤트 최적화는 광고 세트 단계에서 선택할 수 있다.

26 다음 중 인스타그램의 스토리에 대한 설명으로 옳지 않은 것은?

① 스토리를 사용하면 팔로워의 피드 상단에 알림처럼 노출된다.

② 스토리는 세로형 풀스크린으로 형태로 노출된다.

③ 인스타그램 스토리는 사라지지 않고 지속적으로 노출된다.

④ 인스타그램 스토리에서는 세로 방향의 이미지나 동영상을 공유할 수 있다.

27 다음 중 메타 광고 관리자에서 픽셀을 활용한 전환 이벤트가 필요한 캠페인 목표는?

① 인지도

② 트래픽

③ 참여

④ 잠재고객

28 Meta Business Suite는 크리에이터와 퍼블리셔가 콘텐츠를 수익화할 수 있는 기능을 제공한다. 사용할 수 없는 수익화 도구는 무엇인가?

① 키워드 광고

② 별풍선 방식의 스타

③ 인스트림 광고

④ 라이브용 인스트림 광고

29 다음 중 메타(Meta)의 슬라이드 광고 유형에 대한 설명으로 옳지 않은 것은?

① 최대 10개의 이미지 또는 동영상을 포함할 수 있다.

② 반응 좋은 슬라이드부터 먼저 노출되도록 선택할 수 있다.

③ 메인 이미지/동영상 아래에 추가로 서브 이미지/동영상이 노출되는 방식이다.

④ 슬라이드마다 링크를 포함할 수 있다.

30 메타의 광고 계정은 권한 설정에 따라 부분적인 액세스 권한과 전체 관리 권한으로 나누어진다. 다음 중에서 전체 관리 권한을 가진 메뉴의 명칭으로 올바른 것은?

① 캠페인 관리

② 광고 계정 관리

③ 크리에이티브 허브 모의 광고 관리

④ 성과 보기

31 다음은 메타 광고 시스템의 예산 중 무엇에 대한 설명인가?

> 개별 광고 세트 예산을 설정하는 대신 전체 캠페인 예산을 설정해두고, 캠페인 기간에 효과적으로 광고 세트에 예산을 분배하여 캠페인 성과를 높이는 것을 말한다.

① 어드밴티지 광고 세트 예산
② 어드밴티지 상세 타겟팅 예산
③ 어드밴티지 크리에이티브 예산
④ 어드밴티지 캠페인 예산

32 다음 중 메타의 광고 타겟팅 방식에 대한 설명으로 옳은 것은?

① 핵심 타겟팅: 연령, 지역, 관심사 등의 기준에 따라 타겟팅
② 맞춤 타겟팅: 경쟁사의 광고에 반응을 보인 사람에게 타겟팅
③ 유사 타겟팅: 맞춤 타겟팅을 기준으로 더 세분화되고 적은 사람들에게 도달
④ 특별 광고 타겟팅: 가장 가치 있는 고객으로 판명된 VIP 유저에게 타겟팅

33 다음 중 메타(Meta) 광고에서 픽셀 기능을 사용하여 얻을 수 있는 장점으로 옳지 않은 것은?

① 광고 전환 최적화를 통해 성과를 증대할 수 있다.
② 광고를 노출하기에 알맞은 타겟을 설정할 수 있다.
③ 앱을 이용하는 방식에 대한 인사이트를 얻을 수 있다.
④ 캠페인을 측정하기 위한 지표를 파악하고 설정할 수 있다.

34 다음 중 메타의 맞춤 타겟팅에 대한 설명으로 적절하지 않은 것은?

① 맞춤 타겟팅은 메타가 가지고 있는 소스나 광고주가 보유한 소스로 설정한다.
② 광고 계정당 최대 10개의 맞춤 타겟을 만들 수 있다.
③ 활용 가능한 광고주 소스는 웹사이트, 고객 리스트, 앱 활동, 오프라인 활동, 카탈로그 등이다.
④ 활용 가능한 Meta 제공 소스는 동영상, 인스타그램 계정, 잠재고객용 양식, 이벤트, 인스턴트 경험, 페이스북 페이지, 쇼핑, 페이스북 내 품목, 증강현실 등이다.

35 다음 중 메타의 유사 타겟팅에 대한 설명으로 옳지 않은 것은?

① 맞춤 타겟팅보다 더 많은 유저 도달을 목표로 할 때 사용한다.

② 유사 타겟의 규모는 1~10까지의 척도로 설정할 수 있는데, 이 척도는 10에 가까울수록 소스 타겟과 유사하다.

③ 유사 타겟팅에 사용할 때 소스 타겟의 규모는 1,000~50,000명 정도가 적당하다.

④ 기반이 되는 소스와 유사한 타겟의 지역이나 국가를 타겟 위치로 선택할 수 있다.

36 다음 중 메타의 광고 관리자에서 캠페인을 신규로 설정할 때 광고 세트 수준에서 선택할 수 있는 것은?

① 캠페인 목표

② 광고 전환 추적 옵션

③ 광고 형식

④ 광고 노출 위치 설정

37 다음 중 메타의 리타겟팅에 대한 설명으로 옳지 않은 것은?

① 매장 방문자들을 리타겟팅하려면 메타 SDK를 사용해야 한다.

② 리타겟팅은 비즈니스에 반응을 보인 사람들을 먼저 찾는 것에서 시작된다.

③ 시스템이나 이메일 리스트 등의 고객 CRM을 활용할 수 있다.

④ 오프라인 매장을 방문했던 고객들에게 광고하기 위해 리타겟팅을 활용할 수 있다.

38 다음 중 소셜 미디어 광고 캠페인 실적을 파악하기 위해 사용할 수 있는 '측정 방법' 및 '지표'를 나타내는 용어가 아닌 것은?

① 브랜드 리프트 서베이(BLS, Brand Lift Survey)

② A/B 테스트(A/B test)

③ 메타 포사이트(Meta foresight)

④ 유튜브 서치 업리프트 리포트(YouTube Search Uplift Report)

39 다음 중 유튜브 동영상 광고의 인구통계 타겟팅에 대한 설명으로 옳지 않은 것은?

① 연령대, 자녀 유무, 가계 소득 등을 선택하여 잠재고객을 타겟팅할 수 있다.

② 사용자 기반 타겟팅에 해당한다.

③ 연령대는 최소 14세부터 타겟팅할 수 있다.

④ 여성 전용 피트니스를 운영할 경우 남성 고객에게 광고가 게재되지 않도록 할 수 있다.

40 다음 중 유튜브 인기 급상승 동영상 결정 요소가 아닌 것은?

① 크리에이터의 다양성을 보여주는 동영상

② 유튜브와 전 세계에서 일어나고 있는 일들을 다루는 동영상

③ 다양한 시청자의 관심을 끄는 동영상

④ 동영상의 길이가 짧은 동영상

41 다음 중 '건너뛸 수 없는 인스트림 광고'를 집행할 수 있는 캠페인 목표는 무엇인가?

① 판매
② 리드
③ 브랜드 인지도 및 도달 범위
④ 웹사이트 트래픽

42 다음 중 유튜브 채널 내 영상 조회수에 반영되는 광고는 무엇인가?

① 아웃스트림 광고
② 범퍼 광고
③ 건너뛸 수 없는 인스트림 광고
④ 마스트헤드 광고

43 다음 중 인지도 및 구매 고려도를 높이기 위한 유튜브 광고 전략으로 옳지 않은 것은?

① 건너뛸 수 없는 동영상 광고를 통해 도달 범위를 극대화한다.
② 광고주가 자주 방문하는 채널 10개만 선별하여 노출한다.
③ 범퍼 광고를 통해 유저에게 핵심적인 메시지를 정확히 전달한다.
④ 광고 시퀀스 전략으로 여러 가지 광고를 다양한 순서로 노출한다.

44 다음 중 유튜브 아웃스트림 광고에 대한 설명으로 옳지 않은 것은?

① 음소거 상태로 재생된다.
② 유튜브에서는 사용할 수 없다.
③ 세로 모드 및 전체 화면 모드를 모두 지원한다.
④ 시청자가 동영상을 30초 지점까지 시청할 때만 비용을 지불한다.

45 다음은 신제품 SUV 출시를 앞둔 어느 자동차 회사의 마케팅 회의에서 나온 내용이다. 자사 유튜브 채널의 잠재고객을 바탕으로 유튜브에 광고한다면 어떻게 타겟을 세그먼트하는 것이 효과적인가?

- 아웃도어 애호가를 주 타겟으로 광고하고 싶다.
- 자동차를 구매하려는 사람을 대상으로 타겟팅하고 싶다.

① 합성 세그먼트
② 유사 세그먼트
③ 맞춤 세그먼트
④ 인기 세그먼트

46 A백화점이 웹사이트 트래픽 증대를 캠페인 목표로 정하고 유튜브에서 광고를 계획할 때 광고 전략으로 가장 적절하지 않은 것은?

① 광고 게재 위치로 유튜브와 구글 동영상 파트너를 선택했다.
② 광고 소재에 클릭 유도 문구를 추가했다.
③ 동영상 조회나 내 동영상과의 상호작용을 기준으로 광고 입찰가를 설정했다.
④ 광고 유형으로 건너뛸 수 없는 인스트림 광고를 선택했다.

47 다음 중 유튜브 동영상 광고의 사용자 기반 타게팅에 대한 설명으로 옳지 않은 것은?

① 잠재고객의 성향을 근거로 광고를 노출하는 방식이다.
② 인구통계 타게팅, 잠재고객 세그먼트 등이 해당한다.
③ 내 타겟 유저가 주로 시청하는 '동영상 라인업'을 게재 위치로 설정할 수 있다.
④ 스포츠를 좋아하는 사용자, 자동차를 구매하려는 사용자 등을 타게팅할 수 있다.

48 유튜브 광고 중에서 전환 가능성이 높은 시청자와 상호작용을 유도하도록 고안되어 전환수를 늘리는 방식은 무엇인가?

① 건너뛸 수 없는 동영상 광고
② 동영상 액션 캠페인
③ 마스트헤드 광고
④ 범퍼 광고

49 다음 중 유튜브 인피드 동영상 광고의 장점이 아닌 것은?

① 구매를 원하는 피드를 사전에 예약하므로 경매에 참여할 수 없다.
② 관련 콘텐츠를 소비하는 시청자에게 더 많은 정보를 제공할 수 있다.
③ 시청자가 브랜드의 동영상을 시청할 가능성이 더 커진다.
④ 브랜드 구매 고려도를 높일 수 있다.

50 다음은 유튜브의 어떤 광고 상품에 대한 설명인가?

> • 15초 또는 20초의 광고를 시청해야 동영상을 볼 수 있음
> • 컴패니언 배너나 영상 썸네일을 함께 노출할 수 있도록 선택 가능
> • 영상 조회수에는 반영되지 않으나, 광고 도중 컴패니언 배너를 클릭하면 조회수로 집계됨

① 건너뛸 수 있는 동영상 광고
② 범퍼 광고
③ 건너뛸 수 없는 인스트림 광고
④ 인피드 동영상 광고

51 다음 중 유튜브 광고 소재 설정에 대한 설명으로 옳지 않은 것은?

① 광고주 채널에 올라온 영상이 아니어도 광고할 수 있다.
② 영상의 링크를 이용하여 유튜브 광고 소재로 활용할 수 있다.
③ 파일 업로드 방식으로 등록할 수도 있다.
④ 키워드 검색을 통해 광고에 사용할 소재를 찾을 수 있다.

52 다음 중 유튜브에서 이미지와 텍스트로 표현되고 최종 URL을 필수로 입력해야 하는 광고 상품은 무엇인가?

① 인피드 동영상 광고
② 비디오 액션 캠페인
③ 건너뛸 수 없는 동영상 광고
④ 범퍼 광고

53 다음 중 유튜브의 캠페인 하위 유형 중에서 '동영상 도달 범위' 유형에 대한 설명으로 옳지 않은 것은?

① 트루뷰 포 리치(Trueview for Reach)라고도 불린다.
② 캠페인 목표를 '웹사이트 트래픽'을 선택하면 집행할 수 있는 전략이다.
③ 영상 길이의 제한은 없지만 15~20초의 영상이 권장된다.
④ 다양한 형태의 동영상 광고를 조합하여 낮은 비용으로 도달 범위를 극대화할 수 있다.

54 다음 중 합성 잠재고객 세그먼트에 대한 설명으로 옳지 않은 것은?

① 특정 키워드, URL, 앱을 추가하여 이상적인 잠재고객에게 도달하는 타겟팅 방법이다.
② 사용자의 배경, 요구사항, 목표에 따라 다양한 고객을 타겟팅할 수 있다.
③ 상세한 인구통계, 관심 분야 등 다양한 기준을 합성 세그먼트와 결합할 수 있다.
④ 여러 세그먼트 속성을 교차하여 타겟팅을 설정한다.

55 다음 중 유튜브 광고의 콘텐츠 또는 도착 페이지가 구글애즈 정책을 위반하므로 광고가 게재될 수 없는 상태를 뜻하는 용어는?

① 검토 중
② 운영 가능(제한적)
③ 운영 불가능
④ 비승인

56 다음 중 비디오 액션 캠페인에서 설정할 수 있는 입찰 방식은 무엇인가?

① 타겟 CPA
② CPM
③ CPV
④ CPC

57 다음 중 유튜브 광고 예산 설정에 대한 설명으로 적절하지 않은 것은?

① 일일예산은 횟수와 관계없이 언제든지 변경할 수 있다.
② 캠페인 총예산은 캠페인 기간에 발생하는 총지출이므로 종료일을 입력해야 한다.
③ 클릭과 전환이 발생할 가능성이 큰 날에도 일일예산 금액을 초과하지 않는다.
④ 캠페인 총예산 대신 일일예산을 설정하는 경우 종료일은 입력하지 않아도 된다.

58 다음 중 콘텐츠 기반 타겟팅 방식이 아닌 것은 무엇인가?

① 주제 타겟팅
② 합성 세그먼트 타겟팅
③ 게재 위치 타겟팅
④ 키워드 타겟팅

59 다음 중 유튜브 광고 설정 시 노출 기기 설정에 대한 설명으로 적절하지 않은 것은?

① 광고가 게재될 수 있는 기기 유형을 타겟팅할 수 있다.
② PC/모바일/태블릿/TV 등의 노출 기기를 선택할 수 있다.
③ '모든 기기'를 선택할 경우 성과가 좋은 기기 위주로 광고가 노출된다.
④ 특정 운영체제나 기기 모델 등에 대한 타겟팅까지는 지원하지 않는다.

60 다음 중 유튜브 광고를 게재하는 과정에서 '콘텐츠 제외 타겟팅 설정'에 대한 설명으로 옳지 않은 것은?

① 디지털 콘텐츠 라벨이 지정되지 않은 콘텐츠는 제외할 수 없다.
② 콘텐츠 제외 패널에서 인벤토리 유형을 클릭하여 민감한 콘텐츠 그룹을 제외할 수 있다.
③ 내 브랜드 또는 제품에 적합하지 않을 수 있는 콘텐츠에는 광고가 노출되지 않는 기능이다.
④ 제외된 유형 및 라벨에서 실시간 스트리밍 동영상에 광고를 제외할 수 있다.

61 다음 중 유튜브의 품질평가점수에 대한 설명으로 적절하지 않은 것은?

① 다른 광고주와 비교해 내 광고 품질을 파악할 수 있는 진단 도구이다.
② 1~10의 값으로 측정되며, 10에 가까울수록 점수가 높다.
③ 영상 조회율, 동영상 재생 진행률, 이전 광고 이력의 요소에 따라 결정된다.
④ 광고 및 방문 페이지가 관련성이 높고 유용하다는 것을 확인할 수 있는 점수이다.

62 A 사의 유튜브 동영상 광고를 5명의 유저가 15번 보았다면 해당 광고의 도달수와 빈도수는 얼마인가?

① 도달수: 15 / 빈도수: 15
② 도달수: 5 / 빈도수: 15
③ 도달수: 15 / 빈도수: 3
④ 도달수: 5 / 빈도수: 3

63 다음 중 구글에서 제공하는 유튜브 캠페인의 성과 예측을 도와주는 계획 도구는?

① 브랜드 리프트 서베이
② 도달 범위 플래너
③ 비디오 빌더
④ 프리미어 프로

64 다음 중 유튜브의 게재 위치 타겟팅에 대한 설명으로 적절하지 않은 것은?

① 유튜브에서 특정 채널을 선택해서 광고를 노출하는 방법이다.
② 원하는 채널에서 자사의 광고 노출 점유율을 높일 수 있다.
③ 원하는 동영상만을 선택해서 광고할 수도 있다.
④ 게재 위치 타겟팅은 다른 타겟팅 방식보다 비용이 두 배 이상 비싸다.

65 다음 중 구글애즈 광고 보고서에 대한 설명으로 옳지 않은 것은?

① 광고 기간을 설정할 수 있다.
② 당일 성과지표는 24시간 이후에 확인할 수 있다.
③ 요일별, 시간별, 소재별 등 상세한 광고 보고서도 확인할 수 있다.
④ 개별 캠페인, 광고그룹, 광고 단위로 데이터를 조회할 수 있다.

66 다음 중 유튜브 저작권에 대한 설명으로 옳지 않은 것은?

① 라이브 콘서트 공연에 직접 가서 녹화한 영상은 수익 창출이 불가능하다.
② 저작권을 침해한 영상을 업로드한 사람에게는 수익이 지급되지 않는다.
③ 저작권을 침해한 영상에서 광고 수익이 발생하면 유튜브에서 수익을 회수한다.
④ 저작권 위반 경고는 보호되는 콘텐츠의 저작권 소유자가 삭제 요청을 제출했기 때문이다.

67 다음 중 유튜브 저작권 침해 해결 방법으로 적절하지 않은 것은?

① 저작권 위반 경고 3회를 받은 후 새 채널을 만들어 활동을 지속할 수 있다.
② 저작권 위반 경고를 받았다면 이는 저작권 소유자가 삭제 요청을 제출했음을 의미한다.
③ 저작권 위반 경고 3회 시 계정에 업로드된 모든 동영상이 삭제될 수 있다.
④ 저작권 위반 경고를 처음 받으면 저작권 학교를 수료해야 한다.

68 다음 중 브랜드 광고 효과(Brand Lift)의 측정 항목이 아닌 것은?

① 광고 회상
② 브랜드 인지도
③ 브랜드 구매 고려도
④ 광고 전환수

69 다음은 카카오의 어떤 광고 유형을 선택했을 때 집행할 수 있는 광고 상품인가?

> CPT(Cost Per Time) 방식으로 클릭수나 노출 수와 무관하게 노출 기간에 따라 과금됨

① 카카오 비즈보드
② 디스플레이 광고
③ 다음 쇼핑
④ 동영상

70 다음 중 카카오 모먼트 광고 과금 방식에 대한 설명으로 옳지 않은 것은?

① CPA는 클릭으로부터 24시간 이내 발생한 친구 추가에 대해서 과금된다.
② CPM은 1회 노출당 과금되는 방식으로, 노출을 기준으로 입찰 경쟁에 참여할 수 있다.
③ CPV는 동영상 1회 재생당 과금하는 방식이다.
④ CPC 자동입찰은 주어진 예산에서 최대한 많은 클릭을 발생시킬 수 있도록 입찰 금액을 자동으로 설정하는 방식이다.

71 다음 중 카카오 비즈보드 광고의 목표로 설정할 수 있는 것은 무엇인가?

① 전환
② 방문
③ 도달
④ 조회

72 다음 중 카카오 모먼트 광고 시스템의 예산과 집행 기간 및 게재 방식에 대한 설명으로 옳지 않은 것은?

① 광고그룹은 최소 1만 원 이상 5억 원 이하에서 10원 단위로 설정할 수 있다.
② 가능한 모든 요일/시간 노출을 세부적으로 조정할 수 있다.
③ 빠른 게재는 설정된 예산을 최대한 빠르게 소진하도록 광고를 노출하는 방식이다.
④ 시작일과 종료일을 설정해야만 광고 집행이 가능하다.

73 다음은 카카오 모먼트의 랜딩 페이지 중에서 무엇에 관한 설명인가?

> • 카카오톡 채팅 탭 내에서 아래에서 위로 노출되는 화면을 통해 노출되는 형태의 랜딩 페이지를 말한다.
> • 모바일 화면 전체를 세로 이미지 혹은 세로 동영상으로 채워 사용자의 시선을 사로잡는 방식과 모바일 사용성에 적합한 형태로 화면 절반 정도의 크기로 노출되는 방식이 있다.

① 애드뷰
② 비즈니스폼
③ 메시지뷰
④ 커머스폼

74 다음 중 네이버 밴드 네이티브 광고에 대한 설명으로 적절하지 않은 것은?

① 밴드 새글 탭 영역에서 텍스트와 콘텐츠 결합 형태로 노출되는 광고이다.
② 밴드 파트너센터를 통해 집행 가능하다.
③ 다양한 맞춤 타겟팅이 가능하다.
④ 단일 이미지, 슬라이드, 동영상 소재 모두 사용 가능하다.

75 다음 중 네이버 파트너센터의 소셜 광고 시스템을 통해 집행이 가능한 광고 상품이 아닌 것은?

① 새 소식
② 밴드 홈
③ 스티커 샵
④ 알림 광고

76 다음 중 네이버 밴드의 소셜 광고에 대한 설명으로 옳지 않은 것은?

① 광고 게재 위치는 스마트채널과 콘텐츠 피드 등이다.
② '밴드 게시글 홍보하기'는 노출당 과금되는 CPM 방식이다.
③ '밴드 스티커 보상형'은 밴드 가입자 수에 따라 과금되는 CPA 방식이다.
④ '밴드 알리기'는 노출당 과금되는 CPM 방식이다.

77 다음의 네이버 밴드 광고 중에서 CPM 과금 방식으로 집행할 수 없는 광고는 무엇인가?

① 네이티브 광고
② 스마트채널 광고
③ 풀스크린 광고
④ 소셜 광고

78 다음 중 네이버 밴드의 '스마트채널 광고'에 타 겟팅 옵션에 대한 설명으로 옳지 않은 것은?

① 최근 밴드 서비스를 사용한 멤버 중에서 특정 성별/연령별 타겟에게 노출이 가능하다.
② 성별 및 연령 타겟팅이 가능하다.
③ 시간 및 요일 타겟팅이 가능하다.
④ 광고주의 브랜드를 알고 있거나 접한 적이 있는 대상에게 타겟팅이 가능하다.

79 다음에서 설명하는 소셜 미디어는 무엇인가?

세계 최대의 비즈니스 전문 소셜 미디어 플랫폼으로 특정 업계 사람들이 서로 구인 · 구직. 동종 업계 정보 팔로잉 등을 파악할 수 있는 서비스로 회사 페이지나 브랜드 페이지를 등록하여야 광고를 진행할 수 있다.

① 틱톡
② 엑스
③ 스레드
④ 링크드인

80 다음은 엑스의 광고 상품에 대한 설명이다. 하루 단위의 CPV로 판매하는 상품은 무엇인가?

① 앰플리파이 프리롤
② 타임라인 테이크오버
③ 버티컬 비디오 광고
④ 다이내믹 프로덕트 광고

시험 일자	문항 수(소요 시간)	감독위원 확인
년 월 일	총 80문항(100분)	(비대면온라인)

수험번호 : _____

성 명 : _____

정답 및 해설 ▶ 327쪽

<1과목> SNS의 이해

01 다음 중 소셜 미디어가 시작된 웹2.0 시대 디지털 미디어의 특징으로 옳지 않은 것은?

① 스마트폰을 사용하므로 컴퓨터에 익숙하지 않은 사람들에게도 개방되어 있다.
② 누구나 자유롭게 공유할 수 있다.
③ 기존 세대와 비교하면 이메일 등을 통한 정보 전달이 쉬워졌다.
④ 콘텐츠 참여가 쉽다.

02 다음 중 소셜 미디어와 매스미디어에 대한 설명으로 옳지 않은 것은?

① 매스미디어는 일방향으로 정보가 전달되지만, 소셜 미디어는 양방향으로 전달된다.
② 같은 광고인 경우 소비자는 매스미디어보다 소셜 미디어에 집행되는 광고를 더 오래 본다.
③ 커뮤니티 개념에서 소셜 미디어는 소비자와 관계를 맺기 용이하다.
④ 전 국민을 대상으로 노출하는 데에는 소셜 미디어보다 매스미디어가 효과적이다.

03 소셜 미디어는 관계, 경험, 견해의 세 가지 용도로 구분할 수 있다. 다음 중 그 용도가 다른 세 미디어와 다른 것은?

① 페이스북
② 링크드인
③ 카카오스토리
④ 쿠팡

04 다음 중 소셜 미디어를 활용하여 소비자와 소통하는 기업의 프로세스에 해당하지 않은 것은?

① 규제(Regulation)
② 평가(Evaluation)
③ 대응(Respond)
④ 감정(Assessment)

05 고객이 구매까지 이르도록 만드는 과정을 역피라미드 방식으로 표현한 마케팅 기법을 무엇이라 부르는가?

① 그로스 해킹
② 퍼널 마케팅
③ 디지털 마케팅
④ 역피라미드 마케팅

06 다음에서 설명하는 소셜 미디어 콘텐츠 용어는 무엇인가?

> • 브랜드의 장점과 특징을 소비자에게 쉽게 전달하기 위해서는 가상의 소비자를 상정하는 것을 말한다.
> • 소비자를 나이, 성별, 거주지, 직업 등을 세세하게 고려할수록 편익은 구체화되고 설득은 효과적이다.

① 아이덴티티
② 커뮤니케이션
③ 퍼스널리티
④ 페르소나

07 다음은 통제 권한과 비용 유무에 따라 디지털 미디어를 구분한 것이다. 기업이 통제 가능한 미디어를 부르는 명칭은 무엇인가?

① 획득미디어(Earned media)
② 지불미디어(Paid media)
③ 공유미디어(Shared Media)
④ 소유미디어(Owned media)

08 다음 설명은 소셜 미디어 마케팅 중 무엇에 관한 내용인가?

> 투입한 광고비 대비 매출액으로 광고수익률이라고도 부른다.

① ROAS
② CPV
③ tCPM
④ AIDA

⟨2과목⟩ SNS 광고 마케팅

09 다음 중 메타(Meta)와 관련 없는 서비스는 무엇인가?

① 스냅챗(Snapchat)
② 왓츠앱(WhatsApp)
③ 스레드(Thread)
④ 인스타그램(Instagram)

10 A대학교 의과대학 연구센터에서는 새로운 병원용 의료기기 출시를 앞두고 센터를 통해 구매 경험이 있는 병원 리스트와 인스타그램을 활용하여 리타겟팅을 진행하고자 한다. 다음 중 효과적인 타겟 유형은?

① 핵심 타겟
② 유사 타겟
③ 맞춤 타겟
④ 데모 타겟

11 다음 중 메타의 광고 구매 유형 중에서 예약(구, 도달 및 빈도)에 대한 설명으로 옳지 않은 것은?

① 같은 사람에게 광고가 표시되는 빈도를 조절하고자 할 때 사용한다.
② 모든 캠페인 목표에서 사용할 수 있다.
③ 최소 20만 명의 타겟이 필요하다.
④ 도달 범위 및 노출수를 비교적 정확하게 예측할 수 있다.

12 다음 중 메타가 탈중앙화 소셜 미디어를 표방하며 새롭게 출시한 소셜 미디어로 등장부터 상당한 이용자를 끌어모은 소셜 미디어는 무엇인가?

① 핀터레스트(Pinterest)
② 틱톡(TikTok)
③ 스냅챗(Snapchat)
④ 스레드(Threads)

13 다음 중 메타 광고 시스템에서 맞춤 타겟 설정을 위해 광고주가 제공할 수 있는 소스가 아닌 것은?

① 고객 리스트
② 카탈로그
③ 오프라인 활동
④ 잠재고객용 양식

14 대기업 출신 A씨는 귀농을 하여 맛밤을 재배하였고, 최근 전용 쇼핑몰을 새로 오픈했다. 사업을 시작하고 얼마 되지 않아 소셜 미디어 계정에 콘텐츠도 없고 팔로워도 거의 없다. 방문을 유도하기 위해 메타에서 광고를 진행하려고 계획 중인 A씨가 취해야 할 조치로 적절치 않은 것은 무엇인가?

① 정교한 타겟팅을 위해 맞춤 타겟 설정
② 캠페인에 적합한 콘텐츠 제작
③ 자동으로 노출 위치 설정
④ 캠페인 목표를 트래픽으로 설정

15 다음 중 비즈니스 성장을 위해 메타에서 사용할 수 있는 앱의 활용법으로 적절하지 않은 것은?

① 페이스북 메신저나 인스타그램 DM을 통한 무작위 메시지를 통해 신규고객을 확보할 수 있다.
② 인스타그램은 사진과 동영상을 공유하며 영감을 얻고 새로운 관계를 만들 수 있다.
③ 페이스북은 비즈니스 페이지를 통해 팔로워를 모을 수 있다.
④ 왓츠앱(WhatsApp)은 고객과의 소통에서 도움이 된다.

16 다음 중 광고 캠페인을 진행할 수 있도록 잘 정의된 비즈니스 목표는 무엇인가?

① 신학기 동안 메타 광고를 통해 10,000명의 온라인 회원 증가
② 충성도를 높이기 위한 앱 개발
③ 웹사이트 방문자 유입
④ 30~40대 주부 타겟으로 놀라운 영상 제작

17 다음 중 메타(Meta)의 타겟팅에 대한 설명으로 옳지 않은 것은?

① 유사 타겟에 사용할 소스 타겟의 규모는 1,000~50,000명 정도가 적당하다.
② 유사 타겟을 사용하면 Meta 시스템이 소스 타겟(맞춤 타겟)에 포함된 사람들과 유사한 특성을 가진 사람들에게 노출한다.
③ 유사 타겟의 규모는 1~10%까지의 척도로 설정할 수 있으며 10에 가까울수록 맞춤 타겟과 유사하다.
④ 맞춤 타겟팅을 사용할 때보다 더 많은 사람에게 도달하고 싶다면 유사 타겟을 추가할 수 있다.

18 다음 중 유기적 도달에 해당하는 것은 무엇인가?

① 맞춤 타겟 설정 후 도달한 사람의 수
② 팔로워들에게 노출된 신제품 관련 콘텐츠
③ 확장 데모의 부모 타겟을 통해 게시물을 본 사람의 수
④ 유사 타겟 설정 후 도달한 사람의 수

19 다음은 무엇에 대한 설명인가?

- 인스타그램의 9:16 비율의 세로 방향 숏폼 동영상을 말한다.
- 15분 미만 길이의 짧은 동영상 게시물이 공유된다.
- 템플릿을 적용해 쉽게 만들 수 있다.

① 스토리
② 피드
③ 릴스
④ 라이브

20 다음 중 Meta Business Suite에 대한 설명으로 옳지 않은 것은?

① 메타의 다양한 광고를 한 곳에서 관리할 수 있는 플랫폼이다.

② 비즈니스 관리 지원을 위해 대행사나 마케팅 파트너를 추가할 수 있다.

③ 광고 관리만 가능하고 게시물을 올리거나 댓글을 다는 등의 콘텐츠 관리 기능은 없다.

④ 페이스북, 인스타그램 등에서의 Shop이나 카탈로그 등을 관리할 수 있다.

21 다음 중 메타(Meta)의 광고 노출 위치에 해당하지 않는 것은?

① 페이스북

② 인스타그램

③ 페이스북 메신저

④ 엑스

22 다음 중 메타(Meta)에서 캠페인의 노출 위치별로 광고 소재를 적합하게 맞춤화할 수 있는 기능은 무엇인가?

① 자산 맞춤화

② 어드밴티지+ 타겟

③ 어드밴티지+ 노출 위치(구, 자동 노출 위치)

④ 어드밴티지+ 카탈로그 광고(구, 다이내믹 광고)

23 메타 광고 캠페인의 구조로 옳은 것은?

① 광고 세트 – 광고 – 광고 캠페인

② 광고그룹 – 광고 – 광고 캠페인

③ 캠페인 – 광고그룹 – 소재

④ 캠페인 – 광고 세트 – 광고

24 다음 중 메타 광고의 맞춤 타겟팅에 대한 설명으로 옳지 않은 것은?

① 광고주가 가지고 있는 고객 파일로 타겟팅하는 방식

② 캠페인 유형별로 불러오기 가능한 맞춤 타겟은 모두 동일함

③ 맞춤 타겟 소스는 광고그룹당 최대 10개까지 추가할 수 있음

④ 타겟 모수가 2,000개 미만인 경우에도 맞춤 타겟 설정은 가능

25 K-화장품은 틴트와 립스틱 제품을 신규로 출시하면서 도달 및 빈도를 조절하는 광고 캠페인을 진행할 계획이다. 다음 중 해당 캠페인의 광고에 적용할 게재 비용 방식으로 적합한 것은?

① CPC(Cost Per Click)

② CPA(Cost Per Action)

③ CPV(Cost Per View)

④ CPM(Cost Per Mille)

26 TV 영상을 메타 광고에 맞도록 효과적으로 활용하기 위해 적합한 방법은 무엇인가?

① 최초 3초 이내에 브랜드 메시지를 노출하도록 구성한다.
② 15초 미만 영상으로 재구성하여 사용한다.
③ 브랜드 TVCF 영상의 스토리 전체를 보여주기 위해 무편집본 사용
④ 기존 영상을 16:9 화면 비율로 변경하여 사용한다.

27 다음 중 Meta Business Suite의 비즈니스 도구 중에서 '인사이트'라는 메뉴를 통해 얻을 수 있는 정보가 아닌 것은?

① 페이스북 페이지 방문자의 지역, 성별 통계
② 인스타그램 계정 팔로워의 인구통계학적 특성
③ 타겟 대상 여러 광고 캠페인 간의 성과 비교
④ 내 계정의 게시물 조회수와 도달 성과

28 페이스북 광고 형식 중 제품이나 서비스를 등록하는 카탈로그 세팅이 필요한 광고 유형은 무엇인가?

① 슬라이드 광고
② 동영상 광고
③ 이미지 광고
④ 컬렉션 광고

29 다음 중 메타의 광고 시스템에서 캠페인 실적을 파악하기 위해 사용할 수 있는 '측정 방법' 및 '지표'를 나타내는 용어가 아닌 것은?

① Conversion Rate
② Audience Network
③ Brand Lift Survey
④ A/B Testing

30 다음 메타의 카탈로그에 대한 설명으로 옳지 않은 것은?

① 등록하고 관리할 수 있는 메뉴의 명칭은 커머스(Commerce Manager)이다.
② 페이스북과 인스타그램에서 판매하려는 상품을 관리할 수 있다.
③ 제품을 직접 등록하거나 파트너 플랫폼 등을 통해 연결하여 등록할 수 있다.
④ 썸네일과 설명을 덧붙인 상품 안내 책자로 인쇄하여 전단지처럼 홍보가 가능하다.

31 다음 중 메타의 광고 관리자에서 캠페인을 신규로 설정할 때 광고 수준에서 선택할 수 있는 것은?

① 광고 목표
② 광고 전환 추적 설정
③ 광고 예산 및 일정
④ 광고 노출 위치 설정

32 다음 중 메타(Meta)의 이미지 광고 소재 전략으로 옳지 않은 것은?

① 전달하고자 하는 광고 메시지를 이미지 가득 담아내는 것이 좋다.

② 이미지에서는 사람들이 집중해야 할 하나의 대상을 강조하는 것이 좋다.

③ 전반적으로 시각적 일관성을 유지해야 한다.

④ 제품만 보여주기보다는 사람들이 상품을 통해 혜택을 얻는 모습을 보여주는 것이 좋다.

33 인스타그램에 광고를 진행하기 위한 광고 관리 시스템은 무엇인가?

① 크리에이티브 허브

② 메타 포 비즈니스 매니저

③ 광고 관리자

④ 메타 광고 스튜디오

34 다음에서 설명하는 메타의 광고 형식은 무엇인가?

> • 모바일 전용 광고 상품으로 광고를 누르면 몰입형 전체 화면이 나타난다.
> • 인스타그램 스토리와 페이스북 릴스에서 모두 노출된다.

① 컬렉션

② 테이크오버

③ 풀스크린

④ 인스턴트 경험

35 다음 중 메타에서 광고 목표에 따라 이용 가능한 광고 최적화 방법으로 적절하지 않은 것은?

① 인지도: 관심 있을 만한 소규모 타겟에게 여러 번 노출

② 앱 홍보: 앱을 설치하고 계속해서 사용할 타겟에게 광고 게재

③ 판매: 제품이나 서비스를 구매할 가능성이 있는 타겟에 노출

④ 트래픽: 웹사이트 방문자 수를 늘리기 위해 광고 게재

36 다음 중 메타(Meta)의 픽셀에 대한 설명으로 적절하지 않은 것은?

① 전환 목표의 광고를 게재하려면 메타 픽셀 혹은 SDK가 설치되어야 한다.

② 전환 이벤트를 활용하여 고객을 정교하게 타겟팅할 수 있다.

③ 페이스북 페이지에 픽셀을 설치해야 작동한다.

④ 픽셀을 통해 웹사이트 방문자 모수를 얻을 수 있다.

37 모바일용 야구 게임을 출시한 AB소프트는 프로야구 개막 시즌에 맞춰 프로모션을 기획 중이다. 메타의 광고 시스템을 활용한다면 가장 우선적으로 고려할 캠페인 목표는 무엇인가?

① 참여

② 앱 홍보

③ 인지도

④ 트래픽

38 다음 중 머신러닝의 중요한 요소인 캠페인의 유동성이 최적의 상태로 설정되었을 때 예상되는 이점이 아닌 것은?

① 타겟 A/B 테스트를 통해 예산 분배 예측치를 파악할 수 있다.

② 머신러닝을 통해서 캠페인의 새로운 타겟을 파악하는 데 도움을 얻을 수 있다.

③ 머신러닝을 통해 웹사이트에 방문 가능성이 큰 핵심 타겟의 데이터를 얻을 수 있다.

④ 캠페인 목표를 정하는 단계에서 어떤 목표로 최적화할지를 결정할 수 있다.

39 다음 중 유튜브에 대한 설명으로 옳지 않은 것은?

① 유튜브 광고는 유튜브 스튜디오를 통해 운영할 수 있다.

② 유튜브 캠페인에서 가장 중요한 성과지표는 영상 조회수이다.

③ 조회수는 사용자가 동영상 광고를 시청하거나 광고에 참여한 횟수를 말한다.

④ 건너뛸 수 있는 동영상 광고를 10초 이상 시청하면 광고 영상도 조회수에 반영된다.

40 다음 중 성인용 콘텐츠에 광고 노출을 배제하려면 어떤 디지털 콘텐츠 라벨을 제외해야 하는가?

① DL−X

② DL−ADLT

③ DL−MA

④ DL−19

41 다음 중 유튜브를 통해 광고 수익을 창출할 수 있는 조건이 아닌 것은?

① 만 18세 이상이거나, 만 18세 이상의 법적 보호자가 있어야 한다.

② 유튜브 프리미엄 구독자용 콘텐츠 가이드라인을 준수하여 제작해야 한다.

③ 광고주 친화적인 콘텐츠 가이드라인을 준수하여 제작해야 한다.

④ 구독자 1,000명 이상 등의 조건을 갖춘 뒤 심사를 통해 승인받아야 한다.

42 다음 중 유튜브 동영상 광고의 입찰 전략에 대한 설명으로 옳지 않은 것은?

① 조회당 비용: 동영상을 30초 지점까지 시청하거나 동영상과 상호작용할 때 비용을 지불한다.

② 타겟 전환당 비용: 전환 1회당 지불하고자 하는 평균 비용을 설정한다.

③ 타겟 CPM: 광고가 1,000회 게재될 때마다 지불하려는 평균 금액을 설정할 수 있다.

④ 전환가치 극대화: 유튜브 검색 결과 페이지의 절대 상단이나 페이지 상단 또는 페이지 어디에나 광고가 게재되도록 입찰가를 자동으로 설정한다.

43 다음 중 유튜브 광고 품질에 대한 설명으로 옳지 않은 것은?

① 모바일 사용자가 더 많이 반응하면 품질 평가 점수가 높아질 수 있다.

② 광고 품질이 높으면 광고 게재 순위가 상승한다.

③ 광고 품질 통계는 광고의 순위 기준을 설정한다.

④ 광고 품질이 높으면 CPC가 낮다.

44 다음 중 구글애즈에서 관련 키워드, URL 및 앱 등을 입력하여 이상적인 잠재고객에게 도달하게 하는 것은?

① 합성 세그먼트

② 유사 세그먼트

③ 맞춤 세그먼트

④ 인기 세그먼트

45 다음 중 구글애즈에 대한 설명으로 옳지 않은 것은?

① 구글애즈는 구글의 광고 관리 시스템이다.

② 구글애즈는 '캠페인 〉 캠페인 그룹 〉 광고' 구조로 이루어져 있다.

③ 이메일 아이디로 구글애즈 계정을 만들 수 있다.

④ 유튜브 동영상 광고도 구글애즈에서 관리한다.

46 다음 중 유튜브의 동영상 광고 형식으로 옳지 않은 것은?

① 건너뛸 수 있는 인스트림 광고

② 릴스 광고

③ 인피드 동영상 광고

④ 범퍼 광고

47 다음 중 유튜브에서 수익을 창출할 수 있는 콘텐츠가 아닌 것은?

① 일본에 직접 다녀와서 여행에 관한 브이로그를 게재했다.

② 좋아하는 가수의 노래를 커버해서 부른 영상을 게재했다.

③ 게임사로부터 신규 게임에 대한 계정을 받고 게임을 테스트하는 콘텐츠를 올렸다.

④ 티켓을 구매하여 직접 관람한 걸그룹의 공연 실황 녹화 영상을 게재했다.

48 다음 중 유튜브에서 설정 가능한 타겟팅 옵션 중에서 사용자 기반 타겟팅은 무엇인가?

① 인구통계 타겟팅

② 키워드 타겟팅

③ 주제 타겟팅

④ 게재 위치 타겟팅

49 다음 중 건너뛸 수 있는 인스트림 광고의 과금 방식에 대한 설명으로 옳지 않은 것은?

① 광고 영상이 30초 이상일 경우에는 시청을 완료해야 광고 비용이 발생한다.
② 과금 방식은 CPV(Cost Per View)이다.
③ 제목, 배너, 링크 등을 클릭하여도 과금된다.
④ 5초 후 시청자가 광고를 건너뛸 수 있다.

50 다음 중 유튜브와 구글 동영상 파트너에서 시청자가 동영상 광고 전체를 보도록 하고자 할 때 적합한 광고 상품은 무엇인가?

① 건너뛸 수 있는 인스트림 광고
② 건너뛸 수 없는 인스트림 광고
③ 아웃스트림 광고
④ 인피드 동영상 광고

51 다음 중 유튜브의 동영상 광고에 대한 설명으로 옳지 않은 것은?

① 건너뛸 수 없는 광고는 15초 이내 길이로 메시지를 전달할 수 있다.
② 아웃스트림 광고는 구글 동영상 파트너에서 운영하는 웹사이트에 게재되는 광고를 말한다.
③ 범퍼 광고는 짧고도 인상에 남는 메시지를 전달하는 광고이며 사용자가 건너뛸 수 없다.
④ 건너뛸 수 있는 광고는 광고주가 설정한 시간이 지나면 광고 건너뛰기 옵션이 표시된다.

52 다음 중 도달 범위를 좁히기 위해 사용하는 타겟팅이 아닌 것은?

① 게재 위치 타겟팅
② 키워드 타겟팅
③ 주제 타겟팅
④ 언어 타겟팅

53 다음 중 광고 지표 중 하나인 조회율에 대한 설명으로 옳지 않은 것은?

① 배너 광고의 클릭률(CTR)과 비슷한 개념으로 영상 노출수 대비 클릭된 비율을 말한다.
② 동영상 광고에 대한 시청자 반응을 알 수 있는 지표 중 하나이다.
③ 조회율의 VTR은 View Rate의 약자이다.
④ 조회율 5%는 광고 노출수 1,000회 중 50회가 조회되었다는 뜻이다.

54 다음 중 인피드 동영상 광고에 대한 설명으로 옳지 않은 것은?

① 동영상의 썸네일 이미지와 텍스트로 구성된다.
② 광고의 정확한 크기와 모양은 게재 위치에 따라 달라질 수 있다.
③ 유튜브 앱 또는 모바일 유튜브 홈피드 상단에서 전체 동영상이 소리 없이 자동 재생된다.
④ 사용자가 동영상을 클릭하여 시청하도록 유도한다.

55 다음 중 유튜브 아웃스트림 광고에 대한 설명으로 옳지 않은 것은?

① 모바일 전용 광고이다.

② 사용자가 전체 광고를 완전히 재생한 경우 과금된다.

③ 동영상 광고의 도달 범위를 확장하여 더 많은 고객에게 도달하기 위해 사용할 수 있다.

④ 파트너에서 운영하는 웹사이트 및 앱에서만 게재되고, 유튜브에서는 사용할 수 없다.

56 의사 A씨는 신도시 지역에 동물병원을 개원했다. 신도시에 거주하면서, 반려동물에 관심이 많은 사람들을 타겟팅하려고 한다. 다음 중 선택하지 않아도 되는 타겟팅은?

① 위치 타겟팅

② 성별 타겟팅

③ 잠재고객 세그먼트

④ 주제 타겟팅

57 다음 중 CPM 마스트헤드 광고의 노출 방식에 대한 설명으로 적절하지 않은 것은?

① 원하는 비용만큼만 집행하여 노출수를 확보할 수 있다.

② 노출 단위로 판매하는 CPM 광고 상품으로 롤링되는 방식이다.

③ 소리 없이 자동으로 재생되고, 음소거 아이콘 클릭 시 소리가 재생된다.

④ 타겟팅이 불가하고 최대한 많은 사람에게 알리는 것을 광고 목표로 설정한다.

58 다음 중 짧고 기억하기 쉬운 메시지로 광범위한 고객에게 도달하고자 할 때 사용하면 좋은 유튜브 광고는 무엇인가?

① 범퍼 광고

② 인스트림 광고

③ 아웃스트림 광고

④ 건너뛸 수 없는 인스트림 광고

59 다음 중 유튜브의 마스트헤드 광고에 대한 설명으로 옳은 것은?

① 마스트헤드는 CPC 상품이다.

② 노출수를 기준으로 하여 노출당 비용을 지불하려는 광고주에게 적합하다.

③ 구글애즈를 통해 광고를 게재할 수 있다.

④ 원하는 비용만큼 집행할 수는 있지만 타겟팅은 불가능하다.

60 다음 중 구글애즈 광고 보고서에서 확인할 수 없는 지표는 무엇인가?

① 요일별 성과

② 예산 중 특정 시점의 광고비 잔액

③ 광고 상품별 성과

④ 광고 소재별 성과

61 유튜브에 광고 소재를 올리고 모든 절차를 마친 뒤 광고 검수를 신청했는데 다음과 같은 상태가 되었다. 이에 대한 광고 검수 상태를 무엇이라 부르는가?

> 캠페인이 일시중지, 삭제, 종료 또는 대기 중이 거나 광고그룹이 일시중지, 삭제 또는 설정이 미 완료되어 광고가 게재되지 않는다.

① 운영 가능(제한적)
② 운영 불가능
③ 승인됨(제한적)
④ 비승인

62 다음의 유튜브 광고의 입찰 전략 중에서 유튜브 검색 결과 페이지의 절대 상단이나 페이지 상단 또는 페이지 어디에나 광고가 게재되도록 입찰 가를 자동으로 설정하는 전략은 무엇인가?

① 전환가치 극대화
② 클릭수 최대화
③ 전환수 최대화
④ 타겟 노출 점유율

63 다음 중 유튜브 맞춤 동영상 추천에 영향을 주는 요소가 아닌 것은?

① 사용자가 시청하는 기기 환경(모바일, PC, TV)에 적합한 영상
② 과거에 시청 이력이 있는 영상과 관련된 영상
③ 현재 보고 있는 영상과 관련된 영상
④ 사용자가 구독 중인 채널과 관련된 영상

64 다음은 유튜버 '롱헤어 여신'의 신규 업로드 동영상 조회수 결과이다. 추정 수익 창출 재생과 광고 노출은 얼마인가?

> 동영상 조회수가 5회인데 그중 3회 광고가 게재되었고, 추정 수익 창출 재생 중 한 번은 광고가 2개 포함되었다.

① 추정 수익 창출 재생: 3회 / 광고 노출: 3회
② 추정 수익 창출 재생: 4회 / 광고 노출: 3회
③ 추정 수익 창출 재생: 3회 / 광고 노출: 4회
④ 추정 수익 창출 재생: 4회 / 광고 노출: 4회

65 다음 중 유튜브 스튜디오에서 확인할 수 없는 것은 무엇인가?

① 광고를 시청하지 않고 건너뛴 시청자 수
② 실시간 인기 콘텐츠
③ 최고 수익 동영상
④ 조회 기간의 인기 콘텐츠

66 동영상 캠페인을 조정하고 개선하는 것을 목적으로 광고의 효과를 측정할 수 있게 해주는 도구의 이름은 무엇인가?

① 유튜브 스튜디오 분석
② 프리미엄 로그 분석
③ 브랜드 광고 효과 분석(Brand Lift)
④ 도달 범위 플래너

67 다음 중 유튜브 동영상을 저작권 및 상표권 침해 등으로 신고할 때 선택하는 사유는?

① 법률 위반
② 증오 또는 악의적인 콘텐츠
③ 스팸 또는 오해의 소지가 있는 콘텐츠
④ 폭력적 또는 혐오스러운 콘텐츠

68 다음 중 도달 범위 플래너에 대한 설명으로 옳지 않은 것은?

① 광고의 도달 범위, 게재 빈도, 지출을 계획해 준다.
② 구글애즈 계정에서 유료로 활용할 수 있다.
③ 광고 형식 및 예산 할당을 선택하거나 맞춤 미디어를 계획할 수 있다.
④ 캠페인 유형의 다양한 조합을 만들어 효과를 비교할 수 있다.

69 다음의 광고를 집행하기 위해 선택한 카카오의 광고 유형으로 적절한 것은?

> 직접 운영하는 채널의 친구에게 채팅방으로 전달되는 메시지형 광고로 쿠폰 발송, 이벤트, 할인 등 알림 메시지 발송이 가능하다.

① 메시지 광고
② 이메일 광고
③ 카카오 비즈보드 CPT
④ 카카오톡 채널 광고

70 다음 중 카카오 모먼트 광고 과금 방식에 대한 설명으로 옳은 것은?

① CPA는 클릭으로부터 24시간 이내 발생한 친구 추가에 대해서 과금된다.
② CPV는 동영상 1,000회 재생당 과금하는 방식이다.
③ CPT는 원하는 타겟 단위로 구매하는 방식이다.
④ CPC 자동입찰은 예산에 상관없이 최대한 많은 클릭을 발생시킬 수 있도록 입찰 금액을 자동으로 설정하는 방식이다.

71 다음 중 카카오 비즈보드 광고 소재 만들기에 대한 설명으로 옳지 않은 것은?

① 배너 형식으로 노출되므로 텍스트만으로 이루어진 소재는 사용할 수 없다.
② 소재 설명은 장애인에게 음성으로 안내되기 위한 정보로서 30자 이내로 입력한다.
③ 동영상과 이미지를 추가할 수 있으며 행동 유도 버튼을 추가할 수 있다.
④ 모바일 다음, 카카오웹툰, 카카오서비스는 URL 랜딩만 가능하다.

72 다음은 카카오 모먼트 광고 시스템의 게재지면 및 디바이스에 대한 설명이다. 옳지 않은 것은?

① 안드로이드와 iOS 중에서 선택할 수 있다.
② 기본적으로 카카오톡, 다음, 카카오서비스, 네트워크 등을 선택할 수 있다.
③ 카카오톡에 광고를 노출하려는 경우 '채팅 탭에만 노출' 별도 선택이 가능하다.
④ 와이파이에서만 노출된 타겟은 별도로 선택할 수 없다.

73 다음의 자동입찰 방식 중에서 카카오 비즈보드 광고에서 광고 목표가 방문인 경우 기본값으로 자동 선택되는 입찰 방식은 무엇인가?

① 전환수 최대화
② 클릭수 최대화
③ CPC 비용 목표
④ CPA 비용 목표

74 다음 중 네이버 밴드의 네이티브 광고에 대한 설명으로 적절하지 않은 것은?

① 리얼 타임 비딩 광고 상품이다.
② 네이버 비즈센터를 통해서 집행할 수 있다.
③ CPC 최소 입찰가는 부가세를 제외하고 10원이다.
④ CPM 최소 입찰가는 부가세를 제외하고 100원이다.

75 다음 중 네이버 밴드의 광고 상품별 과금 방식이 옳지 않은 것은?

① 풀스크린 광고는 고정 가격으로 집행되는 1일 고정형 광고이다.
② 스마트채널 광고는 입찰을 통하여 집행되는 성과형 광고이다.
③ 네이티브 피드 광고는 CPM, CPC, CPV 과금을 사용할 수 있다.
④ 네이버 밴드 소셜 광고는 다양한 맞춤 타겟이 가능하다.

76 다음 중 네이버 밴드 알림 광고에 대한 설명으로 옳지 않은 것은?

① 네이버 성과형 디스플레이 광고 시스템을 통해 진행할 수 있다.
② 건당 5원의 요금이 과금된다.
③ 회당 몇 건의 알림을 보낼 수 있는 정액 상품도 판매한다.
④ 빅밴드로 전환한 밴드만 이용이 가능하다.

77 다음 중 네이버 밴드 풀스크린 광고에 대한 설명으로 옳지 않은 것은?

① 네이버 밴드에서 앱 종료 시 노출된다.
② 화면 전체로 노출되어 브랜드 인지 효과 및 클릭을 극대화할 수 있다.
③ CPM 방식으로 노출당 과금되는 상품이다.
④ 성별 타겟팅이 가능하다.

78 다음 중 네이버 밴드의 '스마트채널 광고'에 대한 설명으로 옳지 않은 것은?

① 수집된 행태 정보를 기반으로 이용자의 관심사, 구매 의도를 추정하여 타겟팅할 수 있다.

② 선택한 관심사/구매 의도 카테고리의 타겟 집단과 가장 유사한 카테고리를 추천받을 수 있다.

③ 선택한 주제와 적합한 지면에 광고를 노출하는 콘텍스트 기반의 타겟팅이 가능하다.

④ 네이버 보장형 디스플레이 광고 시스템을 통해 집행할 수 있다.

79 다음 내용은 어느 소셜 미디어의 광고 상품인가?

> • 탑뷰: 앱을 열 때 처음 보는 5초부터 최대 60초짜리 영상 광고
> • 인피드 광고: 피드(타임라인) 내에 표시되는 전체 화면 광고
> • 스파크 애즈: 검색 결과나 게시물에 노출되는 네이티브 형식의 광고
> • 인터렉티브 애드온: 광고 하단에 카드, 스티커 등을 추가하는 기능

① 틱톡
② 링크드인
③ 위챗
④ 엑스

80 소셜 미디어는 대부분 광고를 직접 운영할 수 있도록 만들어져 있으며 방법이 유사하다. 광고 만드는 순서로 옳은 것은?

① 캠페인 설정 → 광고그룹(세트) 설정 → 광고 설정 → 계정 생성

② 광고그룹(세트) 설정 → 광고 설정 → 계정 생성 → 캠페인 설정

③ 계정 생성 → 캠페인 설정 → 광고그룹(세트) 설정 → 광고 설정

④ 광고 설정 → 계정 생성 → 캠페인 설정 → 광고그룹(세트) 설정

05

기출 복원문제

- 2023~2025년 시행된 기출문제를 복원하였습니다.
- 최신 출제 경향을 파악하며 실전처럼 풀어보세요.

문제수 및 배점 & 합격 기준

- 객관식: 40문제 × 1.5점 = 60점
- 단답식: 20문제 × 2.0점 = 40점
- 총점 70점 이상
- 유형별 각 점수 40% 미만 시 과락(불합격)

시험 일자	문항 수(소요 시간)	감독위원 확인
2023년 11월 25일	총 80문항(100분)	(비대면온라인)

수험번호 : _____

성   명 : _____

정답 및 해설 ▶ 333쪽

〈1과목〉 SNS의 이해

01 다음 중 웹2.0 시대의 특징으로 옳지 않은 것은?

① 양방향 소통 가능성이 가장 큰 특징이다.
② 전문 크리에이터만 콘텐츠를 만들 수 있다.
③ 누구나 콘텐츠를 만들고 알릴 수 있다.
④ 소셜 미디어의 발달과 함께 프라이버시 문제가 사회 문제로 대두되고 있다.

02 다음 중 소셜 미디어 마케팅에 대한 설명으로 옳지 않은 것은?

① 브랜드 인지도를 높일 수 있다.
② 소비자와 대화하며 피드백할 수 있다.
③ 사용자의 관심사나 위치 등에 따라 개별화가 쉽다.
④ 방대한 사용자들이 참여하므로 유료로만 활용할 수 있다.

03 다음 중 소셜 미디어 마케팅의 장점이 아닌 것은?

① 단기 제품 판매 극대화
② 콘텐츠를 통해 잠재고객 확보
③ 전 국민을 대상으로 하는 매스마케팅
④ 브랜드 인지도 향상

04 다음 중 소셜 미디어를 활용한 마케팅으로 적절하지 않은 것은?

① 오프라인 매장 수 확보
② 신규로 출시한 제품의 인지도 증대
③ 소비자들과 경험을 공유하고 커뮤니티 형성
④ 웹사이트 방문자 증대

05 다음 중 꾸준히 사랑받는 소셜 미디어 콘텐츠를 만드는 방법에 대한 설명으로 옳지 않은 것은?

① 초반에 즐거움을 선사해서 끝까지 시청하게 만든다.
② 스토리 구조를 패턴화하여 다음 순간 어떤 장면이 나올지 기대감을 생성한다.
③ 유명 유튜버를 섭외하는 데에 총력을 기울인다.
④ 트렌드에 맞는 주제를 바탕으로 콘텐츠를 만든다.

06 다음 중 소셜 미디어를 활용한 브랜드 콘텐츠 마케팅 전략으로 가장 적절하지 않은 것은?

① 콘텐츠의 유기적 도달을 높이기 위해 인스타그램에 계정을 만들었다.
② 국내 1위 메신저인 카카오톡의 카카오스토리를 통해 홍보했다.
③ 파워 블로거에게 리뷰 콘텐츠를 요청했다.
④ 유튜버와 협업을 통해 제품에 대한 솔직한 리뷰를 제작했다.

07 다음 중 기업의 소셜 미디어 마케팅 활용 방법으로 가장 적절한 것은?

① 인스타그램의 DM을 통해 고객들에게 무작위로 프로모션 내용을 보내어 참여를 유도한다.
② 포털사이트에서 이메일 주소를 수집하여 이메일 광고를 진행한다.
③ 이벤트 참여자가 많은 경우 당첨자 발표는 비공개로 진행한다.
④ 소비자가 관심이 있는 콘텐츠를 올리고 제품 관련 내용은 댓글로 소통한다.

08 다음 내용이 설명하는 소셜 미디어 마케팅에 대한 용어로 적절한 것은?

> 1회 전환 시 발생하는 매출액의 가치를 말하며 1회 구매 시 평균적으로 결제하는 금액인 '객단가'와 같은 의미로 사용된다.

① 전환가치   ② 판매가치
③ 생애가치   ④ 고객가치

<2과목> SNS 광고 마케팅

09 다음 중 메타의 광고 방식인 실시간 경매 시스템(Real-Time Bidding)의 낙찰 순위에 영향을 미치는 요소가 아닌 것은?

① 추산 행동률
② 일예산
③ 입찰가
④ 광고 품질

10 메타 광고 순위를 결정하는 총가치에 영향을 주는 요소 중 다음이 설명하는 요소로 적절한 것은?

> • 광고에 반응을 보이거나 특정 광고로부터 전환되는 행동의 추정치를 말한다.
> • 광고를 진행했을 시 참여율도 좋고 반응이 좋은 과거 기록이 있을시 높다고 판단한다.
> • 과거 기록이 없을 시에는 메타의 평균 데이터로 진행한다.

① 추산 행동률
② 일예산
③ 입찰가
④ 광고 품질

11 보기에서 설명하는 마케팅으로 옳은 것은?

〈보기〉

영향력 있는 개인을 활용하여 입소문으로 브랜드나 제품을 소개하고 공유하는 마케팅 방식을 말한다.

① 라이브 커머스 마케팅
② 퍼포먼스 마케팅
③ 퍼널 마케팅
④ 인플루언서 마케팅

12 다음 중 Meta에서 성과 측정을 위해 제공하는 데이터 소스 및 기능이 아닌 것은?

① Meta 픽셀
② 픽셀 GFA
③ 전환 API
④ Meta SDK

13 다음 중 Meta 픽셀을 사용하는 경우의 이점이 아닌 것은?

① 매장 방문, 전화 주문, 예약 등의 오프라인 이벤트 데이터를 연결
② 광고를 노출하기에 알맞은 타겟 생성이 가능
③ 캠페인을 통해 유입된 사용자의 행동 분석 가능
④ 광고 전환 최적화를 통한 성과 증대에 효과적

14 보기에서 설명하는 메타의 행동 추적 도구는?

〈보기〉

서버, 웹사이트 플랫폼, 앱 또는 CRM의 마케팅 데이터를 메타의 광고 시스템에 연결하는 도구

① Meta 픽셀
② 픽셀 & SDK
③ 전환 API
④ Meta SDK

15 메타에서 맞춤 타겟 광고를 의뢰할 때 광고주가 제공하는 직접 보유 데이터는?

① 인스타그램 계정
② 고객 리스트
③ 통장 계좌
④ 3rd party data

16 다음 중 인스타그램 광고 소재에 대한 설명으로 옳은 것은? (단, 비율은 가로:세로 기준)

① 인스타그램 검색 결과의 권장 사이즈는 9:16이다.
② 인스타그램 탐색 탭의 권장 사이즈는 2:3이다.
③ 인스타그램 Shop의 권장 사이즈는 9:16이다.
④ 인스타그램 스토리의 권장 사이즈는 9:16이다.

17 다음 중 인스타그램 스토리 광고 동영상 소재의 특징으로 옳지 않은 것은?

① 가장 적합한 화면 비율은 9:16이다.
② 길이는 최대 60분까지 가능하다.
③ 용량은 1GB까지 가능하다.
④ 동영상 형식은 mp4, mov 파일을 권장한다.

18 다음 중 메타의 슬라이드 광고에 대한 설명으로 옳지 않은 것은?

① 이미지는 최대 20개까지 등록할 수 있다.
② 동영상 길이는 최대 60초까지 가능하다.
③ 이미지 형식은 JPG 또는 PNG를 사용할 수 있다.
④ '가장 성과가 좋은 슬라이드를 자동으로 먼저 표시' 옵션을 선택하면 카드 순서가 유저의 반응으로 뒤바뀐다.

19 다음 중 메타의 컬렉션 광고에 대한 설명으로 옳지 않은 것은?

① 카탈로그 세팅이 되어있는 때에만 광고할 수 있다.
② 인스턴트 경험 설정을 통하여 노출시킬 수 있다.
③ '자동으로 순서 지정'을 선택하면 유저의 반응 때문에 순서가 바뀐다.
④ URL은 하나로 통일해야 한다.

20 다음 중 애플 ATT(App Tracking Transparency) 정책과 크롬 브라우저 쿠키 지원 중단 정책 이후 메타에서 주력으로 사용하는 전환 추적 방식은?

① Facebook 성과 기여
② 전환 API
③ A/B 테스트
④ 고급 매칭

21 광고를 집행하는 과정에서 일예산을 설정하였는데도 초과 과금이 발생하는 경우가 있을 수 있다. 다음 중 초과 과금이 발생하는 상황에 해당하지 않는 것은?

① 자동입찰 시 입찰가와 하루 예산으로 설정한 금액이 최대 입찰 금액인 경우
② 비용이 설정된 일예산에 근접했을 때, 순간적으로 많은 양의 클릭이 발생한 경우
③ 일예산이 다 소진되어 광고 노출을 중단하는 프로세스 진행 중 클릭이 발생한 경우
④ 입찰 금액이 일예산 대비 지나치게 높은 경우

22 다음 중 메타 비즈니스 스위트의 광고 관리자의 특징에 대한 설명으로 옳지 않은 것은?

① 개인 계정을 타인과 공유하여 사용할 수 있으므로 사용이 편리하다.

② 페이스북, 인스타그램, 페이스북 메신저, 왓츠앱 등의 다양한 플랫폼의 광고 관리가 가능하다.

③ 계정 전환 없이 통합적으로 광고를 관리할 수 있다.

④ 개인 계정과 비즈니스 계정이 별도로 존재한다.

23 자사 웹사이트의 쇼핑몰 고객 활동 데이터와 핵심 타겟을 조합해서 타겟팅하고 있는 조명 업체가 있다. CPA는 상승하는 반면 매출은 늘지 않고 있을 때, 조명업체가 할 수 있는 전략으로 적합한 것은?

① 판매 캠페인 선택, 어드밴티지+ 노출 위치, 핵심 타겟팅

② 트래픽 캠페인 선택, 수동 노출 위치, 핵심 타겟팅

③ 판매 캠페인 선택, 어드밴티지+ 노출 위치, 웹사이트 리타겟팅

④ 트래픽 캠페인 선택, 수동 노출 위치, 유사 타겟팅

24 정부 규제가 엄격한 기업이 Mata Business Suite의 노출 지면 옵션인 Audience Network 내에서 특정 퍼블리셔/웹사이트에서 광고를 게재하지 않으려고 한다. 다음 중 가장 적절한 캠페인 세팅 전략은 무엇인가?

① Facebook과 Instagram만 캠페인을 진행한다.

② 특정 퍼블리셔/웹사이트 차단 리스트와 함께 자동 노출 위치를 사용한다.

③ 노출 위치 중 Audience Network 선택을 해제하고 광고 노출하지 않는다.

④ '제외해야 할 웹사이트'를 좋아하는 사용자를 제외하고 타겟팅한다.

25 브랜드 캠페인 진행에 있어 도달 및 빈도를 조절하는 광고를 구매할 계획이다. 다음 중 해당 캠페인의 광고 인벤토리에 적용할 게재 비용 방식으로 적합한 것은?

① CPC(Cost Per Click)

② CPA(Cost Per Action)

③ CPV(Cost Per View)

④ CPM(Cost Per Mille)

26 다음 중 메타 비즈니스에서 다양한 디지털 인사이트와 마케팅 리서치 자료를 제공하는 도구는?

① Meta Foresight

② 이벤트 관리자

③ 비즈니스 관리자

④ Meta Developers

27 다음 중 Meta Business Suite에서 다양한 광고 세트를 시나리오별로 구성하였고, 캠페인의 성과는 극대화하고자 한다면 이에 가장 적합한 예산 전략 방안으로 옳은 것은?

① 성과가 가장 좋을 것 같은 광고 세트에 예산을 가장 높게 할당한다.
② 캠페인의 각 광고 세트에 동등하게 예산을 분배한다.
③ 어드밴티지 캠페인 예산을 이용해 광고 세트들이 전반적으로 목표에 맞게 예산 분배가 되도록 최적화한다.
④ 광고 기간 동안 수동으로 광고 세트를 ON/OFF한다.

28 다음 중 비즈니스 설정에서 데이터 소스에 포함된 메뉴 항목이 아닌 것은?

① 카탈로그
② 픽셀
③ 맞춤 전환
④ 도메인

29 다음 중 캠페인 목표를 판매로 선택하고, 전환 위치를 웹사이트로 선택했을 때 설정이 가능한 표준 이벤트가 아닌 것은?

① Purchase
② Curbside
③ ViewContent
④ AddtoCart

30 다음 중 메타 광고의 특별 광고 카테고리에 해당하지 않는 것은?

① 주택
② 교육
③ 고용
④ 사회 문제

31 다음 중 메타 광고 관리자에서 맞춤 타겟팅을 생성할 때, 플랫폼에서 제공하는 소스가 아닌 것은?

① 페이스북 페이지
② 인스타그램 계정
③ 동영상
④ 고객 리스트

32 다음 중 Meta Business Suite의 유사 타겟팅 설명으로 옳지 않은 것은?

① 유사 타겟은 광고 시스템에서 기존에 설정한 성별, 연령, 지역 등의 타겟과 유사한 타겟을 말한다.
② 맞춤 타겟과 유사한 특성을 가진 사람에게 광고를 노출할 수 있다.
③ 1에 가까울수록 유사성은 높지만, 범위가 좁아지고, 10에 가까울수록 유사성은 떨어지지만, 범위가 넓어진다.
④ 고객가치(LTV)가 포함된 맞춤 타겟을 설정하면 가장 가치가 높은 고객과 가장 유사한 사람들로 구성된다.

33 다음 중에서 인스타그램이나 페이스북과 같은 모바일 플랫폼에 맞는 동영상 광고 제작에 대한 설명으로 옳지 않은 것은?

① 자막을 넣는 것이 좋다.
② 광고 목표에 따라 360도 동영상을 활용할 수 있다.
③ 길이가 60초 이상인 긴 광고가 더 효과적이다.
④ 세로 방향 동영상이 더 좋다.

34 Facebook에 대한 설명으로 옳지 않은 것은?

① 특정 지역 반경 내에 있는 타겟에게만 광고 노출하는 것도 가능하다.
② 아직까지 우리나라에서는 Facebook Shop을 사용할 수 없다.
③ 음식점 템플릿을 활용하면 메뉴에 대한 리뷰 기능 설정이 기능하다.
④ 서비스 비즈니스 템플릿을 통해 Facebook 예약 기능으로 예약 관리가 가능하다.

35 다음 중 Meta Business Suite의 광고 관리자에 대한 설명으로 옳지 않은 것은?

① 지역 비즈니스의 경우 매장에서 너무 먼 지역에는 광고 노출이 제한될 수 있다.
② 하나의 광고 세트에 최대 100개의 광고를 보유할 수 있다.
③ 웹과 앱, 오프라인에서 전환 성과를 추적할 수 있다.
④ 광고하기 위해서는 Facebook 페이지가 필요하다.

36 다음 중 Meta Business Suite에 대한 설명으로 옳지 않은 것은?

① 광고주의 비즈니스와 관련된 활동을 통합적으로 관리해 주는 유료 도구이다.
② Facebook, Instagram, Messenger, WhatsApp 등의 광고를 통합 관리할 수 있다.
③ 광고주 계정에 묶여 있는 다양한 소셜 미디어의 게시물을 통합적으로 운영할 수 있다.
④ 게시물에 달린 댓글과 좋아요 등 커뮤니케이션을 한 곳에서 관리할 수 있다.

37 다음 중 Meta Business Suite의 성과 측정 도구에 대한 설명으로 옳지 않은 것은?

① 광고주의 인스타그램 계정에 Meta Pixel을 설치하여 광고 성과를 측정할 수 있다.
② 전환 API는 광고주의 웹 또는 오프라인에서 발생하는 고객 행동을 측정할 수 있다.
③ 오프라인 전환 API를 활용하면 오프라인 이벤트에 대한 광고 성과 측정이 가능하다.
④ Meta SDK를 설치하면 광고 클릭 이후 앱에서 행동하는 소비자의 패턴을 파악할 수 있다.

38 여성복을 만드는 회사가 20개 정도의 계절 신상 의류 출시를 계획 중에 있다. 메타에 광고를 진행하려고 할 때 적합한 광고는?

① 슬라이드 광고
② 컬렉션 광고
③ 다이내믹 광고
④ 풀스크린 광고

39 유튜브 쇼츠의 길이는 최대 몇 초인가?

① 60초
② 120초
③ 180초
④ 240초

40 다음 중 범퍼 광고에 대한 설명으로 옳지 않은 것은?

① 최대 6초의 동영상 광고를 말한다.
② 타겟 CPM 방식으로 노출수를 기준으로 과금된다.
③ 영상 조회수에 반영되지 않는다.
④ '건너뛸 수 있는 광고'를 말한다.

41 다음 중 유튜브의 광고 게재 순위에 영향을 미치는 '입찰 시 광고 품질' 판단 기준에 해당하지 않는 것은?

① 시청 위치
② 영상 조회율(View Rate)
③ 예상 클릭률(CTR)
④ 광고 관련성

42 다음 중 유튜브 광고 게재 순위에 영향을 미치는 요소가 아닌 것은?

① 입찰가
② 제품의 경쟁력
③ 사용자 검색의 문맥
④ 광고 순위 기준

43 아직 회원가입이나 구매 등 광고주가 원하는 전환은 이루어지지 않았으나, 유튜브 광고를 조회하고 이벤트에 참여한 고객은?

① 순사용자
② 직접고객
③ 간접고객
④ 잠재고객

44 다음 중 건너뛸 수 있는 인스트림 광고의 과금 방식에 대한 설명으로 옳지 않은 것은?

① 5초 후에 건너뛸 수 있으며 시청 시간 또는 클릭에 따라 광고 비용이 과금된다.
② 30초 이상인 영상은 30초 이상을 시청 완료 해야 과금된다.
③ 30초 미만인 영상은 10초 이상을 시청해야 과금된다.
④ 제목, 배너, 링크 등 영상 내 다른 영역을 클릭하면 과금된다.

45 다음 중 예약형 광고 상품이 아닌 것은?

① 유튜브 인피드 광고
② 유튜브 CPM 마스트헤드
③ 유튜브 프라임 팩
④ 네이버 밴드 풀스크린 광고

46 브랜드 인지도를 목표로 하는 광고로 적절하지 않은 것은?

① 마스트헤드
② 범퍼 광고
③ 인피드 광고
④ 컴패니언 배너

47 다음 중 유튜브 커뮤니티 가이드를 위반하여 광고주 경고 또는 폐쇄될 수 있는 경우가 아닌 것은?

① 규정을 위반한 경우
② 보안 인증을 하지 않은 경우
③ 폭력적이거나 노골적인 콘텐츠인 경우
④ 규제 상품과 서비스를 판매하는 경우

48 유튜브 파트너 프로그램(YPP)에 참여하기 위한 조건으로 옳지 않은 것은?

① 글로벌 플랫폼이므로 전 세계 어디에서나 신청 가능해야 한다.
② 유튜브 채널 수익 창출 정책을 준수해야 한다.
③ 커뮤니티 위반 경고가 없어야 한다.
④ Google 계정에 2단계 인증을 사용 설정해 놓아야 한다.

49 유튜브에서 자체 제품 판매 쇼핑 기능으로 수익을 창출하기 위한 조건으로 옳지 않은 것은?

① 애드센스에 가입할 것
② 지난 1년간 동영상 시청 시간 3,000시간 이상
③ 지난 1년간 쇼츠 동영상 조회수 300만 회 이상
④ 지난 1년간 공개 동영상의 유효 시청 시간 1,000시간 이상

50 유튜브에 동영상을 업로드하기 위해서는 전화번호로 유튜브 계정에 대한 인증을 받아야 한다. 다음 중 인증받은 후 바로 가능한 내용이 아닌 것은?

① 광고 수익 창출
② Content ID 소유권 주장에 대한 항소
③ 길이가 15분을 초과하는 동영상 업로드
④ 맞춤 썸네일 추가

51 다음 중 영상 길이 40초짜리로 건너뛸 수 있는 동영상 광고(트루뷰 인스트림 광고) 집행 시 과금이 되는 시점으로 옳은 것은?

① 10초 시청
② 20초 시청
③ 30초 시청
④ 전체 시청

52 다음 중 유튜브 동영상 썸네일로 사용이 가능한 것은?

① 노출이 많은 이미지
② 영상에 없는 내용을 볼 수 있다고 오해하게 만드는 이미지
③ 폭력적인 이미지
④ 등장인물이 모자이크 처리된 이미지

53 다음 중 유튜브의 동영상 도달 범위 캠페인 유형에 대한 설명으로 옳지 않은 것은?

① 판매, 리드, 웹사이트 트래픽 유도를 캠페인 목표로 선택할 때 사용할 수 있다.
② 더 많은 순사용자에게 도달하도록 최적화되어 있다.
③ 인지도 및 구매 고려도를 높이기 위해 사용된다.
④ 더 많은 고객에게 도달하기 위해 인피드 광고도 사용할 수 있다.

54 다음 중 유튜브 홈페이지 최상단에 노출되면 원하는 노출량만큼 구매해 노출하는 광고 상품은?

① CPM 마스트헤드
② 프라임팩
③ 트루뷰 비디오 디스커버리
④ 범퍼 애드

55 다음 중 유튜브 키즈에 게재 가능한 영상이 아닌 것은?

① 아동을 타겟으로 하는 영상
② 아동이 주 타겟은 아니지만, 아동이 많이 보는 영상
③ 동요, 따라 읽기 등 아동의 창의력을 높이는 영상
④ K-POP 아이돌 뮤직비디오 영상

56 다음 중 유튜브 광고 캠페인의 목표로 적절하지 않은 것은?

① 판매
② 제품 및 브랜드 구매 고려도
③ 트래픽
④ 리드

57 다음 중 유튜브 광고 중에서 건너뛸 수 없는 인스트림 광고에 대해 옳지 않은 것은?

① 광고를 시청해야 동영상을 볼 수 있는 형태의 광고이다.
② 광고의 길이는 최대 30초이다.
③ 컴패니언 배너나 영상 썸네일을 함께 노출시킬 수 있도록 선택이 가능하다.
④ 영상 조회수에는 반영되지 않는다.

58 다음 중 건너뛸 수 있는 인스트림 광고에서 영상을 시청하는 과정에서 노출되는 광고에 적용되는 가장 일반적인 과금 방식은 무엇인가?

① CPV(Cost Per View)
② CPA(Cost Per Action)
③ CPM(Cost Per Mille)
④ CPC(Cost Per Click)

59 다음 중 광고 없이 유튜브 영상을 보는 서비스는 무엇인가?

① 유튜브 넷플릭스
② 유튜브 프라임 비디오
③ 유튜브 프리미엄
④ 유튜브 플레이

60 다음 중 유튜브에서 광고그룹에서 타겟팅이 가능한 유형이 아닌 것은?

① 사용자 기반
② 콘텐츠 기반
③ 사용자 성격 기반
④ 콘텐츠 주제 기반

61 다음 중 유튜브 광고의 특정 기기 타겟팅에 대한 설명으로 옳지 않은 것은?

① 기본 설정은 게재가 가능한 모든 기기에서 노출이 가능하다.
② 특정 브랜드의 TV에 송출되는 유튜브에만 노출이 가능하다.
③ 특정 통신사만 타겟팅할 수 있다.
④ 특정 모바일 운영체제만 타겟팅할 수 있다.

62 다음 중 유튜브 크리에이터의 광고 설정에 대해서 옳지 않은 것은?

① 광고가 프리롤, 포스트롤, 미드롤로 나갈 수 있다.
② 자신의 동영상에 수익 창출을 사용 설정했을 때 광고가 게재된다.
③ 사용자가 광고를 직접 삽입할지 또는 자동으로 삽입할지 결정할 수 있다.
④ 유튜브 파트너 프로그램에 가입되면 모든 영상에 광고를 게재할 수 있다.

63 다음 중 광고 소재 목적으로 제작하여 유튜브 채널에는 노출을 원하지 않을 때 사용이 가능한 유튜브 영상은?

① 일부 공개 영상
② 비공개 영상
③ 예약 영상
④ 회원 전용 영상

64 다음 중 유튜브의 상세 타겟에서 설정할 수 있는 항목이 아닌 것은?

① 관심사
② 성인 타겟
③ 주제 타겟
④ 구매 예산

65 다음 중 유튜브 광고의 위치, 시간, 기기에 관한 내용으로 옳지 않은 것은?

① 노출 빈도 제한은 동일한 사용자에게 게재되는 횟수를 제한하는 기능이다.
② 조회 빈도 제한은 동일한 사용자가 광고를 조회하는 횟수를 제한하는 기능이다.
③ 노출 빈도와 조회 빈도는 함께 사용할 수 없다.
④ 노출 빈도와 조회 빈도는 일, 주, 월 단위로 조정할 수 있다.

66 다음 중 유튜브 스튜디오에서 확인할 수 있는 내용으로 옳지 않은 것은?

① 저작권에 대한 문제 없이 사용할 수 있는 다양한 비디오를 제공한다.
② 채널 조회수, 시청 시간, 구독자, 예상 수익 등을 관리한다.
③ 조회 기간의 인기 콘텐츠, 실시간 인기 콘텐츠 등을 집계한다.
④ 유튜브에서 수익 창출할 수 있는 기능을 신청 및 관리한다.

67 다음은 동영상 액션 캠페인에 대한 설명이다. 옳지 않은 것은?

① 사용자에게 가장 관련성 높은 광고 조합을 노출하는 방법이다.
② 웹사이트에 전환 추적을 설정하고 구글 태그가 세팅된 뒤 사용할 수 있다.
③ 전환가치 극대화 입찰 전략은 설정 즉시 사용할 수 있다.
④ 사이트 링크, 제품 피드 등을 추가하면 다양한 방문을 유도할 수 있다.

68 다음 중 디지털 콘텐츠 라벨에 관한 내용으로 옳지 않은 것은?

① DL-G: 전체 시청가로 모든 연령대에 적합한 콘텐츠
② DL-PG: 보호자 동반 시청가로 대부분의 연령대에 적합한 콘텐츠
③ DL-T: 청소년 시청가로 청소년 이상의 연령대에 적합한 콘텐츠
④ DL-MA: 성인 시청가로 알코올, 도박, 성적인 콘텐츠를 제외한 성인에게만 적합한 콘텐츠

69 다음 중 카카오 비즈보드의 랜딩 페이지로 옳지 않은 것은?

① 네이버 블로그
② 톡체크아웃 구매
③ 챗봇
④ 톡캘린더

70 다음 중 카카오 디스플레이 광고에 대한 설명으로 적절하지 않은 것은?

① 일반적인 소셜 미디어와 마찬가지로 CPC, CPM 방식으로만 과금된다.
② 한 장 또는 슬라이드 형태의 여러 이미지를 사용할 수 있다.
③ 다양한 타겟 옵션을 통해 최적의 오디언스를 찾을 수 있다.
④ 선택이 가능한 광고 목표는 전환과 방문 두 가지이다.

71 다음 중 카카오 모먼트 광고 과금 방식에 대한 설명으로 옳은 것은?

① CPC 자동입찰은 예산에 상관없이 최대한 많은 클릭을 발생시킬 수 있도록 입찰 금액을 자동으로 설정하는 방식이다.
② CPV는 동영상 1,000회 재생당 과금하는 방식이다.
③ CPT는 원하는 타겟 단위로 구매하는 방식이다.
④ CPM은 1,000회 노출당 과금되는 방식이다.

72 다음 중 카카오 모먼트의 CPMS 과금 방식에 대한 설명으로 옳은 것은?

① 1천 회 노출당 과금 방식으로 Cost Per MilleS의 약자이다.
② 방문수나 노출수 등 일정한 목표에 따라 과금되는 방식으로 Cost Per Milles Stone의 약자이다.
③ 발송당 과금 방식으로 Cost Per Message의 약자이다.
④ 모먼트에 쌓아 둔 마일리지에 따라 과금되는 방식으로 Cost Per Milleage의 약자이다.

73 카카오 모먼트 CPA 과금 방식에 대한 설명으로 옳지 않은 것은?

① 디스플레이, 비즈보드 유형의 전환(광고 목표 설정: 카카오톡 채널) 캠페인에만 제공된다.

② CPA 과금 방식은 광고 효율에 맞게 입찰이 자동 조정되므로 설정한 예산을 초과하지 않는다.

③ CPA 비용 목표 설정은 목표하는 CPA 평균 비용을 유지하는 과금 방식이다.

④ CPA는 클릭으로부터 24시간 이내 발생한 친구 추가에 대해서 과금된다.

74 다음 중 네이버 밴드의 네이티브 광고를 운영할 수 있는 광고 시스템은 무엇인가?

① 네이버 GFA

② 네이버 NOSP

③ 밴드 비즈센터

④ 밴드 파트너센터

75 다음 중 네이버 밴드 스마트채널의 타겟팅 방식에 해당하지 않는 것은 무엇인가?

① 오디언스 타겟팅

② 콘텍스트 타겟팅

③ 맞춤 타겟

④ 리타겟팅

76 다음 중 네이버 밴드의 알림 광고를 운영할 수 있는 광고 시스템은 무엇인가?

① 네이버 GFA

② 네이버 NOSP

③ 밴드 비즈센터

④ 밴드 파트너센터

77 다음 중 네이버 밴드 풀스크린 광고에 대한 설명으로 옳지 않은 것은?

① iOS와 안드로이드를 선택하여 노출할 수 있다.

② 다른 광고와 달리 성별 타겟팅만 가능하다.

③ 1일 고정가 방식으로 운영된다.

④ 앱을 닫을 때 팝업 형식으로 광고가 나타나는 방식을 말한다.

78 다음 중 네이버 밴드 광고인 '스마트채널 광고'에 대한 설명으로 옳지 않은 것은?

① 밴드앱 홈, 새 소식, 채팅 최상단에 노출된다.

② 최소 입찰가는 부가세를 포함하여 CPM 1100원이다.

③ 타겟팅 옵션은 네이티브 피드 광고와 동일하다.

④ 밴드 영역 상단 고정 노출로 주목도를 높일 수 있다.

79 다음 중 엑스의 광고 상품에 대한 설명으로 옳지 않은 것은?

① 앰플리파이 프리롤은 동영상 콘텐츠를 시청하기 전에 15초짜리 영상이 노출되는 광고이다.

② 플레이어블 광고는 다운로드 전에 앱 내용을 미리 볼 수 있는 동영상 광고이다.

③ 버티컬 비디오 광고는 세로형 풀사이즈 영상 광고이다.

④ 해시패티는 브랜드의 이모지를 해시태그로 사용할 때 나타나는 애니메이션 효과이다.

80 다음 중 틱톡의 광고에 대한 설명으로 옳지 않은 것은?

① 탑뷰는 앱을 열 때 처음 5초부터 최대 60초짜리의 광고이다.

② 인피드 광고는 타임라인 내에 표시되는 전체 화면 광고이다.

③ 타임라인 테이크오버는 6시간 동안 타임라인 첫 화면에 독점으로 노출되는 광고이다.

④ 스파크 애즈는 검색 결과나 틱톡 게시물에 노출되는 네이티브 형식의 광고이다.

시험 일자	문항 수(소요 시간)	감독위원 확인	수험번호 : _____
2024년 2월 24일	총 80문항(100분)	(비대면온라인)	성 명 : _____

정답 및 해설 ▶ 339쪽

<1과목> SNS의 이해

01 다음 중 소셜 미디어의 특징으로 옳지 않은 것은?

① 웹4.0 시대에 등장한 개념이다.

② 개인의 생각이나 의견, 경험, 정보 등을 공유할 수 있다.

③ 타인과 관계를 맺고 커뮤니티를 확장할 수 있다.

④ 누구나 콘텐츠를 만들고 알릴 수 있다.

02 다음 소셜 미디어 중 짧은 포맷의 영상 콘텐츠를 업로드하는 플랫폼 중 하나로 중국의 기업이 만든 것은?

① 인스타그램

② 틱톡

③ 유튜브

④ 엑스(X)

03 다음 중 소셜 미디어 플랫폼별 특징에 대한 설명으로 올바르지 않은 것은?

① 인스타그램은 다양한 필터 기능을 가지고 있다.

② 네이버 밴드는 동일한 취향과 취미를 가진 사람들과 소통하기에 적합하다.

③ 크리에이터가 수익을 창출하기에는 유튜브가 적합하다.

④ 할인 쿠폰 발행 및 배포는 페이스북보다 스냅챗이 효율적이다.

04 기업 소셜 미디어 담당자가 브랜드 콘텐츠 마케팅 전략을 다음과 같이 구성하고 있다. 가장 적합하지 않은 마케팅 전략은 무엇인가?

① 타겟 오디언스가 즐겨 검색하는 단어를 이용한 커뮤니티 해시태그를 활용한다.

② 광고주의 콘텐츠를 통합적으로 관리해 주는 프로그램을 유료로 사용한다.

③ 인스타그램의 경우 브랜드 컨셉을 보여주는 계정을 별도로 운영한다.

④ 이미지와 영상을 활용한 트렌디한 콘텐츠로 타겟에게 노출한다.

05 다음 중 소셜 미디어 마케팅의 특징으로 옳은 것은?

① 광고와 홍보의 경계가 확실하다.
② 고객 참여, 상호작용이 약화되었다.
③ 브랜디드 콘텐츠의 역할이 강화되었다.
④ 온라인 구전 효과의 역할이 감소되었다.

06 다음 중 소셜 미디어를 활용한 마케팅 전략으로 옳지 않은 것은?

① 콘텐츠의 유기적 도달을 높이기 위해 인스타그램에 브랜드 계정을 만들었다.
② 카카오 스토리 보다는 MZ세대에게 적합한 인스타그램 스토리를 활용하는 것이 효과적이다.
③ 소셜 미디어 최적화를 위해 주로 SNS 광고를 활용한다.
④ 소셜 미디어 최적화와 검색 엔진 최적화의 연관성은 높다.

07 다음 중 소셜 미디어에 대한 설명으로 옳지 않은 것은?

① 세계 최초의 소셜 미디어는 페이스북이다.
② 관계 형성 측면에서 매스미디어보다 우위를 갖는다.
③ SNS는 소셜 미디어의 강력한 축을 차지하고 있다.
④ 소비자가 관심이 있는 콘텐츠를 올리고 소통할 수도 있다.

08 기업의 소셜 미디어 담당자가 MZ세대를 겨냥한 콘텐츠 마케팅 전략을 기획하고 있다. 다음 중 가장 적합하지 않은 마케팅 전략은 무엇인가?

① 인스타그램의 브랜드 콘셉트를 보여주는 계정과 인플루언서 계정을 분리하여 운영
② 긍정적인 제품 리뷰 콘텐츠를 블로거들과 협력하여 제작 및 배포
③ 긍정적인 여론 형성을 위해 브랜드 커뮤니티와 협력하여 프로모션 진행
④ 효율적인 인력 리소스 관리를 위해 네이버 밴드 광고만 집중하는 전략

<2과목> SNS 광고 마케팅

09 다음 중 메타의 슬라이드 광고에 대한 설명으로 옳지 않은 것은?

① 10장의 이미지/동영상을 올릴 수 있으며, 제목, 설명, URL 등은 슬라이드별로 지정할 수 있다.
② 성과가 개선될 것으로 예측되는 경우 자동으로 슬라이드를 Facebook 피드에 동영상으로 표시하도록 선택할 수 있다.
③ 가상 성과가 좋은 슬라이드는 맨 뒤에 두어야 반응률을 끌어올릴 수 있다.
④ 10장의 슬라이드를 만들어도 광고 링크는 하나로 설정할 수 있다.

10 어느 기업의 브랜드에서 다음과 같은 계획으로 메타에 광고를 진행하고자 한다. 적합한 게재 비용 방식은 무엇인가?

> 브랜드는 광고에 대한 도달과 광고 비용 지출의 예측을 중요하게 생각한다. 예산이 한정되어 있으므로 선택한 기간에 타겟 고객에게 빈도를 기준으로 광고를 집행하고 싶다.

① CPC
② CPA
③ CPM
④ CPL

11 다음 중 메타 광고 관리자에 대한 설명으로 옳지 않은 것은?

① 광고 캠페인 → 광고 세트 → 광고 소재 만들기 순으로 광고가 만들어진다.
② 캠페인 목표에 따라 옵션이나 메뉴가 달라지기도 한다.
③ 상세 타겟팅에서 관심사 설정 시 상위 조건을 선택하면 하위 조건이 모두 선택된다.
④ 캠페인은 하위 광고 세트 수를 무제한으로 보유할 수 있다.

12 다음 중 메타에서 지원하는 광고 형식에 대한 설명으로 적합하지 않은 것은?

① 스토리에는 스티커나 인터액티브 요소를 활용하여 참여를 유도하는 것이 좋다.
② 페이스북의 인스트림 동영상은 버티컬(세로형)이 적합하다.
③ 뉴스 피드 또는 인스타그램 피드는 정사각형 이미지나 4:5 비율의 동영상이 적합하며, 메신저의 홍보 메시지는 1.91:1 이미지가 효과적이다.
④ 광고가 포함된 동영상이 모두 표시되도록 가로 방향 16:9 비율의 가로형을 사용하는 것이 적합하다.

13 다음 중 메타 픽셀을 사용하는 경우 광고주가 얻을 수 있는 이점이 아닌 것은?

① 광고를 노출하기에 알맞은 타겟 생성이 가능
② 광고 전환 최적화를 통한 성과 증대에 효과적
③ 캠페인을 통해 유입된 사용자의 행동 분석 가능
④ 매장 방문, 전화 주문, 예약 등의 오프라인 이벤트 데이터를 연결

14 다음 중 애플의 앱 추적 방식 투명화 정책 이후 메타에서 주력으로 사용하는 전환 추적 방식은 무엇인가?

① Facebook 성과 기여
② 머신러닝
③ 전환 API
④ 고급 매칭

15 다음 중 메타의 비즈니스 광고와 연관되어 비즈니스 성장을 위해 사용할 수 있는 앱에 대한 설명으로 옳지 않은 것은?

① 페이스북은 비즈니스 페이지를 통해 광고할 수 있다.
② 인스타그램은 사진과 동영상을 공유하며 영감을 얻고 새로운 관계를 만들 수 있다.
③ 페이스북 메신저를 통해 더 많은 신규고객을 확보할 수 없다.
④ 왓츠앱(WhatsApp)은 고객과의 소통에서 도움이 된다.

16 다음 중 메타의 커머스 관리자에 대한 설명으로 옳지 않은 것은?

① 메타 페이로 결제할 수 있다.
② 페이스북과 인스타그램에서 물건을 등록하고 판매하는 기능을 하는 관리 도구이다.
③ 제품은 물론, 여행, 부동산, 자동차 등의 거래 가능한 서비스를 등록하고 관리할 수 있다.
④ 파트너 플랫폼을 통해 제품 업데이트가 가능하다.

17 다음 중 메타의 경매 광고 순위 낙찰에 영향을 미치는 요소가 아닌 것은?

① 광고주 입찰가
② 추산 행동률
③ 광고의 관련성과 품질
④ 입찰 조정 방식

18 홈페이지에 전환 픽셀 스크립트를 설치하여 인스타그램에 광고를 집행하는 업체가 있다. 이 업체의 매출 증가를 위해 캠페인 목표와 최적화 기준으로 가장 적절한 것은?

① 판매 캠페인 목표 및 가치 최적화 기준
② 판매 캠페인 목표 및 최저 예산 기준
③ 트래픽 캠페인 목표 및 랜딩 페이지 조회 최적화 기준
④ 트래픽 캠페인 목표 및 링크 클릭 최적화 기준

19 다음 중 메타에서 성과 측정을 위해 제공하는 데이터 소스 및 기능에 해당하지 않은 것은?

① Meta 픽셀
② 도달 범위 플래너
③ 전환 API
④ Meta SDK

20 다음 중 메타 비즈니스 스위트의 특징에 대한 설명으로 옳은 것은?

① 페이스북, 인스타그램, 오디언스 네트워크 통합 관리가 가능하지만, 왓츠앱은 별도의 계정이 필요하다.
② 광고주의 비즈니스와 관련된 활동을 일원화해서 운영하게 도와주는 유료 도구이다.
③ 페이스북과 인스타그램 피드 게시물을 운영하기 위해 브랜드마다 계정을 만들어야 한다.
④ 받은 메시지함 관리 기능을 활용, 자주 묻는 질문에 자동화된 답변을 생성, 응답 시간을 절약할 수 있다.

21 다음 중 인스타그램의 광고를 관리하는 메타 비즈니스 스위트에 대한 설명으로 옳지 않은 것은?

① 광고는 물론 전자상거래와 콘텐츠까지 모두 관리가 가능하다.
② 하나의 계정으로 다양한 플랫폼을 통제할 수 있다.
③ 광고주는 반드시 자신의 인스타그램 계정으로 직접 광고를 운영해야 한다.
④ 페이스북과 인스타그램을 하나의 광고 계정에서 관리할 수 있다.

22 다음 중 메타에서 설정 가능한 비즈니스 목표가 아닌 것은?

① 최대의 관심유도
② 트래픽
③ 인지도
④ 최저 CPM

23 다음 중 오프라인에서 발생하는 매출에 대한 영향력을 추적하고 싶다면 메타 비즈니스 스위트에서 어떠한 기능 활용을 고려해야 하는가?

① 메타 오프라인 전환 API 기능
② 메타 SDK
③ 프리미엄 로그 서비스
④ 메타 픽셀

24 다음 중 인스타그램의 스토리에 대한 설명으로 옳지 않은 것은?

① 스토리를 사용해 브랜드의 친근한 모습을 보여줄 수 있다.
② 스토리는 인스타그램 피드 상단에 표시되며 48시간 동안 지속된 후에 사라진다.
③ 스토리에서는 세로 방향의 이미지나 동영상을 공유할 수 있다.
④ 스토리는 전체 화면으로 노출된다.

25 다음 중 Meta Business Suite 광고의 타겟팅 방식에 대한 설명으로 옳은 것은?

① 핵심 타겟팅: 광고주의 고객 리스트를 활용한 타겟 설정 옵션
② 특별 광고 타겟팅: 고객 리스트를 기반으로 모든 광고 카테고리에서 적용 가능한 타겟
③ 유사 타겟팅: 핵심 타겟과 동일한 특성을 가진 사용자를 타겟으로 생성
④ 맞춤 타겟팅: Meta 사용자 중에서 광고주의 기존고객을 활용한 타겟팅 옵션

26 메타에서 광고 성과를 극대화하고자 할 때 가장 적합한 예산 전략 방안으로 알맞은 것은 무엇인가?

① 성과가 가장 좋을 것 같은 광고 세트에 예산을 가장 높게 할당한다.
② 캠페인의 각 광고 세트에 동일하게 예산 분배한다.
③ 어드밴티지 캠페인 예산을 이용해 광고 세트들이 캠페인 목표에 맞게 예산 분배가 되도록 최적화한다.
④ 광고 기간 동안 수동으로 광고 세트를 ON/OFF한다.

27 다음 중 페이스북 및 인스타그램의 컬렉션 광고에 대한 설명으로 옳지 않은 것은?

① 제품의 노출은 쉽지만 구매 연결은 불가능한 광고 형식이다.
② 카탈로그와 연동하여 다양한 제품 세트를 손쉽게 노출할 수 있다.
③ 모바일 전용으로 제공되는 광고 형식이다.
④ 광고 클릭 후 페이스북이나 인스타그램을 이탈하지 않고 제품을 손쉽게 둘러볼 수 있다.

28 다음의 메타 광고 중에서 카탈로그가 필요한 광고 유형은 무엇인가?

① 슬라이드 광고
② 컬렉션 광고
③ 이미지 광고
④ 동영상 광고

29 다음 중 메타의 샵(Shop)에 대한 설명으로 옳지 않은 것은?

① 전자상거래 결제는 모든 나라에서 가능하다.
② 페이스북 비즈니스 페이지와 인스타그램 비즈니스 계정에서 상품 판매가 가능하다.
③ 다른 파트너 플랫폼에서 이미 판매 중인 제품을 가져오고 동기화할 수 있다.
④ 커머스 관리자 기능을 통해 페이스북과 인스타그램의 샵(Shop)을 설정할 수 있다.

30 다음 중 Meta Business Suite 앱 패밀리의 커뮤니티 규정의 목표와 가치가 아닌 것은?

① 콘텐츠의 진실성 보장
② 개인 뉴스는 제한 없는 표현의 자유 보장
③ 인간 존엄성과 권리 보장
④ 개인정보와 사생활 보호

31 다음 중 메타의 광고 게재 시스템에서 캠페인의 유동성이 최적의 상태로 설정되었을 때 예상되는 이점이 아닌 것은?

① 머신러닝을 통해 웹사이트에 방문 가능성이 높은 핵심 타겟의 데이터를 얻을 수 있다.
② 머신러닝을 통해서 캠페인의 새로운 타겟을 파악하는 데 도움을 얻을 수 있다.
③ 캠페인 목표를 정하는 단계에서 어떤 목표로 최적화할지를 결정할 수 있다.
④ 타겟 A/B 테스트를 통해 예산 분배 예측치를 파악할 수 있다.

32 다음 중 Meta Business Suite의 다이내믹 캠페인에서 설정할 수 있는 메타 픽셀 표준 이벤트로 옳지 않은 것은?

① ViewContent
② AddtoCart
③ Purchase
④ Checkout

33 인스타그램 동영상 광고 제작에 대한 설명으로 가장 옳지 않은 것은?

① 광고 목표에 따라 360도 동영상을 활용할 수 있다.
② 핵심 메시지는 동영상의 후반에 나타나야 한다.
③ 자막을 넣는 것이 좋다.
④ 세로 방향 동영상이 더 좋다.

34 다음 중 Meta Business Suite의 성과 측정 도구에 대한 설명으로 옳지 않은 것은?

① 오프라인 전환 API를 활용하여 광고주의 오프라인 이벤트 정보를 Facebook에 연결하여 성과 측정 가능
② 광고주의 Facebook 페이지에 Meta Pixel을 설치하여 광고 성과 측정 가능
③ 전환 API를 활용하여 광고주의 웹 및 오프라인에서 발생하는 고객 행동 측정 가능
④ Meta SDK를 설치하여 광고주의 앱에서 소비자의 행동을 파악하고 측정 가능

35 Meta에서 카탈로그를 관리하는 곳은?

① 광고 관리자
② 컬렉션 관리자
③ 제품 관리자
④ 커머스 관리자

36 다음 중 Meta 광고 관리자의 앱 패밀리(광고 노출 지면)에 가장 낮은 비용으로 광고를 최적화하기 위한 어드밴티지 캠페인 예산 옵션(자동 게재 위치)에 대한 설명으로 틀린 것은?

① 광고 게재 위치를 세밀하게 직접 제어할 수 있다.
② 캠페인의 광고가 메타 앱 패밀리 전반에 걸쳐 노출된다.
③ 동일한 예산으로 더 많은 타겟에게 도달할 수 있다.
④ 동일한 예산으로 더 많은 전환 결과를 얻을 수 있다.

37 다음 페이스북 비즈니스 설정 탭 메뉴 중 데이터 소스에 포함된 항목이 아닌 것은?

① 카탈로그
② 도메인
③ 맞춤 전환
④ 픽셀

38 다음 중 메타에서 어드밴티지+ 카탈로그 광고를 하기 위해서 필요한 요건이 아닌 것은?

① 제품 카탈로그
② Meta 픽셀 또는 SDK
③ 고객 리스트
④ 비즈니스 관리자 계정

39 유튜브 범퍼 광고의 길이는 최대 몇 초인가?

① 15초

② 10초

③ 6초

④ 5초

40 다음 중 건너뛸 수 있는 인스트림 광고 집행 시 노출수 10,000회, 조회수 3,000회, 클릭수 200회인 영상의 조회율로 옳은 것은?

① 30%

② 3%

③ 20%

④ 2%

41 다음 중 인피드 동영상 광고에 대한 설명으로 옳지 않은 것은?

① 과금 방식은 CPV로 영상 이미지 또는 텍스트 클릭 시 과금된다.

② 구독하기, 좋아요, 싫어요, 댓글 등 다양한 인게이지먼트를 유도할 수 있다.

③ 광고 영상 길이는 제한이 없는 것이 특징이며 30초 이상 시청해야 과금된다.

④ 인피드 동영상 광고는 유튜브 첫화면, 검색결과 상단, 추천 영상 상단 등에 노출된다.

42 유튜브에서 미드롤 광고가 게재되기 위해서는 유튜브 내 영상 콘텐츠의 길이는 얼마 이상이어야 하는가?

① 1분 이상

② 5분 이상

③ 8분 이상

④ 10분 이상

43 다음 중 유튜브 동영상 광고 상품 유형에 대한 설명으로 올바르지 않은 것은?

① 건너뛸 수 있는 인스트림 광고는 5초 후에 광고 영상을 건너뛸 수 있다.

② 인피드 동영상 광고에서 영상 미리보기 이미지와 텍스트로 광고가 노출된다.

③ 범퍼 광고는 영상 조회수에 반영되지 않는다.

④ 건너뛸 수 없는 인스트림 광고의 과금 방식은 CPC이다.

44 다음 중 위치 타겟팅을 잘못 설명한 것은?

① 제주도 거주자들을 대상으로 타겟팅할 수 있다.

② 미국과 영국 거주자들을 동시에 타겟팅할 수 없다.

③ 타겟팅을 위해 구글 위치 데이터 등을 사용할 수 있다.

④ 사용자가 최근 검색한 위치 정보, 과거 물리적 위치 등을 사용해 타겟팅한다.

45 다음 중 유튜브 맞춤 동영상 추천에 영향을 주지 않는 요소는?

① 구독 중인 채널의 영상
② 과거에 시청 이력이 있는 관련 또는 유사 영상
③ 현재 보고 있는 영상과 관련된 영상
④ 대한민국 인기 급상승 영상

46 다음 중 트루뷰포리치(Trueview for Reach) 광고에 대한 설명으로 옳지 않은 것은?

① 범퍼 광고와 건너뛰기가 가능한 인스트림 광고를 결합한 광고 상품이다.
② 과금 방식은 CPM이며, 노출 목적의 상품으로 도달률 증대에 효과적이다.
③ 영상 길이는 6초 이하만 가능하다.
④ 트루뷰 인스트림 광고와 믹스하여 집행하면 더 효과적이다.

47 다음 중 구글 디스플레이 네트워크의 동영상 파트너 게재 지면에 노출될 수 있는 동영상 광고 상품은?

① 건너뛸 수 있는 인스트림과 아웃스트림 광고
② 건너뛸 수 있는 인스트림과 인피드 광고
③ 아웃스트림과 스마트채널 광고
④ 인피드 광고와 스마트채널 광고

48 유튜브 광고 상품 중 마케팅 퍼널의 '구매' 단계에 적합한 광고 상품은?

① 건너뛸 수 있는 인스트림 광고
② 인피드 광고
③ 아웃스트림 광고
④ 범퍼 광고

49 다음 중 구글애즈에서 광고 게재 위치는 고려하지 않고, 잠재고객의 성향만을 근거로 광고를 노출시키는 타겟팅 방법은 무엇인가?

① 위치 타겟팅
② 콘텐츠 기반 타겟팅
③ 제외 타겟팅
④ 사용자 기반 타겟팅

50 다음 중 유튜브 Content ID 시스템에 대한 설명으로 옳지 않은 것은?

① Content ID 설정을 위해 반드시 독점적인 소유권을 보유해야 할 필요는 없다.
② 모든 콘텐츠는 반드시 명확하게 구별할 수 있어야 한다.
③ 콘텐츠에 필요한 권리가 충족되지 않은 경우 Content ID 시스템으로 소유권을 주장해서는 안 된다.
④ 음반사가 유튜브의 Content ID 시스템을 통해 소유권을 주장한 노래의 경우 해당 노래에 배경음악을 삽입한 채로 유튜브에 올리면 수익 창출이 불가능하다.

51 다음 중 구글애즈에서 RTB(Real Time Bidding)로 구매할 수 없는 광고 상품은?

① CPM 마스트헤드 광고

② 범퍼 광고

③ 인피드 동영상 광고

④ 건너뛸 수 있는 인스트림 광고

52 다음 중 유튜브의 범퍼 광고에 대한 설명으로 잘못된 것은?

① 범퍼 광고 집행 시 영상 조회수는 증가하지 않는다.

② 거부감 없이 타겟에게 핵심적인 메시지를 전달할 수 있다.

③ 입찰과 과금 방식은 CPM이다.

④ 언제든지 건너뛰기 버튼을 클릭하여 광고를 건너뛸 수 있다.

53 다음 중 유튜브의 아웃스트림 광고 유형에 대한 설명에 해당하지 않는 것은?

① 유튜브 이외에 구글 디스플레이 네트워크의 동영상 파트너 지면에 노출되는 광고 상품이다.

② 도달률을 높이는 데 효과적이다.

③ 사운드와 함께 재생되어 생동감을 전달하기 용이한 상품이다.

④ 아웃스트림 광고 집행 시 영상 조회수도 증가에도 반영된다.

54 다음 중 아웃스트림 광고에 대한 설명으로 적절하지 않은 것은?

① PC에서는 노출되지 않는다.

② 건너뛸 수 있는 인스트림 광고처럼 시청 시간에 따라 과금되는 CPV방식이다.

③ 도달율이 넓어 효과적인 브랜딩이 가능한 광고 상품이다.

④ 2초 이상 동영상을 본 경우에만 과금된다.

55 다음 중 유튜브 동영상 광고 상품 유형에 대한 설명으로 올바르지 않은 것은?

① 건너뛸 수 있는 인스트림 광고는 5초 후에 광고 건너뛰기 버튼이 나타난다.

② 건너뛸 수 없는 인스트림 광고의 과금 방식은 CPC이다.

③ 범퍼 광고는 6초를 초과하는 영상은 사용할 수 없다.

④ 인피드 동영상 광고에서 영상 미리보기 이미지와 텍스트로 광고가 노출된다.

56 다음 중 유튜브 광고 예산 설정에 대한 설명으로 틀린 것은?

① 캠페인에서 예산을 설정할 수 있다.

② 총예산은 광고 집행 기간 동안 집행할 전체 예산을 말한다.

③ 캠페인 총예산과 일일예산을 선택할 수 있다.

④ 일일예산은 광고 클릭에 대한 입찰가를 말한다.

57 유튜브 동영상 광고와 관련하여 잘못된 설명은?

① 캠페인 목표 중 앱 프로모션은 동영상 광고 유형 선택이 불가능하다.

② 자동차에 관심 있으면서 아웃도어 애호가를 함께 타겟팅하는 것을 합성 세그먼트 타겟팅이라고 한다.

③ 인구통계와 같은 잠재고객 세그먼트는 합성 세그먼트 타겟팅에 사용할 수 없다.

④ 유튜브 동영상 광고는 특정 위치를 제외하는 타겟팅도 가능하다.

58 다음 중 유튜브의 저작권 침해 처리 도구에 대한 설명으로 옳지 않은 것은?

① 저작권 소유자는 유튜브의 Content ID 시스템을 사용해 보유한 콘텐츠를 유튜브에서 간단하게 확인하고 관리할 수 있다.

② Content ID 소유권 주장을 통해 저작권 침해 사실이 발견되면 해당 동영상은 유튜브에서 바로 삭제된다.

③ 동영상 시청을 차단하지 않고, 계속 시청할 수 있도록 하되 동영상에 광고를 게재해 수익을 창출하고 문제의 동영상 시청률 통계를 추적할 수 있다.

④ 저작권 침해 사실이 발견되면 저작권 소유자는 본인의 동영상과 일치하는 동영상 전체를 시청할 수 없도록 차단할 수 있다.

59 다음 중 유튜브의 동영상 공개 범위 설정에 대한 설명으로 옳지 않은 것은?

① 만 13~17세 크리에이터의 경우 기본적인 동영상 공개 범위 설정이 비공개로 설정된다.

② 모든 크리에이터는 동영상을 공개, 비공개 또는 일부 공개로 설정할 수 있다.

③ 18세 이상의 경우에는 기본적인 동영상 공개 범위 설정이 공개로 설정된다.

④ 일부 공개로 설정하면 댓글 작성과 좋아요 표시가 불가능하다.

60 다음 중 유튜브의 동영상 신고 영상에 대한 설명으로 옳지 않은 것은?

① 제한된 동영상 라벨이 붙으면 자동으로 게시가 중단 및 삭제된다.

② 성적인 콘텐츠의 경우 연령 제한이 붙을 수 있다.

③ 위반 정도가 심할 경우 채널과 동영상이 즉시 삭제될 수 있다.

④ 신고 영상은 유튜브에 계속 게시되지만 실제 재생에는 제한이 있다.

61 다음 중 유튜브 광고 제한 설정에 대한 설명으로 틀린 것은?

① 아직 등급이 지정되지 않은 콘텐츠에도 광고 노출을 제외할 수 있다.

② 유튜브 외부의 웹사이트에 삽입된 동영상에 광고 노출을 제외할 수 있다.

③ 실시간 스트리밍 동영상에 광고 노출을 제외할 수 있다.

④ 인벤토리 유형의 기본 설정 옵션은 '확장된 인벤토리'이다.

62 다음 중 비즈니스와 상호작용을 유도하기 위하여 유튜브 내 모든 페이지에서 노출되는 광고는 무엇인가?

① 트루뷰 인스트림
② 유튜브 디스커버리
③ 트루뷰 비디오 디스커버리
④ 비디오 액션 캠페인

63 다음 중 유튜브 스튜디오의 분석(애널리틱스)를 통해 확인할 수 없는 지표는 무엇인가?

① 영상을 시청하지 않고 건너뛴 시청자의 비율
② 영상 시청 국가
③ 영상 시청 시간
④ 영상 시청자 연령 및 성별

64 다음 중 유튜브 광고의 '키워드 타겟팅'에 대한 설명으로 적절하지 않은 것은?

① 유튜브 동영상 및 구글 동영상 파트너에서는 웹페이지 콘텐츠를 타겟팅하는 키워드 타겟팅이 적용된다.
② 방문 페이지, 관련 웹사이트나 제품/서비스를 설명하는 단어 등을 입력하여 키워드 아이디어를 얻을 수 있다.
③ 유튜브 검색 결과에서는 사용자가 유튜브에서 검색할 때 시용하는 단어 또는 문구를 타겟팅한다.
④ 유튜브와 구글 디스플레이 네트워크에서 동영상 광고를 특정 주제로 타겟팅하는 기능이다.

65 클릭수, 노출수, 조회수 같은 전통적인 측정 항목 대신 광고 회상, 브랜드 인지도, 고려도 같은 측정항목에 중점을 두는 구글의 광고 효과 측정 도구는 무엇인가?

① 브랜드 광고 효과(Brand lift)
② 도달 범위 플래너
③ 픽셀 및 SDK
④ A/B 테스트

66 다음 중 구글애즈의 광고 보고서에 대한 설명으로 틀린 것은?

① 유튜브 동영상 광고에 대해 실시간으로 성과 지표를 확인할 수 있다.
② 유튜브 동영상 광고의 당일 성과 지표는 다음날부터 확인이 가능하다.
③ 광고 조회수, 노출수, 클릭수 등 다양한 수치의 확인이 가능하다.
④ 광고 소재별로도 상세 성과 지표를 확인할 수 있다.

67 다음 중 구글의 '도달 범위 플래너' 데이터에 대한 설명으로 가장 틀린 것은?

① 구글의 순사용자 도달 범위 산출 방식에 기반한 것이다.
② 제3자가 유효성을 검증했다.
③ 매일 업데이트된다.
④ 실제 도달 범위 및 입찰가와 일치한다.

68 다음 중 도달 범위 플래너의 장점이 아닌 것은?

① 도달률을 높이기 위한 최적의 광고 상품과 예산 비중을 알 수 있다.
② 체계적으로 마케팅 예산을 수립하고 진행해 나갈 수 있다.
③ 광고 기간을 조정하며 도달률을 파악할 수 있다.
④ 동영상 캠페인의 성과가 목표에 얼마나 근접했는지 검증할 수 있다.

69 다음 중 유튜브 커뮤니티 가이드를 위반하지 않는 사항은 무엇인가?

① 좋아하는 가수의 관련 영상을 재생목록으로 만들어 친구에게 공유했다.
② 폭력 묘사, 악의적 공격, 유해하거나 위험한 행동을 조장하는 콘텐츠를 게재했다.
③ 무언가를 보여주겠다고 약속하지만 보여주지 않고 외부 사이트로 유인했다.
④ 사용자가 콘텐츠의 내용을 다른 내용으로 오해하도록 제목, 썸네일, 설명란에 전혀 다른 내용을 기재했다.

70 다음 중 카카오톡 비즈보드의 특징이 아닌 것은?

① 많은 방문자를 보유한 카카오톡의 특성상 노출수가 높다.
② 빅데이터 기반의 타겟팅 광고가 가능하다.
③ 톡 비즈솔루션을 활용한 마케팅 액션이 가능하다.
④ 광고 품질 관리를 위해 랜딩 페이지는 광고주 사이트 URL로만 가능하다.

71 다음 중 카카오 비즈보드의 랜딩 페이지로 옳지 않은 것은?

① URL
② 카카오톡 선물하기
③ 챗봇
④ 톡캘린더

72 다음 중 카카오 비즈플러그인 서비스 가입 시 필요한 것에 대한 설명으로 옳지 않은 것은?

① 개인정보 이용 동의
② 회원가입 동의
③ 지불 계좌 등록
④ 위치 전송 동의

73 다음 중 카카오 비즈보드의 디바이스 및 게재지면 설정에 대한 설명으로 틀린 것은?

① 광고를 노출할 디바이스는 PC와 모바일을 선택할 수 있다.
② 모바일 중에서 안드로이드와 iOS를 선택할 수 있다.
③ 지면은 카카오톡에 게재된다.
④ 채팅 탭에만 노출하도록 옵션 설정이 가능하다.

74 카카오 비즈보드의 일예산에 대한 설명 중 틀린 것은?

① 일예산을 넘는 비용이 청구되는 경우도 있다.
② 과금 비용이 일 예산을 초과하는 경우 자동으로 광고 집행이 중단된다.
③ 광고그룹 예산은 캠페인 예산을 초과할 수 없다.
④ 광고그룹의 일예산은 5만 원 이상부터 설정이 가능하다.

75 다음 중 네이버 밴드 소셜 광고 게재 위치에 대한 설명으로 틀린 것은?

① 캠페인 목적에 따라 광고 게재 위치를 선택할 수 있다.
② 밴드 스티커를 활용한 보상형 광고는 새소식, 밴드홈 영역 중 선택할 수 있다.
③ 밴드홈은 밴드홈 목록 화면에 커버 형태로 노출된다.
④ 새 소식은 새 소식 목록에 피드 형태로 노출된다.

76 네이버 밴드의 네이티브 광고에서 사용 가능한 타겟팅 방식이 아닌 것은?

① 유사 타겟을 활용한 맞춤 타겟팅
② 1시간 단위 시간 타겟팅
③ 안드로이드 및 iOS별 디바이스 타겟팅
④ 1세 단위 연령 타겟팅

77 다음 중 네이버 밴드 풀스크린 광고에 대한 설명으로 옳지 않은 것은?

① 안드로이드에만 노출되는 상품이다.

② 시간/요일, 연령/성별, 지역, 디바이스, 관심사 등의 타겟 설정이 가능하다.

③ 네이버의 NOSP 광고 시스템을 통해 운영할 수 있다.

④ 앱을 닫을 때 팝업 형식으로 광고가 나타나는 방식을 말한다.

78 다음 중 네이버 밴드 광고인 '스마트채널 광고'에 대한 설명으로 옳지 않은 것은?

① 밴드앱 홈, 새 소식, 채팅 최상단에 노출된다.

② 스마트채널 게재 위치의 최소 입찰가는 1,000원이다.

③ 스마트채널 이외 게재 위치의 최소 입찰가는 70원이다.

④ 밴드 영역 상단 노출로 주목도를 높일 수 있다.

79 다음 중 네이버 밴드의 스마트채널 광고를 운영할 수 있는 시스템은 무엇인가?

① 네이버 GFA

② 네이버 NOSP

③ 밴드 비즈센터

④ 밴드 파트너센터

80 다음 중 아프리카 TV의 광고 상품에 대한 설명으로 옳지 않은 것은?

① 캠페인 목적은 비디오 조회와 트래픽 두 가지가 있다.

② 구매 방식은 입찰형, 구좌형, 직접 문의 세 가지가 있다.

③ 모바일 인스트림 커플 배너는 PC와 모바일 함께 진행이 가능한 상품이며 최소 입찰가는 2,500원부터 시작한다.

④ 모바일 인스트림 풀 배너는 모바일 전용 상품이며 최소 입찰가는 2,500원부터 시작한다.

시험 일자	문항 수(소요 시간)	감독위원 확인
2025년 2월 22일	총 80문항(100분)	(비대면온라인)

수험번호 : _____

성   명 : _____

정답 및 해설 ▶ 344쪽

<1과목> SNS의 이해

01 소셜 미디어와 전통적 매스미디어를 비교한 특징으로 옳지 않은 것은?

① 소셜 미디어는 양방향 커뮤니케이션이 가능하다.
② 소셜 미디어는 매스미디어에 비해서 대량의 정보 전달이 용이하다.
③ 소셜 미디어는 고객들의 콘텐츠에 대한 반응 관찰이 가능하다.
④ 소셜 미디어는 매스미디어에 비해 정보 격차 문제를 발생시킨다.

02 다음 중 플랫폼별 특징으로 옳지 않은 것은?

① 인스타그램은 사진과 영상을 공유하고 '좋아요'를 누르는 방식의 서비스이다.
② 페이스북은 하버드대학교 학생들을 대상으로 시작한 소셜 미디어이다.
③ 틱톡은 보낸 메시지가 확인 후 24시간 안에 사라지는 독특한 서비스로 인기를 끌었다.
④ 링크드인은 특정 업계 사람들이 서로 구인·구직, 동종업계 정보 팔로우 등을 파악할 수 있는 서비스이다.

03 다음 중 소셜 미디어로 보기 어려운 것은?

① 링크드인
② 인스타그램
③ 페이스북
④ 위키백과

04 기업의 통제 권한과 비용 유무에 따른 분류 중에서 다음 보기에 해당하는 미디어는?

> 제한된 예산에서 도달 범위를 극대화할 수 있는 방법으로 소비자가 직접 정보를 공유하도록 유도하는 것이 중요하다.

① 획득미디어
② 공유미디어
③ 지불미디어
④ 소유미디어

05 다음 보기에서 설명하는 콘텐츠 유형은 무엇인가?

> 전체를 동영상으로 촬영한 뒤 특정 부분을 편집하는 방식으로 생생한 정보 전달이나 일상을 기록하는 콘텐츠이다.

① 기획 콘텐츠
② 브이로그
③ 숏폼 콘텐츠
④ 라이브 스트리밍

06 다음 중 소셜 미디어에 대한 설명으로 옳지 않은 것은?

① 틱톡은 중국에서 만들어 세계인에게 서비스하는 소셜 미디어이다.
② 아프리카TV는 최근 글로벌 진출을 선언하며 회사명(서비스명)을 숲(Soop)으로 바꾸었다.
③ 트위터는 일론 머스크가 인수하면서 회사명(서비스명)을 엑스로 바꾸었다.
④ 전 세계 최초의 소셜 미디어는 싸이월드이다.

07 다음 중 MZ세대를 겨냥하여 마케팅을 기획할 때 적합한 전략은?

① 효과를 높이기 위해 K방송국의 홈페이지 PC 화면에 배너 광고 집행
② 효율성을 높이기 위해 제품 리뷰 콘텐츠를 전문 제작사들과 협력하여 제작 및 배포
③ 소셜 미디어의 인플루언서 계정에 콘텐츠 제작을 의뢰
④ 긍정적인 여론 형성을 위해 지자체와 협력하여 프로모션 진행

08 다음 중 캠페인의 성과를 나타내는 평가 지표에 대한 설명으로 적절하지 않은 것은?

① 도달수: 광고가 미디어에 도달한 횟수
② 노출수: 광고가 미디어에 노출된 횟수
③ 빈도수: 사용자 1명에게 광고가 노출된 횟수
④ 전환수: 광고의 실적을 측정한 값

<2과목> SNS 광고 마케팅

09 다음 중 Meta Business Suite에서 사용하는 광고 경매 낙찰 순위에 영향을 미치지 않는 것은?

① 입찰가
② 광고 예산
③ 추산 행동률
④ 광고 품질

10 페이스북 광고 중에서 광고 설정을 '어드밴티지+카탈로그 광고' 유형으로 선택했을 때 사용할 수 없는 형식은?

① 다이내믹
② 단일 이미지 또는 동영상
③ 슬라이드
④ 컬렉션

11 다음 중 인스타그램의 스토리에 대한 설명으로 옳지 않은 것은?

① 브랜드의 친근한 모습을 보여줄 수 있다.
② 인스타그램 피드 상단에 표시되며 사라지지 않고 지속적으로 노출된다.
③ 세로 방향의 이미지나 동영상을 공유할 수 있다.
④ 일반적으로 전체 화면으로 노출된다.

12 다음에서 설명하는 광고 구매 유형에 적합한 Meta Business Suite의 입찰 방식으로 알맞은 것은?

> A브랜드는 잠재고객에 대한 광고 도달과 광고 비용 지출의 예측을 중요하게 생각한다. 예산이 한정되어 있으므로 선택한 기간에 타겟 고객에게 빈도를 기준으로 광고를 집행하고 싶다.

① CPD
② CPT
③ CPC
④ CPM

13 다음 중 메타에서 설정이 가능한 광고 캠페인 목표가 아닌 것은?

① 도달
② 전환
③ 참여
④ 트래픽

14 다음 중 메타 비즈니스 스위트에서 맞춤 타겟 설정을 위해 광고주가 제공할 수 있는 소스가 아닌 것은?

① 고객 리스트
② 고객 관심사
③ 오프라인 활동
④ 카탈로그

15 다음 중 메타 동영상 업로드 기준에 관한 설명으로 틀린 것은?

① 메타 동영상의 6개 목표 모두 360도 동영상이 가능하다.
② 15초 이하로 짧게 제작한 동영상이 시청 가능성이 높다.
③ 세로형 동영상을 적절하게 활용해 모바일 지면을 최대한 활용하는 것이 좋다.
④ 소리가 없더라도 직관적으로 이해될 수 있는 동영상으로 만드는 것이 좋다.

16 다음 중 메타의 이미지 광고 소재 전략으로 적절하지 않은 것은?

① 고객들이 집중해야 할 하나의 대상을 강조하는 것이 좋다.
② 전달하고자 하는 텍스트를 이미지 가득 나타내는 것이 좋다.
③ 시각적 일관성을 유지하는 것이 좋다.
④ 상품을 통해 혜택을 얻는 모습을 보여주는 것이 좋다.

17 신제품 출시를 기획하는 K전자가 새롭게 진행하는 캠페인의 목표는 15초짜리 CF를 소비자들이 최대한 많이 보도록 하는 것이다. 이때 캠페인 성공 여부 평가에 사용해야 하는 성과 목표로 적합한 것은?

① 동영상 재생 횟수
② 트루플레이(Thruplay)
③ 도달
④ 동영상 평균 시청 시간

18 건강기능식품을 판매하는 A쇼핑몰은 그동안 거래했던 고객 리스트를 활용하여 타겟팅 광고를 집행하고 있다. 최근 광고 비용을 늘려도 주문량이 증가하지 않는 상황이라면 다음 중 어떤 전략이 적합한가?

① 트래픽 캠페인 선택/유사 타겟팅
② 트래픽 캠페인 선택/웹사이트 리타겟팅
③ 전환 캠페인 선택/맞춤 타겟팅
④ 전환 캠페인 선택/핵심 타겟팅

19 다음 중 메타 광고 시스템의 잠재고객 센터에 관한 설명으로 옳지 않은 것은?

① 유입 잠재고객, 전환된 잠재고객, 전환율 등을 확인할 수 있다.
② 잠재고객 수가 20명을 초과하면 타겟 기능을 사용할 수 있다.
③ 잠재고객 센터에서 수동으로 잠재고객 업로드가 가능하다.
④ 잠재고객의 단계는 정해진 항목만 사용 가능하므로 별도로 추가할 수 없다.

20 다음 중 메타의 광고 크리에이티브에 대한 설명으로 옳은 것은?

① 인스타그램 스토리의 최대 시간은 120분이다.
② 인스타그램 피드 동영상의 최대 시간은 60분이다.
③ 페이스북 피드 동영상의 최대 시간은 60분이다.
④ 페이스북 스토리의 제한 시간은 15초이다.

21 다음 중 메타의 슬라이드 광고 유형에 대한 설명으로 옳지 않은 것은?

① 최대 10개의 이미지 또는 동영상을 포함할 수 있다.
② 브랜드 스토리를 전달하는 데에 적합하다.
③ 성과가 좋은 슬라이드는 맨 앞에 위치시키는 것이 좋다.
④ 슬라이드마다 별도의 링크를 지정할 수는 없다.

22 다음 중 메타의 잠재고객을 위한 어드밴티지+ 카탈로그 광고가 특히 도움이 되는 광고주의 업종에 해당하지 않는 것은?

① 자동차
② 부동산
③ 교육
④ 리테일

23 메타에서 브랜드 캠페인을 진행하는 데 있어서 구매 유형을 예약으로 진행할 예정일 때, 다음 중 해당 캠페인에 적용되는 광고 구매 방법은?

① CPC
② CPV
③ CPA
④ CPM

24 메타 비즈니스 스위트에서는 기존 구매자 고객들의 연락처 혹은 이메일 데이터를 이용하여 타겟팅을 할 수 있다. 이 데이터를 부르는 명칭은?

① 1st Party Data
② 2nd Party Data
③ 3rd Party Data
④ 4th Party Data

25 다음 중 인스타그램 광고에 대한 설명으로 옳은 것은?

① 릴스 광고의 권장 비율은 1:1이다.
② 피드의 권장 이미지 해상도는 1080×1080 픽셀이다.
③ 동영상 광고의 최대 크기는 40GB이다.
④ 이미지 광고의 최대 크기는 100MB이다.

26 다음 중 메타의 광고 크리에이티브 전략으로 적합하지 않은 것은?

① 광고 크리에이티브가 잘 보일 수 있도록 최소 픽셀 크기의 요구사항을 확인했다.
② 메시지를 효율적으로 전달하기 위해서 광고 이미지에 텍스트를 20% 미만으로 포함했다.
③ 페이스북에 제품 이미지를, 인스타그램에는 브랜드 동영상을 업로드하여 서로 다른 자산을 사용했다.
④ 스토리 광고를 게재하기 위해서 16:9의 사이즈를 사용했다.

27 다음 설명은 어떤 예산 방식에 대한 설명인가?

> 광고 세트가 2개 이상인 경우 광고 세트 전반의 캠페인 예산을 자동으로 관리하여 캠페인 성과를 극대화하는 방식이다.

① 어드밴티지 캠페인 예산
② 광고 자산 최적화 예산
③ 캠페인 최적화 예산
④ A/B 테스트 최적화 예산

28 다음 중 주변 지역에 비즈니스 홍보를 하기 위해 메타에서 광고 캠페인을 진행하려고 할 때 적합하지 않은 전략은?

① 위치 태그를 중심으로 매장 주변의 인스타그램 사용자들과 소통한다.
② 비즈니스 프로필에 영업시간과 연락처 정보 등을 업데이트한다.
③ 주변 지역을 대상으로 광고를 노출한다.
④ 주변 지역에서 큰 반응을 얻은 광고 소재를 전국 단위의 잠재고객에게 확대한다.

29 다음 중 메타 광고 시스템에 대한 설명으로 적합하지 않은 것은?

① 해외 캠페인일 경우 자동 번역 기능을 사용해 다양한 언어 버전을 노출할 수 있다.

② 사회 문제, 선거 또는 정치 관련 광고에도 자동 번역 기능을 사용할 수 있다.

③ 어드밴티지 캠페인 예산을 통해 광고 세트별로 예산 분배를 최적화할 수 있다.

④ 크리에이티브 자동화 기능을 사용해 광고를 보는 사람에게 적합한 광고를 노출시킬 수 있다.

30 다음 중 메타의 광고 관리자에서 캠페인을 신규로 설정할 때 광고 세트 수준에서 선택할 수 있는 것은?

① 광고 노출 위치
② 광고 전환 추적 옵션
③ 광고 형식
④ 광고 목표

31 다음 중 메타의 타겟팅 방식에 대한 설명으로 옳지 않은 것은?

① 리타겟팅은 메타 픽셀이 심어져 있는 웹사이트를 방문한 타겟에게 노출하는 방식을 말한다.

② 유사 타겟은 광고주의 고객 목록과 유사한 타겟에게 노출하는 방식을 말한다.

③ 핵심 타겟은 광고주의 고객 목록을 등록하여 노출하는 방식을 말한다.

④ 맞춤 타겟은 기존고객을 대상으로 우리 광고를 집중 노출하는 방식을 말한다.

32 다음 중 메타의 광고 비즈니스 목표에 대한 설명으로 적합하지 않은 것은?

① 앱 홍보: 앱 설치 및 앱 내 특정 행동 유도
② 인지도: 브랜드 인지도 극대화
③ 잠재고객: 페이스북 페이지 좋아요 수 극대화
④ 트래픽: 웹사이트 트래픽 극대화

33 다음 중 메타의 특별 광고 카테고리에 해당하지 않는 것은?

① 패션
② 주택
③ 고용
④ 사회 문제

34 다음 중 메타 비즈니스 스위트에서 오프라인에서 발생하는 매출에 대한 영향력을 측정하는 도구는?

① 메타 오프라인 다이내믹 전환
② 메타 오프라인 전환 카탈로그
③ 메타 오프라인 전환 API
④ 메타 오프라인 전환 SDK

35 다음에서 설명하고 있는 메타의 광고 형식은?

> • 메인 이미지나 동영상 아래에 추가로 4개의 서브 이미지나 동영상이 노출되는 방식이다.
> • 모바일 전용으로 제공되는 광고 형식으로 제품 노출은 물론 구매 연결까지 가능하다.

① 슬라이드
② 인스턴트 경험
③ 컬렉션
④ 스토리

36 다음 중 잠재고객 센터의 특징으로 옳지 않은 것은?

① 잠재고객 만들기를 통해 직접 만들거나 잠재고객 리스트를 업로드할 수 있다.
② 각 잠재고객의 현재 상태를 파악하고, 적절한 대응 전략 수립이 가능하다.
③ 유저들의 즐겨찾기, 웹서핑 활동에서 수집한 잠재고객 정보를 사용한다.
④ 맞춤형 퍼널을 설정할 수 있다.

37 쿠키 지원을 중단하는 브라우저가 늘어나면서 전환 추적이 어려워지고 있다. 이를 대체할 수 있는 기능은?

① Facebook 성과 기여
② 전환 API
③ 자동 고급 매칭
④ 수동 고급 매칭

38 다음 중 Meta 픽셀을 활용하는 경우의 이점으로 적절하지 않은 것은?

① 광고를 노출하기에 알맞은 타겟 생성이 가능하다.
② 캠페인을 통해 유입된 사용자의 행동 분석이 가능하다.
③ 광고 전환 최적화를 통한 성과 증대에 효과적이다.
④ 앱에서 발생하는 데이터를 추적하고 측정할 수 있다.

39 다음 중 다양한 광고 세트를 시나리오별로 구성하여 캠페인의 성과를 극대화하고자 한다면 가장 적합한 예산 전략은?

① 성과가 가장 좋을 것 같은 광고 세트에 예산을 가장 높게 할당한다.
② 어드밴티지 캠페인 예산을 활용해 광고 세트들에 예산이 배분되도록 최적화한다.
③ 캠페인의 각 광고 세트에 동등하게 예산을 분배한다.
④ 광고 기간에 수동으로 광고 세트를 ON/OFF한다.

40 유튜브에 대한 설명으로 옳지 않은 것은?

① 전 세계에서 가장 많은 사용자를 보유한 동영상 플랫폼이다.
② 2021년에 릴스 서비스를 도입했다.
③ 유튜브 광고는 구글애즈를 통해 관리할 수 있다.
④ 콘텐츠 제작자와 광고 수익을 나누는 창작자 생태계가 특징이다.

41 다음 중 구글애즈의 '잠재고객, 키워드, 콘텐츠' 메뉴에서 제외 설정이 불가능한 항목은?

① 검색 키워드
② 잠재고객
③ 콘텐츠
④ 장치

42 다음 중 건너뛸 수 있는 인스트림 광고 노출에 대한 설명으로 틀린 것은?

① 5초간 광고가 강제로 노출된다.
② 광고 전, 광고 중간, 광고 후에 노출될 수 있다.
③ 구글 디스플레이 네트워크의 동영상 파트너를 제외한 유튜브 내에서만 광고가 게재된다.
④ 영상 길이가 8분 이상인 경우에만 미드롤 광고 게재가 가능하다.

43 다음 중 유튜브 광고 중 건너뛸 수 없는 인스트림 광고에 대한 설명으로 잘못된 것은?

① 컴패니언 배너 노출을 선택할 수 있다.
② TV CF처럼 15초 내지 20초 이하의 광고가 노출된다.
③ 유튜브 채널 내 영상 조회수가 카운팅되지 않는다.
④ CPV 방식으로 과금되는 상품이다.

44 다음 중 유튜브에서 게재되는 컴패니언 배너에 대한 설명으로 옳지 않은 것은?

① 유튜브 특성상 컴패니언 광고는 동영상 형태만 가능하다.
② 인스트림 광고 노출 시 이미지 오른쪽 상단에 함께 노출되는 광고이다.
③ 인스트림 광고가 아니라 컴패니언 광고를 클릭해도 과금되며 조회수로 반영된다.
④ 컴패니언 배너는 데스크톱에서만 표시된다.

45 다음 중 메타에서 맞춤 타겟 설정 시 고객 리스트에 채울 수 있는 항목이 아닌 것은?

① 신용카드 번호
② 이메일
③ 전화번호
④ 이름

46 다음 중 사용자가 유튜브 동영상 광고를 시청하거나 광고에 참여한 횟수를 나타내는 지표는 무엇인가?

① 참여수
② 노출수
③ 조회수
④ 활동수

47 다음 중 게재 위치 타겟팅에 대한 설명으로 적절하지 않은 것은?

① 특정 유튜브 채널에 광고를 노출시키는 기법이다.
② 게재 위치 타겟팅은 다른 타겟팅 방식보다 광고 과금 비용이 할증된다.
③ 특정 동영상을 선택해서도 광고를 노출시킬 수 있다.
④ 특정 영상에만 광고를 노출하여 다른 광고주 대비 노출 점유율을 높일 수 있다.

48 새로 출시한 제품의 브랜드 인지도 최대화를 목표로 광고를 집행했다. 다음 중 캠페인 성과분석을 위해 살펴봐야 할 지표에 해당하지 않는 것은?

① 노출수
② 조회수
③ 전환수
④ 도달 범위 및 게재 빈도

49 범퍼 광고의 최대 길이는?

① 3초
② 4초
③ 5초
④ 6초

50 다음 중 유튜브의 범퍼 광고에 대한 설명으로 적합하지 않은 것은?

① 구글 디스플레이 네트워크의 동영상 파트너 지면에 노출되는 모바일 전용 광고 상품이다.
② 짧은 시간 내에 브랜드 인지도 각인 및 강력한 임펙트를 주고자 할 때 효과적이다.
③ 범퍼 광고 집행 시 유튜브 채널의 조회수는 증가하지 않는다.
④ 유튜브 영상의 전후 또는 중간 부분에 송출되며, 스킵이 불가능한 6초 이하의 광고이다.

51 다음 중 합성 세그먼트에 해당하지 않는 것은?

① 20대 여성이면서 여행을 좋아하는 잠재고객
② 우리 제품의 광고 영상을 조회한 사람
③ SUV 자동차를 구매하려는 아웃도어 애호가
④ 주택을 소유하고 있는 40대 남성

52 다음 중 유튜브의 CPH 마스트헤드 광고에 대한 설명으로 옳은 것은?

① 클릭당 과금되는 상품이다.
② 구글애즈를 통해 게재 예약을 할 수 있다.
③ 원하는 노출량만큼 집행할 수 없고, 타겟팅이 불가능하다.
④ 유튜브 첫 페이지 상단에 사운드와 함께 자동 재생된다.

53 다음의 구글애즈 관리자 액세스 권한 중에서 표준 사용자 수준에서 불가능한 권한은?

① 사용자, 관리자, 제품 링크 수정
② 이메일 전용 사용자 추가
③ 결제 정보 수정
④ 캠페인 수정

54 다음 중 구글애즈의 애셋 라이브러리에서 관리할 수 있는 항목이 아닌 것은?

① 동영상
② 이미지
③ 사용자 리뷰
④ 사이트 링크

55 다음 중 동영상 재생 전에 나오는 광고의 명칭으로 옳은 것은?

① 프리롤
② 포스트롤
③ 미드롤
④ 아웃롤

56 다음 중 구글애즈 캠페인의 목표로 옳지 않은 것은?

① 판매
② 브랜드 인지도 및 도달 범위
③ 리드
④ 웹사이트 트래픽

57 다음 중 유튜브 채널 기본 설정에서 옳지 않은 것은?

① 채널 이름은 14일 내에 2회 변경할 수 있다.
② 채널 핸들(주소)은 14일마다 2번 변경할 수 있다.
③ 채널 핸들(주소)은 한글로도 설정할 수 있다.
④ 바뀐 이름은 유튜브 내에서만 보인다.

58 다음 중 구글애즈 잠재고객 관리자의 활용에 대한 설명으로 틀린 것은?

① 합성 세그먼트: 상세한 인구통계, 관심 분야 등의 속성을 교차하여 타겟팅을 만들 수 있다.
② 내 데이터 세그먼트: 경쟁사 웹사이트의 방문자 목록을 직접 업로드하여 타겟팅할 수 있다.
③ 맞춤 세그먼트: 사용자의 관심사나 검색 키워드 등을 바탕으로 타겟팅 그룹을 관리할 수 있다.
④ 데이터 소스: 고객 연락처 정보를 업로드하면 유튜브를 사용할 때 고객에게 광고가 게재된다.

59 다음 중 유튜브 광고 세팅 시 설정이 가능한 타겟팅 유형으로 그 성격이 나머지와 다른 것은?

① 성별
② 소득
③ 키워드
④ 연령

60 다음 중 구글애즈 광고 캠페인에서 특정 기기 타겟팅에 대한 설명으로 잘못된 것은?

① 특정 TV 브랜드 타겟팅
② 특정 휴대전화 기기 타겟팅
③ 특정 통신사 타겟팅
④ 컴퓨터, 휴대전화, 태블릿 타겟팅

61 다음 중 유튜브 동영상 시청 시간 측정 지표에 해당하지 않는 것은?

① 시청 시간
② 노출당 평균 시청 시간
③ 조회수
④ 평균 시청 지속 시간

62 다음 중 유튜브의 디지털 콘텐츠 라벨 설명으로 옳지 않은 것은?

① DL-G: 전체 시청가
② DL-PG: 보호자 동반 시청가
③ DL-T: 9+ 어린이 시청가
④ DL-MA: 성인 시청가

63 다음 중 유튜브 동영상 광고에서 직접 지정할 수 있는 '게재 위치'로 적절하지 않은 것은?

① 지메일
② 유튜브 채널
③ 유튜브 영상
④ 웹사이트

64 다음 중 동영상 콘텐츠 게재 관련 설명으로 옳지 않은 것은?

① 13~17세의 미성년자는 기본 업로드 설정이 비공개이다.
② 일부 공개의 경우 검색 결과에 노출되지 않는다.
③ 비공개의 경우에도 공개 재생목록에는 표시할 수 있다.
④ 일부 공개의 경우 댓글 작성은 가능하다.

65 다음 중 CPM 마스트헤드 광고에 대한 설명에 해당하지 않는 것은?

① 구글애즈에서 구매 및 집행이 가능하다.

② CPM 과금 방식으로 목표 노출수만큼 비용을 지불한다.

③ 원하는 유저에게 타겟팅이 가능하다.

④ 유튜브 광고 지면 중 프리미엄 지면으로 홈페이지 최상단에 노출된다.

66 다음 중 하나의 유튜브 채널에 연결할 수 있는 최대 구글애즈 계정의 수는 몇 개인가?

① 100개

② 300개

③ 500개

④ 1,000개

67 다음 중 영상 광고와 함께 표시되는 디스플레이 배너 형식의 광고는?

① 디스플레이 광고

② 오버레이 광고

③ 네이티브 광고

④ 컴패니언 배너 광고

68 다음 중 인피드 동영상 광고에 대한 설명으로 옳지 않은 것은?

① 사용자가 광고를 클릭하면 비용이 청구된다.

② 유튜브 피드나 검색 결과에 노출되어 클릭을 유도하는 광고 상품이다.

③ 동영상 광고 길이가 10초 이상인 경우는 10초가 지나야 조회수로 집계된다.

④ 사용자가 광고를 클릭하면 조회수로 집계된다.

69 유튜브의 인벤토리 유형 중 확장 인벤토리는 일부 민감한 콘텐츠에도 광고를 게재하여 인벤토리를 최대로 사용할 수 있는데, 이러한 확장 인벤토리에서 제외되는 콘텐츠가 아닌 것은?

① 심각한 상해

② 노골적으로 묘사된 폭력

③ 묘사가 노골적인 성적 콘텐츠

④ 가벼운 욕설

70 다음 중 잠재고객을 확대하기 위해 유튜브 채널 시청자 목록을 대상으로 이루어지는 마케팅 방식은?

① 합성 잠재고객 세그먼트

② 유튜브 주제 세그먼트

③ 유튜브 시청자 세그먼트

④ 유튜브 콘텐츠 세그먼트

71 다음 중 카카오 모먼트 광고 자산 관리에서 관리할 수 있는 항목이 아닌 것은?

① 메시지 관리
② 애드뷰 관리
③ 비즈니스폼 연동 관리
④ 픽셀 스크립트 직접 수정

72 다음 중 카카오 비즈보드 광고 유형에서 광고 목표로 사용할 수 없는 것은?

① 전환
② 조회
③ 방문
④ 도달

73 다음 중 카카오 비즈보드 CPT에 대한 설명으로 옳지 않은 것은?

① 광고주가 원하는 시간대에 광고가 고정적으로 노출되는 광고 상품이다.
② 카카오톡 친구목록 탭에 특정한 시간 독점적으로 광고가 노출된다.
③ 시간대별, 평일과 주말에 따라 금액이 다르다.
④ 광고 소재는 리치 네이티브를 사용하는 것이 특징이다.

74 다음 중 카카오 동영상 광고에 대한 설명으로 옳지 않은 것은?

① 카카오서비스에서 제공하는 다양한 지면에 동영상 광고를 노출하는 상품이다.
② 모바일에서만 노출이 가능한 광고 상품이다.
③ 카카오의 영상 및 콘텐츠 영역에 최적의 타겟팅이 가능하다.
④ 선택이 가능한 광고 목표는 '조회'이다.

75 다음 중 네이버 밴드의 풀스크린 광고에 대한 설명으로 옳지 않은 것은?

① Real Time Bidding 상품이며 최소입찰가는 CPM 2,000원, CPC 10원으로 판매된다.
② 광고 집행 전 20일부터 취소 시 위약금이 10% 이상 발생한다.
③ 기본 3회 노출이 되고, 최대 5회까지 노출될 수 있다.
④ 광고 클릭 시 웹페이지 또는 앱 다운로드 페이지로 연결된다.

76 다음 중 네이버 밴드 소셜 광고의 캠페인 목적에 해당하지 않는 것은?

① 밴드 알림 메시지
② 밴드 게시글 홍보하기
③ 밴드 알리기
④ 밴드 스티커 보상형

77 다음 중 네이버 밴드 서비스에 해당하는 설명으로 적합하지 않은 것은?

① 소규모 그룹을 만들고 관리하는 게시판 서비스이다.
② 10~20대의 사용 비중이 높다는 특징이 있다.
③ 채팅, 사진첩, 캘린더, 주소록, 투표, 동창 찾기 등 다양한 기능을 제공한다.
④ 소모임 밴드 기능을 바탕으로 오픈채팅방과 유사한 서비스로 인기를 끌고 있다.

78 네이버 밴드의 광고 상품 중 새 글 피드의 중간에 텍스트와 콘텐츠가 결합한 형태로 노출되는 네이티브 광고 상품은?

① 피드 광고
② 새소식 광고
③ 알림 광고
④ 밴드 홈 광고

79 다음 중 틱톡 앱을 사용자가 실행할 때 가장 먼저 보이는 광고는?

① 스파크 애즈
② 인터렉티브 애드온
③ 인피드 동영상 탑뷰
④ 브랜드 미션

80 다음 중 틱톡의 '브랜디드 해시태그 챌린지' 광고에 대한 설명으로 옳은 것은?

① 크라우드 소싱한 동영상을 광고로 전환할 수 있도록 해 주는 틱톡 광고 솔루션
② 키워드를 사용하여 제품이나 서비스와 관련된 특정 용어를 검색하는 사람들에게 도달하는 광고
③ 인공지능을 통해 광고 사이즈가 해당 앱 크기에 자동으로 맞추어 노출되는 광고
④ 브랜드 캠페인에 맞는 해시태그를 사용자가 활용하도록 하여 참여형 마케팅을 유도하는 캠페인

시행처 공개문제 A형

202p

01 ①	02 ④	03 ③	04 ④	05 ③
06 ③,④	07 ④	08 ①	09 ①	10 ③
11 ④	12 ③	13 ①	14 ①	15 ①
16 ②	17 ①	18 ③	19 ②	20 ④
21 ①	22 ③	23 ④	24 ①	25 ①
26 ④	27 ③	28 ④	29 ④	30 ②
31 ③	32 ①	33 ②	34 ③	35 ④
36 ②	37 ①	38 ④	39 ②	40 ③
41 ③	42 ②	43 ④	44 ④	45 ③
46 ④	47 ①	48 ③	49 ①	50 ②
51 ③	52 ①	53 ②	54 ①	55 ④
56 ③	57 ②	58 ②	59 ①	60 ③
61 ③	62 ①	63 ③	64 ②	65 ①
66 ④	67 ①	68 ④	69 ④	70 ④
71 ④	72 ④	73 ④	74 ①	75 ②
76 ②	77 ④	78 ④	79 ④	80 ③

1과목 SNS의 이해

01 ①

소셜 미디어는 개인화 기술과 세분화된 콘텐츠를 바탕으로 선별된 특정 사용자를 대상으로 노출하는 경우가 많으므로 매스미디어에 비해 도달 범위가 작지는 않다.

02 ④

원하는 콘텐츠를 선별하여 구독하고 연결하는 방식이므로 매스미디어와 같은 대량의 메시지 전달에는 한계가 있다.

03 ③

틱톡은 15초에서 10분 길이의 짧은 포맷의 영상 콘텐츠를 제작·공유할 수 있는 중국의 숏폼 동영상 플랫폼이다. 틱톡(TikTok)은 국제 버전의 이름이며 중국 버전은 抖音(Dǒuyīn, 더우인)라는 이름으로 서비스하며 중국 이외 지역에서는 다운받을 수 없다.

04 ④

SEO(Search Engine Optimization)은 자사의 홈페이지가 검색엔진에 잘 노출될 수 있도록 최적화하는 작업으로 검색광고 마케팅의 범주에 해당한다. 나머지는 소셜 미디어 마케팅의 범주에 포함된다.

오답 피하기

- ①: SMM(Social Media Management) 마케팅: 소셜 미디어를 활용한 마케팅
- ②: Paid Ads(광고) 마케팅: Paid는 지불한다는 의미로 광고비를 지출하는 마케팅
- ③: 콘텐츠 마케팅: 양질의 콘텐츠로 사용자를 모은 후 피드에 브랜드를 노출하거나 이벤트를 활용해 관심 있는 사용자의 구매를 유도하는 마케팅 방식

05 ③

소셜 다이닝이란 '사회적인'을 의미하는 Social과 '식사'를 뜻하는 Dining을 합쳐서 부르는 말이다. 토론하며 술과 음식을 마시는 고대 그리스 식사 문화인 '심포지온(Simposion)'에서 유래했다. 즉 함께 식사를 즐기기 위해 만나는 것으로 소셜 네트워크 서비스와 무관하다.

06 ③,④

- ③: 검색 SEO 최적화는 검색 마케팅 전략을 통해 비즈니스가 가질 수 있는 이점이다.
- ④: 마케팅 비용 절감 효과는 발생할 수도 있고 아닐 수도 있다. 상대적이므로 명확하지 않은 표현이다.

07 ④

소셜 미디어 대응 프로세스는 감정(Assessment), 평가(Evaluate), 대응(Respond)의 3단계로 이루어진다.

08 ①

마케팅에서 제품/서비스를 사용할 핵심 고객(타겟)을 이해하기 위해 가상의 고객(타겟)을 정의하는 방법을 나타내는 용어로 배우들이 쓰던 가면을 가리키는 단어에서 유래된 것을 페르소나라고 부른다.

2과목 SNS 광고 마케팅

09 ①

인스타그램 지면에만 광고 노출을 원하는 경우에도 페이스북 페이지 생성은 필수다.

10 ③

CPV는 Cost Per View의 약자로 조회수당 광고비를 말한다. 자동 노출 위치를 사용해서 CPV를 활용하기 위해서는 자동 노출 위치 및 자산 맞춤 설정을 사용하고 노출 위치별로 다양한 화면비를 사용하는 것이 효과적이다.

11 ④

Meta 오프라인 전환 API 기능을 통해 메타의 광고가 오프라인에서 발생하는 매출에 대한 영향력을 측정할 수 있다.

12 ③

Meta Business Suite에서 커머스 관리자에서 진행 가능한 마케팅 솔루션은 '홍보' 메뉴의 쿠폰과 '광고' 메뉴의 트래픽 광고와 어드밴티지+ 카탈로그 광고 총 3가지이다.

오답 피하기

메타에서의 라이브쇼핑 기능은 현재 우리나라에서는 구현되고 있지 않다.

13 ①

광고하는 이유가 거래량 증가이므로 캠페인 목표는 인지도, 트래픽, 참여, 잠재고객, 앱 홍보, 판매 중에서 판매 캠페인이 적합하다. 자신이 가지고 있는 데이터인 1st party data를 사용했다는 것은 맞춤 타겟의 내 소스에서 '고객 리스트'를 설정했다는 의미이다. 또한 위치, 연령, 성별, 언어, 관심사 등을 중심으로 하는 현재의 핵심 타겟 방식으로는 CPA가 높고 거래량이 늘지 않는다고 문제에서 제시하고 있다. CPA를 낮추기 위해서는 유사 타겟팅과 웹사이트 리타겟팅을 시도해볼 수 있으므로, 가능한 방법은 판매 캠페인 선택과 유사 타겟팅 또는 판매 캠페인 선택과 웹사이트 리타겟팅의 조합이다.

14 ①

픽셀은 광고 결과를 측정하고 평가하기 위한 도구이다. 캠페인을 측정하기 위한 지표를 파악하고 설정하는 것은 메타 광고 관리자에서 보고서의 역할에 대한 설명이다.

15 ①

대부분의 광고 지면은 모든 캠페인에서 노출할 수 있으나, Facebook 릴스 광고(인지도 불가)와 Audience Network 보상형 동영상, 페이스북 오른쪽 칼럼은 인지도 캠페인 목표로 사용이 불가능하다.

16 ②

메타는 광고 게재 초기에 알고리즘과 예측 분석을 통해 최적의 입찰가로 적합한 타겟을 찾는 머신러닝(Machine Learning) 작업이 진행된다.

17 ①

캠페인 목표를 정하면 그것에 맞게 최적화하는 것이 머신러닝의 역할이다. 캠페인 목표를 정하는 단계에서 어떤 목표로 최적화할지 결정하는 것은 마케터의 역할이다.

18 ③

인사이트에 관한 설명이다. 메타의 관리 도구는 메타 비즈니스 스위트(Meta Business Suite) 좌측 하단 맨 아래쪽의 '모든 도구'에서 확인할 수 있다.

19 ②

Audience Network는 메타 광고 관리자를 통해 광고를 집행할 수 있는 제휴 네트워크에 속한 사이트나 앱을 말한다.

20 ④

메타 비즈니스 스위트(Meta Business Suite)는 커머스(커머스 관리자) 도구를 통해 카탈로그 및 Shop 관리 기능을 제공한다.

21 ①

광고 세트를 시나리오별로 구성하였으므로 여러 광고 세트 중에서 가장 효과가 높은 시나리오를 발견하도록 캠페인의 설정을 통해 하위 광고 세트의 시나리오들을 평가하는 방법을 묻는 문제이다. 광고 세트들이 전반적으로 목표에 맞게 예산이 배분되도록 최적화할 수 있는데 이를 어드밴티지 캠페인 예산이라고 한다.

22 ③

자산 맞춤화를 통해 직접 업로드하거나 계정 이미지, 비즈니스 이미지, Instagram 이미지, 페이지 이미지 등을 맞춤 설정할 수 있는데, 비즈니스 이미지는 메타와 연결된 미디어 라이브러리(Stock 사이트)를 통해 이미지를 제공하는 기능이다. 자산 맞춤화 기능을 사용하면 이미지를 동영상으로 만들 수도 있고, 변경 또는 수정 등의 기능과 텍스트 해당 광고를 수정하여 노출 위치에 적합하게 크리에이티브를 맞춤 설정할 수 있다.

23 ④

다이내믹 언어 최적화(자동 번역)는 '모든 노출 위치'에서 지원하지 않는다.

24 ①

매출 향상이 목표이므로 트래픽 캠페인은 제외한다. 최적화 중에서 일일 고유 도달 최적화 기준은 가장 많은 사람에게 광고가 노출되는 것이며, 가치 최적화 기준은 최고 가치 기준이라고도 부르며 동일한 예산 지출로 최고 가치의 구매를 발생시키는 것을 말한다. 최적화에서 말하는 '가치'란 가능한 한 많은 제품을 판매하는 동시에 고가의 제품을 판매하는 데 초점을 맞추는 최적화 입찰 방식을 말한다.

25 ①

Meta에서 광고 형태로 제공하는 프리롤 광고가 삽입된 인스트림 광고(임베디드 콘텐츠)는 수익화할 수 없다.

26 ④

개인 뉴스라고 해도 커뮤니티 규정을 위반할 가능성이 있는 콘텐츠는 언제든지 플랫폼에서 삭제되고, 사용자들이 표시되는 것을 선호하지 않는 콘텐츠는 커뮤니티 규정을 위반할 소지가 있으므로 플랫폼에서 노출에 제한된다.

27 ③

구인·구직 콘텐츠는 일반적인 상황에서 사용할 수 있는 콘텐츠이며 나머지는 분쟁 소지가 있으므로 차단 가능성이 큰 카테고리에 해당한다.

28 ④

광고 게재 위치를 세밀하게 제어하면 타겟이 좁아지고, 타겟을 좁히는 만큼 CPM 비용은 올라간다. 따라서 가장 낮은 비용으로 광고를 최적화하는 것이 목표라면 광고 게재 위치를 세밀하게 제어할 수 없다.

29 ④

카카오톡으로 인해 한국에서 WhatsApp의 존재감은 미약하다. 조사기관 리얼미터에 따르면 메신저 선호도에서 카카오톡은 67.6%를 차지했으며 그다음으로는 페이스북 메신저가 6.4%를 차지했고, 왓츠앱은 1.2%에 불과했다.

30 ②

브랜드와 소비자는 광고 소재라는 크리에이티브를 접점으로 해서 연결된다. 광고를 집행하기 위해서 광고 크리에이티브는 없으면 안 되므로 광고 크리에이티브 유무는 목표를 설정하기 위한 질문으로 적합하지 않다.

31 ③

비즈니스 목표 설정 시 고려 사항은 구체적(Specific)이고, 측정 가능(Measurable)하며, 달성할 수(Achievable)있고 사업 연관(Relevant) 되며 달성 기한이 있는(Time-bound) 목표인가 하는 것이다. 문제에서 '내년 1분기까지 금년 4분기 대비 동일한 광고 비용으로 ROAS 350% 달성'이라는 목표는 ROAS를 구체적으로 명시하고 350%라는 수치로 측정 가능하도록 세웠다.

32 ①

광고 추적 옵션은 광고 소재가 아니라 '광고' 수준에서 선택할 수 있는 옵션이다.

33 ②

타겟에게 광고를 최대한 여러 번 게재하면 도달은 낮아지고 빈도가 높아진다. 반면 타겟에게 광고 빈도는 1회로 제한하면 더 많은 사람에게 광고가 보이므로 도달은 높아진다.

34 ③

CPM은 광고 클릭 여부와 상관없이 노출 기준으로 과금되는 방식을 말하는데, 메타 광고의 과금은 최적화된 oCPM(optimized Cost Per Mille) 방식으로 진행된다.

35 ④

특별 광고 타겟은 선택된 특별 광고 카테고리와 관련된 타겟 선택 제한 사항을 준수하도록 조정된 타겟을 말한다. '고객 데이터를 기반으로 광고 카테고리 상관없이 사용이 가능한 타겟'이라는 문장은 맞춤 타겟 중에서 고객 리스트에 대한 설명이다.

36 ②

도메인은 '브랜드 가치 보호 및 적합성'에 포함된 메뉴이다.

37 ①

건너뛸 수 있는 인스트림 광고(구, 트루뷰 인스트림) 광고 상품에 대한 설명이다.

오답 피하기

- ②: 범퍼 애드(Bumper Ad)는 건너뛸 수 없는 짧은 길이(최대 6초)의 동영상 광고이다.
- ③: 인피드 동영상 광고(구, 트루뷰 비디오 디스커버리)는 유튜브 피드나 검색 결과에 썸네일이 노출되어 클릭을 유도하는 광고이다.
- ④: CPM 마스트헤드(Masthead)는 유튜브 첫페이지 상단에 노출되는 광고로 최대 30초 동안 소리 없이 자동 재생(음소거 버튼을 누르면 소리가 나옴)되는 광고이다.

38 ④

건너뛸 수 있는 인스트림 광고에서는 영상을 시청하는 과정에서 조회수에 따라 비용이 지불되는 CPV(Cost Per View) 과금 방식이 주로 사용된다. 하지만 부가적인 방법으로 과금이 되기도 하는데, 영상 내 랜딩 URL 클릭, 컴패니언 배너 클릭 시에는 CPC(Cost Per Click) 방식으로 과금이 되기도 한다.

39 ②

건너뛸 수 있는 인스트림 광고는 5초 후에 건너뛸 수 있으며 시청 시간 또는 클릭에 따라 광고 비용이 과금된다.

40 ③

건너뛸 수 있는 인스트림 광고는 30초 이상인 영상은 30초 이상을, 30초 미만인 영상은 전체 시청을 완료해야 과금된다. 문제에서는 1분짜리 영상을 묻고 있으므로 30초 시청 시점부터 과금된다.

41 ③

건너뛸 수 있는 인스트림 광고는 영상 시청페이지에 노출되는 동영상 광고를 말한다.

오답 피하기

유튜브 영상 시청페이지 하단에 노출되는 것은 동영상(건너뛸 수 있는 인스트림) 광고가 아닌 배너(건너뛸 수 있는 인스트림 광고의 확장 소재)에 해당한다.

42 ②

건너뛰기 버튼을 클릭하면 과금되지 않는다.

43 ④

30초 이상인 영상은 30초 이상을, 30초 미만인 영상은 전체 시청을 완료해야 과금된다. 따라서 15초 시청 완료 시 과금된다.

44 ④

동영상 광고 집행 시 모든 길이의 영상 소재가 허용된다. 다만 유튜브에서는 3분 이내의 영상이 효과적이라고 권장한다.

45 ③

건너뛸 수 있는 동영상 광고의 최소 입찰가는 별도로 지정되어 있지 않다.

46 ④

구글애즈에서는 광고만 관리할 수 있다. 유튜브 라이브 스트리밍은 콘텐츠 제작에 관한 것으로 구글애즈와 무관하다.

47 ①

구글애즈에서는 광고 영상 소재를 직접 업로드할 수는 없다. 다만 문제에서 '광고 집행 시'라는 단서가 있으므로 광고 집행 시 광고 영상 소재를 등록해야 하는 위치는 구글애즈 광고 탭이 맞다. 광고 영상 소재는 유튜브 채널이나 유튜브 스튜디오에서 직접 업로드해야 하며, 구글애즈에서는 업로드한 영상을 불러와서 광고 집행 시 광고 영상 소재로 등록할 수 있다.

48 ③

인피드 동영상 광고는 유튜브 피드나 검색 결과에 썸네일이 노출되어 클릭을 유도하는 광고로 시청자가 썸네일을 클릭하여 광고가 로드된 경우에 비용이 청구된다.

49 ①

인피드 동영상 광고는 예전의 트루뷰 디스커버리 광고를 말하며 광고를 클릭하면 광고 영상 시청 페이지로 연결되어 동영상이 재생된다.

50 ②

건너뛸 수 있는 인스트림 광고 시 사용하는 컴패니언 이미지 배너의 사이즈는 300×60픽셀 한 가지로만 등록 가능하다.

51 ③

노출수 대비 동영상 광고 조회수의 비율로, 가령 노출수가 1,000회인 경우 광고 조회수가 10회라면 조회율은 1%가 된다.

52 ①

건너뛸 수 없는 인스트림 광고는 광고가 시작되고 15초 건너뛰기가 불가하다.

53 ②

건너뛸 수 없는 인스트림 광고는 일단 노출만 되면 조회가 강제로 이루어지기 때문에 조회수를 따질 필요가 없다.

54 ①

조회율=조회수÷노출수×100
=20,000÷100,000×100=20%

55 ④

범퍼 광고는 일단 노출만 되면 조회가 강제로 이루어지기 때문에 조회수를 따질 필요가 없으며 CPV 과금 방식이 아닌 CPM 방식으로 과금된다.

56 ③

범퍼 광고의 과금 방식은 CPM 또는 타겟 CPM이다.

57 ②

구글 검색 결과에는 구글 검색광고가 노출된다.

58 ②

캠페인 하위 유형 중에서 광고 순서(광고 시퀀스)에 관한 설명이다. 광고 시퀀스는 건너뛸 수 있는 인스트림 광고, 건너뛸 수 없는 인스트림 광고, 범퍼 광고 또는 광고의 조합을 사용해 개별 시청자에게 정해 놓은 순서대로 광고를 보여주면서 제품 또는 브랜드 스토리를 전달하는 방식을 말한다.

59 ①

대부분의 광고는 영업일 기준 1일(24시간) 이내에 검수가 완료되지만, 더 복잡한 검토가 필요하면 시간이 더 소요될 수 있다.

60 ③

길이가 5분 이상인 수익 창출 동영상의 경우 광고가 2개 연달아 재생되는 동영상 광고를 게재할 수 있다.

61 ③

유튜브 광고가 가능하기 위해서는 유튜브 채널 내 동영상이 일부 공개 또는 공개 상태여야 한다.

62 ①

유튜브 광고 시 동일 유저에게 반복적으로 광고가 노출되는 것을 최소화하기 위해서는 광고 게재 빈도 설정을 통한 인당 광고 노출수 제한으로 최적화할 수 있다.

63 ③

'초기 목록 크기'에서는 빈 목록으로 시작할 수도 있으며, 최근 30일 사이에 내 채널에서 활동한 적이 있는 사용자의 목록을 만들 수도 있다.

64 ②

중복 시청을 최소화하고 순 시청자를 최대한 늘리기 위해서는 한 사람에게 한 번만 광고가 노출되어야 한다. 이를 조절할 수 있는 것은 광고 게재 빈도 설정이다.

65 ③

목표 타겟 도달 범위 및 예산별 적합한 광고 포맷과 상품 조합 등이 가능한 구글애즈 내 플래닝 도구(Tool)는 도달 범위 플래너(Reach Planner)이다.

66 ④

영상 좋아요, 댓글, 공유 등의 수치는 광고 게재 순위 산정에 포함되지 않는 요소이다. 광고 게재 순위는 입찰가, 입찰 시 광고 품질, 광고 순위 기준, 입찰 경쟁력, 사용자 검색의 문맥, 확장 소재, 다른 광고 형식의 예상 효과 등의 요소들을 고려하여 계산되는데, '입찰 시 광고 품질'은 예상 클릭률(CTR), 영상 조회율(View Rate), 광고 관련성, 방문 페이지 만족도를 말하며, '사용자 검색의 문맥'은 시청 위치, 기기, 검색 시점, 검색어의 특성, 페이지에 게재되는 다른 광고 및 검색 결과, 다른 사용자 신호 및 속성 등을 말한다.

67 ①

유튜브 광고 수익을 창출하기 위한 조건은 구독자 1,000명과 365일간 동영상 시청 시간 4,000시간 또는 쇼츠 동영상 조회수 1,000만 회 이상을 충족시켜야 한다.

68 ④

CPI(Cost Per Install)는 설치 1건당 비용(앱 다운로드)을 말한다.

69 ④

리타겟팅 타겟은 메타의 타겟팅 방식이다.

70 ④

광고 '검토 중' 상태는 광고가 게재되지 않는다는 뜻이다.

71 ④

광고를 통하여 카카오톡 채널을 추가한 유저의 데이터만 수집할 수 있으므로, 쇼핑 카테고리에서 카카오톡 채널을 추가한 유저는 광고 반응 타겟 관리를 위해 수집할 수 있는 데이터에 해당하지 않는다.

72 ④

동영상 광고는 카카오에서 거의 모든 광고 매체에 노출이 되며 카카오톡 콘텐츠, 다음, 카카오서비스, 카카오 광고 네트워크 및 카카오스토리 등에 노출된다. 카카오페이는 광고 매체에 해당하지 않는다.

73 ④

카카오 비즈보드는 이미지 배너만 광고 가능하다.

74　①

카카오 비즈보드는 카카오톡 채팅 최상단 영역에 중점적으로 노출되며 카카오버스, 카카오지하철, 카카오내비, 다음(Daum) 영역에 노출된다. 또한, URL, 포스트 랜딩소재에 한해서 카카오톡과 제휴된 외부 네트워크 영역에 노출된다.

75　②

네이버 밴드는 3월 사용자가 2,000만 명에 달하는 국내 대표 소셜 미디어 서비스로 남성과 여성의 사용자 비율은 48 : 52로 큰 차이가 없으며 40~50대 사용자의 비중이 높다는 특징이 있다.

76　②

네이버 밴드에서 집행이 가능한 광고는 알림 광고, 소셜 광고, 피드(네이티브) 광고, 스마트채널 광고 등이 있다.

77　④

스마트채널 광고는 CPC와 CPM 두 가지로 과금된다.

78　④

네이버 밴드에서 앱 종료 시 노출되는 1일 1 광고주 단독 노출 상품으로 브랜드 인지 효과 및 클릭을 극대화할 수 있는 안드로이드 전용 상품은 풀스크린 광고이다.

79　④

네이티브 피드 광고는 웹사이트 전환, 웹사이트 트래픽, 앱 설치, 동영상 조회 등 거의 모든 캠페인 목적에서 가능하다.

80　③

PC와 모바일을 구분하여 타겟팅이 가능하고 모바일의 경우 안드로이드와 iOS를 선택할 수 있다. 윈도우와 맥, 리눅스 등의 운영체제는 구분할 수 없으므로 모든 OS 타겟팅이 가능한 것은 아니다.

시행처 공개문제 B형
216p

01 ④	02 ①	03 ②	04 ②	05 ③
06 ②	07 ③	08 ①	09 ④	10 ①
11 ③	12 ③	13 ④	14 ②	15 ③
16 ②	17 ④	18 ①	19 ①	20 ③
21 ③	22 ④	23 ③	24 ④	25 ④
26 ③	27 ④	28 ②	29 ①	30 ②
31 ④	32 ③	33 ④	34 ①	35 ②
36 ③	37 ①	38 ②	39 ③	40 ③
41 ①	42 ②	43 ④	44 ①	45 ②
46 ①	47 ③	48 ②	49 ④	50 ④
51 ②	52 ③	53 ①	54 ④	55 ②
56 ①	57 ③	58 ②	59 ④	60 ④
61 ③	62 ④	63 ④	64 ④	65 ④
66 ①	67 ③	68 ④	69 ④	70 ④
71 ③	72 ③	73 ③	74 ③	75 ①
76 ④	77 ①	78 ②	79 ①	80 ③

1과목 SNS의 이해

01　④

사용자 중심인 SNS의 특성상 기업이나 기관이 무턱대고 접근하기보다는 매력적인 콘텐츠를 꾸준히 개발하여 사용자의 공감이 녹아들어야 한다. 예를 들어 인스타그램의 DM이나 페이스북 메신저 등을 통해 고객들에게 프로모션 내용을 보내어 참여를 유도하는 등의 행위는 사용자들의 거부감을 불러일으킬 수 있으므로 주의를 필요로 한다.

02　①

- ②: 보낸 메시지가 확인 후 24시간 안에 사라지는 독특한 시스템을 기반으로 수신인이 내용을 확인하고 나면 사라지는 미국의 모바일 메신저 서비스이다.
- ③: 인스타그램에 짧은 영상을 올리는 숏폼 콘텐츠로 모든 플랫폼의 필수 콘텐츠로 자리매김하고 있다.
- ④: 트위터(Tweeter)라는 이름으로 미국에서 시작된 텍스트 기반의 소셜 미디어로 일론 머스크가 인수하면서 엑스(X)로 이름을 변경하였다.

03　②

유튜브는 시간을 두고 전체를 봐야 하는 동영상 매체이므로 하나의 공간에 다양한 할인 프로모션 정보를 담기 적합하지 않다. 따라서 할인 프로모션 정보전달은 페이스북이 더 효과적이다.

04 ②

인스타그램은 자체적인 리그램 기능이 없었으나, 최근에 리포스트(리그램, 재공유) 기능이 내장 되어 인스타그램 자체적으로 리그램이 가능해졌다(인스타그램 업데이트에 따라 시행처 공개 문항을 일부 수정하였습니다.).

05 ③

인플루언서나 유튜버 등에게 금전적인 혜택을 지불하는 경우 공정거래위원회의 '추천·보증 등에 관한 표시·광고 심사지침'에 따라 협찬 사실을 공개해야 한다.

06 ②

초월(Beyond), 가상을 의미하는 단어 메타(Meta)와 세계(Verse)를 의미하는 합성어로 코로나 이후에 소셜 미디어 플랫폼에서 급속도로 진화하고 있는 분야를 일컫는 말은 메타버스이다.

07 ③

1993년 영국 BBC방송의 '비디오네이션'이라는 시리즈물에서 시청자들의 일상을 찍은 영상물을 방송한 것이 브이로그의 시초이다. 동영상과 기록을 뜻하는 영어 단어의 합성어인 브이로그는 그 후에도 꾸준히 존재해 왔는데, 유튜브의 폭발적인 성장과 함께 동영상 플랫폼의 대표적인 콘텐츠 형태의 하나로 자리매김하게 되었다.

08 ①

인터넷 커뮤니티나 SNS 등지에서 퍼져 나가는 여러 문화의 유행과 파생·모방의 경향, 또는 그러한 창작물이나 작품의 요소를 총칭하는 용어로 한국어로 '짤방'으로 불린다. 1976년 동물학자 리처드 도킨스가 저서 『이기적 유전자』에서 제시한 유전자의 자기복제 현상을 디지털 시대의 빠른 전파 현상에 빗대어 표현한 것이다.

2과목 SNS 광고 마케팅

09 ④

광고그룹 만들기의 '브랜드 가치 보호 및 적합성' 메뉴에서 차단 리스트 만들기를 선택하면 특정 퍼블리셔나 웹사이트에 노출을 제한할 수 있다. 문제에서 광고 노출 극대화가 목적이라고 했으므로 '노출 위치 중 Audience Network 선택을 해제하고 광고 노출하지 않는' 것보다 특정 퍼블리셔/웹사이트 차단 리스트를 만들고 자동 노출 위치를 사용하는 것이 효과적이다.

10 ①

컬렉션 광고는 메인 이미지나 동영상 아래에 추가로 4개의 서브 이미지나 동영상이 노출되는 방식으로 카탈로그 세팅이 된 때에 따라 인스턴트 경험을 설정하여 노출하는 광고이다. 문제에서 '다양한 상품을 보유한 온라인 쇼핑몰 사업자가 매출을 효과적으로 증대하기 위해서'라고 단서를 주었으므로 '전 제품의 카탈로그 연동'을 선택하는 것이 가장 적합한 크리에이티브 전략이다. '가로 커버 이미지'라는 표현은 인스턴트 경험을 활용한 풀스크린 광고 형식으로 노출되는 컬렉션 광고에 적합하지 않으므로 틀린 표현이다.

11 ③

전환 API는 서버, 웹사이트 플랫폼, 앱 또는 CRM의 마케팅 데이터를 메타의 광고 시스템에 연결하는 도구이므로 쿠키 지원을 중단하는 상황에 대안으로 떠오르고 있다.

12 ③

카탈로그에 정기적으로 변경되지 않는 1,000개의 제품을 업로드해야 한다면, 관리자가 카탈로그에 제품을 추가할 수 있는 최적의 방법은 픽셀 사용이다. 구글 스프레드시트 대량 업로드도 가능하지만 '수동 업로드'가 틀린 표현이다.

13 ④

제품을 위한 어드밴티지+ 카탈로그 광고를 게재하려면 픽셀/SDK의 이벤트 값에는 ViewContent, AddToCart, Purchase와 같은 표준 이벤트를 포함해야 한다.

14 ②

웹사이트의 이벤트를 추적하는 것은 메타 픽셀이고 앱 이벤트를 추적하여 성과를 측정하는 것은 메타 SDK이다.

15 ③

모바일 브랜드 캠페인에서 효과적으로 활용하기 위해서는 최초 3초 이내에 브랜드 메시지를 노출하여 15~30초 영상으로 재구성 후 사용해야 한다.

16 ②

20개의 상품과 동영상 소재가 있으므로 사용자에 따라 적합한 소재가 노출될 수 있는 컬렉션 광고를 사용하는 것이 가장 효과적이다.

17 ④

어느 정도의 시간 흐름을 통해 스토리를 전개하는 방식은 전통적인 크리에이티브 스토리텔링 기법에 해당한다.

18 ①

도달과 빈도를 조절하는 광고 판매 방식은 CPM(Cost Per Mille)이다. 클릭이나 조회에 관한 내용이 없으므로 CPA(Cost Per Action), CPC(Cost Per Click), CPV(Cost Per View)는 해당하지 않는다.

19 ①

메신저를 활용하므로 메시지 전달을 목표로 한 Messenger 연결 광고가 올바른 목표이다.

20 ③

4,000,000×30원=120,000,000원

21 ③

스트림(Stream)은 방송 시청을 의미하므로 인스트림(In-Stream)은 동영상을 시청하는 상황이며, 일반적으로 방송과 같은 가로형 영상을 말한다.

22 ④

예약 구매 옵션에는 최대 50개 광고의 순서를 원하는 대로 정렬하여 타겟에게 노출할 수 있게 해주는 순서 선택 도구가 있는데, '게재 일정 기본 설정'에서 '순차 게재'를 선택하면 설정한 순서로 광고가 노출된다(순서 선택 도구는 캠페인이 시작된 후에 활성화됨).

23 ③

어드밴티지+ 카탈로그 광고는 상품을 판매하는 비즈니스(예 소비재, 이커머스, 리테일)나 온라인으로 인벤토리의 제품/서비스를 판매하는 비즈니스(예 여행, 자동차, 부동산)에서 신규 고객 및 기존 고객을 타겟팅하여 온라인 매출을 증대하고 제품 카탈로그에서 가장 관련성 높은 크리에이티브를 게재하며 적합한 잠재 구매자에게 적합한 제품 홍보 같은 용도로 사용하기에 적합하다.

24 ④

맞춤 타겟은 고객 파일이나 기업의 오프라인 활동, 픽셀이나 SDK를 바탕으로 기업이 모은 데이터로 광고를 하는 방식이다. Meta Business Suite 관심사는 상세 타겟에서 설정 가능한 항목이다.

25 ④

경매의 승자는 총가치가 가장 높은 광고에게 돌아가는데, 총가치는 입찰가, 추산 행동률, 광고 품질의 3가지 요인에 따라 결정된다.

26 ③

가지고 있는 타겟 대상으로만 광고를 집행하므로 광고를 보고 제품을 구매하는 사람들이 늘어날수록 광고 효율이 떨어진다. 따라서 구매 가능성이 큰 사람들에게만 광고를 진행하는 메타 광고 시스템의 특성상 광고 타겟이 한정적이어서 광고 예산을 늘려도 노출량은 줄어든다.

27 ④

온라인 쇼핑몰이므로 온라인 구매 전환 데이터 소스가 필요하다.

28 ①

도달과 빈도를 조절하는 광고 판매 방식은 CPM(Cost Per Mille)이다. 클릭이나 조회에 관한 내용이 없으므로 CPA(Cost Per Action), CPV(Cost Per View), CPC(Cost Per Click)는 해당하지 않는다.

29 ①

신규 출시이므로 웹사이트 방문자 또는 팔로워가 부족하다. 따라서 위치 및 인구 통계기반의 폭넓은 핵심 타겟을 중심으로 캠페인 전략을 수립하는 것이 효과적이다.

30 ②

광고 캠페인 목표는 인지도, 트래픽, 참여, 잠재고객, 앱 홍보, 판매의 6가지이다. 제품 선호도는 설문 조사를 통해 사후적으로 조사해봐야 할 수 있는 내용이다.

31 ④

컬렉션 광고는 메인 이미지/동영상 아래에 추가로 4개의 서브 이미지/동영상이 노출되는 방식으로 카탈로그 세팅이 되어있는 경우 인스턴트 경험 설정을 통하여 노출시킬 수 있다.

32 ③

메타 광고 시스템은 이미지 광고에서 텍스트의 비중이 20%를 넘지 않는 것을 권장한다.

33 ④

Meta에서 성과 측정을 위해 제공하는 데이터 소스 및 기능은 Meta 픽셀, 전환 API, Meta SDK 등이다.

34 ①

전환은 광고를 클릭한 사람들이 광고주가 원하는 행동을 하는 것을 말한다. 매출을 올리기 위해서라면 총전환수를 광고 목표로 삼는 것이 좋다.

35 ②

메타의 비즈니스 솔루션은 Meta 픽셀, 전환 API, Meta SDK 등을 통해 각 플랫폼과 기기 전반에 걸쳐 성과 측정 및 인사이트를 파악할 수 있다.

36 ③

메타에서는 다양한 디지털 인사이트와 마케팅 리서치 자료를 제공하는 메타 포사이트(Meta Foresight, 구, Facebook IQ)라는 별도의 사이트를 운영하고 있다.

37 ①

광고 로테이션은 검색, 쇼핑, 디스플레이 캠페인에서 선택할 수 있는 옵션이다.

38 ②

리마케팅 광고를 설정하기 위해서는 영상이 업로드된 유튜브 계정과 유튜브 동영상 광고를 진행할 구글애즈 계정을 서로 연동해야 한다.

39 ③

유튜브 채널을 구글애즈 계정과 연결하면 다음과 같은 활동을 한 사용자를 대상으로 비디오 리마케팅 목록을 만들 수 있다.
• 채널의 동영상을 조회
• 특정 동영상을 조회
• 채널의 동영상을 광고로 조회
• 특정 동영상을 광고로 조회
• 채널 구독
• 채널 홈페이지를 방문함
• 채널의 동영상을 좋아함
• 채널의 동영상을 재생목록에 추가함

40 ③

채널 소유주가 메일의 링크를 클릭하면 '조회수, 리마케팅, 참여도' 등을 체크하여 유튜브와 구글애즈를 연결할 수 있는데, 이 과정에서 별도의 태그를 심을 필요는 없다.

41 ①

비디오 빌더는 브랜드가 보유한 이미지와 텍스트만으로 15초 유튜브 동영상 광고 제작이 가능한 도구로 구글애즈 계정이 있으면 누구나 사용할 수 있다.

42 ③

건너뛸 수 있는 인스트림 광고는 15초 또는 20초의 광고를 시청해야 동영상을 볼 수 있는 광고로 컴패니언 배너나 영상 썸네일을 함께 노출할 수 있도록 선택할 수 있다. 영상 조회수는 반영되지 않으나, 광고 도중 컴패니언 배너를 클릭하면 조회수로 집계된다.

43 ④

비디오 액션 광고에서 지도 기능을 추가할 수는 없다.

44 ①

유튜브 키즈는 어린이 시청자만을 위한 맞춤 앱으로 가장 안전한 환경에서 광고 노출이 가능한 어린이 전용 영상 플랫폼이다.

45 ②

TV 방송사 및 웹 오리지널 콘텐츠 채널을 선별하여 판매하는 예약형 광고 상품은 프라임 팩이다.

46 ①

CPM 마스트헤드는 유튜브 홈페이지 최상단에 노출되면 원하는 노출량만큼 구매해 노출하는 광고이다. 최대 30초 동안 소리 없이 자동 재생(음소거 버튼을 누르면 소리가 나옴)되며 와이드스크린 또는 16:9 비율의 광고 게재가 가능하다.

47 ③

건너뛸 수 있는 디스커버리, 건너뛸 수 있는 비디오 디스커버리, 범퍼 애드는 경매 방식으로 구매할 수 있지만, CPM 마스트헤드는 예약을 통해 구매할 수 있다.

48 ②

브랜드 리프트 서베이(BLS, Brand Lift Survey)는 유튜브 광고 성과를 측정할 수 있는 솔루션으로, 광고 상기도와 브랜드 인지도 등을 측정할 수 있는 도구이다.

49 ④

특정 앱 사용자를 타겟팅할 수는 없다.

50 ④

인구통계 타겟팅에 해당되는 것은 연령(10세 단위), 성별, 자녀 유무, 가구 소득(10% 단위) 등이다. 거주지는 해당하지 않는다.

51 ②

콘텐츠 기반의 타겟팅은 키워드, 주제, 게재 위치에 가능하다.

52 ②

게재 위치의 채널을 선택하면 원하는 유튜브 채널에 직접 광고를 집행할 수 있다.

53 ①

뉴스 관련 채널은 주제 타겟팅에 해당한다.

54 ④

관심사와 구매 의도를 선택하면 서비스를 이용하는 과정에서 수집되는 행태 정보를 기반으로 이용자의 관심사, 구매 의도를 추정하여 타겟팅할 수 있다.

55 ②

20대 여성에게만 노출시킬 수 있는 타겟팅 방식은 인구통계이다.

56 ①

키워드 타겟팅은 적용한 문맥을 기반으로 유튜브 내 영상 제목, 설명 문구, 태그 등에 매칭이 되어 광고가 노출되는 방식이다.

57 ②

'브랜드 인지도 개선'을 목표로 건너뛸 수 있는 인스트림 광고 캠페인 진행 시 가장 중요하게 평가해야 할 실적은 광고 조회와 CPV(Cost Per View) 관련 지표들이다.

58 ②

유튜브 스튜디오를 통해 영상 재생 국가, 영상 시청자 연령 및 성별, 시청자가 유튜브를 이용하는 시간대, 조회수, 노출수, 노출 클릭률, 평균 시청 지속 시간 등 게시물에 대한 시청자의 참여도 등을 파악할 수 있다.

59 ④

제외 타겟팅을 사용하면 특정 키워드가 포함된 영상, 특정 연령 및 성별 등을 제외할 수 있다.

60 ④

품질평가점수는 예상 클릭률(CTR), 광고 관련성, 방문 페이지 만족도 3가지 요소의 실적을 통합적으로 고려하여 산출된다. 동영상 광고비는 광고 품질평가점수에 영향을 주지 않는다.

61 ③

공개 이외에는 유튜브 채널에 노출되지 않고 예약은 정해진 시간에 공개되므로 공개 전까지는 자기 자신 이외에는 누구도 볼 수 없으므로 광고 소재 목적으로 적합하지 않다. 문제는 비공개와 일부 공개의 차이인데, 비공개는 등록한 본인과 본인이 지정한 사람만 광고를 볼 수 있고 일부 공개는 링크를 아는 사람은 누구나 볼 수 있다. 광고 소재 목적으로 제작했다면, 제작한 사람과 광고주와 테스트할 매체 등 의사결정자들에게만 노출되어야 하므로 일부 공개를 선택한다.

62 ④

반응형 디스플레이 광고는 구글 네트워크 디스플레이(GDN) 광고 형식이다.

63 ④

맞춤 관심 분야 잠재고객을 구축하기 위해서는 사용자의 콘텐츠를 타겟팅할 때 사용되는 요소는 키워드, 게재 위치, 주제이다.

64 ④

TV 화면 노출 여부는 결정할 수 있으나 TV 제조사는 타겟팅할 수 없다.

65 ④

크리에이터는 콘텐츠에 게재되는 광고를 통해 수익금을 받는다.

66 ①

'트래픽 소스'를 통해 시청자가 내 동영상을 찾은 경로를 확인할 수도 있다.

67 ③

맞춤 설정에서는 유튜브 채널의 프로필과 배경화면 등을 설정하고 기업의 상업적인 내용이 들어간 홈페이지, SNS 페이지, 이벤트 페이지를 링크할 수 있고 연락처 추가하고 재생목록과 추천 영상 등도 설정할 수 있다. 커뮤니티 가이드에 따른 주의, 경고 또는 이의신청 결과는 채널 대시보드의 소식에서 확인할 수 있다.

68 ④

좋아하는 가수의 뮤직비디오 영상을 자신의 유튜브 채널 내 '재생목록'으로 만드는 행위는 커뮤니티 가이드에 위반되지 않는다.

69 ④

선택이 가능한 랜딩 방식은 URL, 애드뷰, 채널웹뷰, 챗봇, 비즈니스폼, 톡캘린더, (카카오톡 채널에서 등록한) 포스트 등이다.

70 ④

카카오 비즈보드는 텍스트를 직접 입력하고 이미지를 추가하여 배너를 만들 수 있는데, 카카오 비즈보드의 경우 오브젝트형, 썸네일형, 마스킹형, 텍스트형 등 4가지 유형의 배너를 다양한 형태로 제작할 수 있다.

71 ③ ⁓⁓⁓⁓⁓⁓⁓⁓⁓⁓⁓⁓⁓⁓⁓⁓⁓⁓⁓⁓⁓

카카오 비즈보드의 캠페인 목적은 도달, 방문, 전환이다.

72 ④ ⁓⁓⁓⁓⁓⁓⁓⁓⁓⁓⁓⁓⁓⁓⁓⁓⁓⁓⁓⁓⁓

카카오 비즈보드 그룹 내에서 맞춤 타겟으로 설정할 수 있는 것은 광고 반응 타겟, 픽셀 & SDK, 카카오 사용자, 고객 파일, 친구 그룹, 카테고리 등이다.

73 ③ ⁓⁓⁓⁓⁓⁓⁓⁓⁓⁓⁓⁓⁓⁓⁓⁓⁓⁓⁓⁓⁓

캠페인은 최소 50,000원~최대 10억 원까지 설정 가능하며, 10원 단위로 일예산 입력이 가능하다.

74 ③ ⁓⁓⁓⁓⁓⁓⁓⁓⁓⁓⁓⁓⁓⁓⁓⁓⁓⁓⁓⁓⁓

카카오톡 채널의 광고 목표는 도달만 가능하다.

75 ① ⁓⁓⁓⁓⁓⁓⁓⁓⁓⁓⁓⁓⁓⁓⁓⁓⁓⁓⁓⁓⁓

풀스크린 광고는 성별 타겟팅만 가능하며 안드로이드 운영체제에서만 노출된다.

76 ④ ⁓⁓⁓⁓⁓⁓⁓⁓⁓⁓⁓⁓⁓⁓⁓⁓⁓⁓⁓⁓⁓

스마트채널 광고는 밴드 영역 상단에 노출되어 주목도를 높일 수는 있으나 고정 노출이 아닌 CPM이나 CPC 방식으로 노출되는 상품이다.

77 ③ ⁓⁓⁓⁓⁓⁓⁓⁓⁓⁓⁓⁓⁓⁓⁓⁓⁓⁓⁓⁓⁓

지역은 2단계 또는 3단계 지역(도 〉 시/군, 시 〉 구, 시 〉 구 〉 동, 시/도 〉 군 〉 면) 등으로 설정할 수 있으며 여러 지역을 동시에 설정할 수 있다.

78 ② ⁓⁓⁓⁓⁓⁓⁓⁓⁓⁓⁓⁓⁓⁓⁓⁓⁓⁓⁓⁓⁓

네이버는 기본 노출 설정이 아니므로 네이버가 아닌 다른 매체에만도 광고할 수 있다.

79 ① ⁓⁓⁓⁓⁓⁓⁓⁓⁓⁓⁓⁓⁓⁓⁓⁓⁓⁓⁓⁓⁓

엑스의 광고에는 투표, 대화형 버튼을 통한 참여 유도 콘텐츠와 '해시태그&해시패티'와 같은 광고주 맞춤형 광고 상품 등이 있는데 예를 들어 앰플리파이 프리롤, 다이내믹 프로덕트 광고, 타임라인 테이크오버 등이 있다.

80 ③ ⁓⁓⁓⁓⁓⁓⁓⁓⁓⁓⁓⁓⁓⁓⁓⁓⁓⁓⁓⁓⁓

채팅으로 소비자와 소통하면서 상품을 소개하는 스트리밍 방송인 라이브 커머스는 '상호 소통'이라는 큰 특징이 있다.

실전 모의고사 | 정답 & 해설

실전 모의고사 01회　　　　232p

01 ②	02 ①	03 ①	04 ④	05 ②
06 ③	07 ②	08 ①	09 ②	10 ③
11 ④	12 ①	13 ④	14 ④	15 ②
16 ①	17 ③	18 ③	19 ①	20 ④
21 ②	22 ③	23 ④	24 ①	25 ②
26 ③	27 ④	28 ①	29 ③	30 ②
31 ④	32 ①	33 ③	34 ②	35 ②
36 ④	37 ①	38 ③	39 ③	40 ④
41 ③	42 ①	43 ②	44 ④	45 ①
46 ④	47 ③	48 ②	49 ①	50 ③
51 ③	52 ①	53 ②	54 ①	55 ④
56 ①	57 ③	58 ②	59 ④	60 ①
61 ③	62 ①	63 ②	64 ④	65 ②
66 ③	67 ①	68 ④	69 ③	70 ②
71 ④	72 ④	73 ①	74 ②	75 ④
76 ①	77 ③	78 ①	79 ④	80 ②

1과목 SNS의 이해

01 ②

카카오톡은 당사자와 일대일로 메시지를 주고받는 메신저 또는 채팅 서비스이다. 나머지는 소식을 게재하고 다수가 반응을 보이는 일대다 콘텐츠형 서비스이다.

02 ①

미디어가 모바일로 확대되어 가면서 보안 문제는 오히려 확대되고 있으며, 프라이버시 문제가 사회 문제로 대두되고 있다.

03 ①

오답 피하기

- ②: 데이터 통신 기능을 이용하여, 문자 과금 없이 사람들과 메시지를 주고받을 수 있는 모바일 메신저이다.
- ③: 140자의 짧은 문자를 쉽게 작성하고 리트윗하는 텍스트 기반의 소셜 미디어로 이름이 트위터에서 엑스로 변경되었다.
- ④: 15초에서 10분 길이의 숏폼 비디오 형식으로 영상을 제작하고 공유할 수 있는 소셜 네트워크 서비스이다.

04 ④

오답 피하기

- ①: 친목이나 가족 모임, 동호회 운영에 유용하며 공개 모임이나 인터넷 커뮤니티 플랫폼으로도 확장하고 있는 서비스이다.
- ②: 데이터 통신 기능을 이용하여, 문자 과금 없이 사람들과 메시지를 주고받을 수 있는 모바일 메신저이다.
- ③: 140자의 짧은 문자를 쉽게 작성하고 리트윗하는 텍스트 기반의 소셜 미디어로 이름이 트위터에서 엑스로 변경되었다.

05 ②

소셜 미디어 플랫폼을 통해 유기적으로 제품이나 서비스를 홍보하는 최적화 방법으로 알고리즘을 이해하여 소비자와 유기적으로 연결하는 것을 일컫는 용어는 SMO(Social Media Optimization)이다.

06 ③

대학원 ESG 과정의 타겟은 35~55세 전후 기업의 관리자가 대다수일 것이다. 틱톡은 20대 이하 사용자가 약 63%를 차지하고 있으므로 한정된 예산으로 다른 매체에 비해 광고 우선순위가 뒤로 쳐진다.

07 ②

퍼널 마케팅이란 고객을 구매까지 이르도록 만드는 과정을 Funnel(깔때기)로 표현한 것으로, 마케팅 퍼널이라고도 부른다. 일반적으로 상단의 퍼널 입구 부분이 고객의 모수가 가장 많고 이탈률도 가장 높으며 아래로 내려갈수록 모수와 이탈률이 줄어드는데, 순서는 획득 → 활성화 → 유지 → 구매 → 추천이다.

08 ①

오답 피하기

- ②: CVR은 광고를 클릭한 사람 중에서 구매나 상담 등 실제 전환으로 연결된 비율이다.
- ③: CPM은 광고 1,000회 노출당 비용을 말한다.
- ④: CPV는 조회 1건당 비용(동영상)을 말한다.

09 ②

매장 유입은 이전 캠페인 목표에 사용되었던 명칭이며, 최근에는 인지도로 통합되었다.

오답 피하기

개편된 캠페인 목표	이전 캠페인 목표
인지도	• 브랜드 인지도 • 도달 • 동영상 조회 • 매장 유입
트래픽	트래픽
참여	• 참여 • 동영상 조회 • 메시지 • 전환
잠재고객	• 잠재고객 확보 • 메시지 • 전환
앱 홍보	앱 설치
판매	• 전환 • 카탈로그 판매

10 ③

일반적으로 콘텐츠를 올리면 나와 연결되어 있는 사용자나 관심 있는 사람들에게 노출되는데, 원하는 타겟을 선택할 수는 없다. 광고하면 원하는 타겟에게 콘텐츠를 노출할 수 있다는 것이 장점이다.

오답 피하기

동영상은 인스타그램 광고뿐만 아니라 일반 콘텐츠나 광고에 상관없이 모두 업로드 가능하다.

11 ④

페이스북 페이지를 통해 수익화할 수 있는 방법으로 인스트림 광고, 라이브 인스트림 광고, 스타, 구독, 브랜디드 콘텐츠 등이 있다. 반면 쇼츠 광고는 유튜브를 통해 수익화할 수 있는 방법이다.

12 ①

맞춤 타겟을 위해서 메타가 제공하는 소스는 동영상, 인스타그램 계정, 잠재고객용 양식, 이벤트, 인스턴트 경험, 페이스북 페이지, 쇼핑, 페이스북 내 품목, 증강현실 등이다.

13 ④

커머스 관리자에 등록된 제품은 다음과 같은 방식으로 홍보와 광고 등의 마케팅을 진행할 수 있다.

특성	도구	설명
홍보	쿠폰	• Shop의 쿠폰을 만드는 기능으로 제품 하단에 해당 쿠폰 내용이 추가되어 노출 • 금액 할인, 할인, 무료 배송, X 구매 시 Y 제공 등의 혜택을 선택하면 원하는 제품 하단에 자동 노출
광고	트래픽 광고	• 캠페인 목표가 '트래픽'으로 자동 설정되어 광고 설정 • 광고 소재의 크리에이티브 소스를 '카탈로그'로 선택하면 커머스에서 등록한 카탈로그나 Shop에서 제품을 불러올 수 있음
	어드밴티지+ 카탈로그 광고(구, 다이내믹 광고)	• 카탈로그에 등록된 제품을 사용자의 관심사, 구매 내역, 메타에서 취한 행동 등에 따라 자동으로 노출시킴 • 메타 픽셀 또는 SDK에 연결해야 함

14 ④

메타에서 성과 측정을 위해 제공하는 데이터 소스 및 기능은 전환 API, Meta 픽셀 또는 Meta SDK이다.

15 ②

메타의 광고 시스템에서 입찰 시 영향을 미치는 요인은 입찰가, 추산 행동률, 광고 품질의 3가지이다.

16 ①

타겟팅을 정교하게 할수록 특정한 사람들에게만 도달한다. 따라서 '더 다양한 구매 의사 결정자에게 도달한다.'는 설명은 적절치 않다. 예를 들어 남성용 정장을 판매하는 브랜드가 성별을 남성으로 제한하여 광고한다면, 정작 남편이나 남자친구의 정장을 선택하고 구매 의사 결정을 하는 아내나 여성들은 정작 해당 제품에 대한 정보가 부족할 수 있다. 이런 경우는 연령은 고려하되 성별은 타겟팅하지 않는 등 옵션을 적게 사용하여 다양한 구매 의사 결정자에게 노출하는 것이 효과적이다.

17 ③

메타 비즈니스 스위트는 PC와 모바일에서 모두 사용이 가능하며 모바일인 비즈니스 스위트와 광고 관리자가 별도의 앱으로 나누어져 있다.

18 ③

타겟팅 옵션은 많이 선택할수록 노출 범위가 제한되므로 신중하게 선택해야 한다. 인지도가 낮은 기업의 경우 자사 브랜드에 관심이 있는 사람들이 별로 없을 것이다. 오히려 경쟁 브랜드에 관심 있는 사람들을 타겟팅 옵션으로 선택하면 광고 효과를 높일 수 있다.

19 ①

신용, 고용, 주택, 사회 문제, 선거 또는 정치 등의 광고는 자동 번역 기능을 사용할 수 없다.

20 ④

머신러닝은 기본적으로 광고 최적화 작업이다. 최적화 상태의 이점은 머신러닝을 통해서 캠페인의 새로운 타겟을 파악하는 데 도움을 얻을 수 있으며, 이를 통해 웹사이트에 방문 가능성이 큰 핵심 타겟의 데이터를 얻고, 타겟 A/B 테스트를 통해 예산 분배 예측치를 파악할 수 있다. 기존고객의 특성을 파악하는 것은 머신러닝의 역할이 아니다.

21 ②

B 원장의 설명 동영상을 학부모들이 많이 보도록 만드는 것이 캠페인의 목표이므로 광고 세트에서는 동영상 조회 목표를 사용하는 것이 효과적이다. 동영상 조회 목표에 사용할 수 있는 전환은 '트루플레이(Thruplay) 조회 극대화'와 '동영상 연속 2초 조회 극대화'가 있다.

> 오답 피하기

캠페인 목표	광고 세트의 성과 목표	선택 가능 전환 설정
인지도	인지도 목표	• 광고 도달 범위 극대화 • 노출수 극대화 • 광고 상기도 성과 증대 극대화
	동영상 조회 목표	• 트루플레이(ThruPlay) 조회 극대화 • 동영상 연속 2초 조회 극대화
트래픽	트래픽 목표	• 랜딩 페이지 조회수 극대화 • 링크 클릭수 극대화
	기타 목표	• 일일 고유 도달 극대화 • 대화수를 최대한 늘려보세요 • 노출수 극대화
참여	참여 목표	• 트루플레이(ThruPlay) 조회 극대화 • 동영상 연속 2초 조회 극대화
잠재고객	잠재고객 목표	전환수 극대화
	기타 목표	• 랜딩 페이지 조회수 극대화 • 링크 클릭수 극대화 • 일일 고유 도달 극대화 • 노출수 극대화
앱 홍보	앱 홍보 목표	• 앱 이벤트수 극대화 • 앱 설치수 극대화 • 전환값 극대화
	기타 목표	링크 클릭수 극대화
판매	전환 목표	• 전환수 극대화 • 전환값 극대화
	기타 목표	• 랜딩 페이지 조회수 극대화 • 링크 클릭수 극대화 • 일일 고유 도달 극대화 • 노출수 극대화

22 ③

메타는 광고 게재 초기에 알고리즘과 예측 분석을 통해 최적의 입찰가로 적합한 타겟을 찾는 머신러닝(Machine Learning) 작업이 진행된다.

> 오답 피하기

• ①: 미디어 플래닝(Media planning)이란 광고할 미디어를 선택하고 예산을 배분하는 작업을 말한다. 머신러닝은 미디어 플래닝과 무관하다.
• ②: 입찰 구매는 입찰 전략에서 진행한다.
• ④: 크리에이티브는 머신러닝 기능과 무관하다.

23 ④

검색광고를 위한 해시태그는 별도로 판매하지 않는다.

24 ①

모바일과 데스크톱 등 기기 유형별로 광고를 변경할 수 없는데, 하나의 광고 소재로 모바일과 데스크톱에 서로 다른 자산을 사용하는 것은 불가능하기 때문이다.

25 ②

캠페인, 광고 세트, 광고는 각각 최대 5,000개까지 보유할 수 있으며, 광고 세트당 최대 50개의 광고를 포함할 수 있다.

26 ③

인스타그램 스토리는 24시간이 지나면 사라진다.

27 ④

전환 이벤트가 필요한 캠페인 목표는 잠재고객과 판매이다.

28 ①

현재 Meta Business Suite에서 지원하는 수익화 도구는 별 풍선 방식의 스타, 인스트림 광고, 라이브용 인스트림 광고이다.

29 ③

메인 이미지/동영상 아래에 추가로 서브 이미지/동영상이 노출되는 방식은 컬렉션 광고이다.

30 ②

전체 관리 권한을 갖는 메뉴의 명칭은 광고 계정 관리이다.

31 ④

예산 자동화 옵션으로 어드밴티지 캠페인 예산에 대한 설명이다. 이전 명칭은 캠페인 예산 최적화이다.

32 ①

핵심 타겟팅은 연령, 지역, 관심사 등의 기준에 따라 타겟팅하는 것을 말한다.

오답 피하기

• ②: 맞춤 타겟팅은 '내 소스'나 '메타 소스'를 통해 우리 페이지나 웹사이트 등을 이미 알고 있는 기존 고객에게 타겟팅하는 것을 말한다.
• ③: 유사 타겟팅은 맞춤 타겟팅을 기준으로 유사하고 더 많은 사람에게 도달하도록 설정하는 타겟팅이다.
• ④: 특별 광고 타겟팅은 신용, 고용, 주택, 사회 문제, 선거 또는 정치 등과 같은 선택된 특별 광고 카테고리와 관련된 타겟 선택 제한 사항을 준수하도록 조정된 타겟을 말한다.

33 ③

메타 픽셀은 웹사이트 사용자를 분석하는 도구이다. 앱을 이용하는 방식에 대한 인사이트를 얻기 위해서는 SDK를 설치해야 한다.

34 ②

광고 계정당 최대 500개의 맞춤 타겟을 만들 수 있다.

35 ②

유사 타겟의 규모는 1~10까지의 척도로 설정할 수 있는데, 이 척도는 1에 가까울수록 소스 타겟과 유사하다.

36 ④

광고 세트에서는 전환, 다이내믹 크리에이티브, 예산 및 일정, 타겟 관리, 어드밴티지+ 타겟, 노출 위치 등을 선택할 수 있다.

오답 피하기

• ①: 캠페인 목표: 캠페인 수준에서 설정한다.
• ②: 광고 전환 추적 옵션: 광고 수준에서 설정한다.
• ③: 광고 형식: 광고 수준에서 설정한다.

37 ①

메타 SDK는 앱에 설치하는 추적 도구이다. 매장 방문자들에게 리타겟팅하려면 Meta 오프라인 API를 사용해야 한다.

38 ③

메타 포사이트(Meta Foresight, 구, Facebook IQ)는 다양한 디지털 인사이트와 마케팅 리서치 자료를 제공하는 사이트의 이름이다.

39 ③

연령대는 최소 18세부터 타겟팅할 수 있다.

40 ④

동영상 길이는 인기 급상승을 결정하는 요인이 아니다.

41 ③

건너뛸 수 없는 인스트림 광고를 집행할 수 있는 캠페인 목표는 브랜드 인지도 및 도달 범위이다.

오답 피하기

캠페인 목표	선택이 가능한 캠페인 유형	선택이 가능한 캠페인 하위 유형	가능한 광고 형식
판매 리드 웹사이트 트래픽	검색/실적 최대화/디스플레이/쇼핑/동영상/디맨드젠 캠페인	전환 유도	• 건너뛸 수 있는 인스트림 광고 • 인피드 광고 • 쇼츠 광고
인지도 및 구매 고려도	디스플레이/동영상/디맨드젠 캠페인	• 동영상 조회수 • 동영상 도달 범위 • 광고 순서(시퀀스) • 오디오	• 건너뛸 수 있는 인스트림 광고 • 인피드 광고 • 쇼츠 광고 • 건너뛸 수 없는 동영상 광고 • 범퍼 광고
앱 프로모션	앱	앱 설치/앱 참여/앱 사전 등록(안드로이드 전용)	
오프라인 매장 방문 및 프로모션	실적 최대화	캠페인 피드의 위치 선택	
목표 설정 없이 캠페인 만들기	모든 광고 유형 선택 가능	모든 하위 유형 선택 가능	• 건너뛸 수 있는 인스트림 광고 • 인피드 광고 • 쇼츠 광고 • 건너뛸 수 없는 동영상 광고 • 범퍼 광고

42 ①

아웃스트림 광고는 채널 내 영상 조회수에 반영된다.

43 ②

인지도와 구매 고려도를 높이기 위해서는 우리 브랜드에 관심이 있는 유저들이 자주 방문하는 채널에 다양하게 광고를 노출하는 것이 효과적이다.

44 ④

사용자가 동영상을 2초 이상 재생한 경우에 과금된다.

45 ①

두 유형의 잠재고객에게 한꺼번에 타겟팅하는 경우 구매 의도 세그먼트와 관심 분야를 교차한 합성 세그먼트를 만들면 자동차를 구매하려는 아웃도어 애호가를 대상으로 자동차 광고를 타겟팅할 수 있다.

46 ④

캠페인 목표가 판매, 리드, 웹사이트 트래픽인 경우는 건너뛸 수 없는 인스트림 광고, 범퍼 광고는 선택할 수 없으므로 주의한다.

47 ③

내 타겟 유저가 주로 시청하는 '동영상 라인업'을 게재 위치로 설정하는 것은 콘텐츠 기반 타겟팅에 해당하는 설명이다.

48 ②

유튜브 광고 중에서 전환 가능성이 큰 시청자와 상호작용을 유도하도록 고안되어 전환수를 늘리는 방식은 동영상 액션 캠페인이다. 전환 유도 혹은 비디오 액션 광고라고도 부른다.

49 ①

인피드 광고도 경매 방식으로 구매할 수 있다.

50 ③

- ①: 건너뛸 수 있는 인스트림 (동영상) 광고는 (구, 트루뷰 인스트림 광고) 5초 후에 건너뛸 수 있으며 시청 시간 또는 클릭에 따라 광고 비용이 과금된다.
- ②: 범퍼 광고는 인지도를 높이거나 다른 광고를 강조하기 위해 사용하는 광고이다.
- ④: 인피드 동영상 광고는 유튜브 피드나 검색 결과에 노출되어 클릭을 유도하는 광고로 이미지 썸네일, 광고 제목, 최대 2줄의 텍스트로 구성되며 광고 게재 위치에 따라 차이가 있다.

51 ③

유튜브 광고는 유튜브 채널 안에 업로드된 파일로 광고를 진행한다. 따라서 광고 소재를 설정하는 과정에서 별도의 파일을 업로드할 수는 없다.

52 ①

인피드 동영상 광고는 유튜브에서 이미지와 텍스트로 표현되고 최종 URL을 필수로 입력해야 하는 광고 상품이다.

53 ②

동영상 도달 범위는 캠페인 목표를 '인지도 및 구매 고려도'로 선택해야 집행이 가능하다.

54 ①

특정 키워드, URL, 앱을 추가하여 이상적인 잠재고객에게 도달하는 타겟팅 방법은 맞춤 세그먼트이다.

55 ④

광고의 콘텐츠 또는 도착 페이지가 구글애즈 정책을 위반하므로 광고가 게재될 수 없는 상태를 뜻하는 용어는 비승인이다.

- ① 검토 중: 광고가 아직 검토 중이며, 운영 가능 상태가 될 때까지 게재될 수 없다.
- ② 운영 가능(제한적): 광고가 게재될 수 있지만, 상표 사용이나 도박 관련 콘텐츠 등에 관한 정책 제한 때문에 모든 상황에서 게재될 수 있는 상태가 아니다.
- ③ 운영 불가능: 캠페인이 일시중지, 삭제, 종료 또는 대기 중이거나 광고그룹이 일시중지, 삭제 또는 설정이 미완료되어 광고가 게재되지 않는 상태이다.

56 ①

비디오 액션 캠페인(전환 유도)에서 설정할 수 있는 입찰 방식으로는 타겟 CPA 전환수 최대화, 전환가치 극대화, 또는 타겟 ROAS 등이 있다.

57 ③

일일예산보다 적은 금액을 지출하는 날도 있고, 일일예산의 최대 2배까지 지출하는 날도 있을 수 있다. 입찰 금액이 일예산 대비 지나치게 높거나, 비용이 설정된 일예산에 근접했을 때, 순간적으로 많은 양의 클릭이 발생했거나, 일예산이 다 소진되어 광고 노출을 중단하는 프로세스 진행 중 클릭이 발생한 경우는 일예산을 초과할 수 있다. 다만 한 달을 기준으로 보면 일일예산에 월평균 일수를 곱한 금액보다 초과 지불되는 경우는 없다.

58 ②

합성 세그먼트 타겟팅은 사용자 기반 타겟팅 방식이다.

59 ④

특정 운영체제나 기기 모델 등에 대한 타겟팅도 가능하다.

60 ①

라벨이 지정되지 않은 콘텐츠도 제외할 수 있다.

61 ③

품질평가점수는 광고 관련성, 방문 페이지 만족도 그리고 배너의 경우 예상 클릭률(CTR), 동영상의 경우 영상 조회율 등에 따라 종합적으로 고려된다.

62 ④

광고가 15회 노출되었으므로 노출수는 15회, 5명의 유저에게 도달했으므로 도달수는 5회, 5명이 15번 보았으므로 빈도수는 3회이다.

63 ②

구글에서 제공하는 유튜브 캠페인의 성과 예측을 도와주는 계획 도구는 도달 범위 플래너이다.

64 ④

일반적으로 타겟팅을 하면 광고 비용이 상승할 수 있지만, 다른 타겟팅 방식에 따라 두 배 이상 금액이 차이가 나지는 않는다.

65 ②

당일 성과지표는 당일에 확인할 수 있다.

66 ③

저작권을 침해한 영상에서 광고 수익이 발생하면 원저작자와 유튜브가 수익을 나눈다.

67 ①

저작권 위반 경고 3회를 받으면 더는 새로운 채널을 만들 수 없다.

68 ④

브랜드 광고 효과(Brand Lift) 측정은 클릭수, 노출수, 조회수 같은 전통적인 측정 항목 대신 광고 회상, 브랜드 인지도, 고려도 같은 항목을 통해 광고 효과를 측정하는 방식이다.

69 ③

다음 쇼핑은 CPT(Cost Per Time, 주 또는 월 단위 구매) 방식으로 노출 기간에 따라 과금된다.

70 ②

CPM(Cost Per Mille)은 1,000회 노출당 과금되는 방식으로, 노출을 기준으로 입찰 경쟁에 참여할 수 있다.

71 ④

조회는 동영상 광고에서 설정할 수 있는 목표이다.

72 ④

시작일과 종료일을 설정하여 광고 집행 기간을 설정할 수 있으며 종료일은 설정하지 않고 미설정으로 체크해도 광고 집행이 가능하다.

73 ①

애드뷰는 카카오톡 채팅 탭 내에서 아래에서 위로 노출되는 화면을 통해 노출되는 형태의 랜딩 페이지를 말하며, 풀뷰와 콤팩트뷰가 있다. 풀뷰는 모바일 화면 전체를 세로 이미지 혹은 세로 동영상으로 채워 사용자의 시선을 사로잡는 랜딩 페이지이고, 콤팩트뷰는 모바일 사용성에 적합한 형태로 화면 절반 정도의 크기로 노출되는 랜딩 페이지이다.

74 ②

네이티브 광고는 네이버 성과형 디스플레이 광고 시스템을 통해 집행이 가능하다.

75 ④

알림 광고는 밴드 비즈센터의 알림 광고 시스템을 통해 집행 가능하다.

76 ①

네이버 밴드 소셜 광고의 광고 게재 위치는 새 소식, 밴드 홈, 스티커샵이 있다.

77 ③

풀스크린 광고는 1일 고정가로 지불하는 CPT 방식이며 나머지는 CPM 방식으로 진행할 수 있다.

78 ①

스마트채널 광고는 밴드 멤버가 아닌 네이버 전체 회원을 대상으로 타겟팅하는 광고 상품이다.

79 ④

링크드인은 세계 최대의 비즈니스 전문 소셜 미디어 플랫폼으로, 페이스북 등의 여타 소셜 네트워크와는 다르게 특정 업계 사람들이 서로 구인 구직, 동종업계 정보 팔로잉 등을 파악할 수 있는 서비스다. 회사 페이지나 브랜드 페이지를 등록하여야 광고를 진행할 수 있으며 직접 구인도 가능하다.

80 ②

타임라인 테이크오버는 24시간 동안 홈 타임라인의 첫 화면 독점 동영상 광고이다.

실전 모의고사 02회
248p

01 ③	02 ②	03 ④	04 ①	05 ②
06 ④	07 ④	08 ①	09 ①	10 ③
11 ②	12 ④	13 ④	14 ①	15 ①
16 ①	17 ③	18 ②	19 ③	20 ③
21 ④	22 ①	23 ④	24 ②	25 ④
26 ①	27 ③	28 ④	29 ②	30 ④
31 ②	32 ①	33 ③	34 ④	35 ①
36 ③	37 ②	38 ④	39 ①	40 ③
41 ④	42 ④	43 ①	44 ④	45 ②
46 ②	47 ④	48 ①	49 ①	50 ③
51 ④	52 ④	53 ①	54 ①	55 ②
56 ①	57 ④	58 ①	59 ②	60 ②
61 ④	62 ④	63 ①	64 ③	65 ①
66 ④	67 ①	68 ②	69 ④	70 ①
71 ①	72 ④	73 ②	74 ②	75 ④
76 ①	77 ③	78 ④	79 ①	80 ③

1과목 SNS의 이해

01 ③

웹2.0 시대에는 스마트폰의 활성화로 인터넷 사용자가 급격히 늘었으며(개방) 누구나 콘텐츠를 만들어(참여) 다른 사람들에게 영향을 미칠 수(공유) 있게 되었다. 이메일을 통해 정보 전달이 용이해진 것은 인터넷이 시작된 웹1.0 시대의 일이다.

02 ②

소비자들은 매스미디어와 소셜 미디어 모두에서 광고를 회피하고자 하는 성향이 있다. 그런데 소셜 미디어는 광고 건너뛰기나 광고를 보지 않는 프리미엄 서비스 등이 있어서 매스미디어보다 광고 회피가 더 쉽다. 따라서 더 오래 본다는 설명은 적절하지 않다.

03 ④

페이스북, 링크드인, 카카오스토리, 카카오톡, 왓츠앱, 위챗 등은 사람들과 실명으로 연결하여 친목을 도모하는 방식의 관계 중심 소셜 미디어이고 쿠팡은 쇼핑몰이다.

04 ①

기업이나 기관의 소셜 미디어는 감정(Assessment), 평가(Evaluation), 대응(Respond)의 3단계 프로세스로 대응하는 것이 효과적이다.

05 ②

퍼널 마케팅이란 고객을 구매까지 이르도록 만드는 과정을 Funnel(깔때기)로 표현한 것으로, 마케팅 퍼널이라고도 부른다.

06 ④

페르소나에 대한 설명이다.

07 ④

기업이나 개인이 사이트 운영 권한을 가지고 콘텐츠를 통제할 수 있는 매체를 소유 미디어(Owned Media)라고 부른다. 소셜 미디어의 발달로 대다수 기업이 웹사이트 이외에 블로그, 인스타그램, 유튜브 등의 소셜 미디어를 직접 운영하면서 소비자와 소통하는 것이 대표적이다.

08 ①

ROAS(Return On Ad Spend)는 투입한 광고비 대비 판매된 매출액으로 광고수익률이라고도 부르며

$\dfrac{\text{광고를 통한 매출}}{\text{광고비}} \times 100$의 산출식으로 값을 도출할 수 있다.

2과목 SNS 광고 마케팅

09 ①

메타가 운영하는 서비스는 페이스북과 인스타그램, 왓츠앱, 페이스북 메신저, 스레드 등이 있다.

10 ③

광고주가 가지고 있는 고객 파일을 바탕으로 타겟팅하는 방식은 맞춤 타겟이다.

11 ②

메타의 광고 구매 유형 중에서 예약의 경우, 캠페인 목표는 '인지도, 트래픽, 참여'만 가능하다.

12 ④

스레드는 페이스북을 운영하는 메타에서 2023년 출시간 텍스트 기반의 소셜 미디어로 대표적인 중앙화 플랫폼인 페이스북, 인스타그램과 달리 누군가 소유하거나 제어하지 않는 페디버스(Fediverse) 플랫폼으로 다른 소셜 네트워크와 연동하고 소통하는 탈중앙화(Decentralization) 방식을 구현한다.

13 ④

잠재고객용 양식은 Meta가 제공하는 맞춤 타겟용 소스이다.

맞춤 타겟의 세부 소스는 다음과 같다.

선택 가능 소스	세부 항목
내 소스	고객 리스트, 웹사이트, 앱 활동, 오프라인 활동, 카탈로그
Meta 소스	동영상, 인스타그램 계정, 잠재고객용 양식, 이벤트, 인스턴트 경험, 페이스북 페이지, 쇼핑, 페이스북 내 품목, 증강현실

14 ①

맞춤 타겟은 기존고객을 대상으로 우리 광고를 집중 노출하는 리타겟팅 전략에 주로 쓰인다. 이제 막 사업을 시작한 관계로 맞춤 타겟을 활용하는 방법은 적절하지 않다.

15 ①

인스타그램의 DM이나 페이스북 메신저 등을 통해 고객들에게 프로모션 내용을 보내어 참여를 유도하는 등의 행위는 사용자들의 거부감을 불러일으킬 수 있으므로 주의를 요한다. 단순히 참여율이 저조한 수준을 넘어 고객에 의해 스팸으로 처리되면 원활한 비즈니스 성장에 제약을 받을 수 있다.

16 ①

목표 설정 시 고려 사항은 구체적(Specific)이고, 측정 가능(Measurable)하며, 달성할 수(Achievable)있고 사업 연관(Relevant)되며 달성 기한이 있는(Time—Bound) 목표인가 하는 것이다. 문제에서 '1,000명의 회원을 늘린다.'는 목표는 구체적이고 명확하며 측정이 가능한 목표에 해당된다.

17 ③

1에 가까울수록 유사성이 높고 10에 가까울수록 유사성은 떨어지지만, 범위가 넓어진다.

18 ②

유기적 도달은 광고가 아닌 콘텐츠가 자연스럽게 노출되는 것을 말한다. 맞춤 타겟, 유사 타겟, 확장 데모 타겟은 전부 광고를 통한 노출이다.

19 ③

릴스는 숏폼 동영상으로 10분 미만 길이까지 업로드 가능하며, 템플릿을 적용해 쉽게 만들 수 있다. 스토리는 60초 미만의 영상으로 프로필 영역에 새 소식처럼 노출된 뒤 24시간이 지나면 사라지는 영상을 말한다.

20 ③

게시물을 올리거나 댓글을 쓰는 등의 콘텐츠 관리도 가능하다.

21 ④

엑스는 메타의 광고 노출 위치와 상관없는 소셜 미디어이다.

22 ①

자산 맞춤화 기능을 사용하면 노출 위치에 적합하게 크리에이티브를 맞춤 설정할 수 있다.

- ②: 어드밴티지+ 타겟: 성과가 가장 우수한 타겟에게 자동 노출한다.
- ③: 어드밴티지+ 노출 위치(구, 자동 노출 위치): 게재 시스템을 통해 메타의 4가지 노출 위치 중에서 효율이 제일 잘 나올 만한 노출 위치에 광고를 노출해 준다.
- ④: 어드밴티지+ 카탈로그 광고(구, 다이내믹 광고): 관심사, 의도, 행동을 기반으로 사람들에게 관련 제품을 자동으로 추천하는 광고를 말한다.

23 ④

메타 광고 캠페인의 구조는 캠페인 〉 광고 세트 〉 광고이다.

24 ②

맞춤 타겟은 '타겟 불러오기'를 통해 광고주가 가지고 있는 고객 파일, MAT(Mobile App Tracker) 타겟, 유사 타겟 등을 바탕으로 타겟팅하는 방식으로 캠페인 유형별로 다양한 타겟을 불러올 수 있다.

25 ④

도달과 빈도를 조절하는 광고 판매 방식은 CPM(Cost Per Mille)이다. 클릭이나 조회에 관한 내용이 없으므로 CPA(Cost Per Action), CPV(Cost Per View), CPC(Cost Per Click)는 해당하지 않는다.

26 ①

모바일 브랜드 캠페인에서 효과적으로 활용하기 위해서는 최초 3초 이내에 브랜드 메시지를 노출하여 15~30초 영상으로 재구성하여 사용하는 것이 효과적이다.

27 ③

인사이트는 게시물 콘텐츠와 팔로워를 관리하는 도구로 광고 캠페인 성과와는 관계없다.

28 ④

컬렉션은 메인 이미지/동영상 아래에 추가로 4개의 서브 이미지/동영상이 노출되는 방식으로 카탈로그 세팅이 되어 있는 경우에 한하여 인스턴트 경험 설정을 통하여 노출시킬 수 있다. 카탈로그 세팅은 메타 비즈니스 스위트의 커머스 서비스에서 '카탈로그 추가'를 통해 제품이나 서비스를 직접 등록하고 관리할 수 있는 작업을 말한다.

29 ②

Audience Network는 메타의 광고를 추가적으로 게재할 수 있는 네트워크를 말하므로 캠페인 실적을 파악하기 위해 사용할 수 있는 '측정 방법' 및 '지표'와는 무관하다.

30 ④

카탈로그의 사전적인 의미로는 적합하나 메타의 카탈로그는 모바일 전용이므로 인쇄하여 전단지처럼 홍보하는 기능은 없다.

31 ②

광고 전환 추적 설정은 광고 수준에서 선택할 수 있다.

32 ①

메타에서는 광고 메시지의 경우 이미지의 20% 수준을 넘지 않는 것을 권장한다.

33 ③

인스타그램 광고는 메타 비즈니스 스위트의 광고 관리자에서 진행할 수 있다. 지문에 메타 비즈니스 스위트나 광고 관리자 둘 중 하나가 있으면 정답이다. 메타 포 비즈니스는 메타 비즈니스 스위트의 예전 명칭으로 현재는 사용하지 않는다.

34 ④

인스턴트 경험은 이미지/동영상이나 슬라이드 이미지/동영상을 클릭했을 때 전체 화면으로 바뀌는 모바일 전용 웹페이지로 인스타그램 스토리와 페이스북 릴스에서 모두 노출된다.

35 ①

인지도는 새로 런칭한 브랜드 홍보와 같이 많은 사람에게 대규모로 광고를 노출하는 데 유용하다. 관심 있을 만한 소규모 타겟에게 여러 번 노출하는 것은 참여를 목표로 하는 경우 적합하다.

36 ③

메타 픽셀은 웹사이트에 설치하여 트래킹하는 용도로 사용되며 페이스북 페이지에는 별도로 설치할 필요가 없다.

37 ②

프로모션은 여러 미디어를 통해 다양한 방식으로 이루어질 수 있다. 인지도, 트래픽, 참여 등은 다른 미디어를 통해서도 충분히 목표를 달성할 수 있지만 앱 홍보는 소셜 미디어만의 독특한 목표이므로 메타의 광고 시스템을 활용한다면 앱 홍보를 직접 활용하는 것을 가장 우선으로 고려하는 것이 효과적이다.

38 ④

머신러닝은 캠페인 목표를 달성할 수 있도록 광고 결과를 최적화하는 방법이다. 목표 자체를 최적화할 수는 없다.

39 ①

유튜브 광고는 구글애즈를 통해 운영할 수 있다.

40 ③

성인용 콘텐츠에 광고 노출을 배제하려면 MA 혹은 DL-MA 디지털 콘텐츠 라벨을 제외해야 한다.

오답 피하기

디지털 콘텐츠 라벨은 다음과 같다.

디지털 콘텐츠 라벨	설명
DL-G: 전체 시청가 (General audience)	가족 및 아동 등 모든 연령대에 적합한 콘텐츠
DL-PG: 보호자 동반 시청가(Parent Guidance suggested)	비현실적이고 만화 폭력과 같은 주제 등 보호자가 동반하는 경우 대부분의 연령대에 적합한 콘텐츠
DL-T: 청소년 시청가 (Teen audience)	일반 보건, 소셜 네트워크, 무서운 이미지, 격투 스포츠와 같은 주제 등 청소년 이상의 연령대에 적합한 콘텐츠
DL-MA: 성인 시청가 (Mature Audience only)	알코올, 도박, 성적인 콘텐츠, 무기와 같은 주제 등 성인에게만 적합한 콘텐츠

41 ②

일반 유튜브 시청자와 프리미엄 구독자의 차이는 광고에 노출되느냐 여부만 다를 뿐 콘텐츠 자체는 동일하다. 따라서 유튜브 프리미엄 구독자용 콘텐츠 가이드라인을 준수하는 것이 광고 수익 창출 요건은 아니다. 유튜브는 프리미엄 구독자가 콘텐츠를 시청하는 경우는 유료 구독료도 창작자와 나눈다.

42 ④

타겟 노출 점유율에 대한 설명이다. 전환가치 극대화는 전환가치를 기준으로 캠페인을 최적화하는 전략으로, ROAS 목표 없이 예산 전체를 지출하려는 경우 사용하는 전략이다.

43 ①

유튜브는 광고 순위를 계산할 때 사용자가 입력한 검색어, 검색 당시의 사용자 위치, 사용 중인 기기 유형(휴대기기 또는 데스크톱), 검색 시점, 검색어의 특성, 페이지에 게재되는 다른 광고 및 검색 결과, 다른 사용자 신호 및 속성을 고려한다. 모바일 사용자의 반응에 더 많은 점수를 주는 것은 아니다.

44 ③

특정 키워드, URL, 앱을 추가하여 이상적인 잠재고객에게 도달하는 타겟팅 방법을 맞춤 세그먼트라고 부른다. 합성 세그먼트는 상세한 인구통계, 관심 분야 등 여러 가지 세그먼트 속성을 교차하여 타겟팅 세그먼트를 생성하는 것을 말한다.

45 ②

구글애즈는 캠페인 〉광고그룹 〉광고의 구조로 이루어져 있다.

46 ②

릴스 광고는 메타의 광고 형식이다.

47 ④

공연이나 콘서트 실황에 대한 저작권은 창작자, 아티스트 및 소속사 등에 있으며 해당 창작물의 저작권자가 아닌 관람객이 유튜브에 업로드하면 수익 창출이 제한된다. 반면 커버곡을 부른 경우 Contents ID를 소유한 저작권자의 입장에 따라 다른데, 유튜브에 따르면 일반적으로 원저작자는 커버 가수와 수익을 나누는 옵션을 선택한다. 따라서 일부 수익은 가져갈 수 있는 경우가 더 많다.

48 ①

인구통계, 잠재고객 세그먼트는 사용자 기반 타겟팅에 해당한다. 키워드, 주제, 게재 위치는 콘텐츠 기반 타겟팅에 해당한다.

49 ①

광고 영상이 30초 이상일 경우에는 30초 이상을 시청하면 광고 비용이 발생한다.

50 ③

유튜브 이외에 구글 디스플레이 네트워크의 동영상 파트너 지면에 노출되는 광고 상품은 아웃스트림 광고이다.

51 ④

건너뛸 수 있는 광고는 다른 동영상의 전후 또는 중간에 재생되는 광고로, 광고가 5초 동안 재생되고 나서 광고 건너뛰기 옵션이 표시된다.

52 ④

도달 범위를 좁히기 위해 사용하는 타겟팅은 사용자 기반과 콘텐츠 기반 타겟팅이 있다. 언어 타겟팅은 도달 범위를 넓히기 위해 사용하는 타겟팅 방법이다.

53 ①

영상 노출수 대비 동영상 광고 유료 조회수 비율을 말한다.

54 ③

인피드 동영상 광고는 유튜브 피드나 검색 결과에 노출되어 클릭을 유도하는 광고이다. 유튜브 앱 또는 모바일 유튜브 홈 피드 상단에서 전체 동영상이 소리 없이 자동 재생되는 광고는 마스트헤드이다.

55 ②

아웃스트림 광고는 조회 가능 1,000회 노출당 비용(vCPM)을 기준으로 사용자가 동영상을 2초 이상 재생한 경우에만 과금된다.

56 ②

위치, 잠재고객, 주제는 모두 애완동물이나 반려동물 등에 관심 있는 사람으로 세그먼트하면 광고 효율을 높일 수 있다. 다만 거리상의 한계로 병원 고객이 될 수 있는 사람들은 제한적일 수밖에 없으므로 가능하면 고객층을 넓혀야 하기 때문에 성별, 연령 등의 인구통계학적인 타겟팅은 하지 않는 게 효과적이다.

57 ④

마스트헤드의 CPM 광고는 타겟팅 옵션에 따라 추가 요금이 발생된다.

58 ①

범퍼 광고는 인지도를 높이거나 다른 광고를 강조하기 위해 건너뛸 수 없는 짧은 길이(최대 6초)의 동영상 광고이다.

59 ②

- ①: 마스트헤드는 1,000회 노출당 비용을 지불하는 CPM 광고 상품과 구매한 예약 기간에 독점하여 광고를 노출할 수 있는 CPH 광고 상품이 있다.
- ③: 구글 영업 담당자나 광고 대행사를 통해 구매할 수 있는 예약형 상품이다.
- ④: 고정 비용으로 노출수를 구매할 수 있으며, 타겟팅이 선별적으로 가능하다.

60 ②

특정 시점의 광고비 잔액은 광고 성과가 아니라 광고비 지출과 관련된 사항이므로 광고 보고서에서는 확인할 수 없다. 구글애즈 광고 보고서에서 확인할 수 있는 지표는 시간, 전환, 위치, 확장 소재, 애셋, 입찰 통계, 기타 등이 있다.

61 ②

캠페인이 일시중지, 삭제, 종료 또는 대기 중이거나 광고그룹이 일시중지, 삭제 또는 설정이 미완료되어 광고가 게재되지 않은 것은 '운영 불가능' 상태이다.

62 ④

유튜브 검색 결과 페이지의 절대 상단이나 페이지 상단 또는 페이지 어디에나 광고가 게재되도록 입찰가를 자동으로 설정하는 전략은 타겟 노출 점유율이다.

63 ①

사용자가 사용하는 시청 기기는 맞춤 동영상 추천에 영향을 주지 않는다.

64 ③

동영상 조회수가 5회인데 그중 3회의 광고가 게재되었다면 조회수 5회, 추정 수익 창출 재생은 3회이다. 추정 수익 창출 재생 중 한 번은 광고가 2개 포함되었다면 광고 노출은 4회 발생한 것으로 집계된다.

65 ①

유튜브 스튜디오는 크리에이터가 제작한 콘텐츠의 성과를 확인할 수 있는 관리자 화면이다. 광고 시청과 관련된 내용은 알 수 없다.

66 ③

동영상 캠페인을 조정하고 개선하는 것을 목적으로 광고의 효과를 측정할 수 있게 해주는 도구는 브랜드 광고 효과 분석이다.

- ①: 유튜브 스튜디오는 유튜브 콘텐츠를 업로드하고 성과를 관리하는 도구이다.
- ②: 프리미엄 로그 분석은 네이버 검색광고에서 제공하는 자동 추적(Auto Tracking) 기능으로 어떤 키워드로 들어온 사용자가 얼마나 사이트를 많이 보는지, 얼마나 오래 머무는지, 구매로 이어진 광고는 무엇이고 아닌 광고는 무엇인지 등 효과적인 광고와 효과가 작은 광고를 알아내고 광고 효율을 개선할 수 있는 도구이다.
- ④: 도달 범위 플래너는 유튜브와 동영상 파트너 사이트 및 앱에 광고를 게재하는 도달 범위 기반 동영상 캠페인을 정확하게 설정할 수 있게 해주는 구글애즈 캠페인 계획 도구이다.

67 ①

저작권, 상표권, 모조품, 명예훼손, 저장된 음악 정책, 전기통신사업법에 따른 불법촬영물(한국), '대화형 AI 도구, 협력자 칩, 자동 생성된 퀴즈, 댓글 주제, 지난해 요약, 검색 개요, 동영상 답변, 동영상 요약과 관련된 법적 문제' 등의 상황이 발생하면 법률 위반 신고를 할 수 있다.

68 ②

구글애즈 계정에서 유료로 사용해야 하는 서비스는 없다.

69 ④

카카오톡 채널 광고 유형을 선택했을 때 집행이 가능한 광고 상품이다. 모먼트에 '메시지 광고'라는 유형은 존재하지 않는다.

70 ①

모먼트의 CPA에서 Action(전환)은 친구 추가를 말하며, 클릭으로부터 24시간 이내 발생한 친구 추가에 대해서 과금된다.

- ②: CPV는 동영상 1회 재생 당 과금하는 방식이다.
- ③: CPT는 설정된 기간 단위(구좌)를 구매하는 방식으로, 실제 노출과 관계없이 기간이 지나면 항상 과금된다.
- ④: CPC 자동입찰은 예산 한도 내에서 최대한 많은 클릭을 발생시킬 수 있도록 입찰 금액을 자동으로 설정하는 방식이다.

71 ①

카카오 비즈보드의 경우 오브젝트형, 썸네일형, 마스킹형, 텍스트형 등 4가지 유형의 배너를 다양한 형태로 제작할 수 있다.

72 ④

안드로이드와 iOS 중에서 선택할 수 있으며 '와이파이에서만 노출'도 선택이 가능하다.

73 ②

카카오 비즈보드 광고의 경우 광고 목표가 '방문'인 경우 자동입찰(클릭수 최대화)이 자동 선택(기본값)된다. 수동으로 'CPA비용 목표 설정'을 체크하면 평균 비용을 직접 입력할 수 있다.

74 ②

네이버 밴드의 네이티브 광고는 GFA를 통해서 진행할 수 있다.

75 ④

네이버 소셜 광고는 별도의 타겟 옵션을 가지고 있지 않다.

76 ①

네이버 밴드 알림 광고는 비즈센터를 통해 진행 가능하다.

77 ③

네이버 밴드 풀스크린 광고는 네이버 밴드에서 앱 종료 시 노출되는 1일 1 광고주 단독 노출 상품으로 브랜드 인지 효과 및 클릭을 극대화할 수 있는 안드로이드 전용 상품이다. 과금 기준은 CPM이 아니라 1일 고정가로 과금된다.

78 ④

스마트채널 광고는 네이버 성과형 디스플레이 광고 시스템을 통해 집행 가능하다.

79 ①

틱톡의 광고 상품에 대한 소개이다.

80 ③

소셜 미디어마다 약간의 차이는 있지만, 기본적으로 소셜 미디어 광고는 목표 설정 → 캠페인 설정 → 광고그룹(세트) 설정 → 광고 설정 순서로 만들어진다.

정답 & 해설

2023년 기출 복원문제

264p

01	②	02	④	03	③	04	①	05	③
06	②	07	④	08	①	09	②	10	①
11	④	12	②	13	①	14	③	15	②
16	④	17	③	18	①	19	④	20	②
21	①	22	①	23	③	24	②	25	④
26	①	27	③	28	④	29	②	30	②
31	④	32	①	33	③	34	②	35	②
36	①	37	①	38	②	39	③	40	④
41	①	42	②	43	④	44	③	45	①
46	④	47	②	48	①	49	④	50	①
51	③	52	④	53	①	54	①	55	④
56	②	57	②	58	①	59	③	60	③
61	②	62	④	63	①	64	④	65	③
66	①	67	③	68	④	69	②	70	①
71	④	72	③	73	②	74	①	75	④
76	③	77	①	78	④	79	②	80	③

1과목 SNS의 이해

01 ②

누구나 만들고 알릴 수 있다는 점이 웹2.0 시대에 만들어지는 콘텐츠의 특징이다.

02 ④

콘텐츠의 제작과 관리에 비용이 많이 들더라도 소셜 미디어의 이용 자체는 무료이거나 광고비가 저렴하기 때문에 마케팅 비용을 감당하기 어려운 작은 기업과 기관도 접근하기 쉽다.

03 ③

소셜 미디어는 관심사나 위치 등을 통해 개별화가 쉽다는 장점이 있다. 따라서 타겟을 세분화하여 마케팅하는 것이 효과적이며, 전 국민을 대상으로 마케팅을 진행하려는 경우 오히려 매스미디어보다 과도한 비용이 소요될 수 있다.

04 ①

오프라인 매장 수 확보를 위해서는 매장을 운영할 장소와 사람들을 많이 만나야 하는데, 소셜 미디어로는 오프라인 매장 위치를 체크하고 운영할 사업주를 발굴하는 것에 한계가 있다. 해당 지역을 잘 아는 영업사원을 중심으로 적절한 매장 위치를 직접 발굴하는 등의 현장 조사가 필요하다.

05 ③

꾸준히 사랑받는 소셜 미디어 콘텐츠는 지속가능성이 필요한데, 유명 유튜버를 섭외하는 데에 너무 큰 비용과 에너지를 사용하면 지속가능성이 떨어질 수 있다.

06 ②

2012년 출시 후 5개월 만에 가입자 2,500만 명을 넘어선 '카카오스토리'는 2023년에 이용자 수가 817만 명으로 매년 100만 명 이상이 감소하는 추세다. 인스타그램으로 사용자가 몰리는 탓도 있겠으나 이는 페이스북과 같은 지인 중심 실명제 커뮤니티에 대한 사용률 감소와 맞물려 있다고 볼 수 있다. 따라서 브랜드 마케팅 전략으로 사용자가 줄어드는 카카오스토리를 통한 홍보는 적합하지 않다.

07 ④

DM이나 이메일을 통한 홍보도 필요하지만, 소비자가 수락하지 않은 방식은 차단당할 가능성이 크다. 소셜 미디어 마케팅에서는 홍보성 콘텐츠보다 소비자가 관심 있는 콘텐츠를 올리고 제품 관련 내용은 댓글로 소통하는 것이 중요하다.

08 ①

전환가치는 1회 전환 시 발생하는 매출액의 가치를 말하며 1회 구매 시 평균적으로 결제하는 금액인 '객단가'와 같은 의미로 사용된다.

2과목 SNS 광고 마케팅

09 ②

메타의 광고는 실시간 경매 시스템(Real-Time Bidding)을 통해 경쟁하게 되는데, 경매의 승자는 입찰가, 추산 행동률, 광고 품질의 3가지 요인에 따라 결정된다.

10 ①

추산 행동률이란 특정 사람이 특정 광고에 반응을 보이거나 특정 광고로부터 전환되는 행동의 추정치를 말한다. 광고를 진행했을 시 참여율도 좋고 반응이 좋은 과거 기록이 있을 시 추산 행동률이 높다고 판단하며, 과거 기록이 없을 시에는 메타의 평균 데이터로 진행한다.

11 ④

영향력 있는 개인을 활용하여 입소문으로 브랜드나 제품을 소개하고 공유하는 마케팅 방식은 인플루언서 마케팅이라고 부른다. 인플루언서(Influencer)란 다양한 사용자 간의 관계를 중심으로 타인에게 영향력을 미치는(Influence) 개인(~er)을 말한다.

12 ②

Meta에서 성과 측정을 위해 제공하는 데이터 소스 및 기능은 Meta 픽셀, 전환 API, Meta SDK 등이 있다.

13 ①

Meta 픽셀은 광고를 통해 웹사이트에서 발생하는 이벤트를 파악하기 위해 만든 소스 코드를 말한다. 매장 방문, 전화 주문, 예약 등 비즈니스의 오프라인 이벤트 데이터를 메타의 광고 시스템에 연결하는 도구는 오프라인 API이다.

14 ③

서버, 웹사이트 플랫폼, 앱 또는 CRM의 마케팅 데이터를 메타의 광고 시스템에 연결하는 도구를 전환 API라고 부른다. API는 Application Programming Interface(애플리케이션 프로그래밍 인터페이스)의 줄임말로 애플리케이션은 고유한 기능을 가진 모든 소프트웨어를 나타내며 인터페이스는 두 애플리케이션 간의 약속을 말한다.

15 ②

맞춤 타겟 광고는 기존 구매자 고객들의 연락처 혹은 이메일이 있는 경우 이런 고객 리스트를 이용하여 타겟팅을 설정하는 것을 말한다. 광고주가 직접 보유한 데이터라는 의미로 퍼스트 데이터(1st party data)라고도 부른다.

오답 피하기

- ①: 인스타그램 계정은 맞춤 타겟 광고를 의뢰할 때가 아니라 광고를 의뢰할 때 넘겨야 하는 자료이다.
- ④: 고객이 직접적으로 관계없는 기업에 의해 수집되는 데이터가 있다. 어떤 기업은 뉴스 사이트, 커뮤니티 등을 통해 고객의 데이터를 수집하고 기업에게 판매하기도 하는데 이런 데이터를 서드 파티 데이터(3rd party data)라고 부른다. 세컨 파티 데이터(2nd party data)는 고객이 직접적으로 관계있는 기업에 의해 수집된 데이터를 다른 기업이 고객의 동의하에 사용하는 것을 말한다.

16 ④

인스타그램 스토리의 권장 사이즈는 9:16이다. 가로와 세로 비율에 유의하자.

오답 피하기

인스타그램의 노출 위치별 광고 크리에이티브 사이즈는 다음과 같다.

구분	광고 노출 위치	사이즈(가로:세로)					
		1.91:1	16:9	1:1	4:5	2:3	9:16
피드	Instagram 피드 및 탐색 탭	가능	가능	권장	권장	가능	가능
	Instagram Shop	가능	가능	권장	가능	불가	불가
스토리 및 릴스	Instagram 스토리 및 릴스	가능	가능	가능	가능	불가	권장
검색 결과	Instagram 검색 결과	불가	불가	가능	불가	불가	불가

17 ③

이미지의 경우 JPG 또는 PNG, 동영상의 경우 MP4 또는 MOV 파일만 사용을 권장하고 동영상 용량은 최대 4GB까지 가능하다.

18 ①

슬라이드 광고는 최대 10장의 이미지/동영상을 올릴 수 있다.

19 ④

컬렉션 광고의 URL은 개별로 설정할 수 있다.

20 ②

전환 API(Application Programming Interface)는 서버, 웹사이트 플랫폼, 앱 또는 CRM의 마케팅 데이터를 메타의 광고 시스템에 직접 연결하는 방식으로 전환을 추적하는 방식으로 애플 ATT와 쿠키 지원을 중단하는 상황에 전환 추적의 대안으로 떠오르고 있다.

21 ①

일예산을 초과하여 과금되지 않도록 하는 방법은 다음과 같다.

- 일예산 대비 적정 소재 입찰가 입력
- 광고그룹별 타겟팅 세분화로 예산 분배
- 자동입찰 선택 시 최대 입찰 금액 설정

캠페인 및 그룹에 설정한 '일예산'은 한도가 정해져 있는 개념
이 아닌 '노출을 제어하는 기준 금액'이므로 아래와 같은 경우
일예산을 초과할 수 있다.
- ②: 비용이 설정된 일예산에 근접했을 때, 순간적으로 많은
양의 클릭이 발생한 경우
- ③: 일예산이 다 소진되어 광고 노출을 중단하는 프로세스
진행 중 클릭이 발생한 경우
- ④: 입찰 금액이 일예산 대비 지나치게 높은 경우(◎ 일예
산 1만 원 입찰 금액 2,000원으로 설정한 경우)

22 ①

페이스북 광고는 운영자 자신의 실제 페이스북 로그인 아이
디를 가지고 진행하는 방식이다. 공동 관리 목적으로 개인 계
정을 타인과 공유하는 경우에는 페이스북 시스템에 의해 잠
길 수 있으므로, 여러 명이 하나의 광고를 관리하고 업무를
공유하려면 별도의 '비즈니스 관리자 계정'을 생성하여 진행
해야 한다.

23 ③

매출을 끌어올리기 위해서는 판매 캠페인이 적합하다. 자사
온라인 쇼핑몰의 고객 활동 데이터를 사용했다는 것은 맞춤
타겟의 내 소스에서 '고객 리스트'를 설정했다는 의미이다.
CPA가 높다고 했으므로 원하는 위치를 지정하는 수동 노출
위치보다는 게재 시스템을 통해 4가지 노출 위치 중에서 효
율이 제일 잘 나올 만한 노출 위치에 광고를 노출해주는 '어
드밴티지+ 노출 위치'를 선택하고 유사 타겟팅과 웹사이트
리타겟팅을 시도해볼 수 있다. 따라서 가능한 방법은 '판매 캠
페인 선택/어드밴티지+ 노출 위치/유사 타겟팅 또는 웹사이
트 리타겟팅'의 조합이다.

24 ②

광고그룹 만들기의 '브랜드 가치 보호 및 적합성' 메뉴에서 차
단 리스트 만들기를 선택하면 특정 퍼블리셔나 웹사이트에
노출을 제한할 수 있다. 문제에서 광고 노출 극대화가 목적이
라고 했으므로 '노출 위치 중 Audience Network 선택을 해
제하고 광고 노출하지 않는'것 보다 특정 퍼블리셔/웹사이트
차단 리스트를 만들고 자동 노출 위치를 사용하는 것이 효과
적이다.

25 ④

도달과 빈도를 조절하는 광고 판매 방식은 CPM(Cost Per
Mille)이다. 클릭이나 조회에 관한 내용이 없으므로 CPA(Cost
Per Action), CPV(Cost Per View), CPC(Cost Per Click)는
해당하지 않는다.

26 ①

메타에서는 다양한 디지털 인사이트와 마케팅 리서치 자료를
제공하는 메타 포사이트(Meta Foresight, 구, Facebook IQ)
라는 별도의 사이트를 운영하고 있다.

27 ③

광고 세트를 시나리오별로 구성하였으므로 여러 광고 세트
중에서 가장 효과가 높은 시나리오를 발견하도록 캠페인의
설정을 통해 하위 광고 세트의 시나리오들을 평가하는 방법
을 묻는 문제이다. 광고 세트들이 전반적으로 목표에 맞게 예
산이 배분되도록 최적화할 수 있는데 이를 어드밴티지 캠페
인 예산이라고 한다.

28 ④

도메인은 '브랜드 가치 보호 및 적합성'에 포함된 메뉴이다.

29 ②

카탈로그와 제품 광고에서 웹사이트에 설정할 수 있는 표준
이벤트는 ViewContent, AddtoCart, Purchase이다.

Curbside는 '구매한 상품을 방문 수령한다.'는 이벤트이며 오
프라인 매장에서 전환 위치를 웹사이트로 선택했을 때 설정
할 수 있다.

30 ②

메타에서는 특별 광고 카테고리에 해당하는 경우 이를 밝혀
야 하는데, 특별 광고 카테고리는 신용, 고용, 주택, 사회 문제,
선거 또는 정치이다. 여기서 사회 문제 관련 광고는 건강, 시
민권, 사회권과 같이 중요한 주제를 논의하거나, 지지하거나,
반대하거나, 이에 관한 토론을 통해 여론에 영향을 미치는 것
을 목적으로 하는 광고를 말한다. 따라서 교육은 특별 광고
카테고리에 해당하지 않는다.

31 ④

고객 리스트, 웹사이트, 앱 활동, 오프라인 활동, 카탈로그는
광고주의 소스에서 가져온다.

Meta가 제공하는 소스는 동영상, 인스타그램 계정, 잠재고객
용 양식, 이벤트, 인스턴트 경험, 페이스북 페이지, 쇼핑, 페이
스북 내 품목, 증강현실 등이 있다.

32 ①

유사 타겟은 기존 맞춤 타겟과 유사한 타겟을 말하는데, 맞춤 타겟이란 광고주가 가지고 있는 고객 리스트나 운영하는 소셜 미디어에 알 수 있는 타겟의 행동 등을 말한다. 맞춤 타겟의 유형은 다음과 같으며, 유사 타겟은 이런 데이터를 기반으로 유사한 타겟을 찾는 타겟팅 방법이다.

맞춤 타겟형	세부 소스
내 소스	고객 리스트, 웹사이트, 앱 활동, 오프라인 활동, 카탈로그
Meta 소스	동영상, 인스타그램 계정, 잠재고객용 양식, 이벤트, 인스턴트 경험, 페이스북 페이지, 쇼핑, 페이스북 내 품목, 증강현실

33 ③

모바일 환경에서는 광고를 회피하기 쉽게 때문에 짧을수록 좋다. 메타(Meta)의 광고 성과 데이터에 따르면 길이가 15초 이하인 짧은 동영상 광고가 더욱 높은 비즈니스 성과를 끌어낸다.

34 ②

Facebook Shop 가능은 우리나라에서도 사용할 수 있다.

35 ②

하나의 광고 세트에 최대 50개의 광고를 보유할 수 있다.

36 ①

Meta Business Suite는 무료로 사용할 수 있다.

37 ①

Meta Pixel은 인스타그램 계정이 아니라 웹사이트에 설치하는 것이다.

38 ②

여러 제품을 사용자의 관심사에 맞춰 노출해주는 컬렉션 광고가 가장 적합하다.

39 ③

쇼츠의 길이는 최대 60초였으나, 최근 업데이트되어 최대 3분(180초)까지 가능하게 되었다.

40 ④

범퍼 광고는 건너뛸 수 있는 스트리밍 광고와 다르며 건너뛸 수도 없다.

41 ①

'입찰 시 광고 품질'은 예상 클릭률(CTR), 영상 조회율(View Rate), 광고 관련성, 방문 페이지 만족도를 말한다. 시청 위치는 광고 게재 순위에 영향을 미치는 요소 중 '사용자 검색 문맥'에 영향을 미치는 항목이다.

오답 피하기

'사용자 검색의 문맥'은 시청 위치, 기기, 검색 시점, 검색어의 특성, 페이지에 게재되는 다른 광고 및 검색 결과, 다른 사용자 신호 및 속성 등을 말한다.

42 ②

광고 게재 순위는 입찰가, 입찰 시 광고 품질, 광고 순위 기준, 입찰 경쟁력, 사용자 검색의 문맥, 확장 소재, 다른 광고 형식의 예상 효과 등을 고려하여 입찰에 참여할 때마다 계산된다. 제품의 경쟁력은 광고 게재 순위와 무관하다.

43 ④

당장 제품을 구매하지는 않았으나 향후 구매 가능성이 크므로 잠재고객이라고 부른다.

44 ③

건너뛸 수 있는 인스트림 광고는 30초 이상인 영상은 30초 이상을, 30초 미만인 영상은 전체 시청을 완료해야 과금되며 10초 이상 시청하는 경우 조회수에도 반영된다.

45 ①

유튜브 CPM 마스트헤드와 프라임 팩, 네이버 밴드 풀스크린 광고는 예약형 상품이다. 나머지는 직접 입찰형 광고 상품이다.

46 ④

컴패니언(Companion) 배너란 단짝이라는 뜻으로 동영상 광고 우측이나 하단에 해당 배너가 노출되는 광고를 말한다. 유튜브 동영상 광고는 브랜드 인지도 효과는 높지만 클릭은 저조하다. 컴패니언 배너는 건너뛸 수 없는 인스트림 광고나 마스트헤드 광고의 부족한 클릭을 유도하는 클릭 유도형 광고이며 인지도를 목표로 하는 광고는 아니다.

47 ②

보안 인증을 하지 않은 경우는 유튜브 커뮤니티 가이드 위반 사항이 아니다.

48 ①

중국의 경우 유튜브가 서비스되지 않는다. 따라서 전 세계 어디에서나 신청이 가능한 것은 아니며, 유튜브 파트너 프로그램이 제공되는 국가/지역에 거주해야 한다.

49 ④

유튜브에서 자체 제품 판매 쇼핑 기능으로 수익을 창출하기 위한 조건은 구독자 500명과 365일간 유효 동영상 시청 시간 3,000시간 또는 쇼츠 동영상 조회수 300만 회 이상이어야 한다.

50 ①

광고 수익을 창출하기 위해서는 채널 수익 창출 조건을 만족시킨 후 별도의 유튜브 파트너 프로그램에 참여해야 한다.

51 ③

30초 이상인 영상은 30초 이상을, 30초 미만인 영상은 전체 시청을 완료해야 과금된다.

52 ④

과도한 노출 또는 성적 호기심을 유발하는 콘텐츠, 증오심 표현, 폭력, 유해하거나 위험한 콘텐츠, 영상에 없는 내용을 볼 수 있다고 오해하게 만드는 이미지 등을 썸네일로 사용하면 채널이 폐쇄될 수 있다.

53 ①

판매, 리드, 웹사이트 트래픽 유도를 캠페인 목표로 선택하면 전환 유도로 자동 선택된다.

54 ①

CPM 마스트헤드에 대한 설명이다.

55 ④

유튜브 키즈에 연령에 적합한 뮤직비디오는 게재 가능하나, K-POP 아이돌 뮤직비디오 영상은 게재가 제한된다.

56 ②

제품 및 브랜드 구매 고려도는 인지도 및 구매 고려도로 합쳐졌다. 유튜브 광고 캠페인 목표는 판매, 리드, 웹사이트 트래픽, 앱 프로모션, 인지도 및 구매 고려도, 오프라인 매장 방문 및 프로모션, 목표 설정 없이 캠페인 만들기 7가지이다.

57 ②

건너뛸 수 없는 인스트림 광고의 길이는 우리나라 기준으로 최대 15초이다.

58 ①

건너뛸 수 있는 인스트림 광고에서는 영상을 시청하는 과정에서 조회수에 따라 비용이 지불되는 CPV(Cost Per View) 과금 방식이 주로 사용된다. 하지만 부가적인 방법으로 과금이 되기도 하는데, 영상 내 랜딩 URL 클릭, 컴패니언 배너 클릭 시에는 CPC(Cost Per Click) 방식으로 과금이 되기도 한다.

59 ③

광고 없이 유튜브 영상을 보는 서비스는 유튜브 프리미엄이다.

60 ③

사용자의 성격 기반 타겟팅은 불가능하다.

오답 피하기

광고그룹의 사용자 기반 타겟팅과 콘텐츠 기반 타겟팅의 종류는 다음과 같다.

사용자 기반 타겟팅	• 인구통계: 연령(10세 단위), 성별, 자녀 유무, 가구 소득(10% 단위) 등을 설정하여 타겟팅 가능 • 잠재고객 세그먼트: 광고 및 마케팅 서비스, 미디어 및 엔터테인먼트, 여행, 라이프스타일 및 취미, 소셜 미디어 애용자, 게임 이용자, 음악 애호가, 음식&음식점 등은 물론 GA(Google Analytics)를 바탕으로 관련 사용자를 선정
콘텐츠 기반 타겟팅	• 키워드: 관련된 검색어를 선택하여 콘텐츠를 타겟팅하는 기능으로 방문 페이지, 관련 웹사이트나 제품/서비스를 설명하는 단어 등을 입력하여 키워드 아이디어를 얻을 수 있음 • 주제: 표시하고 싶은 콘텐츠의 주제를 선택하여 타겟팅 • 게재 위치: 유튜브 채널, 유튜브 영상, 동영상 라인업, 웹사이트, 앱, 앱 카테고리까지 직접 지정할 수 있음

61 ②

기본적으로 게재 가능한 모든 기기에 노출이 되며, 특정 기기 타겟팅 설정, 컴퓨터, 휴대전화, 태블릿, TV 화면은 물론 운영체제 제조사와 기기 모델, 와이파이 또는 SKT, KT, LGU+ 등의 통신사까지 설정할 수 있다. 특정 브랜드의 TV는 타겟팅이 불가하다.

62 ④

저작권에 문제가 있어서 노출할 수 없거나 유튜브 커뮤니티 가이드에 위배되는 영상은 광고 노출이 제한된다.

63 ①

비공개는 이메일 주소로 초대받은 사람만, 회원 전용 영상은 자격을 갖춘 회원으로 해당 주소로 링크를 받은 사람만 볼 수 있는 반면 일부 공개 영상은 링크가 있으면 유튜브 계정으로 로그인하여 누구나 볼 수 있다. 광고 소재 목적으로 제작했다면 제작한 사람과 광고주는 물론 테스트할 매체 등 다양한 의사결정자들의 이메일 주소를 모두 받기에는 현실적인 어려움이 있으므로 일부 공개가 적정하다.

64 ④

유튜브 상세 타겟을 통해 설정할 수 있는 것은 관심사와 구매의도, 타겟 추천, 타겟 설정 방식, 성인 타겟, 주제 타겟 등이다. 구매 예산은 타겟팅할 수 없다.

65 ③

노출 빈도와 조회 빈도는 함께 사용할 수 있다.

66 ①

유튜브 파트너 프로그램에 가입된 경우에도 저작권에 대한 문제 없이 사용할 수 있는 오디오를 제공한다. 비디오는 제공하지 않는다.

67 ③

전환가치 극대화 입찰 전략은 캠페인에서 전환수 30회를 수집한 경우에만 사용할 수 있다.

68 ④

MA는 Mature Audience only의 약자로 성인 시청가로 알코올, 도박, 성적인 콘텐츠, 무기와 같은 주제 등 성인에게만 적합한 콘텐츠를 말한다.

69 ②

톡체크아웃 구매는 회원가입 없이 카카오톡 아이디로 구매가 가능한 링크를 말한다. 결제와 연동되는 민감한 부분이라 현재 카카오 비즈보드에서는 랜딩 페이지로 지원하지 않는다. 과거에는 카카오페이 구매라고 불렸다.

`오답 피하기`

카카오 비즈보드는 URL 랜딩이 가능하기 때문에 개방형 링크를 가진 네이버 블로그 주소도 랜딩 페이지로 사용 가능하다.

70 ①

디스플레이 광고는 CPC(클릭당 과금), CPM(노출당 과금), CPA(액션당 과금)의 세 가지 방식이 있다.

71 ④

CPM(Cost Per Mille)은 1,000회 노출당 과금되는 방식으로, 노출을 기준으로 입찰 경쟁에 참여할 수 있다.

`오답 피하기`

- ①: CPC 자동입찰은 광고그룹 일예산 내 최대한 많은 클릭을 발생시킬 수 있는 입찰 금액을 자동으로 설정한다.
- ②: CPV(Cost Per View)는 동영상 1회 재생당 과금하는 방식이다.
- ③: CPT(Cost Per Time)는 설정된 기간 단위(구좌)를 구매하는 방식으로, 실제 노출과 관계없이 기간이 지나면 항상 과금된다.

72 ③

CPMS(Cost Per Message)는 발송당 과금 방식으로 타겟팅 미적용 시 15원/건, 타겟팅 적용 시 30원/건 비용이 지불된다.

73 ②

CPA 비용 목표 설정은 디스플레이, 비즈보드 유형의 전환 목표 캠페인에 제공되는 과금 방식으로 목표하는 CPA 평균 비용을 유지하는 데 중점을 두지만, 광고 효율 최적화를 위해 자동으로 입찰이 조정되면서 일부 결과 비용은 설정한 금액을 초과하거나 미달할 수 있다.

74 ①

네이버 밴드의 네이티브 광고는 실시간 입찰 방식으로 성과에 따라 광고비가 소진되는 성과형 광고는 네이버 성과형 광고 시스템(GFA, GLAD for Advertiser)을 통해 관리할 수 있다.

75 ④

리타겟팅은 메타의 타겟팅 방식이다.

76 ③

밴드 알림 광고는 밴드를 중심으로 홍보하려는 기업이나 소상공인 전용 플랫폼인 비즈센터에서 관리할 수 있다.

77 ①

네이버 밴드 풀스크린 광고는 성별 타겟팅만 가능하며 안드로이드에만 노출된다.

78 ④

스마트채널 광고는 밴드영역 상단에 노출되어 주목도를 높일 수는 있으나 고정 노출이 아닌 CPM이나 CPC 방식으로 노출되는 상품이다.

79 ②

플레이어블 광고는 다운로드 전에 앱 내용을 미리 볼 수 있는 동영상 광고로 틱톡의 광고 상품이다.

80 ③

타임라인 테이크오버는 엑스의 광고 상품으로 24시간 동안 타임라인 첫 화면에 독점으로 노출되는 동영상 광고이다.

2024년 기출 복원문제

279p

01 ①	02 ②	03 ④	04 ②	05 ③
06 ③	07 ①	08 ④	09 ③	10 ③
11 ④	12 ②	13 ④	14 ③	15 ③
16 ①	17 ④	18 ①	19 ②	20 ④
21 ③	22 ④	23 ①	24 ②	25 ④
26 ③	27 ①	28 ②	29 ①	30 ④
31 ③	32 ④	33 ②	34 ②	35 ④
36 ①	37 ②	38 ③	39 ③	40 ①
41 ③	42 ③	43 ④	44 ②	45 ④
46 ③	47 ①	48 ②	49 ④	50 ①
51 ①	52 ④	53 ②	54 ②	55 ②
56 ②	57 ③	58 ②	59 ④	60 ①
61 ④	62 ②	63 ①	64 ④	65 ①
66 ②	67 ③	68 ④	69 ①	70 ④
71 ②	72 ③	73 ①	74 ④	75 ②
76 ④	77 ②	78 ③	79 ①	80 ③

1과목 SNS의 이해

01 ①

소셜 미디어는 웹2.0 시대에 등장한 개념이다.

02 ②

틱톡에 대한 설명이다.

03 ④

스냅챗은 메시지를 보낸 뒤 24시간 안에 사라지므로 할인 쿠폰 발행 및 배포에 적합한 매체라고 할 수 없다. 오히려 페이스북이 이에 더 적합하다.

04 ②

메타 비즈니스 스위트나 유튜브 스튜디오 등 광고주의 콘텐츠를 통합적으로 관리하는 프로그램은 무료로 사용이 가능하다.

05 ③

소셜마케팅의 특징은 광고와 홍보의 뚜렷한 역할 구분이 사라지고, 고객 참여와 상호작용이 강화되며, 온라인 구전 효과의 역할이 증대되는 것이다.

06 ③

소셜 미디어 최적화는 콘텐츠 반응을 높이는 유기적인 방법으로 이루어진다. SNS광고는 유료로 노출을 높이는 방법이므로 소셜 미디어 최적화와는 관계 없는 내용이다.

07 ①

페이스북 이전에도 미국에는 마이스페이스, 우리나라에는 싸이월드 등의 소셜 미디어가 존재해왔다. 일반적으로 1995년에 서비스를 시작한 클래스메이트(Classmate)와 1997년 서비스를 시작한 식스디그리(SixDegrees)를 최초의 소셜 미디어로 정의한다.

08 ④

소셜 미디어는 연령별 타겟팅이 가능하다는 장점을 가졌으므로 특정 소셜 미디어 하나에 집중하기 보다는 다양한 미디어의 해당 연령을 타겟팅하는 것이 효과적이다.

2과목 SNS 광고 마케팅

09 ③

메타 광고 시스템에서는 성과에 따라 슬라이드의 순서를 자동으로 정하면 가장 성과가 좋은 슬라이드가 먼저 표시된다. 이는 가장 성과가 좋은 슬라이드를 맨 앞에 두어야 반응률을 끌어올릴 수 있기 때문이다.

10 ③

광고의 도달과 노출을 높이는 광고 게재 방식은 CPM(Cost Per Mille)이다.

11 ④

캠페인은 하위 광고 세트를 최대 5,000개까지만 보유할 수 있으며, 페이스북 계정 관리자가 할당된 경우는 10,000개까지 보유할 수 있다.

12 ②

메타에 따르면 페이스북의 인스트림 동영상은 가로형 16:9 사이즈를 권장한다. 따라서 버티컬(세로형)이 적합하다는 설명은 옳지 않다.

13 ④

오프라인 이벤트 데이터를 연결하는 것은 오프라인 API의 기능이다.

14 ③

애플의 앱 추적 방식 투명화 정책 이후 메타에서 주력으로 사용하는 전환 추적 방식은 전환 API이다.

15 ③

페이스북 메신저를 활용하면 소통 채널 확대로 더 많은 신규 고객을 확보할 수 있다.

16 ①

메타 페이로 결제할 수 있는 기능은 없다.

17 ④

경매의 승자는 총가치가 가장 높은 광고에게 돌아가는데, 총 가치는 입찰가, 추산 행동률, 광고 품질의 3가지 요인에 따라 결정된다.

18 ①

매출 향상이 목표이므로 트래픽 캠페인은 제외한다. 최적화 중에서 가치 최적화 기준은 최고 가치 기준이라고도 부르며 동일한 예산 지출로 최고 가치의 구매를 발생시키는 것을 말하며, 최저 예산 기준은 적은 비용으로 광고를 노출시키는 것이다. 최적화에서 말하는 '가치'란 가능한 한 많은 제품을 판매하는 동시에 고가의 제품을 판매하는 데 초점을 맞추는 최적화 입찰 방식을 말하므로 정답은 ①이다.

19 ②

도달 범위 플래너는 구글애즈의 캠페인 계획 도구이다.

20 ④

메타 비즈니스 스위트의 '타겟 참여 유도 〉받은 메시지함' 메뉴의 받은 메시지함 관리 기능을 활용, 자주 묻는 질문에 자동화된 답변을 생성, 응답 시간을 절약할 수 있다.

21 ③

대행사의 비즈니스 스위트 계정에 광고주 인스타그램의 계정을 등록해서 사용할 수 있으며, 하나의 광고 계정으로 여러 사람이 관리할 수도 있으므로 광고주가 반드시 자신의 인스타그램 계정으로 직접 광고를 운영해야 한다는 표현은 옳지 않다.

22 ④

메타의 비즈니스 목표는 인지도, 트래픽, 참여, 잠재고객, 앱홍보, 판매로 분류할 수 있다. 최대의 관심유도는 모든 비즈니스 목표에 연관되는 것으로 볼 수 있다. 반면, 최저 CPM은 광고 성과에 대한 성과 평가 기준(KPI)이 될 수 있으나 비즈니스 목표와는 거리가 있다.

23 ①

Meta 오프라인 전환 API 기능을 통해 메타 광고가 매장 구매, 전화 주문, 예약 등에 얼마나 영향을 주었는지 확인할 수 있다.

24 ②

인스타그램 스토리는 24시간 동안 지속된 후에 사라진다.

25 ④

맞춤 타겟팅은 '내 소스'나 '메타 소스'를 통해 우리 페이지나 웹사이트 등을 이미 알고 있는 기존고객을 활용한 타겟팅 옵션이다.

> **오답 피하기**
> - ①: 핵심 타겟팅은 연령, 지역, 관심사 등의 캠페인 목표에 따른 광고 노출 대상으로 '광고 세트'에서 설정한다.
> - ②: 특별 광고 타겟팅은 신용, 고용, 주택, 사회 문제, 선거 또는 정치 등과 같은 선택된 특별 광고 카테고리와 관련된 타겟 선택 제한 사항을 준수하도록 조정된 타겟이다.
> - ③: 유사 타겟팅은 기존고객과 유사한 특성을 가진 사용자를 타겟으로 생성한 것이다.

26 ③

메타에서 광고 성과를 극대화하고자 한다면 어드밴티지 캠페인 예산(구. 캠페인 예산 자동화 옵션)을 이용해 광고 세트들이 캠페인 목표에 맞게 예산 분배가 되도록 최적화하는 것이 가장 효과적이다.

27 ①

컬렉션은 모바일 전용으로 제공되는 광고 형식으로 제품 노출은 물론 구매 연결까지 가능한 광고 형식이다.

28 ②

카탈로그가 필요한 광고 유형은 컬렉션 광고이다.

29 ①

전자상거래 결제는 일부 국가에서만 허용된다. 특히 메타는 중국에 진출하지 못했다.

30 ②

개인 뉴스라고 해도 커뮤니티 규정을 위반할 가능성이 있는 콘텐츠는 언제든지 플랫폼에서 삭제되고, 사용자들이 표시되는 것을 선호하지 않는 콘텐츠는 커뮤니티 규정을 위반할 소지가 있으므로 플랫폼에서 노출에 제한된다.

31 ③

'유동성이 최적의 상태로 설정되었다.'는 말은 광고 예산이 낭비 없이 가치 있고 안정적으로 운용되는 상태를 말한다. 최적화(Optimization)되었다는 말과 동일한 표현인데, 메타의 광고 게재 시스템은 머신러닝을 사용해 성과를 최적화한다. 머신러닝을 통해 광고가 노출될 때마다 타겟팅에 적합한 대상, 광고노출의 정확한 시간대, 사용할 크리에이티브, 노출 위치 등을 파악한다. 캠페인의 목표 결정은 해당 사항이 아니다.

32 ④

다이내믹(다이나믹) 캠페인에서 설정할 수 있는 메타 픽셀 표준 이벤트는 ViewContent, AddtoCart, Purchase이다.

33 ②

모바일용 소셜 미디어는 광고 회피가 쉬우므로 TV 광고와 달리 동영상 초반에 강력한 즐거움을 선사하는 것이 중요한데, 대표적으로 버스트와 셔플 방식이 있다. 버스트(Burst) 방식은 초반에 강력한 즐거움을 선사해서 끝까지 시청하게 만드는 것을 말한다. 셔플(Shuffle) 방식은 영화 광고처럼 콘텐츠를 짜깁기하여 첫 3~6초 이내에 주요 장면을 구성하는 방식을 말한다.

34 ②

Meta Pixel을 설치하여 광고 성과를 측정하는 것은 광고주의 Facebook 페이지가 아니라 웹사이트이다.

35 ④

Meta에서 카탈로그를 관리하는 곳은 커머스 관리자이다.

36 ①

어드밴티지 캠페인 예산 옵션에서는 광고 게재 위치를 직접 제어할 수 없다.

37 ②

페이스북 비즈니스 관리자 설정의 데이터 소스에는 카탈로그, 메타 픽셀, 오프라인 이벤트 세트, 맞춤 전환, 자산, 이벤트 소스 그룹, 공유 타겟, SDK가 있다.

설정	항목	설명
데이터 소스	카탈로그	제품을 추가하거나 소스 연결 등을 설정
	픽셀	메타 픽셀을 생성하고 관리
	오프라인 이벤트 세트	오프라인 활동 관련 데이터 업로드 관리
	데이터 세트	픽셀을 통해 관리할 이벤트를 설정
	맞춤 전환	광고 반응에 대한 필요한 전환을 설정
	이벤트 소스 그룹	비즈니스 자산 그룹으로 변경됨
	공유 타겟	다른 광고 계정에서 공유한 타겟이 표시
	비즈니스 크리에이티브 폴더	모든 비즈니스 크리에이티브 일괄 관리
브랜드 가치 보호 및 적합성	도메인	권한이 필요한 사이트의 도메인 등록 관리
	차단 리스트	노출 위치 설정 및 광고 차단 기능

오답 피하기

도메인은 페이스북 비즈니스 관리자 설정의 브랜드 가치 보호 및 적합성에 해당한다.

38 ③

메타 어드밴티지+ 카탈로그 광고(구. 다이내믹 광고)를 할 경우, 먼저 비즈니스 관리자 계정을 만든 뒤, 카탈로그를 설정하고 메타 픽셀 또는 SDK에 연결해야 한다. 고객 리스트는 필요한 요건에 해당되지 않는다.

39 ③

범퍼 광고의 최대 길이는 6초이다.

40 ①

영상 조회율은 조회수÷노출수이므로 3,000÷10,000×100=30%이다.

41 ③

인피드 동영상 광고(구. 트루뷰 비디오 디스커버리 광고)는 클릭 시에는 광고 영상 시청 페이지로 넘어가게 되므로 클릭 후 영상이 로드(Load)되기만 하면 시청시간은 과금에 영향을 미치지 않는다.

오답 피하기

- ①: 과금 방식은 CPV이며 영상 이미지 또는 텍스트 클릭 시 과금된다.
- ②: 구독하기, 좋아요, 싫어요, 댓글 등 다양한 인게이지먼트 유도에 효과적이다.
- ④: 인피드 동영상 광고는 유튜브 첫 화면, 검색 결과 상단, 추천 영상 상단 등에 노출되는 광고 유형이다.

42 ③

유튜브에서 미드롤 광고가 게재되기 위해서는 유튜브 내 영상 콘텐츠의 길이는 8분 이상이어야 한다.

43 ④

건너뛸 수 없는 인스트림 광고의 과금 방식은 CPM이다.

오답 피하기

동영상 광고 형식	과금 방식
건너뛸 수 있는 인스트림 광고 (구. 트루뷰 인스트림 광고)	CPV (CPC, CPA, CPM도 가능)
건너뛸 수 없는 인스트림 광고	CPM
유튜브 쇼츠(Shorts) 광고 (카테고리 중심 동영상 광고)	CPM
범퍼 광고(Bumper Ad)	CPM
인피드 동영상 광고 (구. 트루뷰 디스커버리 광고)	CPV
아웃스트림(Outstream) 광고 (모바일 전용)	vCPM
마스트헤드 광고	CPM, CPH(Cost Per Hour)
컴패니언 동영상	마스트헤드와 함께 판매
컴패니언 배너	CPM
프라임 팩	CPM(구매 방식은 예약형)
유튜브 키즈	CPV

44 ②

여러 지역을 동시에 타겟팅할 수 있다.

45 ④

맞춤 동영상 추천에 영향을 주는 요인은 동영상을 클릭한 사용자들이 해당 영상에 얼마나 오래 머물렀는지 혹은 동영상 재생한 후 채널의 다른 콘텐츠도 클릭했는지 여부, 사용자가 구독 중인 채널과 관련된 영상, 현재 보고 있거나 과거에 시청 이력이 있는 영상과 관련된 영상 등이다.

46 ③

트루뷰포리치(Trueview for Reach) 광고는 동영상 도달 범위 유형의 예전 명칭으로 범퍼 광고와 건너뛰기가 가능한 인스트림 광고를 결합한 광고 상품이다. 노출 목적의 광고 상품으로 도달률 증대에 효과적이다. 트루뷰 인스트림 집행 시 트루뷰포리치 상품을 믹스하여 집행하면 인스트림만 집행했을 때보다 도달률을 높일 수 있다. 영상 길이에는 제한이 없지만 15~20초의 영상 사용이 권장된다.

47 ①

구글 디스플레이 네트워크의 동영상 파트너 게재 지면으로는 건너뛸 수 있는 인스트림 광고, 건너뛸 수 없는 인스트림 광고, 범퍼 광고, 아웃스트림 광고가 있다.

48 ②

인피드 광고는 유튜브 피드나 검색 결과에 노출되어 클릭을 유도하는 광고로 마케팅 퍼널의 구매 단계에 적합한 광고 상품이다.

49 ④

사용자 기반 타겟팅은 광고 게재 지면은 고려하지 않고, 잠재고객의 성향만을 근거로 광고를 노출시키는 타겟팅 방법이다.

> **오답 피하기**
> • 사용자 기반 타겟팅 방법: 인구통계, 잠재고객 세그먼트
> • 콘텐츠 기반 타겟팅 방법: 키워드, 주제, 게재 위치

50 ①

Content ID 설정을 위해 반드시 독점적인 소유권을 보유해야 한다.

51 ①

CPM 마스트헤드 광고는 경매 방식이 아닌 예약형 상품으로 별도의 광고 담당자를 통해 구매할 수 있다.

52 ④

범퍼 광고는 건너뛰기 버튼이 없다는 특징이 있다.

53 ③

유튜브 아웃스트림 광고는 음소거 상태로 재생되며 시청자가 광고를 탭하여 동영상의 음소거를 해제해야 사운드가 재생된다.

54 ②

유튜브 아웃스트림 광고는 조회 가능한 것으로 측정된 광고 노출 1,000회 노출당 비용(vCPM)을 기준으로 사용자가 동영상을 2초 이상 재생한 경우에만 과금된다.

55 ②

건너뛸 수 없는 인스트림 광고의 과금 방식은 CPM이다.

56 ④

일일예산은 하루에 사용 가능한 예산을 말한다.

57 ③

여러 세그먼트를 조합하여 사용하는 합성 세그먼트에는 잠재고객 세그먼트도 사용 가능하다.

58 ②

Content ID 소유권 주장이 있더라도 바로 삭제되는 것은 아니며, 추적 또는 수익을 창출하도록 설정한 콘텐츠의 경우 유튜브에서 계속 시청은 가능하다.

59 ④

일부 공개로 설정해도 댓글 작성과 좋아요 표시는 가능하다.

60 ①

신고된 영상은 검토에 따라 제한된 동영상 라벨이 붙을 경우 자동으로 게시가 중단되지만 삭제가 되는 것은 아니다. 실제로 재생되진 않으며, 위반 정보가 심할 경우에는 채널과 동영상이 즉시 삭제될 수 있다.

61 ④

인벤토리 유형의 기본 설정 옵션은 '표준 인벤토리'이다.

62 ④

비디오 액션 캠페인은 하나의 자동화된 캠페인으로 유튜브 안팎의 더 많은 위치에 광고를 게재하고 최소의 CPA로 최적화 하면서 더 많은 전환을 유도할 수 있는 간단하고 비용 효율적인 방법이다. 동영상을 사용하여 내 비즈니스, 서비스 또는 제품에 대한 액션을 유도하려는 경우 적합하다. 최근에는 '전환 유도'라는 명칭으로 변경되었으므로 함께 기억해야 한다.

63 ①

유튜브 스튜디오의 분석을 통해서 영상을 시청하지 않고 건너뛴 시청자의 비율은 알 수 없다. 유튜브 스튜디오의 분석을 통해서 확인할 수 있는 지표는 다음과 같다.
- 영상을 시청한 유저의 성과를 인트로, 인기 장면, 급상승 구간, 하락 구간의 지표로 제공
- 채널 조회수, 시청 시간, 구독자, 예상 수익 관리
- 조회 기간의 인기 콘텐츠, 실시간 인기 콘텐츠 집계
- 재방문 시청자, 순 시청자는 물론 시간대, 시청 지역, 인기 자막 언어 등에 대한 정보 제공
- 유튜브 수익 및 채널 실적

64 ④

키워드 타겟팅은 주제와 게재 위치와 함께 콘텐츠 기반 타겟팅에 해당한다. ④는 주제 타겟팅에 관한 설명이다.

오답 피하기

광고그룹의 사용자 기반 타겟팅과 콘텐츠 기반 타겟팅의 종류는 다음과 같다.

사용자 기반 타겟팅	• 인구통계: 연령(10세 단위), 성별, 자녀 유무, 가구 소득(10% 단위) 등을 설정하여 타겟팅 가능 • 잠재고객 세그먼트: 광고 및 마케팅 서비스, 미디어 및 엔터테인먼트, 여행, 라이프스타일 및 취미, 소셜 미디어 애용자, 게임 이용자, 음악 애호가, 음식&음식점 등은 물론 GA(Google Analytics)를 바탕으로 관련 사용자를 선정
콘텐츠 기반 타겟팅	• 키워드: 관련된 검색어를 선택하여 콘텐츠를 타겟팅하는 기능으로 방문 페이지, 관련 웹사이트나 제품/서비스를 설명하는 단어 등을 입력하여 키워드 아이디어를 얻을 수 있음 • 주제: 표시하고 싶은 콘텐츠의 주제를 선택하여 타겟팅 • 게재 위치: 유튜브 채널, 유튜브 영상, 동영상 라인업, 웹사이트, 앱, 앱 카테고리까지 직접 지정할 수 있음

65 ①

클릭수, 노출수, 조회수 같은 전통적인 측정항목 대신 광고 회상, 브랜드 인지도, 고려도 같은 측정항목에 중점을 두는 구글의 광고 효과 측정도구는 브랜드 광고 효과(Brand lift)이다.

66 ②

유튜브 동영상 광고의 당일 성과지표는 실시간으로 확인이 가능하다.

67 ③

도달 범위 플래너의 데이터는 내 캠페인에서 도달하고 있는 순사용자 수를 보여주는 Unique Reach 산출 방식에 기반한 것으로 제3자가 유효성을 검증했으며, 실제 도달 범위 및 입찰가와 일치한다. 가능한 최신 데이터를 제공하기 위해 매주 업데이트된다는 특징이 있다.

68 ④

도달 범위 플래너는 광고 전에 예산과 계획을 수립하기 위한 도구이다. 따라서 결과를 검증하는 기능은 없다.

69 ①

좋아하는 가수의 관련 영상을 재생목록으로 만들어 친구에게 공유하는 것은 커뮤니티 가이드 위반 사항에 해당하지 않는다.

70 ④

랜딩 페이지는 URL, 애드뷰, 채널웹뷰, 챗봇, 비즈니스폼, 톡캘린더, (카카오톡 채널에서 등록한) 포스트 등 다양하다.

71 ②

카카오 비즈보드의 랜딩 페이지로 사용할 수 있는 것은 URL, 애드뷰, 채널웹뷰, 챗폼, 비즈니스폼, 톡캘린더, 포스트이다.

72 ③

카카오 비즈플러그인 서비스 가입 시 필요한 것은 개인정보 이용, 회원가입, 위치 전송에 대한 동의이다.

73 ①

카카오 비즈보드 광고 노출은 모바일만 가능하다.

74 ④

캠페인 일예산은 5만 원 이상 10억 원 이하에서 10원 단위로 설정할 수 있으며, 광고그룹은 최소 1만 원 이상 5억 원 이하에서 10원 단위로 설정할 수 있다.

75 ②

밴드 스티커를 활용한 보상형 광고는 밴드 스티커 샵 〉 무료 탭에서 스티커를 선택한 후 진행 중인 이벤트 페이지에 진입했을 때 노출되는 광고 상품이다.

76 ④

네이버 밴드의 네이티브 광고에서 연령 타겟팅은 5세 단위로 설정이 가능하다.

77 ②

네이버 밴드 풀스크린 광고는 성별 타겟팅만 가능하다.

78 ③

스마트채널 이외 게재 위치의 최소 입찰가는 100원이다.

79 ①

네이버 밴드의 스마트채널 광고를 운영하는 시스템은 네이버 GFA이다.

80 ③

모바일 인스트림 커플 배너는 모바일 전용상품으로 하단 띠 배너와 리스트 배너가 함께 노출되는 광고 상품이다. 하단 띠 배너는 콘텐츠 방송 종료 전까지 유지되어 상시 노출되며, VOD 시청 시에는 광고 영상 종료 후에 리스트 배너로 유지되어 노출되며 최소 입찰가는 2,500원부터 시작한다.

2025년 기출 복원문제

295p

01 ②	02 ③	03 ④	04 ①	05 ②
06 ④	07 ③	08 ①	09 ②	10 ①
11 ②	12 ④	13 ②	14 ②	15 ①
16 ②	17 ②	18 ④	19 ④	20 ②
21 ④	22 ③	23 ④	24 ①	25 ②
26 ④	27 ①	28 ④	29 ②	30 ①
31 ②	32 ③	33 ①	34 ③	35 ③
36 ③	37 ②	38 ④	39 ②	40 ②
41 ④	42 ③	43 ④	44 ①	45 ①
46 ③	47 ②	48 ③	49 ④	50 ①
51 ②	52 ③	53 ①	54 ③	55 ①
56 ②	57 ④	58 ②	59 ②	60 ①
61 ②	62 ④	63 ①	64 ②	65 ①
66 ②	67 ④	68 ①	69 ④	70 ①
71 ④	72 ②	73 ④	74 ②	75 ①
76 ①	77 ②	78 ①	79 ③	80 ④

1과목 SNS의 이해

01 ②

원하는 콘텐츠를 선별하여 구독하고 연결하는 소셜 미디어의 특성상 모두가 동일한 화면과 방송을 보는 매스미디어처럼 대량의 메시지를 동시에 전달하는 데에는 한계가 있다.

02 ③

보낸 메시지가 확인 후 24시간 안에 사라지는 독특한 서비스로 인기를 끈 플랫폼은 스냅챗이다.

03 ④

소셜 미디어는 개방, 참여, 연결이 가능한 디지털 네트워크의 기반 위에서 개인의 생각이나 의견, 경험, 정보 등을 공유하고 타인과의 관계를 생성·확장할 수 있는 개방화된 플랫폼을 말한다. 위키백과(Wikipedia)는 댓글, 좋아요, 공유와 같은 사용자 간 실시간 소통 기능이 부족하고, 개인적인 의견이나 경험보다는 객관적인 정보 공유에 초점을 맞춘다. 물론 개방, 참여 등 소셜 미디어의 일부 특징을 가지고 있지만, 페이스북, 트위터 같은 전형적인 소셜 미디어와는 차이가 있다. 따라서 위키백과는 소셜 미디어라기보다는 협업적 온라인 백과사전으로 볼 수 있다.

04 ①

소유미디어(Owned Media)는 기본적으로 운영 비용이 필요하지만 광고비 지출은 들지 않고, 획득미디어(Earned Media)는 소비자가 자발적으로 정보를 퍼뜨리는 방식이므로 적은 광고비로도 효과를 볼 수 있으며, 지불미디어(Paid Media)는 가장 많은 예산이 소요되므로 '제한된 예산'이라는 표현과는 맞지 않는다. 제한된 예산에서 도달 범위를 극대화할 수 있는 방법은 소비자가 자발적으로 정보를 퍼뜨려 적은 광고비로도 효과를 볼 수 있으므로 획득미디어에 해당한다.

05 ②

브이로그는 자신의 일상 전체를 촬영한 뒤 특정 부분을 편집하는 방식으로, 생생한 정보 전달이나 여행 기록 등에 적합한 콘텐츠 유형을 말한다.

06 ④

일반적으로 1995년에 서비스를 시작한 클래스메이트(Class-mate)와 1997년 서비스를 시작한 식스디그리(SixDegrees)를 최초의 소셜 미디어로 정의한다.

07 ③

오답 피하기

- ①: 일반적으로 모바일을 통한 접속 비율이 높고, 특히 MZ세대는 야외활동을 많이 하므로 광고 집행은 모바일로 하는 것이 효과적이다.
- ②: 전문 제작사들과 협력하여 리뷰 콘텐츠를 만들면 일반적으로 비용이 커서 효율성이 떨어질 수 있다. MZ세대를 겨냥한다면 블로거나 유튜브와 협력하여 제작 및 배포하는 것이 더 적은 비용으로 높은 효과를 올릴 수 있는 전략이다.
- ④: 지자체와 협력하여 프로모션 진행하는 것이 특정 지역 대상으로 긍정적인 여론 형성을 위해서는 효과적이지만 MZ세대를 겨냥하는 마케팅과는 거리가 있다.

08 ①

도달수는 광고를 본 사용자 숫자를 말한다. 예를 들어, 5명에게 10번의 광고가 노출되었다면 노출수는 10, 도달수는 5가 된다.

2과목 SNS 광고 마케팅

09 ②

광고 경매 낙찰 순위에 영향을 미치는 요인은 입찰가, 추산 행동률, 광고 품질 3가지이다.

10 ①

다이내믹(구, 유연함)은 성과가 좋을 것으로 예측되는 광고가 게재되는 방식으로 수동 업로드를 선택할 때만 활성화된다.

11 ②

스토리는 사진과 동영상이 프로필 이미지를 클릭했을 때 나타나는 콘텐츠로, 팔로워의 프로필 옆에 알람처럼 뜨며 24시간 후에 사라진다. 게시물로 저장하거나 하이라이트 또는 피드에 공유할 수도 있다.

12 ④

예약(구, 도달 및 빈도) 구매 유형에 대한 설명이다. 예약은 같은 사람에게 광고가 표시되는 주당 1~2회로 제한하는 등 사용 빈도의 한도 설정을 통해 광고를 구매하는 유형으로 지정된 CPM 방식으로 진행한다.

13 ②

메타에서 설정이 가능한 광고 캠페인 목표는 인지도, 트래픽, 참여, 잠재고객, 앱 홍보, 판매 6가지이다.

14 ②

맞춤 타겟 설정을 위해 광고주가 제공할 수 있는 소스는 고객 리스트, 웹사이트, 앱 활동, 오프라인 활동, 카탈로그이다.

15 ①

구매 유형을 메타의 일반적인 광고 방식인 '경매'가 아니라 '예약' 설정하면 캠페인 목표도 인지도와 참여만 나타나며 360도 사진, 360도 동영상, 인스턴트 경험과 같은 광고 형식이 추가로 제시된다. 인스턴트 경험은 경매 유형의 6개 목표를 선택해도 '컬렉션'에서 추가할 수 있는 반면에 360도 사진과 360도 동영상은 추가 방법이 없으므로 '메타 동영상의 6개 목표 모두 360도 동영상이 가능하다.'는 문장은 옳지 않다.

16 ②

메타 광고 시스템은 이미지 광고에서 텍스트의 비중이 20%를 넘지 않는 것을 권장한다.

17 ②

동영상을 시청할 만한 사람에게 노출되는 성과 목표인 '트루플레이(ThruPlay) 조회 극대화'는 동영상 길이가 15초 이하이면 영상을 15초 정도 시청하는 사람에게 노출되고, 15초 이상이면 영상을 오래 시청하는 사람에게 노출되므로 동영상을 최대한 많이 보도록 만드는 것을 목표로 하는 캠페인에 적합하다.

18 ④

기존 데이터를 활용해서 광고하는 것은 맞춤 타겟팅을 한다는 뜻이다. '최근 거래량이 증가하지 않는다.'는 말은 기존에 확보한 잠재고객 중에서 구매할 고객은 이미 전환되었다는 의미로 볼 수 있다. 이런 경우 자사가 가지고 있는 맞춤 타겟팅이나 웹사이트 리타겟팅으로 범위를 좁히기보다는 핵심 타겟팅이나 유사 타겟팅을 사용하여 인구통계 정보를 중심으로 타겟을 넓히는 전략이 유효하다. 캠페인 목표의 경우 그동안 광고를 집행했던 경험이 있으므로 트래픽 캠페인보다는 전환 캠페인을 선택하는 것이 효과적이다.

19 ④

잠재고객의 단계는 최대 50개까지 추가할 수 있다.

20 ②

오답 피하기

- ①: 인스타그램 스토리의 최대 시간은 60분이다.
- ③: 페이스북 피드 동영상의 최대 시간은 241분이다.
- ④: 페이스북 스토리의 제한 시간은 2분이다.

21 ④

슬라이드마다 제목, 설명, 링크(웹사이트 URL)를 별도로 지정할 수 있다.

오답 피하기

③: 사용자들은 기본적으로 광고를 회피하려는 성향이 있으므로 성과가 좋은 슬라이드를 맨 앞에 위치시키는 것이 광고 효과를 높일 수 있는 방법이다. 실제로 메타 광고시스템에는 '가장 성과가 좋은 슬라이드를 자동으로 먼저 표시'라는 옵션이 존재한다.

22 ③

어드밴티지+ 카탈로그 광고는 상품을 판매하는 소비재, 이커머스, 리테일이나 온라인으로 인벤토리의 제품/서비스를 판매하는 여행, 자동차, 부동산에서 신규고객 및 기존고객을 타겟팅하여 온라인 매출 확보에 용이한 방법이다.

23 ④

구매 유형 중에서 예약은 지정된 CPM 금액 한도에서 광고를 구매하는 방법이다.

24 ①

광고주가 직접 보유한 데이터라는 의미로 1st Party Data라고 부르는 이 데이터로 기존 구매자 고객들의 연락처 혹은 이메일이 있는 경우 이 데이터를 이용하여 타겟팅을 설정할 수도 있다.

25 ②

오답 피하기

- ①: 릴스 광고의 권장 비율은 9:16이다.
- ③: 동영상 광고의 최대 크기는 4GB이다.
- ④: 이미지 광고의 최대 크기는 30MB이다.

26 ④

스토리 광고를 게재하기 위해서 16:9의 가로형이 아니라 9:16의 세로형을 사용해야 한다.

27 ①

광고 세트가 2개 이상인 경우 광고 세트 전반의 캠페인 예산을 자동으로 관리하여 캠페인 성과를 극대화하는 방식은 어드밴티지 캠페인 예산이다. 이전 명칭은 캠페인 예산 최적화이다.

28 ④

지역 기반 비즈니스 홍보는 특정 지역의 잠재고객에게 집중하는 소재를 활용하는 것이 효과적이고, 메타 광고 시스템은 위치 기반 타겟팅 기능을 제공하므로, '해운대 스시 원픽', '성수동 필수 가맥집'과 같이 주변 지역 사용자에게 맞는 광고 소재를 사용하면 효율을 높일 수 있다. 이때 주변 지역 비즈니스 홍보에서 큰 반응을 얻은 이미지를 전국 단위로 광고하면 노출 비용은 올라가지만 매출로 이어질 가능성은 낮아질 수밖에 없다(광주에서 광고를 보고 해운대로 갈 가능성, 제주도에서 광고를 보고 성수동을 갈 가능성 등). 따라서 '주변 지역에 비즈니스 홍보를 하기 위한' 전략의 초점을 흐리게 할 수 있으므로 적절하지 않다.

29 ②

신용, 고용, 주택, 사회 문제, 선거 또는 정치 등의 광고는 자동 번역 기능을 사용할 수 없다.

30 ①

광고 목표는 캠페인 수준에서 선택하고, 노출 위치, 타겟팅 옵션, 광고 예산 및 일정은 광고 세트 수준에서 설정할 수 있다. 광고 형식과 링크, 전환 추적 옵션은 광고 수준에서 설정할 수 있다.

31 ③

핵심 타겟은 광고 세트에서 연령, 지역, 관심사 등의 캠페인 목표에 따른 광고 노출 대상을 직접 선택하여 노출하는 방식을 말한다.

32 ③

잠재고객은 즉각적인 반응이나 판매는 아니지만 이메일 주소를 남기거나 신청서를 작성하도록 만드는 경우 유용한 광고 비즈니스 목표이다.

33 ①

메타의 특별 광고 카테고리는 신용, 고용, 주택, 사회 문제, 선거 또는 정치이다.

34 ③

메타 비즈니스 스위트에서 오프라인에서 발생하는 매출에 대한 영향력을 측정하는 기능은 메타 오프라인 전환 API이다.

35 ③

메인 이미지나 동영상 아래에 추가로 4개의 서브 이미지나 동영상이 노출되는 광고 형식은 컬렉션이다. 컬렉션 광고는 카탈로그 세팅이 되어 있는 경우에만 인스턴트 경험을 설정하여 노출할 수 있다. 모바일 전용으로 제공되는 광고 형식으로 제품 노출은 물론 구매 연결까지 가능하다.

36 ③

페이스북과 인스타그램에서 수집한 잠재고객 정보를 사용한다.

37 ②

전환 API는 서버, 웹사이트 플랫폼, 앱 또는 CRM의 마케팅 데이터를 메타의 광고 시스템에 연결하는 도구이므로 쿠키 지원을 중단하는 상황에 대안으로 떠오르고 있다.

38 ④

Meta 픽셀은 웹사이트에서 발생하는 데이터를 추적하고 측정할 수 있다. 앱에서 발생하는 데이터를 추적하고 측정하는 행동 추적 도구는 메타 SDK이다.

39 ②

광고 세트를 시나리오별로 구성하였으므로 여러 광고 세트 중에서 가장 효과가 높은 시나리오를 발견하도록 캠페인의 설정을 통해 하위 광고 세트의 시나리오들을 평가하는 방법을 묻는 문제이다. 다음과 같이 광고 세트들이 전반적으로 목표에 맞게 예산이 배분되도록 최적화할 수 있는데 이를 어드밴티지 캠페인 예산이라고 한다.

40 ②

유튜브는 '쇼츠(Shorts)'를 도입했다. '릴스'는 인스타그램의 서비스 명칭이다.

41 ④

'잠재고객, 키워드, 콘텐츠' 메뉴에서 제외 설정이 가능한 항목은 키워드, 잠재고객, 위치, 콘텐츠, 광고 일정, 동적 광고 타겟이다. 장치는 캠페인 설정에서 입찰가 조정을 통해 제어할 수 있지만, '잠재고객, 키워드, 콘텐츠' 메뉴에서 직접 제외할 수는 없다.

42 ③

구글 디스플레이 네트워크의 동영상 파트너 게재 지면에도 노출된다.

43 ④

건너뛸 수 없는 인스트림 광고의 과금 방식은 CPM이다.

44 ①

컴패니언 광고는 이미지 형태만 가능하다.

45 ①

메타는 개인정보를 중요하게 생각하는 플랫폼이므로 신용카드 번호와 같은 민감한 정보는 고객 리스트에 채울 항목으로 적절하지 않다. 메타에서 권장하는 항목은 이메일, 전화번호, ID(모바일 광고, 페이스북 사용자, 페이스북 페이지 사용자, 인스타그램 사용자 등), 성, 이름, 생년월일, 우편번호, 도시, 주, 국가 등의 연락처 정보에 한정한다.

46 ③

사용자가 유튜브 동영상 광고를 시청하거나 광고에 참여한 횟수를 나타내는 지표는 조회수이다. 특정 시간 이상 광고를 보거나 광고와 상호작용한 경우 조회수 1회로 인정한다.

47 ②

게재 위치 타겟팅을 하면 조회수가 부족한 동영상이나 채널의 경우 노출이나 조회 등의 실적이 제한될 수는 있지만 광고 과금 비용이 할증되지는 않는다.

48 ③

브랜드 인지도를 향상시키는 것을 목표로 할 때 중점적으로 살펴봐야 할 지표는 노출수, 고객 참여도(클릭률, 동영상 조회수), 도달 범위 및 게재 빈도이다. 전환수는 판매, 리드, 웹사이트 트래픽을 캠페인 목표로 설정할 때 살펴봐야 할 지표에 해당한다.

49 ④

범퍼 광고는 거부감 없이 타겟에게 핵심적인 메시지를 전달할 수 있도록 최대 길이를 6초로 제한하는 광고 상품이다.

50 ①

구글 디스플레이 네트워크의 동영상 파트너 지면에 노출되는 모바일 전용 광고 상품은 인피드 동영상 광고(구, 트루뷰 디스커버리 광고)이다.

51 ②

합성 세그먼트란 다양한 세그먼트 속성을 교차하여 만든 세그먼트를 말한다. 특정 광고 영상 조회자는 단일한 고객 그룹이므로 합성 세그먼트라고 보기 어렵다.

52 ③

- ①: CPH 마스트헤드는 시간 단위 구매(Cost Per Hour) 상품이므로 원하는 노출량만큼 집행할 수 없고 타겟팅이 불가능하다.
- ②: 구글애즈를 통해 게재 예약을 할 수 없고 별도 광고 담당자를 통해 구매할 수 있다.
- ④: 유튜브 첫 페이지 상단에 소리 없이 자동 재생된다.

53 ①

관리자와 표준 사용자의 차이는 '사용자, 관리자, 제품 링크 수정' 가능 여부에 달려 있다. 다른 항목은 관리자와 표준 사용자 수준에서 모두 액세스가 가능한 권한이다.

54 ③

애셋 라이브러리에서는 이미지, 텍스트(업체명, 광고제목, 설명, 확장 문구, 웹사이트 콘텐츠), 사이트링크, YouTube 동영상, 광고 확장(비즈니스 로고, 콜아웃, 구조화된 스니펫, 통화, 리드 양식, 메시지, 위치, 가격, 앱, 프로모션) 등을 관리할 수 있다.

55 ①

동영상 재생 전에 나오는 광고는 프리롤이다.

56 ②

구글애즈 캠페인의 목표는 '판매, 리드, 웹사이트 트래픽, 앱 프로모션, 인지도 및 구매 고려도, 오프라인 매장 방문 및 프로모션, 목표 설정 없이 캠페인 만들기'이다. '브랜드 인지도 및 도달 범위'라는 목표는 없다.

57 ④

유튜브 채널의 바뀐 이름은 유튜브 이외에도 어디에서나 볼 수 있다.

유튜브 설명에 따르면 이름은 14일 내에 2회 변경할 수 있고, 핸들(주소)은 14일마다 2번 변경할 수 있다. 해석해 보자면, 이름은 14일 동안 최대 2번 변경이 가능하고 핸들은 한 번 변경 후 14일이 지나면 다시 2번 변경할 수 있는 기회가 주어진다는 의미로 보인다. 과거 영문만 가능했던 채널 핸들은 한글로도 설정할 수 있으며 ID 기반으로 만들어진 채널 URL이 별도로 제공된다.

58 ②

내 데이터 세그먼트를 활용하면 특정 키워드, 경쟁사 웹사이트 URL 등을 활용하여 관련 관심사를 가진 사용자를 타겟팅할 수는 있지만, 경쟁사 웹사이트 방문자 목록을 직접 업로드하여 타겟팅하는 기능은 제공하지 않는다. 자사 웹사이트 방문 데이터를 활용하여 잠재고객 목록을 생성할 수는 있다.

59 ③

성별, 소득, 연령은 사용자 기반의 잠재고객에 대한 타겟팅인 반면, 키워드는 콘텐츠 기반의 타겟팅에 해당한다. 유튜브에서는 콘텐츠 기반 타겟팅 항목으로 키워드, 주제, 게재 위치 등을 제시하고 있다.

60 ①

구글애즈에서 특정 TV 브랜드는 타겟팅할 수 없다. 하지만 컴퓨터, 휴대전화, 태블릿, TV 화면은 물론 운영체제 제조사와 기기 모델, 와이파이 또는 SKT, KT, LGU+ 등의 통신사까지 설정할 수 있다.

61 ③

조회수는 동영상이 재생된 횟수를 나타내는 지표로, 시청 시간과 직접적인 관련은 없다. 반면, 시청 시간, 노출당 평균 시청 시간, 평균 시청 지속 시간은 모두 시청 시간과 관련된 지표이다.

62 ③

DL-T는 Teen audience를 의미하며 12+ 청소년 시청가 라벨이다.

63 ①

유튜브 동영상 광고에서 직접 지정할 수 있는 '게재 위치'는 유튜브 채널, 유튜브 영상, 웹사이트(디스플레이 네트워크), 앱, 앱 카테고리(⑩ 도서) 등이 있다. Gmail은 지정할 수 없으며 동영상 라인업은 최근에 제외되었다.

64 ③

비공개의 경우 공개 재생목록에도 표시되지 않는다. 반면 일부 공개의 경우에는 공개 재생목록에 표시된다.

65 ①

CPM 마스트헤드 광고는 경매 방식이 아닌 예약형 상품으로 별도의 광고 담당자를 통해 구매할 수 있다.

66 ②

하나의 유튜브 채널에 최대 300개의 구글애즈 계정을 연결할 수 있고, 구글애즈 계정 하나에 최대 10,000개의 유튜브 채널을 연결할 수 있다.

67 ④

컴패니언 배너 광고는 인스트림 비디오 광고와 함께 표시되는 디스플레이 배너 형식의 광고로, 주로 동영상 플레이어 주변에 배치되어 사용자에게 추가적인 정보를 제공한다. 이러한 광고는 동영상 광고와 동시에 노출되어 브랜드 인지도와 광고 효과를 높이는 데 도움을 준다. 반면, 디스플레이 광고는 웹사이트나 앱의 다양한 위치에 표시되는 시각적 광고이며, 오버레이 광고는 동영상 콘텐츠 위에 반투명하게 겹치는 광고를 의미한다. 네이티브 광고는 콘텐츠와 자연스럽게 어우러지는 형태로 디자인된 광고로, 일반 기사나 게시물처럼 보이도록 구성된다.

68 ①

시청자가 클릭하여 광고를 실제로 시청하여 광고가 로드(Load)된 경우에만 비용이 청구된다. 이때 조회수로는 집계가 된다.

69 ④

일부 민감한 콘텐츠에도 광고를 게재하여 인벤토리를 최대로 사용할 수 있는 확장 인벤토리에서 제외되는 콘텐츠는 과도한 욕설, 묘사가 노골적인 성적 콘텐츠 및 과도한 노출, 노골적으로 묘사된 폭력 및 심각한 상해 등이다. 가벼운 욕설과 다소 외설적인 콘텐츠는 확장 인벤토리에서 제외되지 않는다.

70 ③

잠재고객을 확대하기 위해 유튜브 채널 시청자 목록을 대상으로 이루어지는 마케팅 방식은 유튜브 시청자 세그먼트로 이전 명칭은 유튜브 리마케팅 또는 비디오 리마케팅이다.

71 ④

픽셀 스크립트는 광고 성과 추적 및 리타겟팅을 위한 코드이며, 광고 자산 관리에서 이를 직접 수정하는 기능은 제공되지 않는다. 픽셀은 일반적으로 광고 계정에서 생성하여 웹사이트에 삽입하는 방식으로 활용되며, 수정이 필요할 경우에는 개발자가 웹사이트에서 직접 변경해야 한다. 카카오 모먼트 광고 자산 관리에서 관리할 수 있는 항목은 메시지 관리, 애드뷰 관리, 비즈니스폼 연동 관리, 픽셀 & SDK 연동 관리이다.

72 ②

카카오 비즈보드 광고 유형에서 사용이 가능한 목표는 전환, 방문, 도달이다.

73 ④

광고 소재는 리치 네이티브가 아니라 이미지를 사용한다.

74 ②

모바일, PC 모두 노출이 가능한 광고 상품으로 카카오톡 콘텐츠, 다음, 카카오서비스, 네트워크의 모바일과 PC 화면 그리고 카카오스토리의 모바일 화면에서 광고가 가능하다.

75 ①

풀스크린 광고는 실시간 입찰형 상품(Real Time Bidding)이 아니라 노출 보장형 상품이다.

76 ①

네이버 밴드 소셜 광고의 캠페인 목적은 '밴드 게시글 홍보하기', '밴드 알리기', '밴드 스티커 보상형' 3가지이며, 밴드 알림 메시지는 밴드 알림 광고를 통해 진행이 가능하다.

77 ②

네이버 밴드는 월 사용자가 2,000만 명에 달하는 국내 대표 소셜 미디어 서비스로 남성과 여성의 사용자 비율은 48:52로 큰 차이가 없으며 40~50대 사용자의 비중이 높다는 특징이 있다.

78 ①

새 글 피드의 중간에 텍스트와 콘텐츠가 결합한 형태로 노출되는 네이티브 광고 상품은 피드 광고이다.

79 ③

인피드 동영상 탑뷰는 틱톡 실행 시 가장 먼저 전체 화면의 사운드 온 동영상으로 노출되며, 동영상 테이크 오버로 시작된 이후 3초가 지나면 상호 작용(좋아요, 댓글, 공유, 방문 등)을 유도하는 광고 상품이다.

80 ④

브랜디드 해시태그 챌린지 광고는 브랜드 캠페인에 맞는 해시태그를 사용자가 활용하도록 하여 참여형 마케팅을 유도하는 캠페인을 말한다.

MEMO

MEMO

자격증은 이기적!

합격입니다.